Über dieses Buch

Als Beobachter der Reichswehr besucht der Gefreite Adolf Hitler am 12. September 1919 eine Versammlung der Deutschen Arbeiter Partei, die sich später Nationalsozialistische Deutsche Arbeiter Partei nannte. Hitler tritt der Partei bei, und schon 1921 übernimmt er ihre Führung. Sein völkisch-nationalistisches, antijüdisches, antiintellektualistisches Programm und seine rhetorischen Fähigkeiten machen die NSDAP zum Sammelbecken der Unzufriedenen und Enttäuschten. Zwar bringen die Jahre nach dem mißglückten Putsch vom November 1923 Rückschläge, doch der Ausbruch der Weltwirtschaftskrise gibt der Bewegung rapiden Auftrieb. 1932 ist die NSDAP stärkste Partei. Hitler wird am 30. Januar 1933 Kanzler des Deutschen Reiches. – Ernst Deuerlein, der als der beste Kenner der Frühzeit der NSDAP gilt, hat hier die wichtigsten, zum Teil anderswo noch nicht veröffentlichten Dokumente zusammengefaßt. Sein Buch gestattet eine genaue Analyse aller Umstände und Ursachen, die Entstehung und Aufstieg des Nationalsozialismus ermöglichten.

Der Aufstieg der NSDAP in Augenzeugenberichten

Herausgegeben und eingeleitet von
Ernst Deuerlein

Deutscher
Taschenbuch
Verlag

dtv

Aus der Reihe ». . . in Augenzeugenberichten«
sind im Deutschen Taschenbuch Verlag erschienen:
Die Kreuzzüge in Augenzeugenberichten (763)
Der Dreißigjährige Krieg in Augenzeugenberichten (781)
Der Spanische Bürgerkrieg in Augenzeugenberichten (796)
Napoleons Rußlandfeldzug in Augenzeugenberichten (822)
Ludwig II. von Bayern in Augenzeugenberichten (844)
Friedrich der Große und Maria Theresia
in Augenzeugenberichten (866)
Die Reformation in Augenzeugenberichten (887)
Die Befreiungskriege in Augenzeugenberichten (912)
Die Deutsche Revolution 1848/49
in Augenzeugenberichten (927)
Der Amerikanische Bürgerkrieg
in Augenzeugenberichten (964)

Im Text ungekürzte Ausgabe
Dezember 1974
Deutscher Taschenbuch Verlag GmbH & Co. KG,
München

Umschlaggestaltung: Celestino Piatti
Umschlagbild: Tagung der »Nationalen Opposition« am
11. Oktober 1931 in Bad Harzburg. Hof- und Domprediger
Bruno Doehring (1879–1961) hält den Feldgottesdienst. Im
Vordergrund: Heinrich Himmler und Ernst Röhm
(1887–1934)
Gesamtherstellung: C. H. Beck'sche Buchdruckerei,
Nördlingen
Printed in Germany · ISBN 3-423-01040-1

Inhaltsverzeichnis

ANHANG

Für den Sieg des Nationalsozialismus spricht vor allem, daß in diesem Lande die Demokratie niemals blutig erkämpft worden ist. In einem geschichtlichen Augenblick, nach dem verlorenen Kriege, erschien sie, verglichen mit der unheilvollen Monarchie und dem gefürchteten Bolschewismus, als der gegebene Ausweg – nur Ausweg, nicht Ziel, viel weniger leidenschaftliches Erlebnis. Wenn sie 1918 gewußt hätten, was sie unternehmen, würden die Deutschen damals die notwendigen Maßnahmen getroffen haben, um ihre Demokratie zu sichern. Alle, die seither Zeit gehabt haben, die Republik zu unterhöhlen, wären gleich damals ein für allemal verhindert worden, zu schaden. Statt dessen hat die deutsche Demokratie sich einfach eingerichtet, als gäbe es im ganzen Land niemand mehr, der nicht den Stimmzettel anerkannte. Sie sah die fremden Demokratien auf Mehrheiten sicher ruhen und hielt diese Abmachung für unverbrüchlich. Sie ahnte gar nicht, was für eine solche Abmachung bezahlt werden muß und welche Lehren die Gegner jeder dauerhaften Demokratie bekommen haben, bevor sie sich auf eine Verständigung mit ihr einließen. Die deutsche Demokratie war sogar noch stolz auf ihre Gewaltlosigkeit. Bis heute hat sie die Anwendung von Gewalt ihren Feinden überlassen, die von der gütigen Erlaubnis bestens Gebrauch machen. Die Welt mag hieran erkennen, wie ungerecht es wäre, die Deutschen schlechthin für Anbeter der Gewalt zu halten. Nein, ihre Mehrheit hat die ganze Zeit hindurch auf eine einfache Konvention, den Wahlzettel, hin gelebt und hat den Verdacht nicht aufkommen lassen, als könnte man sie trotz Wahlzettel niederschlagen, ausrauben, entrechten. Diese Unschuld, dies Vertrauen hätte wahrscheinlich kein anderes Volk aufgebracht.

Heinrich Mann
Die deutsche Entscheidung, 1931

Einleitung

Nationalsozialismus meint eine Ideologie, die sich als Weltanschauung ausgab, und eine Partei, die sich als politische Bewegung erklärte. Nationalsozialismus ist eine Erscheinung der Entwicklung des Deutschen Reiches zwischen 1919 und 1933. Nationalsozialismus ist von 1933 bis 1945 Doktrin der totalitären Herrschaft in Deutschland. Nationalsozialismus ist geschichtlich bestimmt durch einen Mann, der sich als sein Schöpfer und Vollstrecker bezeichnete – Adolf Hitler. Da seine Politik das deutsche Volk und das Deutsche Reich in die größte Katastrophe ihrer Geschichte stürzte, ist der Nationalsozialismus verbunden mit dem Epochenjahr 1945 und seinen Auswirkungen.

In der geschichtlichen Entwicklung des Nationalsozialismus ist zu unterscheiden zwischen der Phase seines Aufstiegs 1919 bis 1933 und der Phase seiner Entfaltung als Staatsdoktrin 1933 bis 1945. Der zweite Abschnitt wird als »Drittes Reich« apostrophiert, wobei eine Gleichsetzung zwischen Nationalsozialismus und nationalsozialistischer Herrschaft in Deutschland erfolgt. In der vorausgegangenen Zeitspanne, von der Gründung der Deutschen Arbeiterpartei durch den Schlosser Anton Drexler am 5. Januar 1919 bis zur Ernennung Adolf Hitlers zum Reichskanzler am 30. Januar 1933, vollzieht sich der Aufstieg des Nationalsozialismus.

Inzwischen besteht Übereinstimmung über die Tatsache, daß die erkennbare »Resonanzfähigkeit für die nationalsozialistische Politik und Ideologie« nur bedingt aus den unmittelbaren Gegebenheiten der Entwicklung zwischen 1918 und 1933 verstanden werden kann, womit die so leidenschaftlich diskutierte Frage, ob der Nationalsozialismus ein »Betriebsunfall«, wie er in der Entwicklung eines jeden Volkes vorkommen kann, oder das zwangsläufige Ergebnis eines daraufhin angelegten geschichtlichen Prozesses ist, wenigstens teilweise entschieden ist. Der Nationalsozialismus entsteht im Schnittpunkt von Konstellationen der deutschen Geschichte und Dispositionen der deutschen Politik zwischen 1918 und 1933. Fernursachen und auslösende Ursachen wirken bei seiner Entstehung und seinem Aufstieg zusammen.

Das Verständnis des Nationalsozialismus ist ohne Kenntnis der Fernursachen, die ihn zwar nicht bedingen, wohl aber ermöglichen, erschwert. Wer ihn nur als die Summe der Auswirkungen der 1918/19 in Deutschland eingetretenen Veränderungen begreift, verkürzt in nicht zulässiger Weise seine subkutane Vorentwicklung. Nur deren Freilegung erklärt das Ausmaß der Erschütterungen, die der Ausgang des Ersten Weltkrieges in Deutschland zur Folge hatte. Vor allem vier Erscheinungen sind dafür zu nennen – das im Deutschen Reich sich bildende übersteigerte Nationalbewußtsein, der zur Manie entartete Glaube an die Obrigkeit und die von ihr gesetzte Ordnung, der militante Antisemitismus, der das Entstehen antisemitischer Parteien ermöglichte, und eine angesichts des wirtschaftlichen Aufstiegs unverständliche Feindschaft gegen die Industriegesellschaft. Diese kollektiven Verhaltensweisen erreichten fast gleichzeitig den Höhepunkt ihrer Entwicklung. Sie durchdrangen sich wechselseitig und schufen eine eigentümliche politische, gesellschaftspolitische und geistige Situation. Sie ist für die Auslösung und den Aufstieg des Nationalsozialismus von entscheidender Bedeutung. Sie verbietet, diesen lediglich als eine zeitlich bedingte Episode der deutschen Geschichte zu bezeichnen. Sie erlaubt jedoch auch nicht, die Entfaltung des Nationalsozialismus in Deutschland als das Ende der deutschen Geschichte zu betrachten.

Der Nationalsozialismus ist kein politischer Betriebsunfall, er ist auch nicht das Ende der zum Untergang prädestinierten deutschen Entwicklung. Zwischen beiden extremen Deutungen ist sein phänomenologischer Standort. Er beginnt nicht mit Arminius, wie Lord Vansittart während des Zweiten Weltkrieges versicherte. Er nimmt seinen Anfang auch nicht mit Luther, wie viele Publizisten 1945 erklärten. Er ist nicht die direkte Konsequenz der Politik des Königs Friedrich II. von Preußen. Er ist keine Erfindung der Romantik, auch wenn diese entscheidend sowohl zur Illusionierung des politischen Denkens als auch zur Mystifizierung des nationalen Bewußtseins in Deutschland beitrug. Er kann sich nicht auf den ersten Reichskanzler des Deutschen Reiches, Otto Fürst von Bismarck, berufen, da dieser immer wieder auf die politischen Konsequenzen der Lage des Deutschen Reiches in der Mitte Europas aufmerksam machte. Den Auffassungen, diese Personen und Perioden seien Urheber des Nationalsozialismus, ist die Vermutung gemeinsam, daß die Geschichte des deutschen Volkes Gegebenheiten ausweist, die den Nationalsozialismus bedingen. Diese Erscheinungen führen Kräfte und Ansichten mit sich, die verkantet, verzerrt und vergrößert im Nationalsozialismus virulent sind.

»Die verspätete Nation« nennt Helmuth Plessner das deutsche Volk. Er spricht damit die Tatsache der auffallenden Verzögerung der Bildung eines deutschen Nationalstaates an. Erst die »Ideen von 1789«, die durch die Französische Revolution freigesetzten Vorstellungen, lösten in Deutschland einen Prozeß fortschreitender Nationalisierung des Denkens, Empfindens und Handelns aus, in dessen Verlauf der Wunsch nach Schaffung eines deutschen Nationalstaates Leitbild nationalen Wollens wurde. Eine auch nur teilweise Verwirklichung scheiterte auf dem Wiener Kongreß (1814/15) am Widerstand der deutschen Fürsten und am Gegensatz zwischen Österreich und Preußen. Da der vom Wiener Kongreß geschaffene Deutsche Bund den Vorstellungen und Forderungen nach nationaler Einheit nicht entsprach, kam es zu einer in erster Linie vom Bürgertum getragenen Einheitsbewegung, die auch für Deutschland einen nationalen Einheitsstaat und eine Liberalisierung des politischen Lebens verlangte. Da die erste deutsche Nationalversammlung 1848/49 in der Frankfurter Paulskirche nicht in der Lage war, die in sie gesetzten Erwartungen zu erfüllen, verbündete sich die deutsche Einheitsbewegung mit Preußen, in der Überzeugung, allein dieser sich zur Industrienation entwickelnde Staat sei geeignet, das außerösterreichische Deutschland zusammenzufassen und zu führen. Die Schlacht von Königgrätz am 3. Juli 1866 beendete die Auseinandersetzung um die Führung Deutschlands, schuf jedoch ein neues Problem, die Frage des *einen* Staates des deutschen Gesamtvolkes. Das Deutsche Reich verstand sich als deutscher Nationalstaat unter preußischer Führung. Der Wunsch, die Tatsache seiner sehr verspäteten Gründung wettzumachen, begünstigte das Entstehen eines nationalen Selbstbewußtseins, das die Zugehörigkeit zum deutschen Volk als gnadenhafte Auszeichnung erklärte und dem Deutschen Reich eine missionarische Aufgabe zuwies. Kaiser Wilhelm II. sprach unter dem Beifall seiner Zeit die Überzeugung von der ihm zugefallenen Notwendigkeit aus, das Deutsche Reich zur Weltgeltung zu führen. Ihm antwortete der in Gründung befindliche Alldeutsche Verband: »Wir sind bereit, auf den Ruf unseres Kaisers in Reih und Glied zu treten und uns stumm und gehorsam den feindlichen Geschossen entgegenführen zu lassen, aber wir können dafür auch verlangen, daß uns ein Preis zufalle, der des Opfers wert ist, und dieser Preis ist: einem Herrenvolk anzugehören, das seinen Anteil an der Welt sich selber nimmt und nicht von der Gnade und dem Wohlwollen eines anderen Volkes zu empfangen sucht. Deutschland wach auf!« Ein Ergebnis der fortschreitenden Nationalisierung des öffentlichen Lebens war der sehr früh geäußerte Wunsch auf Vergrößerung des Gebietes des Deutschen Reiches. Die »Alldeutschen Blätter« erklärten 1893: »Ehe nicht in Dünkirchen, Herdingen (Hesdin), Ryssel (Lille), Artreyt und Kameryk im niederdeutschen Land und Nanzig, Lunstadt (Luneville), Leuk (Toul) und Verdun (deutsch gesprochen) im alten Stammesherzogtum Lothringen die französische Trikolore zu Füßen des deutschen Aars liegt, ist das Reich nicht gesättigt und die alte Schuld nicht beglichen.« Gewiß, diese Äußerungen stammten von einer extremen Rand- oder Flügelgruppe, sie drangen jedoch in die allgemeine Meinung ein, die mehr und mehr von der Richtigkeit der Erwartung überzeugt war, die Emanuel Geibel in seinen »Heroldrufen« zum Ausdruck gebracht hatte:

Und es mag am deutschen Wesen
Noch einmal noch die Welt genesen.

Der Stolz auf das spät gegründete, jedoch unverzüglich zur ersten Militärmacht Kontinentaleuropas aufgestiegene Deutsche Reich, das Bewußtsein der militärischen Stärke der deutschen Armee und der deutschen Flotte, der Glaube an die Sendung des deutschen Volkes und die als Bestätigung empfundene Entwicklung der deutschen Industrie wirkten zusammen in der Formung eines nationalen Selbstbewußtseins, das die Grenzen nüchterner Betrachtung und sachlicher Beurteilung rasch hinter sich ließ und das Gefühl dünkelhafter Überlegenheit begünstigte, die das eigene Volk überschätzte und die andern Völker unterschätzte. Diese, dadurch herausgefordert, unterstützten alle politischen Entscheidungen, die geeignet waren, das deutsche Machtstreben anzuhalten oder wenigstens zu verlangsamen. Das Deutsche Reich seinerseits sah sich, von den Mächten eingekreist, in einen Ausnahmezustand versetzt und geriet in nationale Hysterie: Es glaubte sich verkannt, verachtet und verfolgt.

Das allgemeine politische Interesse des Deutschen Reiches und des deutschen Volkes galt der Außenpolitik. Es wurde von der notwendigen, jedoch unterbliebenen Umgestaltung der inneren Verhältnisse abgelenkt. Das Deutsche Reich war ein Obrigkeitsstaat. Der Gehorsam vor der weltlichen und geistlichen Obrigkeit war religiös fundiert. Wer Gehorsam forderte, verwies auf Römer 13, 1–7: »Jedermann sei der obrigkeitlichen Gewalt untertan. Denn es gibt keine Gewalt, die nicht von Gott stammt, wo eine Gewalt besteht, ist sie von Gott angeordnet.« Martin Luther bemerkte in seinen Vorlesungen über den Römerbrief in den Jahren 1515/16 zum Kapitel Römer 13: »Hier lehrt der Apostel das christliche Volk, wie es sich gegen die Außenstehenden und Machthaber zu verhalten hat. Im Gegensatz zur jüdischen Meinung lehrt er, man müsse auch den Bösen und den Ungläubigen untertan sein, wie es 1. Petrus 2, 13 heißt: ›Seid untertan aller menschlichen Ordnung, es sei dem Könige als dem Obersten oder den Pflegern als Gesandten von ihm, denn das ist der Wille Gottes.

Auch wenn die Machthaber böse oder ungläubig sind, so ist doch die Ordnung und ihre Gewalt gut und von Gott.‹« Die deutschen Landesfürsten stützten auf diese Bibelstelle ihre absolute Herrschaft. Sie beanspruchten dafür die Hilfestellung der Kirchen, die das absolutistische Denken der Fürsten übernahmen. Staat und Kirchen wetteiferten in der Ausbildung des Obrigkeitsanspruches, der in allen Bereichen des öffentlichen und auch des privaten Lebens praktiziert wurde. Kaiser Wilhelm II. war mit allen Mitteln bemüht, die Forderung nach bedingungslosem Gehorsam nicht nur zu vertreten, sondern auch durchzusetzen. Bei der Rekrutenvereidigung der Potsdamer Garderegimenter am 23. November 1891 erklärte er: »Ihr habt Mir Treue geschworen, das – Kinder Meiner Garde – heißt, Ihr seid jetzt Meine Soldaten, Ihr habt Euch Mir mit Leib und Seele ergeben; es gibt für Euch nur einen Feind, und der ist Mein Feind. Bei den jetzigen sozialistischen Umtrieben kann es vorkommen, daß Ich Euch befehle, Eure eigenen Verwandten, Brüder, ja Eltern niederzuschießen – was ja Gott verhüten möge –, aber auch dann müßt Ihr Meine Befehle ohne Murren befolgen.« In das »Goldene Buch« der »Illustrierten Zeitung«, herausgegeben aus Anlaß der Jahrhundertwende, trug Wilhelm II. ein: »Von Gottes Gnaden ist der König, daher ist er auch nur dem Herrn allein verantwortlich. Er darf seinen Weg und sein Wirken nur unter diesem Gesichtspunkt wählen.« Das Festhalten an der Auffassung vom Gottesgnadentum der Monarchen auch im Zeitalter allgemeiner Liberalisierung und fortschreitender Industrialisierung führte zur Verkrustung der inneren Ordnung des Deutschen Reiches. Die Forderung nach unbedingtem Gehorsam gegenüber institutionalisierter Autorität machte die Deutschen zu einem Volk von Befehlsempfängern, die erzogen wurden und gewohnt waren, auf Kritik gegenüber der Obrigkeit zu verzichten. Es bildete sich zugleich die Vorstellung heraus, der Staat bedürfe einer unangefochtenen und unwidersprochenen Ordnung. Sie sei das Kennzeichen staatlichen Lebens. Sie allein garantiere bürgerlichen Fortschritt und Wohlbefinden. Die Struktur des Obrigkeitsstaates behauptete sich in einem Zeitalter, in dem in der Wirtschaft die private

Initiative voll zur Entfaltung gekommen war. Sie verhinderte das Aufkommen individuellen Verantwortungsbewußtseins und erschwerte das Verständnis der parlamentarischen Demokratie. Sie prägte ein Zerrbild staatlicher Ordnung – die Vorstellung bedingungsloser Unterordnung.

Der Antisemitismus war in der deutschen Geschichte latent. Auf der Suche nach Schuldigen für den Zusammenbruch der kurzlebigen Scheinblüte der wirtschaftlichen Entwicklung des Deutschen Reiches 1873 wurden dafür die eben erst emanzipierten Juden verantwortlich gemacht. Eine wirtschaftlich motivierte Judenfeindschaft war die Folge. Sie vergrößerte die religiös argumentierende Judengegnerschaft. Dieser Antisemitismus, zusammengesetzt aus wirtschaftlichem Neid und einer nicht überzeugenden religiösen Rechtfertigung, wurde vergrößert durch die politisch-ideologisch und die biologisch motivierte Judenfeindschaft. Der Berliner Antisemitismusstreit 1879/80 machte den Umfang der antisemitischen Bewegung deutlich. Sie berief sich auf die Ansichten von Charles Darwin und von Arthur Graf Gobineau. Zahlreiche Veröffentlichungen warben für den Antisemitismus. 1887 legte T. Fritsch seinen »Antisemiten-Katechismus« vor, der unter dem Titel »Handbuch der Judenfrage« über vierzig Auflagen erlebte. 1894, im Zeitpunkt der endgültigen Konstituierung des »Alldeutschen Verbandes«, kam es zum Zusammenschluß aller antisemitischen Parteien und Vereine. Die antisemitische Bewegung organisierte sich. Sie zeigte deutlich die Merkmale eines lediglich negativen Nationalempfindens: Der kritiklosen Selbstverherrlichung des Germanentums stand eine unkritische Verachtung des Judentums gegenüber. Diese fand Unterstützung bei allen, die glaubten, Grund zu haben, auf die wirtschaftliche und gesellschaftliche Stellung der Juden in Deutschland neidisch zu sein. Sie galten, wie sehr sie sich auch immer um Assimilierung bemühten und sich als Deutsche verstanden, als die Schuldigen für die eingetretene Verschlechterung der politischen, wirtschaftlichen und sozialen Verhältnisse.

Innerhalb des deutschen Volkes ging nach 1871 eine Umschichtung vor sich, auf die Max Weber 1895 in seiner Antrittsvorlesung »Der Nationalstaat und die Volkswirtschaftspolitik« aufmerksam machte: »Das Drohende unserer Situation aber ist, daß die bürgerlichen Klassen als Träger der Machtinteressen der Nation zu verwelken scheinen und noch keine Anzeichen dafür vorhanden sind, daß die Arbeiterschaft reif zu werden beginnt, an ihre Stelle zu treten.« Die herrschenden Klassen zeigten sich besorgt über die Auswirkungen der rasch fortschreitenden Industrialisierung des Deutschen Reiches. Reichskanzler Chlodwig Fürst zu Hohenlohe-Schillingsfürst trug am 10. Januar 1896 in sein »Journal« ein: »Wir kamen dann auf die politische Lage im allgemeinen zu sprechen, und [*der Staatssekretär des Reichsschatzamtes*] Posadowsky legte seine Auffassung dar. Er beklagt es, daß Deutschland mehr und mehr Industriestaat werde. Dadurch würde der Teil der Bevölkerung gestärkt, auf den sich die Krone nicht stützen könne, die Bevölkerung der großen Städte und der Industriebezirke. Den eigentlichen Halt für die Monarchie biete doch nur die Landbevölkerung. Gehe es so fort wie jetzt, so werde die Monarchie entweder in Republik übergehen oder, wie in England, eine Schattenmonarchie werden.« Der 1904 gegründete »Reichsverband gegen die Sozialdemokratie« erklärte der politischen Arbeiterbewegung den Kampf. Er bezeichnete als sein Ziel »die Herbeiführung geschlossenen Vorgehens bei den Wahlen seitens aller treu zu Kaiser und Reich stehenden Parteien und Personen«. Er fand die Unterstützung der staatlichen Obrigkeit, die in der politischen Arbeiterbewegung nicht nur eine gesellschaftliche Opposition, sondern einen Feind des Staates sah. Das Deutsche Reich war stolz auf die Tatsache, daß es die Industrienationen einholte, ja überholte und in vielen Produktionen die erste Stelle einnahm. Es war jedoch nicht in der Lage, die Bevölkerungsgruppe, die diese Entwicklung möglich machte, die Arbeiterschaft, gerecht zu behandeln. Es zeigte sich als unfähig, die Arbeiterschaft in das Staatsvolk zu integrieren. Staatsvolk und Arbeiterschaft standen sich, obwohl sie einem Volkskörper angehörten, feindlich gegenüber. Dem Hochgefühl über die Produktionsergebnisse stand die Feindschaft gegen die Angehörigen der in der Produktion Tätigen gegenüber. In den erfolglosen Bemühungen um die Beseitigung des Dreiklassenwahlrechtes in Preußen kam die Weigerung der besitzenden Klassen, alle Bürger an der politischen Verantwortung zu beteiligen, zum Ausdruck.

Diese Erscheinungen – das verspätete und übersteigerte Nationalbewußtsein, der überforderte Gehorsamsanspruch, der militante Antisemitismus und die Feindschaft gegen die Industriearbeiterschaft – erwiesen sich als schwere Belastungen der Entwicklung des Deutschen Reiches zwischen 1871 und 1914. Militärisch gerüstet, innenpolitisch jedoch ungenügend vorbereitet, trat es 1914 in den Krieg ein.

In seiner 1916 gehaltenen Rede »Die Ideen von 1914« machte Ernst Troeltsch auf die Verwandlung aufmerksam, die der Ausbruch des Ersten Weltkrieges in Deutschland auslöste: »Eine Selbstverteidigung, die jeden Mann und jede Frau in ihren Dienst zog, weckte die leidenschaftliche Liebe zum eigenen Boden, zur Heimat und zum eigenen Wesen, wie es nun einmal ist in seinen Verzichten und Schranken. Ein heißer Drang zur Erfassung unseres eigenen Selbst, wie es unter der Oberfläche bisheriger Alltagsarbeit gelegen hatte und im Krieg zu seinen letzten Tiefen und Kräften strebte, erfüllte das ganze Volk ...«

Die »Ideen von 1914« kannten als Ziel nur einen deutschen Sieg. Sie ließen für die Vorstellung, Deutschland könne den Krieg verlieren, keinen Raum. Die »Ideen von 1914« sind als emotionelle Bewegungen nur den Befreiungskriegen 1813/14 und der Reichsgründung 1870/71 vergleichbar. Sie bezeichnen den Höhepunkt deutscher Selbsterfahrung und deutscher Selbstüberschätzung. Sie wurden nicht manipuliert, sondern entsprangen allgemeinen Empfindungen. Sie verführten zu verhängnisvollen Illusionen, die sich weigerten, die Wandlungen des Krieges zu berücksichtigen: »Trotz der bitteren Lehre der Marneschlacht blieb eine illusionistische Unterschätzung der Gegner (man höhnte über die fehlgeschlagenen Prophezeiungen der Gegner, aber was erwartete man nicht immer wieder unsererseits – wie die Zermürbung Englands durch den U-Boot-Krieg?) dauernd bezeichnend, was sich dann gegenüber den Amerikanern am meisten rächte. Daheim aber ließ die siegessichere Illusion auch nach dem Abschwellen der anfänglichen ›Siegestollheit‹, von der Tirpitz schreibt, nicht nach. Welch weltfremden optimistischen Idealismus atmet etwa ein Satz aus einer Marburger Rektoratsrede von Th. Birt 1915: ›Wohl den europäischen Völkern, wenn ihnen in Zukunft eine Vorherrschaft Deutschlands beschieden sein wird. Denn so wird es sein. Es kann sich nicht anders wenden.‹ ›Daß Deutschland und seine Genossen‹, heißt es in einer anderen Marburger Rede aus dem gleichen Jahre von W. Busch, ›unglücklich aus diesem Kriege hervorgehen, das ist uns undenkbar.‹«

Als die Aussichten für die Verwirklichung der Ziele der »Ideen von 1914« immer geringer wurden, erfaßten Verzweiflung, Verbitterung und Zynismus das deutsche Volk. Es wehrte sich mit allen Kräften gegen die Einsicht, daß seine wirtschaftlichen und menschlichen Möglichkeiten nicht zur Erringung eines militärischen Sieges ausreichten. Diese Weigerung bedurfte einer Ausrede, der Dolchstoßlegende, der unrichtigen Behauptung, das im Felde unbesiegte Heer sei in der schwankend und mutlos gewordenen Heimat erdolcht worden. Da ein verlorener Krieg im Deutschen Reich etwas war, was nicht sein durfte, flüchteten nur zu viele, die sich durch den Verlust des Krieges in ihrer persönlichen Existenz bedroht fühlten, in die verwirrende Fiktion der Dolchstoßlegende. Sie machten für den Ausgang des Krieges die verantwortlich, die nach ihrer Meinung den Dolch des Verrates in den Rücken des siegreich kämpfenden Feldheeres gestoßen hatten, Gewerkschaften und Sozialdemokraten, die sie unter dem Schlagwort »Marxisten« zusammenfaßten.

Den »Ideen von 1914« folgten die »Enttäuschungen von 1918«. Beide Jahre, 1914 und 1918, zeigen extreme Verhaltensweisen des deutschen Volkes. 1914 von der Erwartung auf den Sieg berauscht, 1918 von der Tatsache der Niederlage zu Boden geworfen, verlor das deutsche Volk seinen Halt. Die über Nacht in Deutschland errichtete parlamentarische Demokratie wurde als für das deutsche Volk ungeeignet bezeichnet und abgelehnt. Ein nicht kleiner Teil des Staatsvolkes stand dem Staat, in dem er lebte, mit Vorbehalt oder mit

Ablehnung gegenüber. Die Demokratie wurde nicht als eine Folge des Krieges, sondern als eine Auswirkung der Niederlage verstanden. Demokratie war gleichbedeutend mit der politischen und militärischen Katastrophe des Jahres 1918 – ein Umstand, der dazu führte, daß die Demokratie keine ausreichende Grundlage erhielt. Winston S. Churchill bemerkte über die Einstellung des deutschen Volkes zu der in der Reichsverfassung vom 11. August 1919 geschaffenen parlamentarischen Demokratie: »Die Weimarer Republik wurde mit all ihren liberalen Dekorationsstücken und Segenssprüchen als etwas durch den Feind Aufgezwungenes empfunden. Sie konnte weder die Treue noch die politische Phantasie des deutschen Volkes an sich fesseln. Eine Weile versuchte es sich wie in Verzweiflung an den betagten Marschall Hindenburg zu klammern. Dann kamen gewaltige Kräfte ins Treiben; der leere Raum lag offen, und in diese Leere trat nach einer Pause ein Wahnsinniger von dämonischer Wildheit, das Gefäß und der Ausdruck der wildesten Haßgefühle, die jemals die menschliche Brust zerfressen haben – der Gefreite Hitler.«

Da die parlamentarische Demokratie das Erbe des untergegangenen monarchischen Deutschlands antrat, war sie mit den Folgen von dessen Politik belastet. Nicht das kaiserliche Deutsche Reich, sondern die in Weimar konstituierte Republik wurde für die eingetretenen wirtschaftlichen und gesellschaftlichen Verschlechterungen verantwortlich gemacht. Da der Vertrag von Versailles vom 28. Juni 1919 – subjektiv und objektiv – hart war, erhob sich in Deutschland ein Aufschrei der Verbitterung und des Entsetzens. Die Siegermächte wählten Ort und Zeitpunkte, die das nationale Empfinden der Deutschen verletzen mußten. Sie eröffneten die Friedenskonferenz von Paris am 18. Januar 1919, an dem Tag, an dem 48 Jahre zuvor in Versailles das Deutsche Reich proklamiert worden war. Sie bestimmten als Ort der Unterzeichnung den Spiegelsaal von Versailles, in dem diese Proklamation stattgefunden hatte. Sie wählten als Tag der Unterzeichnung den 28. Juni 1919, den Tag, an dem fünf Jahre zuvor Erzherzog Franz Ferdinand und seine Frau in Sarajevo erschossen worden waren.

Der Vertrag von Versailles wurde zum Inbegriff aller Verbitterungen und Enttäuschungen des deutschen Volkes. Die Front des Widerstandes dagegen reichte von links bis rechts. In unterschiedlicher Graduierung lehnten alle Parteien, Gruppen, Organisationen den Vertrag von Versailles – »Versailles« – ab. Der Vorort von Paris wurde zum Synonym des Unbehagens und der Unzufriedenheit des deutschen Volkes. Die psychologischen Auswirkungen des Vertrages übertrafen seine faktischen Belastungen. Der Kampf gegen »Versailles« wurde zum zentralen Thema der deutschen Politik. Je entschiedener die einzelnen Parteien diesen Kampf führten, um so größeren Zulauf erhielten sie.

Die Bestimmungen des Vertrages von Versailles, vornehmlich die Reparationsverpflichtungen, hatten unmittelbare Auswirkungen auf die wirtschaftlichen und gesellschaftlichen Verhältnisse. Sie berührten jeden einzelnen. Diese Tatsache trug entscheidend dazu bei, daß der Kampf gegen »Versailles« außergewöhnlich populär wurde. Die deutsche Politik nutzte diese Situation aus, indem sie alle unpopulären Entscheidungen und Maßnahmen mit dem verlorenen Krieg in Beziehung brachte. »Versailles« wurde zur Ausrede für alle politischen Unzulänglichkeiten. Eine existentielle Unruhe erfaßte das deutsche Volk, von der Ernst Niekisch sagte: »Die Atmosphäre zwischen 1918 und 1933 war explosiv; ich erfaßte sie so und zweifelte nicht daran, daß eine Explosion nicht zu vermeiden war.«

Noch vor der Unterzeichnung des Vertrages von Versailles begann in München eine politische Partei ihren Weg, die zunächst eine von fünfzig politischen Gruppen in München war. Sie bemühte sich, auf ihre Weise den Versuch fortzusetzen, der erstmals in der politischen Auseinandersetzung zwischen Deutschen und Tschechen im Kronland Böhmen des Staates der Habsburger unternommen worden war: Nationalismus und Sozialismus, die bestimmenden Ideen der Zeit, miteinander auszusöhnen und zu vereinen.

Deutsche Arbeiter und Angestellte in den deutschsprachigen Gebieten der Donaumonarchie sahen sich durch die Aktivität ihrer nichtdeutschen Mitbürger herausgefordert. So wie diese ihr Volkstum verteidigten, verstanden jene ihre Zugehörigkeit zum Deutschtum als eine Aufgabe. Sie wollten gleichzeitig die bedrückenden sozialen Verhältnisse entscheidend ändern, überzeugt, nur durch eine Verbesserung der Existenzbedingungen die Voraussetzungen für die Behauptung des eigenen Volkstums zu schaffen. In der nationalen Auseinandersetzung kam es zur Bildung von Gruppen, Vereinigungen und Organisationen, die nach dem Vorbild ihrer tschechischen Nachbarn in gleicher Weise national und sozial sein wollten. Dieser Gedanke blieb nicht auf die Donaumonarchie beschränkt, auch wenn er hier seine erste Ausprägung fand. Die Auseinandersetzung zwischen den herrschenden Klassen und der Sozialdemokratie vor 1914, die Bewilligung der Kriegskredite durch die Fraktion der Sozialdemokratie im Reichstag am 4. August 1914 und der Druck auf die politischen und sozialen Verhältnisse während des Weltkrieges hatten die politische Bedeutung der Arbeiterschaft deutlich gemacht. Es kam deshalb noch während des Krieges zur Fortsetzung der immer wieder unternommenen Versuche, die Arbeiter für den Nationalsozialismus zu gewinnen, indem ihnen in bezug auf den Sozialismus Zugeständnisse gemacht wurden. Diese Bestrebungen gingen von den Vertretern sowohl des Adels und des Bürgertums als auch der Arbeiter selbst aus. Sie konnten sich gegenüber den international orientierten Freien Deutschen Gewerkschaften und der schließlich dreigeteilten politischen Arbeiterbewegung jedoch nicht durchsetzen. Diese Tatsache erklärt auch den Umstand, daß die von dem Maschinenschlosser Anton Drexler am 5. Januar 1919 gegründete »Deutsche Arbeiterpartei« zunächst unbeachtet blieb.

Mit ihrer Gründung begann jedoch die Entwicklung des politisch organisierten Nationalsozialismus im Deutschen Reich, der sich zunächst als Deutsche Arbeiterpartei, vom Frühjahr 1920 an als »Nationalsozialistische Deutsche Arbeiterpartei« bezeichnete. Ihre Entwicklung zeigt folgende Phasen: Die erste Periode reicht von ihrer Gründung am 5. Januar 1919 bis zu ihrem Verbot am 9. November 1923. Vom 9. November 1923 bis zum 27. Februar 1925 ist die NSDAP verboten. Sie besteht in Ersatzorganisationen weiter. Ihre

Wiederbegründung erfolgt am 27. Februar 1925. Sie besteht von diesem Zeitpunkt an bis zu ihrer tatsächlichen Auflösung durch den militärischen Zusammenbruch der nationalsozialistischen Herrschaft in Deutschland und ihrer rechtlichen Auflösung durch die Besatzungsmächte Deutschlands. Die vom Alliierten Kontrollrat in der Proklamation Nr. 2 vom 20. September 1945 erhobenen »Zusätzlichen an Deutschland gestellten Forderungen« stellten fest: »38. Die Nationalsozialistische Deutsche Arbeiterpartei (NSDAP) ist völlig und endgültig aufgelöst und wird als illegal erklärt.«

Die erste Periode der DAP bzw. NSDAP gliedert sich in drei Abschnitte, in die Gründungsphase vom 5. Januar 1919 bis 5. Januar 1920, in der der Journalist Karl Harrer als Reichsvorsitzender fungiert, in die Konsolidierungsphase vom 5. Januar 1920 bis 29. Juni 1921, in der sie von ihrem Gründer Anton Drexler geleitet wird, und in die revolutionäre Phase unter der Führung Hitlers vom 29. Juni 1921 bis 9. November 1923.

Entscheidend für die Entwicklung der DAP wurde die Begegnung zwischen ihrem Gründer Anton Drexler und Adolf Hitler, der zur Beobachtung und sicher auch zur Berichterstattung zum Besuch der Versammlung der Partei am 12. September 1919 vom Reichswehrgruppenkommando 4 befohlen wurde. In Hitler fand die Deutsche Arbeiterpartei den rhetorisch begabten Motor, dessen sie bedurfte, um aus ihrer Anonymität urbaner Bedeutungslosigkeit herauszutreten. Hitler seinerseits fand in der Partei eine (politische) Plattform.

Bei seiner traditionellen Rede im Münchener »Bürgerbräukeller« zur Erinnerung an den gescheiterten Putschversuch von 1923 sagte Hitler am 8. November 1936: »Ich kann es ganz ruhig eingestehen, daß ich von 1919 bis 1923 überhaupt an nichts dachte als an einen Staatsstreich.« Hitler war von 1919 bis 1923 der Überzeugung, die durch die Revolution vom 7. bis 9. November 1918 in Deutschland geschaffenen Verhältnisse müßten durch eine zweite Revolution oder Gegenrevolution wieder beseitigt werden, um den vorrevolutionären Zustand eines in Illusionen verstrickten Obrigkeitsstaates wiederherzustellen.

Die Entfaltung der DAP bzw. NSDAP zwischen 1919 und 1923 ist ohne Kenntnis des bayerischen Hintergrundes nicht verständlich. Die politischen und gesellschaftlichen Verhältnisse galten im Königreich Bayern für so stabil, daß eine revolutionäre Veränderung für ausgeschlossen galt. Daß trotzdem die Revolution in Deutschland ihren ersten sichtbaren Erfolg in der Hauptstadt Bayerns, in München, erringen konnte, war für einen Teil der Bevölkerung ein schwerer und anhaltender Schock. Er wurde verstärkt, als sich die Revolution zu der blutigen Groteske einer mehr anarchistisch als marxistisch motivierten Räteherrschaft fortentwickelte. Das Trauma der Erfahrung vom 7. November 1918 bis zum 1. Mai 1919 hielt in München lange vor. Es förderte alle antisozialistischen, antimarxistischen, antirepublikanischen, antijüdischen Ressentiments. Es schuf eine innere und äußere Bereitschaft für den Aufstieg einer politischen Partei, die vorgab, gegen Marxismus, Judentum, parlamentarische Demokratie und Parteienherrschaft zu kämpfen. Der Wunsch nach Wiederherstellung von »Ordnung« wurde bestimmend.

Durch die Ereignisse in München entscheidend geschwächt, war Bayern nicht in der Lage, bei den Beratungen einer neuen Reichsverfassung durch die in Weimar tagende Nationalversammlung die ihm von Bismarck 1870 zugestandenen Vor- und Sonderrechte, Reservate, zu verteidigen. Es betrachtete den Verlust der ihm 1870 eingeräumten Vorzugsstellung als eine unannehmbare Demütigung, die wettzumachen es als vordringliche Aufgabe ansah. Beide Vorgänge, die Erschütterung über die revolutionäre Situation Münchens im Winter 1918/19 und der Verlust der verfassungsrechtlichen Privilegien durch die Reichsverfassung vom 11. August 1919, schufen in Bayern, vornehmlich in München, eine eigentümliche politische Atmosphäre, deren Kennzeichen eine Überbetonung eines weißblau eingefärbten Nationalbewußtseins und eine sich steigernde Ablehnung der Republik und ihrer Herrschaftsform waren. Wer beide Ziele verfolgte, war als Verbündeter angenehm. Das Vermögen, unter den Verbündeten zu unterscheiden, fehlte der bayerischen Politik zunächst. Als sie es entwickelte, waren die Verbündeten bereits selbständig. Alle, die die Revolution und ihre Auswirkungen und den Vertrag von Versailles und seine Konsequenzen ablehnten, galten als Verbündete. Die bayerischen Politiker in Regierungsämtern glaubten, überlegen und stark genug zu sein, um die nationalen Gruppen, deren Entstehen sie nicht nur duldeten, sondern mit Wohlwollen sahen, unter Kontrolle zu halten. Sie waren der Meinung, daß die nationalen Gruppen letzthin ihre Politik machen würden. Dieser Überzeugung waren im Herbst 1923 auch Generalstaatskommissar von Kahr, Generalleutnant von Lossow, der Befehlshaber der in Bayern stationierten Reichswehrtruppen, und Oberst von Seißer, der Chef der bayerischen Landespolizei. Sie glaubten, auch die inzwischen durch eine lautstarke Propaganda bekanntgewordenen Gruppen und Verbände so weit beeinflussen zu können, daß sie auf selbständige Aktionen verzichteten.

Diese Auffassung erklärt, weshalb die von einzelnen ausgesprochenen Warnungen vor der Entwicklung der NSDAP ungehört verhallten. Hitler fand stets einen einflußreichen Fürsprecher, der sich für die Durchführung von Veranstaltungen, auch wenn sie mit der Möglichkeit eines Putschversuches verbunden waren, einsetzte. In Hitler selbst entstand dadurch die Vorstellung, seine Aktivität werde nicht nur geduldet, sondern auch gewünscht. Nicht nur hoffend, sondern überzeugt, die Zögernden mitreißen zu können, entschloß sich Hitler Anfang November 1923 zum Handeln. Zwischen dem Revolverschuß in die Decke des Saales des »Bürgerbräukellers« – abgefeuert am 8. November 1923 kurz nach 20.45 Uhr – und den Schüssen vor der Feldherrnhalle – abgegeben am 9. November 1923, kurz nach 12.30 Uhr – vollzog sich Hitlers Gedanke von einem Staatsstreich, der als »Ludendorff-Hitler-Putsch«, als »Hitler-Putsch« und als »9. November 1923« in die Geschichte einging.

Die Verflechtung zwischen dem bayerischen Triumvirat Kahr, Lossow und Seißer einerseits und den Führern des Kampfbundes andererseits war jedoch so stark, daß die bayerische Regierung darauf bestand, das Gerichtsverfahren nicht vor dem Staatsgerichtshof des Reichsgerichts in Leipzig, sondern vor dem Volksgericht für den Landgerichtsbezirk München I anhängig zu machen. Sie verzichtete auch darauf, Kahr, Lossow und Seißer unter Anklage zu stellen. Die entscheidenden Fragen der dem Putsch vorausgegangenen Entwicklung wurden in nichtöffentlichen Sitzungen des Verfahrens erörtert. Es galt als die Liquidation der inzwischen verbotenen NSDAP, auch wenn sie deren Führer Hitler die Möglichkeit zu einer weltweiten Propaganda gab.

Die NSDAP war, wie bereits bemerkt, vom 9. November 1923 bis zum 27. Februar 1925 verboten. Dieses Verbot hinderte jedoch ihre Funktionäre und Anhänger nicht, sich in Ersatzorganisationen zu sammeln. Es entstanden die »Großdeutsche Volksgemeinschaft« und der »Völkische (Soziale) Block in Bayern«. Es bildete sich aus den im Wettbewerb mit der NSDAP entstandenen nationalsozialistischen Gruppen und Parteien die »Nationalsozialistische Freiheitsbewegung«, die unter dem Eindruck des Putsches und des Prozesses von München bei den Reichstagswahlen am 4. Mai 1924 einen bemerkenswerten Achtungserfolg errang. Weder das Verbot der NSDAP noch seine Verurteilung veranlaßten Hitler, die Führung der Partei aufzugeben. Er legte sie demonstrativ nieder, als er sah, daß sein Einfluß auf die sich streitenden Führer der völkischen Bewegung nachließ und die Zubilligung der ihm in Aussicht gestellten Bewährungsfrist in Gefahr geriet. Die Führer der Nationalsozialistischen Freiheitsbewegung sahen darin die Möglichkeit, den von Hitler geräumten Platz einnehmen zu können. Es kam zu einer nicht abreißenden Folge von Kontroversen und Intrigen um die Führung der verschiedenen Gruppen, die sich unter dem Dach der Nationalsozialistischen Freiheitsbewegung fanden. Der Situation gehorchend, übertrug Hitler die Wahrnehmung seiner Interessen Gregor Strasser, der seine politische Aktivität in richtiger Einschätzung des veränderten gebietsmäßigen Interesses nach Norddeutschland verlagerte. Hitler beschäftigte sich zwar mit der Niederschrift seines Buches »Mein Kampf«, befaßte sich jedoch vor allem mit der Abwehr von zwei, seine zukünftige politische Betätigung bedrohenden Gefahren. Er war daran interessiert, daß die ihm in Aussicht gestellte Bewährungsfrist auch tatsächlich bewilligt wurde. Er wollte verhindern, daß Bayern ihn nach Österreich abschob. Der Versuch der Staatsanwaltschaft München I, Hitler die Bewährungsfrist zu versagen, scheiterte, da das Oberste Bayerische Landesgericht die von der Staatsanwaltschaft München I dagegen vorgebrachten Einwände nicht anerkannte. Die Regierung der Republik Österreich lehnte den Wunsch des Bayerischen Gesamtstaatsministeriums, Hitler nach Österreich zu überstellen, ab, obwohl zunächst die Oberösterreichische Landesregierung ihre Bereitschaft, Hitler zu übernehmen, zum Ausdruck gebracht hatte.

Als Hitler am 20. Dezember 1924 die Haftanstalt Landsberg am Lech verließ, hatte er den Gedanken an einen Staatsstreich aufgegeben. Er war sich darüber im klaren, daß nur das Bekenntnis zur Legalität seiner politischen Bestrebungen die ihm drohende Gefahr einer Ausweisung und die der Wiederbegründung der NSDAP entgegenstehende Behinderung beseitigen konnte. Der Empfang Hitlers durch den bayerischen Ministerpräsidenten Heinrich Held am 4. Januar 1925 bezeichnet den Anfang der Bekundungen Hitlers, legal an die Macht zu kommen. Besorgte Zeitgenossen äußerten Zweifel an der Glaubwürdigkeit des Legalitätsbekenntnisses Hitlers, verzichteten jedoch auf ihre Forderungen nach entsprechenden Maßnahmen, da die NSDAP bei den Wahlen erfolglos war. Nicht wenige Zeitgenossen verstanden Hitlers Erklärung, legal um die Macht zu kämpfen, auch als eine Versicherung, die Macht legal auszuüben, obwohl Hitler und seine nächsten Mitarbeiter unmißverständlich zwischen der Legalität der Erringung der Macht und der nationalsozialistischen Ausübung der Macht unterschieden.

Die bayerische Regierung hielt unter dem Eindruck des Ausganges der Reichstagswahlen vom 20. Dezember 1924 die politische Lage in Bayern für so stabilisiert, daß sie den Ausnahmezustand, der das Verbot der KPD und der NSDAP einschloß, aufhob. Die zunehmenden Auseinandersetzungen innerhalb der Nationalsozialistischen Freiheitsbewegung schienen ihre Annahme zu bestätigen. Hitler nahm am 27. Februar 1925 die Wiederbegründung der NSDAP vor. Sein Versuch, für die Neugründungsversammlung Anton Drexler als Versammlungsleiter zu gewinnen, scheiterte. Die wiederbegründete NSDAP übernahm zwar Namen und Programm der am 9. November 1923 verbotenen Partei, nicht jedoch deren Mitglieder. Sie hatte sich zunächst mit den in der Zwischenzeit zu Ansehen gekommenen Politikern der Nationalsozialistischen Freiheitsbewegung auseinanderzusetzen. Der Führungsanspruch Hitlers wurde nicht nur von völkischen Funktionären außerhalb der NSDAP, sondern auch von Funktionären der NSDAP Nord- und Nordwestdeutschlands bestritten. Ein lang anhaltendes Gefälle in der Führung und Struktur der NSDAP zwischen Norddeutschland und Süddeutschland war die Folge.

In der Entwicklung der NSDAP zwischen ihrer Wiederbegründung am 27. Februar 1925 und der Berufung Hitlers zum Reichskanzler am 30. Januar 1933 sind zwei deutlich voneinander abgesetzte Abschnitte zu unterscheiden. Der erste reicht vom 27. Februar 1925 bis zum 14. September 1930, der zweite vom 15. September 1930 bis zum 30. Januar 1933. In der ersten Zeitspanne von 1925 bis 1930 wurde die NSDAP von der Mehrheit der öffentlichen Meinung als eine nicht ernst zu nehmende völkische Sekte angesehen. Als das Ergebnis der Reichstagswahlen vom 14. September 1930 vorlag, war das in den vorausgegangenen Monaten erfolgte Ansteigen der NSDAP offenkundig. Die NSDAP wurde zum Problem Nummer eins der deutschen Politik. Sie stand beherrschend im Mittelpunkt des Interesses.

Diese Entwicklung kam nicht zufällig. Sie zeichnete sich spätestens im Frühjahr 1929 ab, wurde jedoch nicht zur Kenntnis genommen. Die politischen Auswirkungen sowohl der Agrarkrise als auch der Wirtschaftskrise blieben unbeachtet. Hitler benutzte die Zeitspanne von 1925 bis 1930, um mit den Problemen fertig zu werden, die ihn bereits während der Festungshaft in Landsberg bedrängt hatten. Er erbat und erhielt seine Entlassung aus der österreichischen Staatsbürgerschaft. Er lehnte eine Zusammenarbeit mit völkischen Politikern ab. Er verlangte für sich den alleinigen Führungsanspruch, den er auch gegen die zunächst aufsässigen Funktionäre der nord- und nordwestdeutschen Gaue durchsetzte.

Obwohl auch er erkannte, daß die NSDAP außerhalb Bayerns an Bedeutung und Einfluß gewann, bestand er unverändert auf der Führungsrolle der Parteiorganisation Münchens. Indem es ihm gelang, einzelne nord- und nordwestdeutsche Funktionäre für sich zu gewinnen, zerbrach er die gegen ihn zustande gekommene Front nord- und nordwestdeutscher Funktionäre. Der Nationalsozialismus verlagerte den Schwerpunkt seiner Tätigkeit und seines Einflusses von Bayern nach Norddeutschland. Er erfuhr dadurch eine zunächst nicht sichtbare äußere und innere Veränderung, der sich Hitler anpaßte.

Das Abschneiden der NSDAP bei den Reichstagswahlen am 20. Mai 1928 beruhigte ihre Gegner. Eine Partei, die trotz einer wachsenden Mitgliederzahl und eines modernen Propagandaapparates nur 2,63 Prozent der abgegebenen gültigen Stimmen erhielt, stellte keine politische Gefahr dar. Die Erfolglosigkeit seiner Partei brachte Hitler in den Genuß unbehinderter Redeerlaubnis. Er gewann damit die stärkste Waffe, die er einsetzen konnte und auf die die Partei angewiesen war. Er konnte mit Recht die Auswirkungen des über ihn verhängten Redeverbotes als Gründe für das schlechte Abschneiden der NSDAP anführen. Die propagandistische Tätigkeit, die Hitler nach Aufhebung des Redeverbotes entfaltete, fiel zusammen mit der Verschärfung der wirtschaftlichen und gesellschaftlichen Verhältnisse im Deutschen Reich. Im Kampf gegen den Young-Plan 1929 fanden sich zum erstenmal die politischen Gruppen, die im Herbst 1931 die »Harzburger Front«, die Kolonne, die zum Sturm auf die parlamentarische Demokratie ansetzte, und Anfang 1933 die von Hitler geführte »Reichsregierung der nationalen Konzentration« bildeten. Weil die NSDAP den Großgruppen der Gesellschaft alles versprach, was diese glaubten erhoffen zu dürfen, fand sie Eingang im unteren Mittelstand, der durch die Inflation pauperisiert worden war, in der Landwirtschaft, die durch den kurzlebigen wirtschaftlichen Aufschwung zwischen 1924 und 1929 nicht den von ihr erwarteten Anteil erhalten hatte, und in einen Teil der Arbeiterschaft, die enttäuscht war.

Der frühe Herbst 1930 stellt einen Wendepunkt in der

Entwicklung sowohl des Staates von Weimar als auch der NSDAP dar. Er umschließt die Koinzidenz des Wahlerfolges der NSDAP bei den Reichstagswahlen am 14. September 1930, der Eidleistung Hitlers auf sein legales Machtstreben und einer weiteren Verschärfung der wirtschaftlichen und gesellschaftlichen Lebensbedingungen. In der Zeitspanne vom 15. September 1930 bis zum 30. Januar 1933 bestimmt die Alternative, Hitler die Macht teilweise oder ganz auszuliefern oder ihn mit Hilfe der Macht erfolgreich zu bekämpfen, die politische Szene in Deutschland. Über die Behandlung der erfolgreichen NSDAP gingen die Ansichten der Parteien und innerhalb der Parteien weit auseinander. Ein Teil erwartete sich von der Betrauung der NSDAP mit der Regierungsverantwortung ihre Domestizierung, der andere Teil befürwortete einen harten unnachgiebigen Kampf.

Die Wirtschaftskrise, Agrar-, Kapital-, Produktions- und Arbeitsmarktkrise, verursachte eine folgenschwere Depression: Die landwirtschaftliche Produktion ging um 31 Prozent zurück, die deutsche Industrie war nur noch zu 35,7 Prozent ausgelastet. Die Ausfuhr des Deutschen Reiches war um 58 Prozent gesunken. Im Februar 1932 erreichte die Zahl der bei den Arbeitsämtern gemeldeten Arbeitslosen, der Kurzarbeiter und der nicht gemeldeten Arbeitslosen 9 Millionen. KPD und NSDAP schaukelten sich wechselseitig hoch. Bereits bei den Reichstagswahlen am 14. September 1930 überflügelte die NSDAP die KPD. Sie erhielt die meisten Stimmen, jedoch nicht in den von der Massenarbeitslosigkeit heimgesuchten Industrieregionen, sondern in den landwirtschaftlich orientierten Reichstagswahlkreisen. Sie verschärfte ihren Kampf bis zum Terror. Obwohl der NSDAP die Erreichung der absoluten Mehrheit nicht gelang, forderte Hitler als Führer der stärksten Partei nach den Reichstagswahlen vom 31. Juli 1932 für sich das Amt des Reichskanzlers. Reichspräsident von Hindenburg weigerte sich lange, dieser Forderung nachzugeben. Als die Experimente der Reichsregierungen von Papen und Schleicher jedoch gescheitert waren, willigte er unter dem Druck seiner Umgebung in die Berufung Hitlers in das Amt des Reichskanzlers.

Im Mittelpunkt der allgemeinen Aufmerksamkeit stand bisher die Entfaltung des Nationalsozialismus in Deutschland zwischen 1933 und 1945, die Zeitspanne der nationalsozialistischen Herrschaft. Darüber kamen Erforschung und Darstellung der Entwicklungsphase des Nationalsozialismus im Deutschen Reich zwischen 1919 und 1933 zu kurz. Zahlreiche Probleme des Aufstiegs des Nationalsozialismus in Deutschland wurden bisher nicht oder nicht ausreichend untersucht und beschrieben. So sind, um nur *ein* Beispiel dafür zu nennen, die Protokolle der nichtöffentlichen Sitzungen des Prozesses gegen Hitler und Genossen vor dem Volksgericht München I bis zum gegenwärtigen Augenblick nicht veröffentlicht. Zahlreiche Einzelfragen der Entwicklung Hitlers und der NSDAP zwischen 1925 und 1930 wurden bisher nicht aufgehellt. Vor allem aber fehlt eine überzeugende Untersuchung des Aufstieges des Nationalsozialismus als eines wirtschafts- und gesellschaftsgeschichtlichen Problems.

Indem ich den vorliegenden Band meinen Töchtern Monika und Gisela zu ihrem Abitur zueigne, widme ich ihn in besonderer Weise den nachwachsenden Generationen: Mögen sie daraus erkennen, welche Ursachen und Umstände die Entstehung und den Aufstieg des Nationalsozialismus vorbereiteten, begünstigten und ermöglichten.

Die Voraussetzungen

Anfänge des Nationalsozialismus

Der I. Senat des Staatsgerichtshofes des Deutschen Reiches verwirft in seinem Urteil vom 15. März 1923 die Beschwerden der NSDAP gegen Parteiverbote in Baden, Preußen, Mecklenburg-Schwerin, Hamburg, Sachsen, Bremen und Thüringen. Er befaßt sich in seiner Begründung ausführlich mit der Geschichte nationalsozialistischer Parteiorganisationen:

Die nationalsozialistische Bewegung hat ihre Wurzel in Österreich, wo infolge des Zusammenlebens vieler Nationen der politische Kampf besonders heftig hin und her wogte. Es sind vier Gruppen zu unterscheiden. Die Deutsch-Nationalsozialistische Arbeiterpartei als die sudetenländische Gruppe, die eine Reihe von Abgeordneten in den tschechoslowakischen Landtag entsendet und über eine größere deutsche Presse verfügt, ferner die Nationalsozialistische Partei Deutsch-Österreichs mit dem Sitz in Wien, sodann die Deutsch-Nationalsozialistische Arbeiterpartei mit dem Sitz in Bielefeld als die polnische Gruppe und schließlich die Nationalsozialistische Deutsche Arbeiterpartei als die reichsdeutsche Gruppe mit dem Sitz in München.

Am ersten Tag der Verhandlung gegen Hitler und Genossen vor dem Volksgericht München I, am Dienstag, dem 26. Februar 1924, stellt der Vorsitzende, Landgerichtsdirektor Neithardt, an Hitler die Frage:

Man sagt auch, daß die Gründung der Nationalsozialistischen Partei in Deutsch-Österreich auf Sie zurückzuführen ist.

Hitler antwortet darauf mit Entschiedenheit:

Die Gründung der Nationalsozialistischen Partei in Deutsch-Österreich liegt bereits über zwanzig Jahre zurück; sie hat mit unserer gar nichts zu tun.

In seinem Buch »Letzte Aufzeichnungen« bemerkt der Chefideologe Alfred Rosenberg:

Der Name Nationalsozialismus stammt aus dem Sudetenland. Die politische Idee als Neugeburt des Volkstums in einer die Schäden der Demokratie überwindenden Lebens- und Staatsform hat Adolf Hitler geprägt, gestaltet, erkämpft, zur Höhe des Reiches geführt.

Bei der Erscheinung »Nationalsozialismus« ist zu unterscheiden zwischen der Entstehung des Begriffes und der Bildung von Parteigruppen, die sich als nationalsozialistisch bezeichnen: Nationalismus und Sozialismus sind die bestimmenden Ideen des 19. Jahrhunderts. Der Wunsch hat nahegelegen, beide Vorstellungen miteinander zu verbinden. Das Wort »national-sozial« soll zum erstenmal um 1860 Moses Heß, der Gründer des sozialistischen Zionismus, gebraucht haben. Auch Theodor Herzl, der Begründer des Zionismus, benutzt es. In seinen Tagebüchern vermerkt er 1895:

Hirsch fragte, ob ich die Fahne von Chovevei Zion annehme. Ich antwortete mit meiner national-sozialen Fahne: weißes Feld, sieben Sterne.

Der erste Chef der Gestapo, Rudolf Diels, erklärt in seinen Erinnerungen:

Die Vorstellung, daß Sozialismus und Nationalsozialismus zusammengehören und im Grunde die zwei Seiten der gleichen Medaille darstellen, entspringt einer der wichtigsten Konzeptionen der sozialistischen Bewegung innerhalb des Zionismus.

Das »Deutsche Adelsblatt« veröffentlicht 1887 den Aufsatz »Fürst Bismarck der erste Nationalsozialist«:

Der Staat ist ihm [*Bismarck*] nicht nach dem heutigen Parteiwesen eine Summe von Einzelwillen, sondern der Gesamtwillen als Ausdruck des Nationalgeistes. Deshalb kennt er aber, wie nur *einen* Gott, auch für die Gegenwart nur *einen* vernünftigen Parteibegriff, nämlich, so könnte man sagen, den Nationalsozialismus mit dem *einen* Programm des christlichen Gebots der Gerechtigkeit und der Liebe. Den ersten Repräsentanten solcher Einheits-Nationalpartei hat man im Fürsten Bismarck zu erkennen. In ihm verkörperte sich für den allgemeinen Staatszweck das dem 5. Jahrhundert sich nähernde national-soziale Erziehungswerk der Hohenzollern [...]. Wo aber sind die der Väter würdigen Söhne mit Verständnis für solches Programm eines Nationalsozialismus nach der Idee [*des deutschen Sozialtheoretikers Karl*] Marlos? Noch sind die Worte »national« und »sozial« der großen Massen nur leere Phrase; zur lebensvollen Idee vermögen sie sich erst durch das Opfer für den Nächsten zu erheben.

Diese unklaren Vorstellungen wirken bei der Entstehung von Parteigruppierungen mit, die sich sowohl zum Nationalismus als auch zum Sozialismus bekennen. Im Deutschen Reich gründen 1896 die Pfarrer Friedrich Naumann und Paul Göhre den aus der christlich-sozialen Bewegung Stoeckers hervorgegangenen »National-Sozialen Verein«, den sie noch im gleichen Jahr umbenennen in »National-Soziale Partei«. Naumann verfolgt das Ziel, zu beweisen:

[...] daß man Nationalismus und Sozialismus als politische Einheit verschmelzen kann, indem man beiden voll gerecht wird.

Die Vertreter des nationalen Sozialismus nennen sich National-Soziale. Sie haben mit den Anhängern einer politischen Gruppierung, die in den Auseinandersetzungen der Nationalitäten der Donaumonarchie der Habsburger entsteht, nur einen zum Verwechseln ähnlichen Namen. In der Auseinandersetzung mit dem Nationalismus und dem Sozialismus der Tschechen, deren Sprecher Thomas Masaryk sich leidenschaftlich für die Verschmelzung der beiden Ideen ausspricht, wird 1895 in Budweis ein »Deutscher Gesellenverein« gegründet. 1896 erfolgt in Reichenberg die Gründung eines »Deutschen Gehilfenvereins«. In den folgenden Jahren entstehen in den vorwiegend von Deutschen bewohnten Städten Böhmens deutsche Gehilfenvereine. Am 4. November 1888 findet in Reichenberg der Erste Deutsche Gehilfentag für Böhmen und Mähren statt, der die Bildung eines Zentralverbandes, die Herausgabe eines Fachblattes und die Einführung einer Reiseunterstützung beschließt. Am 29. Juli 1893 wird in Wien der »Deutschnationale Arbeiterbund« gegründet. Er erhält 1894 ein Presseorgan, »Der Hammer«, eine Beilage für die »Ostdeutsche Rundschau« in Wien. Der Vertretertag der nationalen Arbeiterschaft in Reichenberg am 26. Juni 1896 vereinigt Delegierte vornehmlich aus den Wohngebieten der Deutschen in Böhmen. Die 1898 erfolgte Gründung des »Verbandes deutscher Gehilfen- und Arbeitervereinigungen Österreichs«, Sitz Mährisch-Trübau, führt zum Zusammenschluß der bestehenden Deutschnationalen Gehilfen- und Arbeiterorganisationen und zu Neugründungen solcher Zusammenschlüsse. In Deutsch-Österreich bestehen kurze Zeit später über hundert völkische Arbeitervereine. Auf dem Politischen Deutschen Arbeitertag zu Eger am 21. Mai 1899 wird die Verabschiedung eines Programms sozialpolitischer Forderungen und die Errichtung einer Parteiorganisation innerhalb des 1882 von dem österreichischen Politiker Georg von Schönerer gegründeten Deutschnationalen Vereins vorgenommen. Die Abspaltung einer alldeutschen Gruppe unter K. H. Wolf begünstigt in der deutschnationalen Arbeiterorganisation die Absicht, eine eigene Partei zu gründen. Am 15. November 1903 beschließt eine Reichskonferenz der deutschnationalen Arbeiterorganisation in Aussig an der Elbe mit 44 gegen 2 Stimmen die Schaffung einer Deutschen Arbeiterpartei in Österreich:

Die deutsche Arbeiterschaft hat auf politischem Gebiete entscheidende nationale, politische und kulturelle Interessen zu vertreten. Die volksfeindlichen Einflüsse, welche sich heute in Staat und Gesellschaft geltend machen, müssen im Interesse des arbeitenden Volkes gebrochen werden. Der politische Kampf der Arbeiter wendet sich daher weniger gegen diese oder jene Regierung, er ist stets von höheren Gesichtspunkten geleitet und strebt die gänzliche Beseitigung aller Mißverhältnisse und die Herbeiführung gerechter Zustände auf allen Gebieten des öffentlichen Lebens an. Die großen wirtschaftlichen und nationalpolitischen Interessen der breitesten Volksschichten müssen zusammen die einzige Grundlage einer radikalen Volkspolitik bilden. [...] Das arbeitende deutsche Volk politisch zu organisieren, seine bedeutenden politischen Kräfte frei zu machen, betrachten wir als eine der wichtigsten Aufgaben einer ernsten deutschnationalen Arbeiterbewegung. Die Erfahrung der letzten Jahre hat uns aber gezeigt, daß in der bisherigen Gliederung die Bewegung sich nicht entfalten kann. Die Reichskonferenz erklärt daher die Schaffung einer selbständigen Deutschen Arbeiterpartei in Österreich für notwendig und beschließt, an den Aufbau derselben sofort heranzutreten.

Am 17. Januar 1904 erscheint in Aussig die »Deutsche Arbeiterzeitung« als Organ der Deutschen Arbeiterpartei in Österreich. Am 14./15. August 1904 findet zu Trautenau der erste Parteitag der Deutschen Arbeiterpartei statt. Er verabschiedet ein umfangreiches Parteiprogramm:

Die Deutsche Arbeiterpartei erstrebt die Hebung und Befreiung der arbeitenden deutschen Volksschichten aus dem Zustande ihrer heutigen wirtschaftlichen, politischen und kulturellen Unterdrückung. Sie geht hierbei von der Überzeugung aus, daß der Arbeiter nur innerhalb der natürlichen Grenzen seines Volkstums sich gegenüber den übrigen Volksklassen der Kulturgemeinschaft zur vollen Geltung seiner Arbeit und Intelligenz emporringen kann.

Wir verwerfen die internationale Organisation, weil sie den vorgeschrittenen Arbeiter durch den niedriger stehenden erdrückt und vollends in Österreich jeden wirklichen Fortschritt der deutschen Arbeiterklasse unterbinden muß.

Die Deutsche Arbeiterpartei steht auf dem Standpunkte, daß eine Besserung der wirtschaftlichen und sozialen Zustände nur erreichbar ist durch berufsgenossenschaftliche Organisation, daß die zielbewußte, positive Reformarbeit die heutigen unhaltbaren Verhältnisse der Gesellschaft überwinden kann und das soziale Aufsteigen der Arbeiterschaft sichert.

Hans Knirsch, seit 1. Juli 1901 Geschäftsführer des Verbandes deutscher Gehilfen- und Arbeitervereinigungen Österreichs mit Sitz in Mährisch-Trübau, bemerkt in seinem 1931 veröffentlichten Bericht »Aus der Geschichte der deutschen nationalsozialistischen Arbeiterbewegung Alt-Österreichs und der Tschecho-Slowakei« über die Wahl des Namens:

Schon bei der Gründung der Partei wurde erwogen, ob man für dieselbe den Titel »Deutschsoziale Partei«, »Nationalsozialistische Partei« oder »Deutsche Arbeiterpartei« wählen solle. Aus guten Gründen wurde der letztere Name gewählt. Die Stellung des Arbeiters in der Nation war damals eine noch wenig geachtete. Die Standesvorurteile und die Überheblichkeit gingen zur Zeit der Gründung der ersten nationalen Arbeitervereine so weit, daß sogar Handwerksgehilfen noch Wert darauf legten, zwischen sich und dem Fabrikarbeiter gesellschaftlich zu unterscheiden. Wie die Arbeit, sobald das Geld die Herrschaft über dieselbe angetreten hatte, entadelt und entwürdigt wurde, so auch der Arbeiter. Nicht die Arbeit, sondern der Besitz, auch wenn dieser arbeitslos erworben worden war, wirkte bestimmend auf Achtung und Geltung des Menschen. Die Arbeit wieder zu Ehren zu bringen und den schaffenden Menschen zum Träger des Schicksals der Nation zu machen, hatte sich die Partei zu ihrer vornehmlichen Aufgabe gestellt; diese nationale Erneuerung betrachtete sie als ihre Sendung.

Die Deutsche Arbeiterpartei entfaltet in ihren Gründungsgebieten eine zunächst nicht erfolgreiche Tätigkeit. Sie führt 1908 Landesparteitage in Böhmen, Mähren, Schlesien und der Steiermark durch und gründet im gleichen Jahr ein neues Parteiorgan, »Deutsches Arbeiterblatt«, und neue Fachblätter, »Die deutsche Gewerkschaft« und »Deutschösterreichische Presse«. Bei den Wahlen zum österreichischen Reichsrat im Jahre 1911 erringt die Deutsche Arbeiterpartei drei Mandate. Es konstituiert sich der parlamentarische »Klub der Deutschen Arbeiterpartei«. Auf dem Reichsparteitag in Wien im Jahre 1912 wird bekanntgegeben, daß die Deutsche Arbeiterpartei über neun Parteiblätter, elf Gewerkschaftsblätter, zwölf Se-

kretariate, eine Zentral-Arbeitsvermittlung, siebzehn Konsumgenossenschaften, elf Wohnungsbaugenossenschaften und eine Parteidruckerei verfügt. Der Ausbruch des Ersten Weltkrieges unterbricht die politische Entwicklung der Deutschen Arbeiterpartei. Die Mehrzahl ihrer Zeitungen stellt das Erscheinen ein. Im August 1916 beginnt die in Hohenstadt in Nordmähren erscheinende »Freie Volksstimme« eine Diskussion über einen neuen Parteinamen. Der letzte Reichsparteitag am 5. Mai 1918 nimmt als neuen Parteinamen »Deutsche Nationalsozialistische Arbeiterpartei« an und verabschiedet Parteigrundsätze:

Die Deutsche Nationalsozialistische Arbeiterpartei erstrebt die Hebung und Befreiung der arbeitenden deutschen Volksschichten aus wirtschaftlicher, politischer und geistiger Unterdrückung und ihre volle Gleichberechtigung auf sämtlichen Gebieten völkischen und staatlichen Lebens.

Sie bekennt sich rückhaltlos zur Kultur- und Schicksalsgemeinschaft des gesamten deutschen Volkes und geht dabei von der Überzeugung aus, daß sich der Schaffende nur innerhalb der natürlichen Grenzen des Volkstums zur vollen Geltung seiner Arbeit und Verstandeskraft durchringen kann.

Sie verwirft daher den Zusammenschluß auf allvölkischer Grundlage als widernatürlich. Eine Besserung der wirtschaftlichen und gesellschaftlichen Zustände ist vielmehr nur durch Zusammenfassung aller Schaffenden auf dem Boden des einzelnen Volkstums erreichbar. Nicht Umsturz und Klassenkampf, sondern zielbewußte, schaffende Reformarbeit allein kann die heutigen Verhältnisse in der Gesellschaft überwinden. Nicht das Privateigentum an sich ist schädlich, insofern es eigenem, ehrlichem Schaffen entspringt, der Arbeit dient und sich in solchen Grenzen bewegt, daß es das Gemeinwohl nicht schädigt. Wir verwerfen aber alle Arten arbeitslosen Einkommens, wie Grundrente und Geldzins und die der Not des Nächsten erpreßten Wuchergewinne. Ihnen gegenüber vertreten wir mit aller Schärfe den Standpunkt der schaffenden Arbeit.

Die Privatwirtschaft kann nie ganz und nicht gewaltsam

beseitigt werden, doch sollen neben ihr alle Formen gesellschaftlichen Eigentums bestehen und in steigendem Maße ausgebaut werden. Unbedingt treten wir ein für die Überführung aller kapitalistischen Großbetriebe, die Privatmonopole darstellen, in den Besitz von Staat, Land (völkische Selbstverwaltungskörper) oder Gemeinde.

Im Zeitpunkt des Verfalls der Donaumonarchie treten am 21. Oktober 1918 die Reichsratsabgeordneten der Alpen- und Sudetenländer zur Bildung einer provisorischen Nationalversammlung Deutsch-Österreichs zusammen. Der Nationalsozialist Knirsch fordert:

Wir Nationalsozialisten lehnen den Gedanken an eine Vereinigung Deutsch-Österreichs zu einem Staatenbunde mit den aus dem alten Österreich erstehenden slawischen Staaten von vornherein ab. Im nationalen, sozialen und kulturellen Interesse fordern wir den staatsrechtlichen Anschluß Deutsch-Österreichs als Bundesstaat an das Deutsche Reich. Nur im deutschen Einheitsstaate können wir Ostmarkdeutsche die baldige Verwirklichung jener staatssozialistischen Grundsätze erhoffen, welche die Wunden dieses Krieges heilen und unser 80-Millionen-Volk der Arbeit einer glücklichen Zukunft entgegenführen werden. Es lebe das freie, soziale Alldeutschland!

Im Dezember 1918 veröffentlicht Alfred Brunner, der seit 1904 persönliche Beziehungen zu Funktionären der Deutschen Arbeiterpartei unterhält, einen »Entwurf zur Gründung einer deutsch-sozialistischen Partei auf judenreiner und kapitalloser Grundlage«. Er fordert darin:

1. Die Partei nimmt nur deutschgeborene, unkapitalistische Mitglieder auf. 2. Freier Grund und Boden, über den Privatbesitz hinaus Staatseigentum, Verkauf von Privathand zu Privathand ausgeschlossen, Übertragung nur durch die Gemeinde in Zeit- und Erbpacht, Boden unbelastbar. 3. Deutsches Gemeinrecht statt römisches Recht, Gemeinnutz vor Eigennutz. 4. Verstaatlichung des Geldwesens, Geld nur Tauschmittel, statt ewigem Zins ein das Kapital ablösender Zinsendienst. 5. Bodenschätze, Wasserkräfte u. a. zu verstaat-

lichen, gemeinwirtschaftliche oder genossenschaftliche Betriebsweise. 6. Zerlegung des Großgrundbesitzes, Siedelung. 7. Parlament nur beratend, Volksbefragung bei wichtigen Gesetzen. 8. Unabhängige deutsche Presse, Kennzeichnung jüdischer Zeitungen. 9. Juden nicht mehr Vertreter, Richter, Lehrer des deutschen Volkes; zum jüdischen Volke gehören Getaufte und Mischlinge; jüdische Vertreter im Parlament nach jüdischer Volkszahl. 10. Schutz des deutschen Arbeiters gegen lohndrückende fremde Arbeitskräfte. 11. Nationale Wirtschaft bezweckt möglichste Autarkie.

Brunner wird zum Gründer des »Deutschsozialismus«, einer völkischen Bewegung, die sich im Frühjahr 1919 rascher und erfolgreicher als die zum gleichen Zeitpunkt in München gegründete »Deutsche Arbeiterpartei« ausbreitet:

Vater des Deutschsozialismus ist Oberingenieur Alfred Brunner, Düsseldorf. Als Verfasser des Programms der DSP hat Brunner bereits im Frühjahr 1919 den Deutschsozialismus in Deutschland, Böhmen und Österreich propagiert. Im Reiche unterhielt die DSP Ortsgruppen. Julius Streicher hatte Anfang 1919 in Nürnberg eine Bewegung entfacht und diese opfermutig in den Kampf um Deutschlands Erneuerung gestellt. Die von Streicher seinerzeit herausgegebene Wochenschrift »Der Deutschsozialist« hat weit über die Grenzen Frankens hinaus mitgeholfen, Zellen zu schaffen für den deutschen Freiheitskampf.

Die Deutsche Nationalsozialistische Arbeiterpartei in der Tschechoslowakei, die Deutsche Nationalsozialistische Arbeiterpartei in Deutsch-Österreich, die Deutschsozialistische Partei und die Deutsche Arbeiterpartei im Deutschen Reich übernehmen Ansichten, die sich in der Deutschen Arbeiterpartei 1904 bis 1918 in der Auseinandersetzung mit anderen Nationalitäten herausgebildet haben. Die Betonung der Zugehörigkeit zum deutschen Volk und die Ablehnung vornehmlich des jüdischen Volkes werden die hervorragenden Kennzeichen der untereinander rivalisierenden Parteigruppierungen.

Münchens politische Gegensätzlichkeit

Die Haupt- und Residenzstadt des am 1. Januar 1806 proklamierten Königreiches Bayern zählt 1840 95 531, 1871 169 693 und 1910 596 467 Einwohner. Zwischen 1871 und 1910 beträgt die Zunahme rund 250 Prozent. Der durch König Ludwig I. eingeleitete Ausbau macht die Stadt zu einem mit den europäischen Hauptstädten wetteifernden Mittelpunkt von Wissenschaft, Kunst und Kultur. Thomas Mann, seit 1893 in München ansässig, beschreibt in seiner 1903 veröffentlichten Novelle »Gladius Dei« die faszinierende Atmosphäre Münchens:

München leuchtete. Über den festlichen Plätzen und weißen Säulentempeln, den antikisierenden Monumenten und Barockkirchen, den springenden Brunnen, Palästen und Gartenanlagen der Residenz spannte sich strahlend ein Himmel von blauer Seide, und ihre breiten und lichten, umgrünten und wohlberechneten Perspektiven lagen in dem Sonnendunst eines ersten, schönen Junitages.

Vogelgeschwätz und heimlicher Jubel über allen Gassen. – Und auf Plätzen und Zeilen rollt, wallt und summt das unüberstürzte und amüsante Treiben der schönen und gemächlichen Stadt. [...]

Viele Fenster stehen geöffnet, und aus vielen klingt Musik auf die Straßen hinaus.

Am 1. August 1914 wird auch München aufgescheucht, ergriffen und bewegt:

Wie überall, so auch in München, wirkte das Wort »Krieg« in diesem Augenblick wie eine Erlösung.

Im Blut jedes einzelnen begann es zu wurlen und zu zucken, man atmete auf, man erhob sich, lief hinaus in die Straßen, man tat, was jeder tat.

Wie ein ungeheuerer Strom flutete im Innern der Stadt die unendliche Menge dahin, man wußte nicht, wo sie sich gesammelt, man redete nicht darüber, wohin es ging.

Ein Wogen, Brausen, Jubeln, Vorwärtswollen! »Hoch Österreich!« »Hurra, Kaiser Franz [*Joseph*]!« »Es lebe der Kaiser!« »Der König hoch!« »Nieder mit Serbien!« »Hurra!« »Hurra!«

Dazwischen weithinschallender Gesang.

Dann vor der österreichisch-ungarischen Gesandtschaft. Ein vieltausendstimmiges, brausendes Hochrufen; plötzlich ein Augenblick der Stille, einer spricht, man lauscht, weint, »Hurra! Hoch!«

Der Gesandte erscheint auf dem Balkon.

Er dankt allen, die da kamen, und spricht die Hoffnung aus, Deutschland und Österreich möchten durch ewige Freundschaft und Waffenbrüderschaft verbunden bleiben.

Und dann donnert's abermals und tost's durch die Menge: »Hoch! Hurra!«

Langsam bewegt sich der gewaltige Zug weiter. »Auf! Zum König!«

Vor dem Wittelsbacher Schloß dasselbe Schauspiel. Brausende Hochrufe.

Dazwischen tönt die Königshymne und »Deutschland, Deutschland über alles«.

Der König aber war in Leutstetten, und so wogte die Menge wieder weiter.

Im Innern der Stadt, in den Bierhallen, in den Kaffeehäusern – überall sammelten sich Hunderte, Tausende.

Eingekeilt in einer tausendköpfigen Menge vor der Feldherrnhalle steht ein Österreicher, der im Frühjahr 1913 von Wien nach München übersiedelt ist und sich hier seinen Unterhalt mit dem Verkauf gemalter Bilder und Postkarten verdient – Hitler. Er sagt über sein Erlebnis des Kriegsausbruches:

Mir selber kamen die damaligen Stunden wie eine Erlösung aus den ärmlichen Empfindungen der Jugend vor. Ich schäme mich auch heute nicht, es zu sagen, daß ich, überwältigt von stürmischer Begeisterung, in die Knie gesunken war und dem Himmel aus übervollem Herzen dankte, daß er mir das Glück geschenkt, in dieser Zeit leben zu dürfen.

Die Kraft der »Ideen von 1914« hält nicht an. Rasch machen sich Enttäuschung und auch Zweifel breit. Mit München geht eine Verwandlung vor sich, die der Nichtbayer Oswald Spengler, berühmt durch seine Untersuchung »Der Untergang des Abendlandes«, bereits am 30. Januar 1915 beklagt:

Denn München ist in Deutschland die altmodische Stadt par excellence, die heute Berlin gegenüber von der letzten Künstlerromantik zehrt und deshalb unfruchtbar ist. Der Geist Münchens wird heute durch den preußisch-berlinischen Geist endgültig abgelöst. Von nun an ist – mag man sich dazu stellen, wie man will – Deutschland gleich Berlin.

Diese Entwicklung führt zur Verschärfung des Gegensatzes zwischen Nord und Süd, zwischen Preußen und Bayern, zwischen Zugereisten und Einheimischen. Die Abneigung gegen Berlin wächst mit der Dauer des Krieges. Auf der Suche nach Schuldigen ist die Öffentlichkeit Bayerns bereit, dafür preußische Junker, Sozialdemokraten oder Juden verantwortlich zu machen. Der bayerische Essayist Josef Hofmiller schreibt am 26. April 1916 an seine Verlobte:

Die Deutschen als Volk sind politisch noch nicht reif. Da und dort ein Individuum, vielleicht ein ganzer Stand, der weiß, wofür er lebt und kämpft, wie die preußischen Junker oder Sozialdemokraten, beide gleich notwendig. Aber das Bürgertum ist politisch ganz unreif. Ich fürchte, unsere braven Jungen halten die Köpfe hin für ein paar tausend Juden, die sich bereichern, um hernach unser öffentliches Leben zu vergiften durch ihre gänzlich anderen Begriffe von Glück, Freude, Wert, Genuß, Kunst, Freiheit, Kultur.

Die Nachrichten über die rasche Zunahme der Kriegsmüdigkeit einerseits und über die Propaganda annexionsbesessener alldeutscher Gruppen in München andererseits veranlassen Reichskanzler Theobald von Bethmann Hollweg, dem bayerischen Ministerpräsidenten Georg Graf von Hertling am 28. Juli 1916 darüber seine Besorgnisse zum Ausdruck zu bringen:

Wie ich höre, hat die lange Dauer des Krieges und die Lebensmittelnot, die natürlich mehr menschlicher Schuld als tatsächlichem Mangel zugeschrieben wird, bei den ober- und niederbayerischen Bauern, deren Söhne sich im Felde so ausgezeichnet haben, eine nicht unbedenkliche Stimmung entstehen lassen, die ihre Spitze gegen den Norden kehrt. In der gleichen Richtung scheint mir die Agitation der Alldeutschen und der Anhänger des rücksichtslosen U-Boot-Krieges zu wirken, die, wie man mir sagt, neuerdings in München mit besonderer Leidenschaft und Tätigkeit betrieben wird.

Unter der Belastung des Krieges bricht die in Gemütlichkeit einige Gesellschaft Münchens auseinander. Die Randgruppen treten in Erscheinung: Gegner des Krieges, die auf die Aussichtslosigkeit der militärischen Anstrengungen verweisen, und Befürworter einer verschärften und verstärkten Fortsetzung des Krieges, die einen deutschen Sieg als eine weltgeschichtliche Notwendigkeit betrachten. Beide Richtungen versuchen Einfluß auf König, Gesamtstaatsministerium und die Massen zu gewinnen. Am 5. August 1916 überreicht eine von Professor Max von Gruber angeführte Delegation bayerischer Honoratioren König Ludwig III. eine Denkschrift, die diesen auffordert zu handeln:

Wir bitten und beschwören Euere Majestät, von Euerer Souveränität Gebrauch zu machen und in letzter Stunde rettend einzugreifen. Nicht allein aus Bayern blickt alles, was vaterländisch denkt und fühlt, voll Sehnsucht zu Euerer Majestät empor. Ganz Deutschland weiß, daß nur von Euerer Majestät, dem ehrwürdigen Haupte der ältesten deutschen Dynastie, dem Regenten des zweitgrößten Bundesstaates, eine rasche Wendung herbeigeführt werden kann. Ganz Deutschland hofft auf Euere Majestät.

Während Adel und Besitzbürgertum im Interesse einer Verstärkung der Kriegführung den König zur Rebellion gegen Kaiser und Reich aufrufen, sind Arbeiter und Bauern in Stadt und Land von der Ausweglosigkeit des Krieges überzeugt. Im Frühjahr 1917 unterrichtet Lujo Brentano seinen Vetter, den bayerischen Ministerpräsidenten Georg Graf von Hertling, von der Verschlechterung der allgemeinen Stimmung:

Insbesondere kann ich bestätigen, daß in den breiten Volksmassen die Mißstimmung über die Aussichtslosigkeit eines Friedens und eines unsere Zukunft sichernden Kriegsendes außerordentlich ist [...]. Meine Dienstboten und andere, die Gelegenheit haben, das, was die Leute sprechen, zu hören, erzählen, daß in den Lebensmittelläden ganz ohne Scheu von Revolten gesprochen wird, die in Szene gesetzt werden müßten, und daß die Stimmung der Soldaten so schlecht sei, daß nicht zu erwarten sei, daß sie gegen die Revoltierenden einschreiten würden.

Der österreich-ungarische Außenminister, Ottokar Graf Czernin, erklärt am 12. August 1917 dem bayerischen Kronprinzen Rupprecht:

Der Krieg läuft mit der Revolution um die Wette.

Die gegensätzliche Entwicklung der Stimmung in der Bevölkerung verschärft sich. Die besitzenden Klassen sprechen sich für die Fortführung des Krieges aus – München ist der Mittelpunkt der alldeutschen Agitation. Die vom Krieg betroffenen Schichten, Bauern und Arbeiter, sehnen sich nach seiner Beendigung. Im Sommer 1918 teilt sich allen das unheimliche Gefühl eines bevorstehenden Zusammenbruchs mit. Der an der Universität München lehrende Pädagoge Friedrich Wilhelm Foerster stellt fest:

Zum erstenmal fand man auf einem der großen weißen Plakate, die der Bevölkerung die Berichte der Obersten Heeresleitung bekanntgeben, ein riesiges rotes Fragezeichen am Rand.

Der Redakteur Kurt Eisner, am 14. Oktober 1918 aus der wegen Beteiligung am Januarstreik angeordneten Untersuchungshaft entlassen, wird zum Organisator der wachsenden Unzufriedenheit. Die Nachrichten über den Kieler Matrosenaufstand lösen in München Zustimmung und Begeisterung aus. Am 7. November veranstalten SPD und USPD auf der Theresienwiese, der Stätte des jährlichen Oktoberfestes, eine Kundgebung. Während die Mehrheitssozialdemokraten in einem geordneten Zug durch die Stadt marschieren und sich auflösen, greifen die Unabhängigen nach der Macht. Der bayerische Schriftsteller Oskar Maria Graf berichtet:

Ungefähr eine Minute war es still. Von der Bavaria herüber drangen Beifallrufe. Wir drängten uns über den Hang hinauf. Plötzlich schrie Felix Fechenbach in Feldgrau laut und beinahe kommandomäßig in die bewegte Menge: »Genossen! Unser Führer Kurt Eisner hat gesprochen. Es hat keinen Zweck mehr, viele Worte zu verlieren! Wer für die Revolution ist, uns nach! Mir nach!« Und mit einem Schlage gerieten die johlenden Massen ins Vorwärtsdrängen. Wie eine kribblige schwarze Welle wälzten sich die tausend und aber tausend Menschen hangaufwärts auf die Straße; weiter ging es im Schnellschritt. An geschlossenen Häusern und herabgezogenen Rolläden vorbei, den Kasernen zu. Wir marschierten, eingekeilt von einer dahinstürmenden Menge, fast ganz an der Spitze, kaum fünf Schritt weit entfernt von Eisner, den ich unablässig betrachtete. Er war blaß und schaute todernst drein; nichts redete er. Fast sah es aus, als hätte ihn das jähe Ereignis selber überfallen. Ab und zu starrte er gerade vor sich hin, halb ängstlich und halb verstört. Arm in Arm mit dem breitschultrigen, wuchtig ausschreitenden, blinden Bauernführer Gandorfer ging er. Diese Gestalt bewegte sich viel freier, derb auftretend, fest, und so eben, wie ein bayerischer Bauer dahingeht. Um die beiden herum war der Stoßtrupp der Getreuesten. Der Marsch hatte begonnen und war unaufhaltsam. Keine Gegenwehr kam.

Die meisten Bürger Münchens erfahren am 8. November aus der Zeitung, daß König Ludwig III. geflohen, Bayern eine Republik und Kurt Eisner provisorischer Ministerpräsident ist. Über den Charakter der Revolution sagt der in München aufgewachsene Historiker Hermann Heimpel:

Überhaupt macht die Revolution auch wieder einen bayerischen Eindruck. Von den Mützen verschwand die schwarz-weiß-rote obere Kokarde, die untere weiß-blaue blieb. Sogar der Eisner, der Zeitungsschreiber, den alle hassen, und vielleicht sogar die Unabhängigen, auch der Kurt Eisner tat bayerisch. »In Bayern sind auch die Sozi weiß-blau«, pflegte in Garmisch Major Faber zu sagen. Im übrigen hofften die meisten Majore a. D. und sonstigen Bürger zunächst auf die Mehrheitssozialisten, sie erlaubten sozusagen ironisch den Ebert und den Hoffmann und besonders den Erhard Auer, um die Massen in Ruhe zu halten und die Bürger vor der Guillotine zu bewahren. »Ruhe und Ordnung« wurde die Parole.

Obwohl Kurt Eisner sich bemüht, die bayerische Unzufriedenheit aufzufangen, wird er von der bayerischen Öffentlichkeit entschieden abgelehnt. Dem Vollzug der Revolution folgt der Wunsch nach einer Gegenrevolution auf dem Fuß. Organisationen, die sich zu ihr bekennen, bestehen bereits. Im Sommer 1918 hat Rudolf von Sebottendorff, ein von einem Deutschen in der Türkei adoptierter sächsischer Eisenbahnersohn, die bayerische Provinz des »Germanenordens« errichtet. Als völkische Geheimverbindung ahmt der 1913 gegründete Germanenorden den Zusammenschluß der Freimaurer nach. Er zählt in Bayern ungefähr 1 500 Mitglieder. »Äußerer Ring« des Germanenordens ist in München die »Thule-Gesellschaft«. Vor ihr erklärt Sebottendorff am 9. November 1918:

Wir erlebten gestern den Zusammenbruch alles dessen, was uns vertraut, was uns lieb und wert war.

An Stelle unserer blutsverwandten Fürsten herrscht unser Todfeind: Juda. Was sich aus dem Chaos entwickeln wird, wissen wir noch nicht. Wir können es ahnen.

Eine Zeit wird kommen des Kampfes, der bittersten Not, eine Zeit der Gefahr!

Wir sind alle gefährdet, die wir in dem Kampfe stehen, denn uns haßt der Feind mit dem grenzenlosen Hasse der jüdischen Rasse, es geht jetzt Aug um Auge, Zahn um Zahn!

Die Thule-Gesellschaft, maßgebend beteiligt an der Gründung des »Freikorps Oberland«, versucht alle zu sammeln, die von der Revolution überrascht worden sind, die eingetretene Veränderung ablehnen und in Angst vor dem Kommunismus leben. Die Sorge deswegen wächst unaufhaltsam. Der politisch engagierte bayerische Dichter Ludwig Thoma, vom entschiedenen Anhänger der Deutschen Vaterlandspartei zum leidenschaftlichen Vertreter bayerischer Vorstellungen gewandelt, schreibt am 14. Januar 1919:

Wir in Bayern stehen vor der furchtbaren Gefahr der Revolutionierung der landwirtschaftlichen Arbeiter und Dienstboten. Sie würde vollen Zusammenbruch bedeuten, Zusammenbruch der Arbeit und damit Ernährung. Sie würde zur Verrohung einer schon immer zur Zügellosigkeit und Roheit neigenden Bevölkerung führen und Zerstörung des Landes verursachen. Ich kenne die Leute. Es ist nicht wahr, daß sie gute Katholiken sind; sie sind etwas abergläubisch, aber nicht tiefgläubig. Der altbayerische Dienstbote ist unwissend, unbändig, zu wilden Ausschreitungen aufgelegt und wird in sozialistischen Theorien nur die Aufforderung wie die Möglichkeit zu schlimmsten Verbrechen sehen.

Die Landtagswahlen vom 12. Januar 1919 bringen einen Sieg der bürgerlichen Parteien. Die Unabhängigen Sozialdemokraten, die Partei des Ministerpräsidenten Eisner, erhält nur 3 von insgesamt 180 Mandaten. Ein Zusammenstoß zwischen den parlamentarisch erfolgreichen Kräften und Eisner, der in den Arbeiter-, Soldaten- und Bauernräten Unterstützung sucht, ist unausbleiblich. Bevor es dazu kommt, wird Eisner am 21. Februar von Leutnant Anton Graf Arco-Valley auf dem Gang vom Staatsministerium des Äußern zum Landtag niedergeschossen. Am 17. März wird Johannes Hoffmann

(SPD) zum Ministerpräsidenten gewählt. Er sieht sich angesichts der Verschärfung der Lage gezwungen, München zu verlassen. Bamberg wird Sitz des Gesamtstaatsministeriums und des Landtags. In München wird am 7. April die Räterepublik Bayern proklamiert. Das Gesamtstaatsministerium nimmt die ihr von Reichswehrminister Gustav Noske angebotene militärische Hilfe an. Eine umfassende Operation führt zu einem konzentrischen Vormarsch:

München wurde bald danach von den weißen Truppen eingeschlossen. Die Rote Armee in Dachau heimste wenig kriegerischen Ruhm ein. Als es ernst wurde, blieb der größte Teil der bewaffneten Arbeiter zu Hause, und nur eine kleine Schar Unentwegter hielt durch. Die Freikorps verrichteten bei ihrem Vormarsch gegen München grauenvolle Dinge. In der Nähe von München, bei Puchheim, war ein russisches Gefangenenlager gewesen. Die Räteregierung hatte die Russen freigelassen. Die Freikorps griffen auf ihrem Vormarsch 52 dieser russischen Kriegsgefangenen auf, die nicht das mindeste mit der Münchner Räterepublik zu tun hatten, trieben sie in einen Steinbruch und ermordeten sie. Bei Starnberg trafen sie auf eine Arbeiter-Sanitäter-Kolonne, die übte. Die Sanitäter wurden kurzerhand an einem Bahndamm niedergeschossen, nur ein einziger, ein Referendar Schlesinger, wurde im letzten Augenblick durch das Eingreifen eines Hauptmanns vor dem Tode bewahrt. Diese Taten bewirkten, daß die Münchener Machthaber zehn Geiseln festnahmen. Es handelte sich dabei um Mitglieder der Thule-Gesellschaft. Als Nachrichten über weitere Untaten der andringenden Freikorps in München bekanntwurden, beging Seidel, der Kommandant des Luitpold-Gymnasiums, in welchem die Geiseln untergebracht waren, die Torheit, sie als Repressalie erschießen zu lassen. Nun war es um die letzte Zurückhaltung der Freikorps geschehen. Als sie in München eindrangen, tagte eben in einem Keller ein Verein katholischer Gesellen, die an nichts weniger als daran dachten, Revolutionäre zu sein oder die Räterepublik zu unterstützen. Sie wurden allesamt ausgehoben und sofort niedergemetzelt.

Am 1. Mai beginnen die gegen München aufgebotenen Verbände mit dem Einmarsch in die Stadt:

10 Uhr 20 vormittags. In diesem Augenblick veranlaßt mich lautes Hoch-Rufen auf der Straße, ans Fenster zu gehen. Was ist los! Ein Soldat der Regierungstruppen, offenbar der erste, kommt durch die Kirchenstraße, gefolgt von einer unzähligen Menschenmenge. Alles ruft »Hoch!«, »Bravo!«, die Leute winken mit den Tüchern, alles sieht aus den Fenstern, applaudiert, die Begeisterung könnte nicht größer sein, wenn eine siegreiche Armee einzöge. Er ist feldgrau und hat eine weiße Binde am Arm. Alle Fenster öffnen sich, alles jubelt.

Die Niederschlagung der Räterepublik ist nicht unblutig:

Nach polizeilichen Ermittlungen kosteten die Kämpfe um München zwischen dem 30. April und dem 8. Mai insgesamt 557 Menschen das Leben. Hiervon fielen im Kampf 38 weiße und 93 rote Soldaten, 7 Bürger und 7 Russen. Standrechtlich erschossen wurden 42 Angehörige der Roten Armee und 144 Einwohner. Unverschuldet, durch eigene Leichtfertigkeit oder tückische Zufälligkeit kamen nicht weniger als 184 Menschen um. In 42 Fällen ließ sich die Todesursache nicht ermitteln. Verwundungen wurden 303 gemeldet.

Die Entwicklung zwischen dem 7. November 1918 und dem 1. Mai 1919 hat folgenschwere Auswirkungen. Es entsteht ein militanter Antikommunismus. Da einige bestimmende Personen der Räteherrschaft Juden gewesen sind, entwickelt sich ein aggressiver Antisemitismus. Enttäuschung über das Versagen im Winter 1918/19, Angst vor der Wiederholung des Experimentes »Räterepublik«, Verbitterung über die vermeintliche Benachteiligung durch die Weimarer Nationalversammlung schaffen eine Disposition für Agitationen, die den Kommunismus bekämpfen und das Judentum ablehnen. Sie erhalten Unterstützung auch durch die Kommandobehörden der in München stationierten Truppenverbände. Am 11. Mai 1919 wird das zur Entsetzung Münchens gebildete »Oberkommando von Möhl« umgewandelt in »(Bayerisches) Reichswehrgruppenkommando 4«.

Deutsche Arbeiterpartei

In München kommt es im Verlauf des Ersten Weltkrieges zu neuen Zusammenschlüssen, Gruppierungen und Parteigründungen. Adel und Bürgertum rücken zusammen. Arbeiter organisieren sich. Die Bauern melden sich zu Wort. Es entstehen politische Organisationen von der Größe eines Stammtisches. Ein Arbeiter der Königlich Bayerischen Staatseisenbahnen, Anton Drexler, gründet, bewegt und bedrängt von der politischen Entwicklung, in erster Linie aus Arbeitskollegen eine politische Vereinigung, die sich schließlich als Partei konstituiert. In seinem am 12. März 1935 geschriebenen Lebenslauf erzählt er:

Nach Absolvierung der Lehrzeit war ich bei einigen Münchener Firmen in meinem Fach tätig und ging 1901 in die Fremde. In Berlin wurde ich nach zweimonatlichem Schaffen durch marxistisch-gewerkschaftlichen Terror brotlos und mußte mich als Zitherspieler durchbringen.

Eine schwere tätliche Auseinandersetzung mit einem Juden trieb mich zur Flucht. Nach langer Fußwanderung durch Preußen, Thüringen, Hessen und Franken, während welcher es noch einmal zu einer heftigen Auseinandersetzung mit einem jüdischen Viehhändler kam, bei dem ich unter härtesten Bedingungen und unwürdigster Behandlung arbeitete, landete ich mit vollständig zerschundenen und aufgegangenen Beinen im Herbst 1902 in meiner Heimatstadt. Durch meine Erlebnisse war ich ein radikaler Antisemit und Marxistengegner geworden. Am 2. Oktober 1902 fand ich in der Hauptwerkstätte München, woselbst mein Vater als Partieführer tätig war, Aufnahme als Schlosser. Nach einem Jahr kam ich in die dortige Werkzeugmacherei.

Bei Ausbruch des Weltkrieges meldete ich mich als Freiwilliger zur Armee. Da ich erstens ungedienter Landsturm und zweitens von der Reichsbahn als unabkömmlich gemeldet war, wurde ich zum Heeresdienst nicht genommen.

Mit größtem Interesse verfolgte ich die geschichtlichen Vorgänge an der Front und in der Heimat.

Ich befaßte mich erstmals mit Politik und hatte bald erkannt, daß die großartigen Erfolge der Feldfront durch politische und wirtschaftliche Schieber in der Heimat vernichtet werden sollten, ja, daß offen für einen Umsturz, eine Revolution, gearbeitet wurde. Als Ende 1917 im Volk der furchtbare Spruch immer lauter wurde: »Wenn nur der Schwindel einmal gar wäre!« – wobei nicht die Feldfront, sondern das Treiben der Wucherer und Schieber in der Heimat, die das Volk aussaugten und aushungerten, gemeint war –, da faßte ich den Entschluß, unter der Arbeiterschaft einen Kampfbund gegen Wucher- und Schiebertum und gegen gewerbsmäßige Massenaufkäufer zu bilden und die schärfsten Maßnahmen von der Regierung (bis zum Galgen) zu fordern.

Drexler denkt an die Gründung eines »Freien Arbeiterausschusses für einen guten Frieden«. Er tritt mit dem seit August 1916 in Bremen bestehenden »Freien Ausschuß für einen deutschen Arbeiterfrieden« in Verbindung. Er schließt sich dem Bremer Ausschuß unter der Bedingung an, »daß auch der Ausschuß in Bremen den Kampf gegen Kriegswucher und Schleichhandel aufnimmt«. Über seine Tätigkeit in München berichtet er:

Während der Ausschuß in Norddeutschland die ansehnliche Mitgliederzahl von 290 000 Mitgliedern – das ist um 60 000 mehr als die ganze damalige Sozialdemokratie – zählt, bringe ich es in München zunächst kaum auf 40 Mann. Wieder ein Beweis des Mißtrauens und die vergiftende Wirkung der Parteiliteratur und damit des unpolitischen Sinnes der Münchner Arbeiterschaft.

Im Sommer 1917 schließt sich Drexler der »Deutschen Vaterlandspartei« an, deren Gründung er als einen »Lichtstrahl« versteht. Er verfolgt damit ein besonderes Anliegen:

Bei jeder Gelegenheit brachte ich die wirtschaftliche Lage der Arbeiterschaft zur Sprache. Ich schilderte die Notlage der Eisenbahnarbeiter, ich machte nie ein Hehl aus meiner sozialistischen Gesinnung und glaube, in jenen Tagen mit ein Stück Arbeit nach dem Ziele hin getan zu haben, Arbeiterschaft und Bürgertum sich näherzubringen, zu beider Wohl und zum Gedeihen des Vaterlandes.

Drexler bleibt nicht in der Deutschen Vaterlandspartei:

Meine Mitgliedschaft bei der Vaterlandspartei dauerte ungefähr drei Monate. Ich entschloß mich, um meine Gedanken bei der Arbeiterschaft besser vertreten zu können, in München einen »Freien Arbeiterausschuß für einen guten Frieden« zu gründen, der sich das Ziel gesteckt hatte, den Siegeswillen der Bayern, besonders der Arbeiterschaft, zu stärken, die Zuversicht zum Endsieg durch Vorträge und Versammlungen zu heben und die Hemmungen des Durchhaltens, wie Kriegswucher und gewerbesmäßigen Aufkauf von Lebensmitteln und Bedarfsartikeln – was zu dieser Zeit schon in hoher Blüte stand –, durch entsprechende Maßnahmen bei den Behörden zu bekämpfen. Ich fand wohl Anklang mit dieser Idee, aber wenig Mitglieder.

Am 7. März 1918 gründet Drexler in München den »Freien Arbeiterausschuß für einen guten Frieden«. In seiner Ansprache zu Hitlers Geburtstag am 20. April 1923 im Zirkus Krone in München bezeichnet er diesen Tag als den eigentlichen Gründungstag der NSDAP. An Pfingsten 1918 veranstaltet der Bremer Hauptausschuß eine Reichskonferenz. Drexler erinnert sich:

Ich wurde zur Teilnahme geladen. In den zwei Konferenzen waren ungefähr siebzig Vertreter aus allen Teilen Deutschlands erschienen, darunter namhafte deutschgesinnte Arbeitervertreter. Es wurde ein Reichsausschuß gebildet, dem auch ich nach erfolgter Wahl angehörte.

Am 2. Oktober 1918 hält Drexler im Wagnersaal seine erste öffentliche Veranstaltung ab. Unter den Teilnehmern ist der Sportjournalist Karl Harrer, der anschließend Drexler aufsucht. Harrer ist Mitglied der Thule-Gesellschaft. In ihrem Auftrag versucht er Einfluß auf Drexler und auf seinen sich formenden Zusammenschluß zu nehmen. Harrer und Drexler gründen im Oktober einen »Politischen Arbeiterzirkel«. In dessen am 24. März 1919 festgelegten Satzungen heißt es:

§ 2 Der Politische Arbeiterzirkel ist eine Vereinigung ausgewählter Persönlichkeiten zwecks Besprechung und Studium politischer Angelegenheiten.

Entscheidend bestimmt von den Münchener Ereignissen im Herbst 1918, entschließt sich Drexler zur Gründung einer Partei. Er notiert:

Eine Woche vor dem Weihnachtsfest 1918 erklärte ich bei einer Zirkelsitzung, daß es keinen Wert mehr hätte, in einem solch kleinen Kreis über die Rettung Deutschlands Beratungen anzustellen, wir bräuchten eine neue Partei, und zwar eine »Deutsche sozialistische Arbeiterpartei«, die judenrein ist. Der Gedanke wurde begeistert aufgenommen, und schon am 5. Januar wurde im »Fürstenfelder Hof« die Deutsche Arbeiterpartei, die DAP, gegründet. Von mir verfaßte Richtlinien wurden von etwa fünfzig Männern einstimmig angenommen, und ich wurde auch gleich zum 1. Vorsitzenden bestimmt.

Reichsvorsitzender der Deutschen Arbeiterpartei wird Harrer, der Mann mit Verbindungen, Vorsitzender der zunächst einzigen Ortsgruppe (München) Drexler. Während der Verschärfung der politischen Lage Münchens im Frühjahr 1919 stellt die Partei ihre Versammlungstätigkeit ein. Drexler berichtet über den Fortgang der Parteiarbeit:

Nach der Befreiung Münchens durch die Freikorps konnte auch die DAP wieder ihre Versammlungen abhalten und ihre Lokale aufsuchen. Man konnte auch bei den Arbeitern wieder gegen ihre jüdischen Führer sprechen, die bei der Säuberung Münchens so »heldisch« ihr kostbares Leben dem »Proletariat« erhielten und sich in Wand- und Kleiderschränken und in Badewannen verkrochen hatten.

Am 12. September 1919 hielt die Deutsche Arbeiterpartei eine Monatsversammlung im Veteranensaal des »Sterneckerbräu«, im sogenannten »Leiberzimmer« ab. Gottfried Feder sprach über die »Brechung der Zinsknechtschaft«. Die erste nationalsozialistische Schrift »Mein politisches Erwachen. Aus dem Tagebuch eines deutschen sozialistischen Arbeiters« war gerade erschienen. Ich hatte mir vom Verleger Dr. Boepple [...] einige Belegexemplare geholt und stand, die fünf »Politisches Erwachen« in der Hand, am Büfett des Lokals und hörte dem zweiten Diskussionsredner des Abends, einem Gast, mit steigender Begeisterung zu. Dieser Gast beschäftigte sich mit dem ersten Diskussionsredner, einem Professor Baumann, der sich in etwas separatistischen Redensarten geäußert hatte. Der zweite Redner der Aussprache deckte den Herrn Professor zu, daß es eine wahre Freude war. Er hielt eine zwar kurze, aber schneidige Rede im Sinne eines Großdeutschland, die mich und alle, die ihn hören konnten, in helle Begeisterung versetzte. Als dieser Redner geendet hatte, stürzte ich auf ihn zu, bedankte mich aufgeregt für seine Ausführungen und bitte ihn, meine Schrift »Mein politisches Erwachen« mitzunehmen, sie durchzulesen, es seien die Richtlinien und Grundanschauungen der neuen Bewegung in ihr enthalten, und wenn er damit einverstanden sei, möge er in acht Tagen wiederkommen und im engeren Kreise mitarbeiten, denn solche Leute wie ihn könnten wir notwendig brauchen.

Der zweite Diskussionsredner der Versammlung der Deutschen Arbeiterpartei vom 12. September 1919 ist Adolf Hitler, der als Beobachter der Reichswehr die Veranstaltung besucht. Die Einladung zur Mitarbeit in der DAP nimmt er an. Darüber kommt es zu engen Beziehungen zwischen Hitler und Drexler:

Bald wurden Hitler und ich Freunde, aber da waren einige, die ihn wegen seiner scharfen Rede nicht aufkommen lassen wollten. Schwere Kämpfe hatte ich im Ausschuß durchzuführen, bis Hitler das erstemal für die DAP reden konnte.

Schon die erste Versammlung, in welcher Hitler sprach, war ein Bombenerfolg. Hitler trat bald darauf dem Ausschuß als Werbeobmann bei. Drei- bis viermal in der Woche war Hitler von da ab bei mir in der Wohnung, und wir besprachen oft bis lange nach Mitternacht Ziel und Weg der Bewegung.

Auf die sich aufdrängende Frage nach der Bedeutung Drexlers für Hitler antwortet der Journalist Konrad Heiden:

Drexler selbst ist als Mensch und Kamerad für Hitler das Stück Rohmaterial gewesen, aus dem er seine Partei in der Skizze formte. Sicher wäre unter Drexler die Deutsche Arbeiterpartei ein sehnsüchtiger Stammtisch geblieben. Aber ohne Drexler wäre der Stammtisch, wäre die Partei überhaupt nicht entstanden, und Hitler, der ein ausgesprochen kombinierendes Talent ist, hätte den schöpferischen Ansatzpunkt anderswo suchen müssen.

Das Schicksal Drexlers war ein echtes Erfinderschicksal. 1921 schob Hitler als finanzieller Herr der Firma ihn praktisch beiseite. Als Ehrenvorsitzender einer bereits ziemlich prunkvoll auftretenden Partei blieb der stille Mann Schlosser in den Münchner Eisenbahnwerkstätten, bis im Frühjahr 1923 erbitterte Kollegen den »Reaktionär« mit Eisenstangen niederschlugen und von der Arbeitsstelle vertrieben. Beim November-Putsch 1923 von Hitler wie Luft behandelt, zerfiel er mit ihm, blieb bis 1928 völkischer Landtagsabgeordneter und verschwand dann aus der Politik.

Hitlers Lebensweg 1889–1919

Die Deutsche Arbeiterpartei nennt sich vom Frühjahr 1920 an Nationalsozialistische Deutsche Arbeiterpartei. Vorsitzender ist vom 5. Januar 1920 bis zum 29. Juni 1921 ihr Gründer, Anton Drexler. Dann übernimmt Adolf Hitler ihre Leitung, von seinen Anhängern und Bewunderern sehr bald als »Führer« apostrophiert. Die von ihm 1925 wiederbegründete Partei wird zwischen 1925 und 1929 als erledigt angesehen. Sie wird bei den Reichstagswahlen am 14. September 1930 zweitstärkste Partei des Deutschen Reiches. Kurze Zeit später, Ende 1930, läßt Hitler seinen Rechtsberater, Hans Frank, rufen:

Er [*Hitler*] war in seiner Wohnung am Prinzregententheater. Er sagte mir unter Vorlage eines Briefes, daß hier eine »ekelhafte Erpressergeschichte« eines seiner widerlichsten Verwandten vorliege, die seine, Hitlers, Abstammung betreffe. Wenn ich nicht irre, war es ein Sohn seines Stiefbruders Alois Hitler (aus der anderen Ehe von Hitlers Vater), der leise Andeutungen machte, daß sicher »im Zusammenhang mit gewissen Presseäußerungen ein Interesse daran bestünde, sehr gewisse Umstände unserer Familiengeschichte nicht an die große Glocke zu hängen«. Diese Presseäußerungen, auf die hier angespielt wurde, lauteten dahin, daß »Hitler Judenblut in seinen Adern hätte und er daher eine geringe Legitimation hätte, Antisemit zu sein«. Aber sie waren zu allgemein gehalten, um irgendwie Anlaß zu weiteren Schritten zu geben.

Frank stößt bei Nachforschungen auf ein bis heute nicht zweifelsfrei gelöstes Problem in der Ahnenreihe Hitlers, auf die Frage nach dem Vater des Vaters von Adolf Hitler, von deren Beantwortung nach Meinung seiner Biographen Aufschlüsse über Ursprünge und Ursachen von Hitlers Rassenideologie und Judenhaß erwartet werden könnten:

hann Georg Hiedler (?) ∞ Maria Anna Schicklgruber (1792–1857) (1796–1847) | Johann Pölzl ∞ Johanna Hiedler (1828–1902) (1830–1906)

Alois Schicklgruber, leg. Hitler ∞ 3. Klara Pölzl

Adolf Hitler
(1889–1945)

Die Mutter von Hitlers Vater, Maria Anna Schicklgruber, ist Magd im Hause des jüdischen Kaufmannes Frankenberger in Graz. Für ihren 1837 geborenen Sohn werden bis zu dessen 14. Lebensjahr Alimente gezahlt. Der Vater soll ein Mitglied der Familie Frankenberger sein – so lautet eine Ansicht. Der Vater von Hitlers Vater soll zugleich der Großvater von Hitlers Mutter gewesen sein – das besagt eine andere These. Der Vater des Vaters von Adolf Hitler, des Mannes, der zunächst Schicklgruber und später Hitler hieß, ist bisher nicht zweifelsfrei festgestellt. Die Frage nach dem Vater des Alois Schicklgruber-Hitler macht folgender Umstand problematisch: 1837 wird Alois Schicklgruber geboren: 1842 heiratet die Mutter, Maria Anna Schicklgruber, den Müllergesellen Johann Georg Hiedler. 1847 stirbt Maria Anna Hiedler geborene Schicklgruber. 1857 stirbt Johann Georg Hiedler. 1876 wird die Geburtsmatrikel des Alois Schicklgruber geändert. Er nennt sich seit 1877 Hitler. Die Hüttler, Hiedler, Hitler wohnen seit Jahrhunderten im Waldviertel, einer von Engtälern zerschnittenen rauhen Waldhochfläche nördlich der Wachau mit den Städten Waidhofen, Zwettl und Gmünd. Über die Herkunft und die Bedeutung des Namens Hitler, der in sehr verschiedenen Schreibweisen auftritt, sagt Franz Jetzinger:

Aus der deutschen Sprache kann der Name Hitler nicht abgeleitet werden, er ist allem Anschein nach tschechisch, wo er sich in den Formen »Hidlar« und »Hidlarček« häufig findet. Man muß bedenken, daß das recht kleine Verbreitungsgebiet der Hitlerschen, der nordwestliche Teil von Niederösterreich, das Waldviertel, seit Jahrhunderten umstrittenes Grenzgebiet gegen Böhmen und Einzugsgebiet der Tschechen war; unter Ottokar von Böhmen (1255–78) war dort alles tschechisch durchsetzt.

Hitlers Vater, Alois Schicklgruber, findet als Fünfjähriger bei dem Bauern Johann Nepomuk Hiedler in Spital Aufnahme. Er wächst mit dessen drei Töchtern auf. Er erlernt das Schuhmacherhandwerk. Er tritt 1855 in den Dienst der österreichischen Finanzwache. Er erreicht nach neun Jahren den höchsten Dienstgrad im Mannschaftsstand, er wird Finanzrespizient. 1864 wird er zum provisorischen Amtsassistenten für den Zolldienst ernannt. 1870 wird er Einnehmer beim Nebenzollamt (Scherding-) Mariahilf, 1875 Zollamtsoffizial in Braunau. Von 1876 an nennt er sich Alois Hitler. Von 1875 bis 1892 tut Alois Schicklgruber-Hitler an der bayerisch-österreichischen Grenze am Inn Dienst. Er hat seinen Wohnsitz zunächst in Braunau. Er geht drei Ehen ein:

1873 Erste Ehe, mit Anna Glassl; die Frau um 14 Jahre älter
1876 Namensänderung in Hitler
1880 Die Ehe geschieden; im Konkubinat mit Franziska (Fanni) Matzelsberger
1883 Frau Anna Hitler gestorben
Zweite Ehe, mit Franziska Matzelsberger; die Frau 24 Jahre jünger
Kinder der zweiten Ehe:
1. Alois Hitler, geb. 13. 1. 1882
2. Angela Hitler, geb. 28. 7. 1883
1884 Frau Franziska Hitler gestorben
1885 Dritte Ehe, mit Klara Pölzl, die Frau 23 Jahre jünger
[...]
Kinder der dritten Ehe:
1. Gustav, geb. 17. 5. 1885; im zweiten Jahr gestorben
2. Ida, geb. 23. 9. 1886; im zweiten Jahr gestorben
3. Otto; nach wenigen Tagen gestorben
4. Adolf

5. Edmund, geb. 24. 3. 1894 in Passau
gest. 29. 2. 1900 in Leonding an Masern
6. Paula, geb. 21. 1. 1896 in Hafeld (Fischlham)

Adolf Hitlers Mutter ist zugleich seine Cousine:

Stammvater Martin Hiedler

4. Kind: Johann G. Hiedler verh. mit M. A. Schicklgruber	9. Kind: Johann Nepomuk Hiedler verh. mit Eva Decker
	Johanna Hüttler verh. mit Johann B. Pölzl
Alois Hitler geb. 1837	Klara Pölzl geb. 1860

Am 7. Januar 1885 6 Uhr morgens heiraten in der Stadtpfarrkirche von Braunau Alois Hitler und Klara Pölzl. Ihr viertes Kind wird am 20. April 1889 geboren. Es wird in der Stadtpfarrkirche von Braunau am 22. April 15.15 Uhr von dem Benefiziaten-Coop. Ignaz Probst nach römisch-katholischem Ritus getauft. Der Taufschein nennt als Namen des Kindes »Adolfus«. Er gibt Namen und Stand der Eltern an, benennt Paten und vermerkt den Namen der Hebamme. Das Kind verbringt die ersten Lebensjahre, von 1889 bis 1892, in Braunau. In seinem politischen Bekenntnis »Mein Kampf« versichert Hitler:

Als glückliche Bestimmung gilt mir heute, daß das Schicksal mir zum Geburtsort gerade Braunau am Inn zuwies. Liegt doch dieses Städtchen an der Grenze jener zwei deutschen Staaten, deren Wiedervereinigung mindestens uns jüngeren als eine mit allen Mitteln durchzuführende Lebensaufgabe erscheint.

Von 1892 bis 1894 lebt Alois Hitler mit seiner Familie in Passau, da er beim österreichischen Zollamt, das sich auf deutschem Boden befindet, Dienst tut. 1894 wird er der Finanz-

direktion Linz zugeteilt. Ein Jahr später, 1895, läßt er sich pensionieren. Er ist 58 Jahre alt. Noch vorher kauft er einen kleinen Besitz in der Nähe der österreichischen Gemeinde Lambach, der aus einem Haus und einem Grundbesitz von etwa 3,8 Hektar besteht. Das Anwesen führt die Bezeichnung »Rauscher-Gut«. 1897 verkauft Alois Hitler diesen Besitz. Er erwirbt in der Gemeinde Leonding, vier Kilometer südlich der Donau vor der Hauptstadt Oberösterreichs, Linz, ein Haus. Sein Sohn Adolf kommt am 2. Mai 1895 in die einklassige Volksschule in Fischlham bei Lambach, wo er die erste Klasse besucht. Er erhält in allen Fächern eine Eins – ein Umstand, der vor allem bei den Eltern die Meinung hervorruft, der begabte Junge müsse eine höhere Schule besuchen. Die zweite und dritte Klasse absolviert Adolf Hitler in der Schule des Benediktinerstiftes Lambach. Diesem, im hohen Mittelalter errichteten Benediktinerstift steht von 1859 bis 1872 Abt Theoderich Hagen vor, der in seinem Abtswappen ein Heilszeichen des frühen arischen Kults führt – das Hakenkreuz. Am Brunnen im Klosterhof, an den Paramentenschränken der Sakristei, in den Gängen des weitläufigen Gebäudes, überall im Stift Lambach, wo Abt Theoderich Hagen Reparaturen hat vornehmen lassen, findet sich sein Abtswappen – und in ihm das Hakenkreuz. Der junge Hitler ist von dem Glanz katholischer Gottesdienste beeindruckt:

Da ich in meiner freien Zeit im Chorherrenstift [*Hitler meint das Benediktinerstift*] zu Lambach Gesangunterricht erhielt, hatte ich beste Gelegenheit, mich oft und oft am feierlichen Prunke der äußerst glanzvollen kirchlichen Feste zu berauschen. Was war natürlicher als daß, genauso wie einst dem Vater der kleine Herr Dorfpfarrer, nun mir der Herr Abt als das höchst erstrebenswerte Ideal erschien.

Die vierte und fünfte Klasse der Volksschule besucht Adolf Hitler in Leonding, dem Wohnsitz der Eltern. Am 26. Juni 1938 – das Datum verdient Beachtung – veröffentlicht der niederösterreichische Pfarrer Peter Wiesmayer in der sudetendeutschen Zeitung »Die Zeit« den Bericht »Mit dem Führer auf der Schulbank«:

In klarster und liebster Erinnerung sind mir jedoch unsere gemeinsamen Gesangstunden bei dem Oberlehrer Kaufmann, richtiger gesagt, die Zeit vorher und nachher, denn in der Stunde selbst ließ sich nicht recht etwas anderes machen als singen. Hitler war ein trefflicher, schon vom Gesangunterricht im Kloster Lambach her gut geschulter Altist. Seine Stimme war schön und klangvoll. Besonders das »confirma hoc Deus« zu Pfingsten machte auf mich großen Eindruck, als er es sang. Wie fest, froh und feierlich klang das in der uralten Michaelskirche zu Leonding. Als unser Chor einmal größer war als sonst und wir von unseren gewöhnlichen Plätzen fort, mehr gegen die Orgel gedrängt wurden, war Hitler, im Gegensatz zu mir, gar nicht ungehalten. »Weißt du«, sagte er, »hier ist es ohnehin besser, weil man die Orgel besser hört. Da singt man sicherer.« Mir ist diese ruhige und richtige Erklärung tief in der Erinnerung haften geblieben.

Nach fünf Klassen Volksschule tritt Adolf Hitler im Jahre 1900 in die erste Klasse der Staatsrealschule in Linz ein. Er enttäuscht bereits im ersten Jahr. Aufgrund ungenügender Leistungen in Naturgeschichte und Mathematik muß er die Klasse wiederholen. Im Schuljahr 1901/02 repetiert er die erste Klasse. Im Schuljahr 1902/03 besucht er die zweite Klasse. Am 3. Januar 1903 sinkt sein Vater im Gasthof Wiesinger in Leonding zusammen und stirbt im Nebenraum. 1903/04 besucht Hitler die dritte Klasse der Realschule in Linz. Seine Leistungen sind sehr unterschiedlich. Sie sind im Zeichnen sehr gut, in der Geschichte in der Regel gut, in den übrigen Fächern entweder mangelhaft oder ungenügend. Am Ende der dritten Klasse, am 22. Mai 1904, wird Hitler gefirmt. Sein Firmpate Emanuel Lugert, ein Kollege seines Vaters, berichtet über seine Erfahrungen mit dem Firmling Hitler:

Ich war elfmal Firmpate, Adolf war mein dritter Firmling. Als seine Mutter mich um die Übernahme der Patenstelle ersuchte, hatte sie den Buben mit. Er machte auf mich den Eindruck eines ruhigen, etwas geschreckten Jungen, wie es ja häufig vorkommt, wenn Kinder einem Erwachsenen zum erstenmal gegenüberstehen, an etwas Auffallendes kann ich mich da nicht erinnern.

Über das Verhalten Hitlers am Tage der Firmung berichtet Lugert:

Das ist jetzt das Merkwürdige, unter allen meinen Firmlingen hatte ich keinen derart mürrischen und verstockten wie diesen, um jedes Wort mußte man in ihn hineinsteigen.

Frau Lugert ergänzt diese Bemerkung mit der Feststellung:

Den Buben hätte man unmöglich gern haben können. Er hat alleweil so finster dreingschaut und hat nicht ja und nicht nein gesagt.

Hitlers Verteidiger im Verfahren vor dem Volksgericht München I, Rechtsanwalt Lorenz Roder, schickt im Herbst 1923 Hitlers Schwester Angela zu dem Realschullehrer Dr. Huemer mit der Bitte »um ein umfassendes Zeugnis über den Charakter und die Betätigung seines ehemaligen Schülers Hitler«. Dr. Huemer führt in seiner Antwort aus:

Ich erinnere mich ziemlich gut des hageren, blassen Jungen, der da täglich zwischen Linz und Leonding hin- und herpendelte. Er war entschieden begabt, wenn auch einseitig, hatte sich aber wenig in der Gewalt, zum mindesten galt er für widerborstig, eigenmächtig, rechthaberisch und jähzornig, und es fiel ihm sichtlich schwer, sich in den Rahmen einer Schule zu fügen. Er war auch nicht fleißig, denn sonst hätte er bei seinen unbestreitbaren Anlagen viel bessere Erfolge erzielen müssen. Hitler war nicht nur ein flotter Zeichner, sondern wußte auch in den wissenschaftlichen Fächern Entsprechendes zu leisten, nur pflegte seine Arbeitslust sich immer rasch zu verflüchtigen. Belehrungen und Mahnungen seiner Lehrer wurden nicht selten mit schlecht verhülltem Widerwillen entgegengenommen, wohl aber verlangte er von seinen Mitschülern unbedingte Unterordnung, gefiel sich in der Führerrolle und leistete sich auch allerdings manch weniger harmlosen Streich, wie solche unter unreifen Jungen nicht selten sind.

Hitler verläßt nach Beendigung der dritten Klasse im Sommer 1904 die Realschule in Linz. Er besucht anschließend die vierte Klasse der Staatsoberrealschule im benachbarten Steyr. Das Zeugnis darüber wird ihm am 16. September 1905 ausgestellt:

Sittliches Betragen	befriedigend (3)
Fleiß	ungleichmäßig (4)
Religionslehre	genügend (4)
Deutsche Sprache	nicht genügend (5)
Geographie, Geschichte	genügend (4)
Mathematik	nicht genügend (5)
Chemie	genügend (4)
Physik	befriedigend (3)
Freihandzeichnen	lobenswert (2)
Turnen	vorzüglich (1)
Stenographie	nicht genügend (5)

Hitler findet keinen Geschmack an der Schule, die Schule findet kein Gefallen an Hitler. Die Trennung beider wird durch ein äußeres Ereignis herbeigeführt, über das Hitler berichtet:

Da kam mir plötzlich eine Krankheit zu Hilfe und entschied in wenigen Wochen über meine Zukunft und die dauernde Streitfrage des väterlichen Hauses. Mein schweres Lungenleiden ließ einen Arzt der Mutter auf das dringendste anraten, mich später einmal unter keinen Umständen in ein Bureau zu geben. Der Besuch der Realschule mußte ebenfalls auf mindestens ein Jahr eingestellt werden. Was ich so lange im stillen ersehnt, für was ich immer gestritten hatte, war nun durch dieses Ereignis mit einem Male fast von selber zur Wirklichkeit geworden.

Nach dem Tode ihres Mannes im Januar 1903 hat Frau Klara Hitler ihr Anwesen in Leonding verkauft und ist nach Linz gezogen. Weder sie noch ihre Kinder leiden Not. Hitler, inzwischen sechzehn Jahre alt geworden, verbringt die Zeitspanne von 1905 bis 1907 mit sich selbst. Er flüchtet in eine nicht genau bestimmte Erkrankung, er flüchtet sich in Wach-

träume über seine Taten als Erwachsener – als Baumeister, Architekt, Komponist, Politiker. Er spinnt sich in eine Welt unwirklicher Vorstellungen ein. Er gerät darüber in Gefahr, Wirklichkeit und Phantasie auszutauschen und zu verwechseln. Die Linzer Jahre haben für Hitler Bedeutung, weil er in ihnen visionäre Leitbilder entwickelt, deren Verwirklichung er sich zur Lebensaufgabe macht. Er besucht weder eine Schule, noch geht er irgendeiner Arbeit nach. Er lebt, zunächst Rekonvaleszent, für sich und seine Vorstellungen. Die Berichte über die Linzer Zeit sind spärlich und widersprüchlich. Sie zeigen, daß Hitler ein kontaktarmer Außenseiter ist, der nur die Freunde gelten läßt, die ihn bewundern. Er soll in dieser Linzer Zeit Richard Wagners Oper »Rienzi, der letzte der Tribunen« besucht haben, die Geschichte eines strahlenden Helden, der sich gegen Papst und Adel auflehnt. Ein Jugendgenosse Hitlers, August Kubizek, führt dreißig Jahre später in Bayreuth mit Hitler ein Gespräch über dieses Erlebnis, der schließlich versichert:

In dieser Stunde begann es.

Auf der Suche nach einem Ausweg aus seiner Situation hält sich Hitler, vermutlich im Frühjahr 1906, einige Wochen in Wien auf. Nach Linz zurückgekehrt, verbringt er seine Tage wie bisher. Er lebt seinen wirren Träumen. Erst im Herbst 1907 verläßt er Linz in der Absicht, in die Wiener Akademie der bildenden Künste aufgenommen zu werden. Die »Klassifikationsliste« der Akademie vom Oktober 1907 enthält folgende Beurteilung:

Die Probezeichnung machten mit ungenügendem Erfolg oder wurden nicht zur Probe zugelassen die Herren: Adolf Hitler, Braunau am Inn, 20. April 1889, deutsch, kath., Vater Oberoffizial, vier Realschulklassen, wenig Köpfe, Probezeichnung ungenügend.

Über dieses Ergebnis der Aufnahmeprüfung sagt Hitler:

Ich war vom Erfolge so überzeugt, daß die mir verkündete Ablehnung mich wie ein jäher Schlag aus heiterem Himmel traf. Und doch war es so. Als ich mich dem Rektor vorstellen ließ und die Bitte um Erklärung der Gründe wegen meiner Nichtaufnahme in die allgemeine Malerschule der Akademie vorbrachte, versicherte mir der Herr, daß aus meinen mitgebrachten Zeichnungen einwandfrei meine Nichteignung zum Maler hervorgehe, da meine Fähigkeit doch ersichtlich auf dem Gebiet der Architektur liege; für mich käme niemals die Malerschule, sondern nur die Architekturschule der Akademie in Frage. Daß ich bisher weder eine Bauschule besucht, noch sonst einen Unterricht in Architektur erhalten hatte, konnte man zunächst gar nicht verstehen. [. . .]

In wenigen Tagen wußte ich nun auch selber, daß ich einst Baumeister werden würde.

Der Tod der Mutter am 21. Dezember 1907 ist für Hitler eine schwere Erschütterung. Er ist zwar bereits über siebzehn Jahre alt, bewahrt sich jedoch eine starke Bindung zu seiner Mutter, die ihren einzigen am Leben gebliebenen Sohn bewundert hat. Hitler ist zunächst dem Vater böse, der nach seiner Ansicht die wesentlich jüngere Frau schlecht behandelt hat. Er ist auf den jüdischen Hausarzt, Dr. med. Bloch, neidisch, der unmittelbaren Zugang zu seiner Mutter gehabt hat. Die Feindschaft gegen Bloch hat den in Hitler latenten Antisemitismus weder hervorgerufen noch ausgelöst, wohl aber verstärkt. Hitler betrachtet sich in einer weinerlichen Selbstbemitleidung nach dem Tode der Mutter als Waise:

Indem mich die Göttin der Not in ihre Arme nahm und mich oft zu zerbrechen drohte, wuchs der Wille zum Widerstand, und endlich blieb der Wille Sieger.

Das danke ich der damaligen Zeit, daß ich hart geworden bin und hart sein kann. Und mehr noch als dieses preise ich sie dafür, daß ich mich losriß von der Hohlheit des gemächlichen Lebens, daß sie das Muttersöhnchen aus den weichen Daunen zog und ihm Frau Sorge zur Mutter gab, daß sie den Widerstrebenden hineinwarf in die Welt des Elends und der Armut und ihn so die kennenlernen ließ, für die er später kämpfen sollte.

Ende Februar 1908 trifft Hitlers Linzer Freund, August Kubizek, in Wien ein. Beide wohnen zusammen; sie leben in der Erwartung auf eine große Zukunft. Im September 1908 meldet sich Hitler erneut zur Aufnahmeprüfung an der Kunstakademie an. In der Bewerberliste steht unter Nr. 24:

Adolf Hitler, Braunau a. I., 20. April 1889, deutsch, katholisch, Vater Oberoffizial, vier Realschulklassen. Nicht zur Prüfung zugelassen.

Im Zeitpunkt der zweiten Ablehnung Hitlers zum Studium an der Kunstakademie verläßt August Kubizek das gemeinsame Zimmer, um die gesetzlich vorgeschriebene Militärübung abzuleisten. Hitler zieht aus der gemeinsamen Wohnung aus. Er wechselt häufig sein Untermieterzimmer. Enttäuscht und empört läuft er durch die geschmückte und festlich gestimmte Kaiserstadt an der Donau, die 1908 das sechzigjährige Regierungsjubiläum des Kaisers Franz Joseph begeht. Sie ist, fast zwei Millionen Einwohner zählend, ein Sammelbecken von Menschen und Ideen. Sie wird geführt von dem Gründer der Christlich-Sozialen Partei, Bürgermeister Karl Lueger. Zunächst von Kaiser Franz Joseph abgelehnt, wird er 1897 Bürgermeister von Wien. Seine Vorstellungen bewegen die Massen, vornehmlich den Mittelstand, der seinen Antikapitalismus, Antisemitismus und Antisozialismus bereitwillig unterstützt. Während Lueger trotz seiner antimagyarischen Haltung sich vorbehaltlos zu Österreich bekennt, dessen Erneuerung er mit Hilfe der Christlich-Sozialen Partei anstrebt, lehnt Georg Ritter von Schönerer, der Sohn des Erbauers der Semmering-Bahn, den Staat der Habsburger entschieden ab. Er vertritt einen radikalen Nationalismus und einen entschiedenen Antisemitismus. Hitler gerät in den Bannkreis der Vorstellungen, die Lueger und Schönerer vertreten. Er lernt die zahlreichen Veröffentlichungen kennen, die »Los von Rom« fordern, die einen vulgären Antisemitismus befürworten, die die angebliche Überlegenheit der germanischen Rasse propagieren und ein kleinbürgerliches Unbehagen über Habsburger, katholische Kirche, Marxismus und Judentum vertreten:

Indem ich daran ging, beide Bewegungen zu vergleichen,

gab mir auch hier das Schicksal, durch meine sonstige traurige Lage beschleunigt, den besten Unterschied zum Verständnis der Ursachen dieses Rätsels.

Ich beginne mein Abwägen zuerst bei den beiden Männern, die als Führer und Begründer der zwei Parteien anzusehen sind: Georg von Schönerer und Dr. Karl Lueger [...].

Allein, wenn Schönerer die Probleme ihrem inneren Wesen nach erkannte, dann irrte er sich um so mehr in den Menschen.

Hier lag wieder die Stärke Dr. Luegers.

Dieser war ein seltener Menschenkenner, der sich besonders hütete, die Menschen besser zu sehen als sie nun einmal sind. Daher rechnete er auch mehr mit den realen Möglichkeiten des Lebens, während Schönerer hierfür nur wenig Verständnis aufbrachte. Alles was der Alldeutsche auch dachte, war theoretisch genommen auch richtig, allein indem die Kraft und das Verständnis fehlte, die theoretische Erkenntnis der Masse zu vermitteln, sie also in solche Form zu bringen, daß sie damit der Aufnahmefähigkeit des breiten Volkes, die nun einmal eine begrenzte ist und bleibt, entsprach, war eben alles Erkennen nur seherische Weisheit, ohne jemals praktisch Wirklichkeit werden zu können.

Im Sommer 1909 ist Hitler offensichtlich gezwungen, als Hilfsarbeiter zusätzlich Geld zu verdienen. Er übernachtet Ende 1909 im Obdachlosenasyl in Meidling. Im Dezember 1909 übersiedelt er in das Männerheim Wien XX, Meldemannstraße 27. Er lebt vom Erlös von Bildern und Werbeplakaten. Den Verkauf besorgt zeitweise der Landstreicher Reinhold Hanisch, gegen den er am 5. August 1910 Anzeige erstattet:

Adolf Hitler, Kunstmaler, 20. 4. 1889 Braunau geb., Linz zuständig, kath., ledig, XX. Meldemannstraße 27 wohnhaft, gibt an: »Es ist nicht richtig, daß ich dem Hanisch den Rat gegeben habe, er solle sich als Walter Fritz anmelden, ich habe ihn überhaupt nur als Walter Fritz gekannt. Da er mittellos war, gab ich ihm die Bilder, die ich malte, damit er sie verkaufe. Von dem Erlös erhielt er von mir regelmäßig 50 Prozent. Seit ungefähr zwei Wochen ist Hanisch ins Männerheim nicht zurückgekehrt und hat mir das Bild ›Parlament‹ im Werte von 50 Kronen und ein Aquarellbild im Werte von 9 Kronen veruntreut. Als einziges Dokument habe ich von ihm bloß das fragliche Arbeitsbuch auf den Namen Fritz Walter gesehen. Ich kenne den Hanisch vom Asyl in Meidling, wo ich ihn einmal traf.«

Im Frühjahr 1911 verzichtet Hitler auf die bis zu diesem Zeitpunkt bezogene Waisenrente. Seine wirtschaftlichen Verhältnisse scheinen sich in den folgenden Jahren gebessert zu haben. Er ist in der Lage, dem Gedanken eines Ortswechsels nahezutreten:

Im Frühjahr 1912 kam ich endgültig nach München.

Diese Behauptung ist, wie viele Angaben in »Mein Kampf«, unrichtig. Hitler übersiedelt am 24. Mai 1913 nach München. Er bezieht am 26. Mai beim Schneidermeister Popp, München, Schleißheimer Straße 34, 3. Stock, ein Zimmer. Die Übersiedlung von der Donau an die Isar ist für Hitler mehr als ein Wohnungswechsel. München wird für ihn nach den bitteren Enttäuschungen von Linz und den schmerzlichen Erfahrungen von Wien zur eigentlichen Heimatstadt:

Daß ich heute an dieser Stadt hänge, mehr als an irgendeinem anderen Fleck der Erde auf dieser Welt, liegt wohl mitbegründet in der Tatsache, daß sie mit der Entwicklung meines Lebens unzertrennlich verbunden ist und bleibt.

Hitler ist, als er nach München übersiedelt, vierundzwanzig Jahre alt. Da er es bis zu diesem Zeitpunkt unterlassen hat, sich der Musterung zur k.u.k. Armee zu stellen, fahndet die Linzer Polizeiabteilung nach ihm »als einem Stellungsflüchtenden«. Die Münchener Polizei trägt dem Anhilfeersuchen der Linzer Polizei Rechnung, indem sie Hitler dem Österreich-Ungarischen Generalkonsulat in München vorführt. Der k.u.k. Generalkonsul berichtet am 23. Januar 1914 nach Linz:

Hietler wurde hieramts polizeilich vorgeführt. Nach den Beobachtungen der Polizei und nach dem hieramts gewonnenen Eindruck dürften seine im beiliegenden Rechtfertigungsschreiben gemachten Angaben vollkommen der Wahrheit entsprechen. Auch soll er mit einem Leiden behaftet sein, das ihn zum Militärdienst untauglich macht; es hätte demnach für ihn keinerlei Veranlassung vorgelegen, sich der Stellungspflicht zu entziehen. Da Hietler sehr berücksichtigungswert erscheint, wurde von der Durchführung der Auslieferung vorläufig Abstand genommen und Genannter angewiesen, unbedingt bei der Nach-Stellung am 5. Februar in Linz zu erscheinen, widrigenfalls er von der hiervon bereits verständigten Polizeidirektion München am gleichen Tage ausgeliefert wird. Hietler wird also die Reise nach Linz antreten, falls sich der Magistrat durch die vorgeschilderte Sachlage und die Armut desselben nicht veranlaßt sieht, ihm die Nach-Stellung in Salzburg zu bewilligen.

In dem dem Bericht des k.u.k. Generalkonsuls beigefügten Rechtfertigungsschreiben legt Hitler dar, weshalb er sich nicht zur Musterung gestellt hat. Er gibt zugleich eine Darstellung seiner Situation in München. Rechtschreibung und Zeichensetzung dieses Dokuments werden hier mit allen Eigenheiten wiedergegeben:

Nun trifft mich bei all dem gewiß auch ein Verschulden. Ich unterlies es mich im Herbste 1909 zu melden; holte dies jedoch im Februar 1910 nach. Damals meldete ich mich in Wien im Konskriptionsamte I B Rathaus und wurde von dort in den XX Bezirk meinem Wohnbezirke gewiesen. Ich bat dort mich in Wien stellen zu dürfen, mußte ein Protokol oder Gesuch unterschreiben eine Krone zahlen, und habe im übrigen nie mehr etwas davon gehört. Es konnte mir jedoch nie einfallen mich der Stellung zu entziehen, so wenig als ich mich etwa zu diesem Zwecke in München befinde. Ich war in Wien stets gemeldet, bin es ebenso auch hier, und stand überdies in Verkehr mit dem Bezirks Gericht Linz, meiner Vormundschaftsbehörde. Meine Adresse war demnach schon durch diese stets leicht zu erfahren.

Um so betroffener mußte ich über diese Vorladung sein, Die schon in der Form der Zustellung so gehalten war, als würde ich bereits einer oder der andern Vorladung keine Folge geleistet haben. Und was meine Unterlassungssünde im Herbste 1909 anlangt, so war dies eine für mich unendlich bittere Zeit. Ich war ein junger unerfahrener Mensch, ohne jede Geldhilfe und auch zu stolz eine solche auch nur von irgend jemand anzunehmen geschweige den zu erbitten. Ohne jede Unterstützung nur auf mich selbst gestellt, langten die wenigen Kronen oft auch nur Heller aus dem Erlös meiner Arbeiten kaum für meine Schlafstelle. Zwei Jahre lang hatte ich keine andere Freundin als Sorge und Not, keinen anderen Begleiter als ewigen unstillbaren Hunger. Ich habe das schöne Wort Jugend nie kennen gelernt. heute noch nach 5 Jahren sind die Andenken in Form von Frostbeulen an Fingern, Händen und Füßen. Und doch kann ich nicht ohne gewisse Freude mich dieser Zeit erinnern, jetzt da ich doch über das Ärgste empor bin. Trotz größter Not, inmitten einer oft mehr als zweifelhaften Umgebung, habe ich meinen Namen stets anständig erhalten, bin ganz unbescholten vor dem Gesetz und rein vor meinem Gewissen bis auf jene unterlassene Militärmeldung, die ich damals nicht einmal kannte. Es ist das Einzige wofür ich mich verantwortlich fühle. Und dafür dürfte wohl auch eine bescheidene Geldstrafe Sühne genügend bieten, und ich werde mich nicht weigern eine solche willig zu leisten.

Am 5. Februar 1914 stellt sich Hitler in Salzburg der Ständigen Stellungskommission. Diese befindet:

Zum Waffen- und Hilfsdienst untauglich, zu schwach. Waffenunfähig.

Sechs Monate nach diesem Urteil der Ständigen Stellungskommission in Salzburg ist Hitler um die Erlaubnis, in die bayerische Armee eintreten zu dürfen, bemüht. Die Ermordung des Erzherzog-Thronfolgers Franz Ferdinand und seiner Frau in Sarajevo am 28. Juni 1914 und der Ausbruch des Ersten Weltkrieges haben ihn in einen Erregungszustand versetzt. Er versucht alles, um Soldat zu werden, jedoch nicht in der k. u. k. Armee, sondern in der bayerischen Armee, die im Augenblick des Kriegsausbruches Bestandteil des deutschen

Heeres geworden ist. Am 16. August 1914 tritt Hitler in das Kgl. Bayer. Reserve-Infanterie-Regiment Nr. 16, nach seinem ersten Kommandeur Oberst Julius List »List-Regiment« genannt, ein. Mit ihm rückt er im Herbst 1914 an die Westfront. Er wird als Meldegänger beim Regimentsstab verwendet. Der Regimentskommandeur, Oberst List, fällt am 31. Oktober 1914. Oberstleutnant Philipp Engelhardt, der das Regiment vom 11. bis 17. November führt, wird von den Regimentsmeldern gewarnt. Leutnant d. R. Georg Eichelsdörfer, Regimentsadjutant, berichtet in der 1932 erschienenen Darstellung »Vier Jahre Westfront. Geschichte des Regiments List R. I. R. 16«:

Der Regimentskommandeur wollte persönlich in den Kampf eingreifen und begab sich im Hohlweg bis zum Rande des Waldes, wo er das Gelände überblicken konnte; aber kaum hatte ihn das wachsame Auge des Gegners entdeckt, als ein mörderisches Infanterie- und Maschinengewehrfeuer auf ihn einsetzte. Fast hätte er seine Tollkühnheit mit dem Leben bezahlt. Die beiden ihn begleitenden Gefechtsordonnanzen des Regiments, Adolf Hitler und Bachmann, sprangen vor, stellten sich schützend vor ihn hin und drängten ihn mit den Worten, er möge das Regiment davor bewahren, in so kurzer Zeit ein zweites Mal seinen Kommandeur zu verlieren, in ein nahes Erdloch. Zum Dank drückte er beiden stumm die Hand.

Am 15. Februar 1915 schildert Hitler in einem langen Brief an den ihm bekannten Assessor Ernst Hepp Kriegserlebnisse:

Ich hätte schon einmal ausführlich geschrieben, muß dies nun wohl nachholen. Vorerst teile ich Ihnen mit, daß ich schon am 2. Dezember [*1914*] das Eiserne Kreuz [*II. Klasse*] erhielt. Gelegenheit zur Erwerbung gab es Gott sei Dank mehr als genug. Unser Regiment kam eben nicht, wie wir dachten, in die Reserve, sondern gleich am 29. Oktober früh morgens in die Schlacht, und seitdem liegen wir den Burschen ununterbrochen in den Haaren; wenn nicht als Angreifer, dann als Verteidiger.

Zu der Frage, warum Hitler nur Gefreiter bleibt, bemerkt Hauptmann a. D. Fritz Wiedemann später:

Im sogenannten Wilhelmstraßen-Prozeß in Nürnberg [*1947–1949*] wurde ich von dem stellvertretenden Hauptankläger, Professor Kempner, ins Kreuzverhör genommen. Er richtete u. a. die Frage an mich: »Sie sind doch im Kriege der Vorgesetzte Adolf Hitlers gewesen. Können Sie uns sagen, warum er nicht zum Unteroffizier befördert wurde?«

»Weil wir keine entsprechenden Führereigenschaften an ihm entdecken konnten«, antwortete ich.

»Also, weil er keine Führerpersönlichkeit war!« beendete Kempner das Verhör unter dem Gelächter der Anwesenden – auch der Angeklagten. Kempner war der Meinung, einen prächtigen Witz gemacht zu haben.

Was ich Kempner geantwortet hatte, traf jedoch zu. Hitler hatte damals nach militärischer Auffassung wirklich nicht das Zeug zum Vorgesetzten. Ich sehe einmal davon ab, daß er nach den Friedensbegriffen eines aktiven Offiziers keine besonders gute Figur machte; seine Haltung war nachlässig und seine Antwort, wenn man ihn fragte, alles andere als militärisch kurz. Den Kopf hielt er meist etwas schief auf die linke Schulter geneigt. Nun, alles das spielt im Kriege keine Rolle. Aber irgendwie mußte ein Mann schließlich zum »Anführer« geeignet sein, wenn man ihn mit Recht zum Unteroffizier befördern wollte.

Am 5. Oktober 1916 wird Hitler bei Le Barqué am linken Oberschenkel durch ein Artilleriegeschoß leicht verwundet. Er kommt in das Vereinslazarett Belitz-Berlin. Im Januar 1917 schreibt Hitler von München aus an den Adjutanten des Bayer. R. I. R. 16, Oberleutnant Wiedemann:

Nach längerem Lazarett-Aufenthalt bin ich vor einigen Wochen zum Ersatz-Batl. 2. Inf. Regts. nach München gekommen. Ich bin wieder felddienstfähig, und wie ich höre, soll ich demnächst mit einem Ersatztransport zum aktiven 2. Inf. Regt. abgestellt werden. Herr Oblt. werden verstehen, daß es mein dringender Wunsch ist, wieder zu meinem alten Regt. und meinen alten Kameraden zu kommen. Ich bitte Herrn Oblt. sehr, mich wieder zum 16. R. I. R. anzufordern.

Am 15. Oktober 1918 wird Hitler bei Montagne »gaskrank«. Er kommt am 23. Oktober in das Lazarett Stettin, von dort in das Lazarett Pasewalk, wo er den Zusammenbruch des Deutschen Reiches erlebt. – Nach seiner Kriegsstammrolle erhält Hitler folgende Auszeichnungen und Orden:

2. Dezember 1914	PEK II [*Preußisches Eisernes Kreuz II. Klasse*]
17. September 1917	MVKr. III. Kl. m. Schw. [*Militärverdienstkreuz III. Klasse mit Schwertern*]
9. Mai 1918	Regimentsdiplom wegen hervorragender Tapferkeit vor dem Feind
18. Mai 1918	Verw. Abz. schw. [*Verwundetenabzeichen schwarz*]
4. August 1918	PEK I. Kl. [*Preußisches Eisernes Kreuz I. Klasse*]
25. August 1918	D. A. III. Kl. [*Dienstauszeichnung III. Klasse*]

Über die Verleihung des EK I an Hitler berichtet Wiedemann:

Ich erinnere mich noch recht gut, wie ich mir nach einer größeren Kampfhandlung in der Stellung bei Fromelle mit dem Regimentsschreiber Max Amman überlegte, wen wir zum EK I vorschlagen sollten. Meiner Ansicht nach stand Hitler schon längst diese Auszeichnung zu, und somit setzten wir ihn auf die Vorschlagsliste, allerdings nicht oben hin, sondern am Schluß. Wir taten das mit Rücksicht auf die Kompanien, die immer meckerten, wenn wir unsere Leute vom Regimentsstab an die Spitze der Liste setzten. Hitler hat damals das EK I nicht bekommen. Auf unsere zehn Vorschläge erhielten wir nur fünf Auszeichnungen zugeteilt. Als ich später vom Regiment versetzt wurde, hat mein Nachfolger als Adjutant, der Oberleutnant d. R. Gutmann, den Vorschlag erneuert, und dieses Mal wurde Hitler mit dem Eisernen Kreuz I. Klasse ausgezeichnet.

Gutmann war Jude. Daß der Vorschlag zur Auszeichnung von ihm ausging, ist sicher. Ich bin zwar bei der Verleihung nicht dabeigewesen, aber es ist mehr als wahrscheinlich, daß Gutmann diese Auszeichnung Hitler auch persönlich überreichte.

Der Antrag des R. I. R. 16 an die Kgl. Bayer. 12. Reserve-Infanterie-Brigade vom 31. Juli 1918 führt zur Begründung des Vorschlages Hitler für das EK I aus:

Hitler ist seit Ausmarsch beim Regiment und hat sich in allen mitgemachten Gefechten glänzend bewährt. Als Meldegänger leistete er sowohl im Stellungskrieg als auch im Bewegungskrieg Vorbildliches an Kaltblütigkeit und Schneid und war stets freiwillig bereit, Meldungen in schwierigsten Lagen unter größter Lebensgefahr durchzubringen. Nach Abreißen aller Verbindungen in schwierigen Gefechtslagen war es der unermüdlichen und opferbereiten Tätigkeit des Hitler zu verdanken, daß wichtige Meldungen trotz aller Schwierigkeiten durchdringen konnten. Hitler erhielt das EK II für tapferes Verhalten in der Schlacht bei Wytschaete am 2. 12. 14. Ich halte Hitler für vollends würdig zur Auszeichnung mit dem EK I. i. V. Freiherr von Godin

Im Lazarett Pasewalk bei Stettin erlebt Hitler den Herbst 1918. In dem sieben Jahre später veröffentlichten Bericht »Mein Kampf« sagt er über die nach dem Erlebnis der Revolution gefaßte Absicht:

Ich aber beschloß, Politiker zu werden.

Ende November 1918 kehrt Hitler in das von der Revolution geschüttelte München zurück. Er trägt sich im Winter 1918/19 mit dem Gedanken, in die SPD einzutreten. Er wird später in ein Entlassungslager nach Traunstein kommandiert. Er hat keinen Anteil an der Entsetzung Münchens durch regierungstreue Truppen vom 1. Mai 1919 an – eine Tatsache, die ihm später Ernst Röhm anklagend vorhält. Erst als München vom Reichswehrgruppenkommando 4 kontrolliert wird, findet er Verwendung und darüber auch Beachtung.

Der Gedanke an den Staatsstreich

Hitlers Eintritt in die Politik

Da sich der Bayerische Landtag und das Bayerische Gesamtstaatsministerium noch in Bamberg befinden, wohin sie am 18. März 1919 geflüchtet sind, übernimmt das am 11. Mai gebildete Reichswehrgruppenkommando 4 nicht nur die militärische Sicherung, sondern auch die politische Überwachung Münchens. Der Kulturphilosoph Oswald Spengler schreibt am 6. Juni 1919:

Die Sicherheit in München wird durch die Tatsache illustriert, daß die Militärverwaltung augenblicklich dabei ist, die innere Stadt durch Aufreißen des Straßenpflasters, Barrikaden und Stacheldrahtverhaue in einzelne Defensivabschnitte zu zerlegen – am Hofgarten, in der Maximilianstraße, am Maximiliansplatz usw. –, die nur durch Seitenpforten passiert werden können und mit Eintritt der Polizeistunde ganz geschlossen werden.

Im Reichswehrgruppenkommando 4 bildet sich die Überzeugung, die von zahlreichen Strömungen der Zeit erfaßte Truppe bedürfe politischer Aufklärung. Nur auf diese Weise könnten die in den Einheiten des Übergangsheeres eingedrungenen, als »bedenklich« deklarierten Vorstellungen zurückgedrängt werden. Die Wahrnehmung dieser gesteckten Aufgabe wird der Abteilung I b/P zugewiesen, die unter den Bezeichnungen »Nachrichtenabteilung«, »Presse- und Propagandaabteilung«, »Aufklärungsabteilung« bekannt wird. Ihre Leitung übernimmt Hauptmann i. G. Karl Mayr, als Sohn eines hochangesehenen bayerischen Richters am 5. Januar 1883 in Mindelheim geboren, am 9. Februar 1945 im Konzentrations-

lager Buchenwald verstorben. Mayr sammelt um sich einen Kreis politisch interessierter Offiziere, Soldaten, Journalisten, Politiker und Professoren. Er sucht Vertrauensmänner (»V-Männer«), die in der Lage sind, in der Truppe politisch zu wirken. Er führt an der Universität München Aufklärungskurse durch, in denen Offiziere, Unteroffiziere und Mannschaften geschult werden. Er beobachtet die Tätigkeit von Parteien, Vereinigungen und Zeitungen. Seine Abteilung legt Ende Mai/Anfang Juni 1919 »Listen der Propaganda- und Vertrauensleute« an. In einer findet sich ohne weitere Zusätze der Name:

Hittler Adolf

Hitler nimmt – auf wessen Veranlassung, ist unbekannt – am Aufklärungskurs Nr. 1 teil. Das Programm dieser Veranstaltung:

Donnerstag, den 5. Juni, vormittags 8–10 Uhr, Universität, Hörsaal Nr. 148, Erdgeschoß links, Eingang Ludwigstraße: Vortrag Professor Karl Alexander von Müller: Die deutsche Geschichte seit der Reformation. Nachmittags 1/2 6 bis 1/2 9 Uhr, Hörsaal Nr. 148: Seminar. Kursleiter: Karl Graf von Bothmer, Kustos Dr. Dirr, Dipl.-Ing. Gottfried Feder, Professor Dr. Josef Hofmiller, Dr. Michael Horlacher, Geschäftsführer des Zweckverbandes landwirtschaftlicher Vereine und der Agrarindustrie, Professor Karl Alexander von Müller.

Freitag, den 6. Juni, vormittags 9–11 Uhr, Universität, Hörsaal Nr. 148: Vortrag Professor Karl Alexander von Müller: Die politische Geschichte des Krieges. Nachmittags 1/2 6–1/2 9 Uhr: Seminar. Lehrkräfte die gleichen.

Samstag, den 7. Juni, vormittags 8–10 Uhr, Universität, Hörsaal Nr. 148: Vortrag Karl Graf von Bothmer: Der Sozialismus in Theorie und Praxis. Nachmittags 3–6 Uhr: Seminar. Lehrkräfte die gleichen.

Dienstag, den 10., und Mittwoch, den 11. Juni, vormittags 9–11 Uhr, Universität, Hörsaal Nr. 148: Vortrag Dr. Michael Horlacher, Geschäftsführer des Zweckverbandes landwirtschaftlicher Vereine und der Agrarindustrie in Bayern: Unsere wirtschaftliche Lage und die Friedensbedingungen. Nachmittags 1/2 6–1/2 9 Uhr: Seminar. Lehrkräfte die gleichen.

Donnerstag, den 12. Juni, vormittags 8–10 Uhr, Universität, Hörsaal Nr. 148: Vortrag Karl Graf von Bothmer: Der Zusammenhang zwischen innerer und äußerer Politik. Nachmittags 3–6 Uhr: Seminar. Lehrkräfte die gleichen.

Der Münchner Historiker Karl Alexander von Müller, der an den Kursen mitwirkt, macht Hauptmann i. G. Mayr auf die rednerische Begabung Hitlers aufmerksam:

Nach dem Schluß meines Vortrags und der folgenden lebhaften Erörterung stieß ich in dem sich leerenden Saal auf eine kleine Gruppe, die mich aufhielt. Sie schien festgebannt um einen Mann in ihrer Mitte, der mit einer seltsam gutturalen Stimme unaufhaltsam und mit wachsender Leidenschaft auf sie einsprach: Ich hatte das sonderbare Gefühl, als ob ihre Erregung sein Werk wäre und zugleich wieder ihm selbst die Stimme gäbe. Ich sah ein bleiches, mageres Gesicht unter einer unsoldatisch hereinhängenden Haarsträhne, mit kurzgeschnittenem Schnurrbart und auffällig großen, hellblauen, fanatisch kalt aufglänzenden Augen. Nach dem nächsten Vortrag wartete ich, ob er sich in der Aussprache melden würde, jedoch es geschah so wenig wie beim ersten Mal. »Weißt du, daß du einen rednerischen Naturtenor unter deinen Ausbildern hast?« fragte ich nach der Stunde meinen alten Schulkameraden. »Da scheint es weiterzureden, wenn er einmal in Schuß kommt.« »Wo sitzt er denn?« Ich wies nach der Stelle. »So«, erwiderte er, »das ist der Hitler vom List-Regiment. Sie, Hitler, kommen's einmal raus da!« Und der Gerufene kam gehorsam, mit linkischen Bewegungen, wie mir schien in einer Art trotziger Verlegenheit, aufs Podium. Das Gespräch blieb unergiebig.

Der für das Reichswehrgruppenkommando 4 tätige neunzehnjährige Hermann Esser nimmt am Aufklärungskurs Nr. 4 teil. Er wendet sich am 11. August 1919 an Hauptmann Karl Mayr:

Ich habe in der am Freitag nachmittag nach dem Vortrag des Herrn Feder stattfindenden freien Aussprache der Kursleitung den Vorwurf gemacht, daß ich es nicht begreifen kann, daß sie die vorzüglichen Schriften des Herrn Feder nicht ebenso wie viele andere den Teilnehmern kostenlos zur Verfügung stelle. Ich sagte u. a. wörtlich: »Ich glaube, daß hier eine zu große Rücksicht auf gewisse Kreise geübt wird, die ein natürliches Interesse daran besitzen, daß diese Schriften, die an den Grundfesten der ausbeutenden Großfinanzen rütteln, nicht in die breite Öffentlichkeit gelangen.«

Ich erdreistete mich auch, diese Kreise, die der Krebsschaden unserer gesamten deutschen Wirtschaft sind, summarisch mit dem Namen »internationales Judentum« zu bezeichnen.

Ein Kursteilnehmer, der schon bei anderen Gelegenheiten diese Kreise in Schutz nahm, glaubte auch hier wieder eine Lanze für sie brechen zu müssen und suchte den Eindruck meiner Worte mit dem Vorwurf abzuschwächen, daß es meinerseits doch eine Taktlosigkeit sei, der Kursleitung so gewissermaßen ein Mißtrauensvotum auszusprechen.

Es wäre mir unlieb, wenn die Leitung auch diese Ansicht vertreten würde.

Meldungen über revolutionäre Ansichten unter den im Lager Lechfeld stationierten Truppenteilen veranlassen das Reichswehrgruppenkommando 4, ein Aufklärungskommando, dessen Leitung dem Infanteristen Rudolf Beyschlag übertragen wird, zu entsenden. Unter den dafür abgestellten Unteroffizieren und Soldaten wird unter Nr. 17 aufgeführt:

Infanterist Adolf Hitler 2. Inf. Regt. Abwicklungsstelle (I. A. K.)

Das Aufklärungskommando wickelt vom 20. bis 25. August 1919 bei der im Lager Lechfeld stationierten »Kompanie Bendt« ein umfangreiches Programm ab. Deren Chef, Oberleutnant Bendt, berichtet am 21. August:

Der erste gestern gehaltene Vortrag behandelte das Thema: »Wen trifft die Schuld am Weltkrieg?« Der Vortrag war in leicht faßlicher Art gehalten und erweckte bei den geistig regeren Leuten der Kompanie großes Interesse. Durch Ergänzungen und weitergreifende Ausführungen des Gefreiten Hitler wurde die Grundlage für eine Diskussion geschaffen.

Am 25. August erstattet Oberleutnant Bendt dem Reichswehrgruppenkommando 4 einen Schlußbericht über die Tätigkeit des Propagandakommandos:

Da die Dulag-[*Durchgangslager*] Kompanien nicht aufgeklärt werden konnten, wegen der bereits im 1. Bericht geschilderten Verhältnisse, fand die Aufklärung nur bei den Reichswehrtruppen statt. An Vorträgen wurden gehalten:

1. Wer trägt die Schuld am Weltkrieg?
2. Der Aufstieg Deutschlands im 19. Jahrhundert.
3. Weltkrieg und Weltrevolution.
4. Aus den Tagen der Münchener Räterepublik.
5. Über die politischen Parteien.
6. Goethe und Deutschland.

durch Herrn Beyschlag, der die einzelnen sachlicher Art behandelte. Vorzüglich ergänzt wurde er durch den Gefreiten Hitler der 2. Infanterieregiment-Abwicklungsstelle, der einzelne Punkte aus den verschiedenen Vorträgen herausgriff und in äußerst temperamentvoller, leicht faßlicher Art sie den Leuten klarmachte. Ganz kurze Einreden hielt auch Offizierstellvertreter Fröhlich und Gefreiter Bernard. Die anderen Leute der Propagandaabteilung beteiligten sich nicht an der Diskussion. Sie scheinen auch in ihrer Ausbildung und ihrem Wissen noch lange nicht so weit zu sein [...].

Gelegentlich eines sehr schönen, klaren und temperamentvollen Vortrags des Gefreiten Hitler über den Kapitalismus, der dabei die Judenfrage streifte, ja streifen mußte, entstanden über die Art und Weise gelegentlich einer Besprechung der Abteilung mit mir Meinungsverschiedenheiten, ob man klar und unverblümt seine Meinung äußern solle oder in etwas verschleierter Form. Es wurde angeführt, die Abteilung sei von Gruppenkommandeur Möhl aufgestellt und in dienstlicher Eigenschaft tätig. Wenn nun die Judenfrage in ganz klarer Form unter besonderer Berücksichtigung des germanischen Standpunktes dargestellt würde, so könnte leicht diese

Erörterung den Juden Anlaß geben, die Vorträge als eine Judenhetze zu bezeichnen. Ich sah mich deshalb veranlaßt, anzuordnen, daß bei Behandlung dieser Fragen möglichst vorsichtig vorgegangen werden solle und daß zu deutliche Hinweise auf die dem deutschen Volke fremde Rasse nach Möglichkeit zu vermeiden seien.

Die Angehörigen des Aufklärungskommandos äußern sich auf dienstlichen Befehl vor der Rückkehr nach München über die durchgeführte Aktion, über Redner und Themen. So schreibt der Krankenträger Lorenz Frank:

Ende gut, alles gut, so möchte ich auch hier sagen, denn ich bin sowohl überrascht, aber noch mehr erfreut über die Erfolge, die unser Aufklärungskommando in den fünf Tagen hier erzielt hat. Den Heldenanteil des Erfolges haben zweifelsohne die Herren Hitler und Beyschlag, die durch ihre hervorragenden Vorträge die Aufmerksamkeit und das Interesse der Kompanie Bendt, auf die ich nachher noch zu sprechen komme, erweckt haben. Besonders Herr Hitler ist, ich darf wohl sagen, ein geborener Volksredner, der durch seinen Fanatismus und sein populäres Auftreten in einer Versammlung die Zuhörer unbedingt zur Aufmerksamkeit und zum Mitdenken zwingt. Ich für meine Person suchte mein Tätigkeitsfeld in Kantinen, umliegenden Wirtschaften und als Zuschauer bei den Sportspielern.

Der Kanonier Hans Knoden berichtet:

Was nun die Aufklärungstätigkeit während unseres fünftägigen Aufenthalts bei der Kompanie Bendt betrifft, so war ein ganz befriedigendes Resultat zu verzeichnen, da die Mannschaften den verschiedenen Vorträgen mit großem Interesse folgten, namentlich bei den Herren Beyschlag und Hitler. Letzterer namentlich entpuppte sich als hervorragender und temperamentvoller Redner und fesselte die Aufmerksamkeit der ganzen Zuhörer für seine Ausführungen. Einmal nun war es ihm nicht möglich, einen langen Vortrag zu beenden; er fragte die Leute, als er abbrechen mußte, ob sie vielleicht nach Dienst denselben zu Ende hören wollten, und sofort waren alle einverstanden. Man merkte offensichtlich, daß das Interesse der Leute geweckt war, und das ist schon ein bemerkenswerter Erfolg.

Im Mittelpunkt der politischen und propagandistischen Tätigkeit des Reichswehrgruppenkommandos 4 steht Hauptmann Mayr. Über ihn sagt Ernst Röhm 1928:

Wenn ich mich recht erinnere, war es Hauptmann Mayr, der eines Tages auch Adolf Hitler in diesen Kreis brachte. Hitler war Bildungsoffizier im Stabe des Gruppenkommandos und unterstand ebenso wie Hermann Esser als Pressereferent der politischen Abteilung, die Hauptmann Mayr leitete. Dieser ehrgeizige Offizier, der heute im marxistischen Reichsbanner eine führende Rolle einnimmt, hatte bei der Beweglichkeit, die ihm eigen war, Zutritt und Geltung bei den Kreisen, die scharf national eingestellt waren, sich zu verschaffen gewußt. Neben seiner Dienstführung als Nachrichtenoffizier des Wehrkreiskommandos [...] wandte er sein Augenmerk allen politischen Bestrebungen zu.

Am 4. September 1919 schreibt ein Teilnehmer eines Aufklärungskurses, Adolf Gemlich aus Ulm, an Hauptmann Mayr:

Heute hätte ich eine sehr große Bitte, und ich möchte Sie um Ihren erfahrenen Rat bitten; wenn es Ihnen nicht zuviel Zeit und Mühe kostet, wäre ich Ihnen für einen, wenn auch noch so kurzen Aufschluß sehr dankbar.

Von einem Freunde bin ich angehalten worden, dem »Ausschuß für Volksaufklärung«, Berlin W 9, Köthener Str. 45 Hof I, beizutreten. Dieser Ausschuß dürfte Ihnen, der Sie doch mitten in der Volksaufklärung stehen, nicht unbekannt sein, und er verfolgt einen Kampf bis aufs Messer gegen das Judentum. Wie verhält sich nun der heutige Sozialismus unserer Mehrheits-, also Regierungssozialisten hierzu? Selbstverständlich weiß ich, daß es nicht im Sinne der heutigen Regierung sein kann, eine Bewegung offiziell zu unterstützen, eine Bewegung, die schließlich zu öffentlichen Unruhen führen kann. Doch darf dies wiederum kein Beweggrund sein, eine

Gefahr für das Volkstum *nicht* auszumerzen: jede Operation ist doch letzten Endes ein Aufbäumen, ein Aus-dem-Weg-Schaffen irgendeiner Kalamität und gelingt bei besonnener Ausführung in den meisten Fällen.

Ich meine: Wenn die Regierung wirklich erkannt hat, daß die Juden eine nationale Gefahr bedeuten, müßte sie doch dem Judentum eine Bedeutung in der Politik, eine Bedeutung für das Volkswohl in jeder Beziehung abstreitig machen.

Vorerst tut sie das aber nicht, und für mich erhebt sich nun die Frage: Sind die Juden nicht die Gefahr, für die man sie hält, wird ihr verderblicher Einfluß überschätzt, oder verkennt die Regierung die Gefahr, oder aber – ist die Regierung zu schwach, um gegen ein gefährliches Judentum einzuschreiten?

Und nun die Generalfrage: Wie verhält sich eigentlich die Regierungssozialdemokratie gegenüber dem Judentum? Gehören zur »Gleichberechtigung« der Völker auch die Juden mit in das sozialistische Programm, auch wenn man sie als eine Gefahr für das Volkstum betrachten muß?

Vielleicht macht Ihnen, verehrter Herr Hauptmann, die Beantwortung dieser Fragen große Schwierigkeiten, weil Sie an Ihr Amt gebunden sind und parteilos sein müssen. Dann verzichte ich natürlich auf die Beantwortung, wenngleich ich hier versprechen möchte, daß [*ich*] niemals einen offiziellen Brauch von Ihrer Antwort machen werde. In dieser Beziehung brauchen Sie also nicht vorsichtig zu sein, und ich nehme an, daß Sie meinem Versprechen glauben werden.

Ich möchte Ihre kostbare Zeit nun nicht länger in Anspruch nehmen.

Hoffentlich haben Sie inzwischen wieder einen recht erfolgreichen Aufklärungskurs leiten dürfen: Wenn auch nicht glänzende Redner aus den Kursen hervorgehen können, so dürfen Sie doch überzeugt sein, daß diesen Kursen nur Gutes entspringt, ich möchte sagen, das Beste, was einem heute mit auf den Weg gegeben werden kann in unseren Zeiten der inneren Bedrängnis und Zerrissenheit.

Hauptmann Mayr wendet sich am 10. September an Hitler,

dem er den Eingang der Ausführungen über die Siedlungsfrage bestätigt und den er ersucht, den Brief Gemlichs zu beantworten:

Anbei eine Abschrift eines Briefes. Da ich derzeit sehr in Anspruch genommen bin, wenn Sie mir 1 bis 2 Seiten lange Ausführung zu den Fragepunkten (mit Ihrer Unterschrift und Briefadresse) zur Verfügung stellen könnten, ich behalte mir vor, im Anschluß an Ihre Zeilen noch die Fragen wegen des Ausschusses und der »Regierungssozialdemokratie« zu beantworten.

Ihre Ausführungen über die Ansiedlungsfrage habe ich erhalten; das Gruppenkommando behält sich vor, u. U. diesen dienstlichen Bericht gekürzt oder ungekürzt in geeigneter Weise in die Presse zu lancieren.

Dem erteilten Auftrag kommt Hitler umgehend nach und schreibt am 16. September an Gemlich einen ausführlichen Brief über das Judenproblem. Es ist das erste Schriftstück der politischen Laufbahn Hitlers, geschrieben im Auftrag des Reichswehrgruppenkommandos 4 I b/P:

Wenn die Gefahr die das Judentum für unser Volk heute bildet seinen Ausdruck findet in einer nicht wegzuleugnenden Abneigung großer Teile unseres Volkes, so ist die Ursache dieser Abneigung meist nicht zu suchen in der klaren Erkenntnis des bewußt oder unbewußt planmäßig verderblichen Wirkens der Juden als Gesamtheit auf unsere Nation, sondern sie entsteht meist durch den persönlichen Verkehr, unter dem Eindruck, den der Jude als einzelner zurückläßt und der fast stets ein ungünstiger ist. Dadurch erhält der Antisemitismus nur zu leicht den Charakter einer bloßen Gefühlserscheinung. Und doch ist dies unrichtig. Der Antisemitismus als politische Bewegung darf nicht und kann nicht bestimmt werden durch Momente des Gefühls, sondern durch die Erkenntnis von Tatsachen. Tatsachen aber sind:

Zunächst ist das Judentum unbedingt Rasse und nicht Religionsgenossenschaft. Und der Jude selbst bezeichnet sich nie als jüdischen Deutschen, jüdischen Polen oder etwa jüdischen Amerikaner, sondern stets als deutschen, polnischen oder amerikanischen Juden. Noch nie hat der Jude von fremden Völkern, in deren Mitte er lebt, viel mehr angenommen als die Sprache. Und so wenig ein Deutscher der in Frankreich gezwungen ist sich der franz. Sprache zu bedienen, in Italien der italienischen und in China der chinesischen, dadurch zum Franzosen, Italiener oder gar Chinesen wird, so wenig kann man einen Juden, der nunmal unter uns lebt, und, dadurch gezwungen, sich der deutschen Sprache bedient, deshalb einen Deutschen nennen. Selbst der mosaische Glaube kann, so groß auch seine Bedeutung für die Erhaltung dieser Rasse sein mag, nicht als ausschließlich bestimmend für die Frage, ob Jude oder Nichtjude gelten. Es gibt kaum eine Rasse, deren Mitglieder ausnahmslos einer einzigen bestimmten Religion angehören.

Durch tausendjährige Innzucht, häufig vorgenommen in engstem Kreise, hat der Jude im allgemeinen seine Rasse und ihre Eigenart schärfer bewahrt, als zahlreiche der Völker unter denen er lebt. Und damit ergibt sich die Tatsache, daß zwischen uns eine nichtdeutsche, fremde Rasse lebt, nicht gewillt und auch nicht im Stande, ihre Rasseneigenarten zu opfern, ihr eigenes Fühlen, Denken und Streben zu verleugnen, und die dennoch politisch alle Rechte besitzt wie wir selber. Bewegt sich schon das Gefühl des Juden im rein Materiellen, so noch mehr sein Denken und Streben. Der Tanz ums goldene Kalb wird zum erbarmungslosen Kampf um alle jene Güter, die nach unserm inneren Gefühl nicht die Höchsten und einzig erstrebenswerten auf dieser Erde sein sollen.

Der Wert des Einzelnen wird nicht mehr bestimmt durch seinen Charakter, der Bedeutung seiner Leistungen für die Gesamtheit, sondern ausschließlich durch die Größe seines Vermögens, durch sein Geld.

Die Höhe der Nation soll nicht mehr gemessen werden nach der Summe ihrer sittlichen und geistigen Kräfte, sondern nur mehr nach dem Reichtum ihrer materiellen Güter.

Aus diesem Fühlen ergibt sich jenes Denken und Streben nach Geld, nach Macht, die dieses schützt, das den Juden skrupellos werden läßt in der Wahl der Mittel, erbarmungslos in ihrer Verwendung zu diesem Zweck. Er winselt im autokratisch regierten Staat um die Gunst der »Majestät« des Fürsten und mißbraucht sie als Blutegel an seinen Völkern.

Er buhlt in der Demokratie um die Gunst der Masse, kriecht vor der »Majestät des Volkes« und kennt doch nur die Majestät des Geldes.

Er zerstört den Charakter des Fürsten durch byzantinische Schmeichelei, den nationalen Stolz, die Kraft eines Volkes, durch Spott und schamloses Erziehen zum Laster. Sein Mittel zum Kampf ist jene öffentliche Meinung, die nie ausgedrückt wird durch die Presse, wohl aber immer durch sie geführt und gefälscht wird. Seine Macht ist die Macht des Geldes, das sich in Form des Zinses in seinen Händen mühe- und endlos vermehrt, und den Völkern jenes gefährlichste Joch aufzwingt, daß sie seines anfänglichen goldigen Schimmers wegen so schwer in seinen späteren traurigen Folgen zu erkennen vermögen. Alles was Menschen zu Höherem streben läßt, sei es Religion, Sozialismus, Demokratie, es ist ihm alles nur Mittel zum Zweck, Geld und Herrschgier zu befriedigen.

Sein Wirken wird in seinen Folgen zur Rassentuberkulose der Völker.

Und daraus ergibt sich folgendes: Der Antisemitismus aus rein gefühlsmäßigen Gründen wird seinen letzten Ausdruck finden in der Form von Progromen [*sic*]. Der Antisemitismus der Vernunft jedoch muß führen zur planmäßigen gesetzlichen Bekämpfung und Beseitigung der Vorrechte des Juden, die er nur zum Unterschied der anderen zwischen uns lebenden Fremden besitzt (Fremdengesetzgebung). Sein letztes Ziel aber muß unverrückbar die Entfernung der Juden überhaupt sein. Zu beidem ist nur fähig eine Regierung nationaler Kraft und niemals eine Regierung nationaler Ohnmacht.

Die Republik in Deutschland verdankt ihre Geburt nicht dem einheitlichen nationalen Willen unseres Volkes, sondern der schlauen Verwertung einer Reihe von Umständen, die zusammengefaßt sich in tiefer allgemeiner Unzufriedenheit äußerten. Diese Umstände jedoch waren unabhängig von der Staatsform und sind auch heute noch wirksam. Ja mehr noch als früher. So erkennt denn auch schon ein großer Teil unseres

Volkes, daß nicht die geänderte Staatsform als solche unsere Lage zu ändern und zu bessern vermag, sondern nur eine Wiedergeburt der sittlichen und geistigen Kräfte der Nation.

Und diese Wiedergeburt wird nicht in die Wege geleitet durch eine Staatsführung unverantwortlicher Majoritäten unter dem Einfluß bestimmter Parteidogmen, einer unverantwortlichen Presse, durch Phrasen und Schlagwörter internationaler Prägung, sondern nur durch rücksichtslosen Einsatz national gesinnter Führerpersönlichkeiten mit innerlichem Verantwortungsgefühl.

Diese Tatsache jedoch raubt der Republik die innere Unterstützung der vor allem so nötigen geistigen Kräfte der Nation. Und so sind die heutigen Führer des Staates gezwungen, sich Unterstützung zu suchen bei jenen, die ausschließlich Nutzen aus der Neubildung der deutschen Verhältnisse zogen und ziehen, und die aus diesem Grunde ja auch die treibenden Kräfte der Revolution waren, den Juden. Ohne Rücksicht auf die auch von den heutigen Führern sicher erkannte Gefahr des Judentums (Beweis dafür sind verschiedene Aussprüche derzeitig leitender Persönlichkeiten) sind sie gezwungen, die Ihnen zum eigenen Vorteil von den Juden bereitwillig gewährte Unterstützung anzunehmen, und damit auch die geforderte Gegenleistung zu bringen. Und dieser Gegendienst besteht nicht nur in jeder möglichen Förderung des Judentums überhaupt, sondern vor allem in der Verhinderung des Kampfes des betrogenen Volkes gegen seine Brüder, in der Unterbindung der antisemitischen Bewegung.

In seinem Brief vom 17. September an Adolf Gemlich versichert Hauptmann Mayr, er pflichte den sehr klaren Ausführungen Hitlers durchaus bei:

Da ich augenblicklich sehr in Anspruch genommen, habe ich den von Herrn Hitler (ebenfalls einem früheren Kursteilnehmer) um Äußerung gebeten; sie liegt im Wortlaut an. Ich kann den sehr klaren Ausführungen nur durchaus beipflichten – mit einer Ausnahme, und das ist das von Herrn Hitler ebenfalls berührte Zinsproblem. Der Zins ist nicht eine Erfindung der »Manichäer« oder Juden, sondern eine im Prinzip des Eigentums und dem gesunden Erwerbstrieb begründete Einrichtung, bei der es nur darauf ankommt, alle Auswüchse rechtzeitig und mit rücksichtsloser Entschiedenheit auszumerzen. Was die Juden in Verbindung mit der Zinsfrage anlangt, so ist das festzustellen, daß natürlich diese Rasse es gewesen ist, die die schädlichen und gewinnreichen Möglichkeiten des Zinsproblems am raschesten erkannt und am rücksichtslosesten auszubeuten und jede großzügige gesetzgeberische Beschränkung mit größter Gerissenheit zu hintertreiben verstand. Den besten Einblick in das Zinsproblem geben die Ausführungen des Herrn Feder, die ich deshalb auch trotz Widerstrebens sehr einflußreicher Kreise gefördert habe; nur schüttet eben auch Herr Feder schließlich das Kind mit dem Bade aus. Mit dem Zinsproblem geht es wie mit dem Problem z. B. der Autokratie (Selbstherrschaft, Despotie, Zarismus). Man muß die Auswüchse beschneiden, den goldenen »konstitutionellen« Mittelweg gehen und darf nicht alles über einen Kamm scheren (sozialistische Demokratie).

Meine Ausführungen sind nicht an das Amt gebunden, wie Sie meinen. Ich bin mit dem Herrn Hitler durchaus der Anschauung, daß das, was man Regierungssozialdemokratie heißt, vollständig an der Kette der Judenheit liegt. Bevor man aber über »Gleichberechtigung« der Völker reden will, muß zuerst die Eigenberechtigung oder das »Selbstbestimmungsrecht« der einzelnen Völker sichergestellt sein. Dieses Recht ist verankert in der Rasse. Alle schädlichen Elemente müssen wie Krankheitserreger ausgestoßen oder »verkapselt« werden. So auch die Juden!

Hauptmann Mayr beobachtet sorgfältig die Tätigkeit der politischen Parteien Münchens und sammelt über sie Informationen. Er setzt zur Überwachung aller politisch tätigen Gruppen V-Männer ein, die ihm über die Veranstaltungen berichten. Er beauftragt den Gefreiten Hitler, die Veranstaltung der Deutschen Arbeiterpartei vom 12. September 1919 zu besuchen. Dieser berichtet:

Als ich abends in das für uns später historisch gewordene »Leiberzimmer« des ehemaligen »Sterneckerbräues« in München kam, traf ich dort etwa 20 bis 25 Anwesende, hauptsächlich aus den unteren Schichten der Bevölkerung.

Der Vortrag Feders war mir schon von den Kursen her bekannt, so daß ich mich mehr der Betrachtung des Vereines selber widmen konnte.

Der Eindruck auf mich war weder gut noch schlecht; eine Neugründung, wie eben so viele andere auch. Es war gerade damals die Zeit, in der sich jeder berufen fühlte, eine neue Partei aufzumachen, der mit der bisherigen Entwicklung nicht zufrieden war und zu den gegebenen Parteien kein Vertrauen mehr besaß. [...]

Nicht anders beurteilte ich nach etwa zweistündigem Zuhören die Deutsche Arbeiterpartei. Als Feder endlich schloß, war ich froh. Ich hatte genug gesehen und wollte schon gehen, als die nun verkündete freie Aussprache mich doch bewog, noch zu bleiben. Allein auch hier schien alles bedeutungslos zu verlaufen, bis plötzlich ein »Professor« zu Worte kam, der erst an der Richtigkeit der Federschen Gründe zweifelte, sich dann aber – nach einer sehr guten Erwiderung Feders – plötzlich auf den »Boden der Tatsachen« stellte, nicht aber ohne der jungen Partei auf das angelegentlichste zu empfehlen, als besonders wichtigen Programmpunkt den Kampf um die »Lostrennung« Bayerns von »Preußen« aufzunehmen. Der Mann behauptete mit frecher Stirne, daß in diesem Falle sich besonders Deutsch-Österreich sofort an Bayern anschließen würde, daß der Friede dann viel besser würde und ähnlichen Unsinn mehr. Da konnte ich denn nicht anders, als mich ebenfalls zum Wort zu melden und dem gelahrten Herrn meine Meinung über diesen Punkt zu sagen – mit dem Erfolge, daß der Herr Vorredner, noch ehe ich fertig war, wie ein begossener Pudel das Lokal verließ. Als ich sprach, hatte man mit erstaunten Gesichtern zugehört, und erst als ich mich anschickte, der Versammlung gute Nacht zu sagen und mich zu entfernen, kam mir noch ein Mann nachgesprungen, stellte sich vor (ich hatte den Namen gar nicht richtig verstanden) und drückte mir ein kleines Heftchen, ersichtlich eine politische Broschüre, in die Hand, mit der dringenden Bitte, dies doch ja zu lesen.

Hitler erzählt, wie er am Morgen nach der Versammlung die Betrachtung des Treibens und des Gehusches der Kasernenmäuse mit der Lektüre des ihm am Abend zugesteckten Heftchens unterbricht:

Auch am Morgen nach dieser Versammlung lag ich gegen 5 Uhr wach in der Klappe und sah dem Treiben und Gehusche zu. Da ich nicht mehr einschlafen konnte, erinnerte ich mich plötzlich des vergangenen Abends, und nun fiel mir das Heft ein, das mir der eine Arbeiter mitgegeben hatte. So begann ich zu lesen. Es war eine kleine Broschüre, in der der Verfasser, eben dieser Arbeiter, schilderte, wie er aus dem Wirrwarr marxistischer und gewerkschaftlicher Phrasen wieder zu nationalem Denken gelangte; daher auch der Titel »Mein politisches Erwachen«. Da ich erst angefangen hatte, las ich das Schriftchen mit Interesse durch; spiegelte sich ja in ihm ein Vorgang ab, den ich ähnlich zwölf Jahre vorher am eigenen Leibe auch durchzumachen hatte. Unwillkürlich sah ich meine eigene Entwicklung wieder vor mir lebendig werden. Ich dachte im Laufe des Tages noch einige Male über die Sache nach und wollte sie endlich schon wieder beiseite legen, als ich noch keine Woche später zu meinem Erstaunen eine Postkarte erhielt des Inhalts, daß ich in die »Deutsche Arbeiterpartei« aufgenommen wäre: ich möchte mich dazu äußern und deshalb am nächsten Mittwoch zu einer Ausschußsitzung dieser Partei kommen.

Über seinen Entschluß, in die DAP einzutreten, schreibt Hitler:

Nach zweitägigem qualvollem Nachgrübeln und Überlegen kam ich endlich zur Überzeugung, den Schritt tun zu müssen.

Es war der entscheidendste Entschluß meines Lebens.

Ein Zurück konnte und durfte es nicht mehr geben.

So meldete ich mich als Mitglied der »Deutschen Arbeiterpartei« an und erhielt einen provisorischen Mitgliedschein mit der Nummer: sieben.

In einem im Januar 1940 an Hitler gerichteten, jedoch nicht abgesandten Brief erklärt Drexler:

Niemand weiß besser als Sie selbst, mein Führer, daß Sie niemals das siebte Mitglied der Partei, sondern höchstens das siebte Mitglied des Ausschusses waren, in den ich Sie bat, als Werbeobmann einzutreten.

Und vor einigen Jahren mußte ich mich bei einer Parteistelle beschweren, daß Ihre erste richtige Mitgliedskarte der DAP, die Schüsslers und meine Unterschrift trägt, gefälscht wurde, indem die Nummer 555 herausretuschiert und die Nummer 7 eingesetzt war.

Nachdem Hitler sich entschlossen hat, der Aufforderung zu entsprechen, kommt es zur Begegnung zwischen ihm einerseits, dem Gründer der Deutschen Arbeiterpartei, Drexler, und ihrem Reichsvorsitzenden, Harrer, andererseits. Sie bestimmt die weitere Entwicklung sowohl der bisher wenig bekannten Partei als auch des Gefreiten Hitler.

Der Weg in die Öffentlichkeit

Die Deutsche Arbeiterpartei veranstaltet im Winter 1919/20 zahlreiche Versammlungen, über die der Politische Nachrichtendienst der Polizeidirektion München fast lückenlos berichtet. Als Redner treten Parteimitglieder und Gäste auf. Die Zahl der Anwesenden schwankt; bei der Versammlung am 10. Dezember 1919 werden 300, bei der Versammlung am 17. April 1920 1 200 Besucher und Besucherinnen geschätzt. Bevorzugte Themen sind der »Vertrag von Versailles« und »Das Judentum«. Vor allem Hitler beschäftigt sich damit. Auch bei der Behandlung anderer Themen kommt er stets auf den »Vertrag von Versailles« und auf »Das Judentum« zu sprechen. Im Polizeibericht über die Versammlung vom 13. November 1919 heißt es:

Der erste Vortragende, Herr Hitler, entledigte sich seines Themas »Brest-Litowsk« in meisterhafter Weise; er ist Kaufmann und wird berufsmäßiger Werberedner. Dieselben Machthaber, führte der Redner aus, die früher erklärten, der Ausgang des Krieges sei gleichgültig, erklären jetzt, der Krieg sei an all dem Elend schuld. Anstatt Verständigung ist alles Betrug, anstatt Versöhnung alles Gewalt. Er zieht drastische Vergleiche zwischen den beiden Frieden. Brest-Litowsk wird ein Schandfrieden genannt, aber ein Vergleich ergibt von selbst, welch ein gewaltiger Unterschied herrscht. Der Waffenstillstand von Spa wurde auf 21 Tage geschlossen, und war Verlängerung vorgesehen, unser Waffenstillstand war auf 30 Tage geschlossen, und mußte jedesmal eine Verlängerung erbettelt werden. Welch gewaltiger Unterschied ist in der Ablieferung des Verkehrsmaterials und der Waffen? Was müssen wir zur See opfern, unsere gesamte Marine. Wie sieht es mit dem Handel aus? Er erinnere nur an die Hungerblockade, an die Gefangenenbehandlung. 4 bis 6 Herren haben das 463 Artikel umfassende Friedenswerk hinter hermetisch verschlossenen Türen gemacht. Redner übt weiter vernichtende Kritik; er schilderte die Verschiedenheiten, die sich schon im Waffenstillstandsabschluß ergaben und erst im Friedensvertrag, lauter Abänderungen, und doch heißt man Brest-Litowsk einen Schandvertrag und Versailles einen Menschenvertrag. [...] In München werden in den nächsten Tagen ein paar Hotels für die Überwachungskommission beschlagnahmt, die Spitzel müssen wir füttern, in Berlin sind schon 1 000 solche dort. Ein Söldnerheer müssen wir halten (bei zwölfjähriger Verpflichtung), unsere jetzigen 100 000 Mann kosten uns soviel als früher unsere 500 000, nämlich 1 Milliarde 800 Millionen. (Zuruf: Lesen Sie den »Kampf«, die Juden und die USP sind die größten Spitzel im eigenen Lande.) Aber nicht genug, daß die Gegner von uns die Waffen verlangen, auch noch die Geister fordern sie. Solange die Erde steht, hat kein Volk einen solchen Schandvertrag zu unterzeichnen sich bereit erklären müssen. (Judenmache.) Das heißt man Freistaat, es heißt alles ist frei, einstweilen ist alles Schwindel, Betrug, schämt man sich ja gar nicht mehr, die Judeneinwanderung zu gestatten. Freies Volk wollen wir sein und kein Freistaat. (Brausender Beifall.) Die Idee, daß es so nicht weitergehen kann, müssen wir verfechten. Das deutsche Elend muß durch deutsches Eisen zerbrochen werden. Diese Zeit muß kommen. Mit diesen Worten schloß Herr Hitler.

Über die Tätigkeit in der DAP im Winter 1919/20 hat sich Hitler zehn Jahre später lustig gemacht:

Unser kleiner Ausschuß, der in Wirklichkeit mit seinen sieben Köpfen die ganze Partei repräsentierte, war nichts anderes als die Vorstandschaft eines kleinen Skatklubs. Die Tätigkeit war eine sehr einfache. Jeden Mittwoch fand eine Ausschußsitzung statt. An ihr trafen wir uns, und zwar zunächst in einem armseligen Stübchen einer kleinen Wirtschaft, »Rosenbad«, in der Herrnstraße. Man lasse sich aber nur ja nicht verleiten, in diesem Namen etwa eine Anspielung auf irgendeine dekorative Ausschmückung dieses ersten Sitzungslokals unserer jungen Partei zu sehen. Im Jahre 1919 war es in München noch traurig bestellt. Wenig Licht, viel Schmutz, Unrat, armselig gekleidete Menschen, heruntergekommene Soldaten, kurz das Bild, das sich eben nach viereinhalb Jahren Krieg ergeben mußte, und noch dazu, wenn dieser Krieg vom Skandal einer Revolution, wie es die deutsche war, abgelöst wurde. Es war also ein ganz armseliger »Sitzungssaal«, in dem wir tagten. Am bedenklichsten war dabei die einzige Gasflamme, die jämmerlich brannte, vielleicht weil der Gasdruck zu gering war, möglicherweise aber auch als Folge des halbzerbrochenen Glühstrumpfes. Wenn wir in unserem Extrazimmer versammelt waren, saß draußen oft der Wirt bei einer ärmlichen Beleuchtung mit seiner Frau und einem Gaste oder, wenn es gut ging, zwei Gästen. Vielleicht hat er sich ein paarmal Gedanken gemacht, wer die Gesellschaft wohl sein mag, die da am Mittwoch immer zusammenkommt und in seinem »Salon« eine »Sitzung« abhält. Wie wir selber ausgesehen haben? Verboten. Militärhosen, gefärbte Röcke, Hüte von undefinierbaren Formen, aber um so schimmernderem Glanz, an den Füßen von einem Zivilschuster in eine bürgerliche Fasson ummodellierte Weltkriegsstiefel und einem dicken Prügel in der Hand als »Spazierstock«. Damals war so etwas allerdings ein Ehrenkleid. Man dokumentierte dadurch seine Zugehörigkeit zum »Volk«. Heute würden einem die Grünen nachlaufen, käme man in einem solchen Aufzug in eine bessere Gegend. [...]

Die Tätigkeit des Ausschusses bestand darin, erstens Briefe, die eingegangen waren, vorzulesen, die Antwort zu beraten und die Briefe, die vom Vorsitzenden entsprechend dieser Beratung abgeschickt wurden, wieder zur Kenntnis zu nehmen, d. h. also ebenfalls vorzulesen. Ich habe seit jener Zeit gegen Briefschreiben und Briefschreiber einen geradezu infernalischen Haß in mir aufgestapelt. [...]

Es waren immer nur dieselben Köpfe, wahrscheinlich die Vorsitzenden von ähnlich großen Verbänden. Man versicherte uns erstens der brüderlichen Grüße, teilte uns mit, daß der Same in dem betreffenden Ort gelegt oder auch aufgegangen sei, frug uns, ob wir dasselbe berichten könnten und betonte die Notwendigkeit eines gemeinsamen Handelns. [...]

Wir hatten damals auch ein »Vereinsvermögen«. Es bestand aus Materialien und auch aus barem Geld. Das Geld schwankte zwischen 5 Mark und stieg in Flutzeiten bis auf 12, 13, 15, und einmal, erinnere ich mich, sogar 17 Mark. Die Materialien bestanden erstens in einer Zigarrenkiste, die das Geld bewahrte, und in Briefen, Briefumschlägen, etlichen Briefmarken sowie in den »Richtlinien« des Vereins.

Eine geringe Meinung hat Hitler von dem 1. Vorsitzenden der Partei:

Es war nicht leicht, unseren Herrn ersten Vorsitzenden im Jahre 1920 von der Notwendigkeit irgend etwas Neuem zu überzeugen. Ein braver, anständiger kleiner Journalist, aber um Gottes Himmels willen kein Führer einer Partei; geschweige denn einer Bewegung! [...]

Harrer war ein schlechter Redner. Das heißt, er redete überhaupt nicht, sondern las meistens vor. Es war selbstverständlich, daß die Partei unter einer solchen Leitung über 15 Mann gar nicht herauskommen konnte. Denn das Unglück war, daß Harrer sich selbst für ein rednerisches Phänomen hielt und nicht zu bewegen war, anderen das Wort zu längeren Ausführungen zu erteilen. Er fürchtete, daß dies zu einer Blamage für den Verein führen könnte. So war er besonders tief erfüllt von der Überzeugung, daß mir selbst jede, aber auch jede rednerische Fähigkeit fehle.

Dieser Ansicht sind nicht alle Zeitgenossen, die Hitler bereits kennen, wie Oskar Maria Graf schildert:

Schrimpf sah zufällig durch das große Auslagenfenster und rief: »Da! Da lauft er wieder, der Hitler, der Spitzel! Was der bloß wieder ausschnüffeln will in Schwabing!«

»Ja, du – das ist der, den wir damals beim Mailer hinausgeschmissen haben«, bestätigte ich und fragte Scherpenbach: »War er bei euch noch nie herinnen?«

»Nee, bis jetzt nicht«, antwortete der, und Bachmair meinte: »Jaja, man merkt's, die Spitzelei nimmt wieder zu ...«

»Hm, Spitzel? In Schwabing können doch so Achtgroschenjungs keinen Blumentopf gewinnen«, warf Thiele verächtlich hin, als der Mann im Schlapphut und hellen Regenmantel um die Ecke verschwand: »So'n Döskopp und Spitzel! Lästig ist das Stück Malheur nur, weil er sich immer gleich so aufdringlich an einen hängt, wenn man allein ist. Da sabbert er dann einem mit seinem germanischen Schulbuchbockmist die Ohren voll, quatscht und quatscht und ist kaum mehr abzuwimmeln.« Dann aber hellte sich sein Nußknackergesicht auf, und hochzufrieden grinste er: »Aber mir will der Idiot bestimmt nichts mehr. Mir nicht! Ich hab ihn los.«

Vor etlichen Tagen hatte sich Hitler, der damals noch Vigilant beim Kriegsministerium gewesen sein soll, beim Weggehen vom »Café Stefanie« an Thiele gehängt. Hackenzusammenschlagend stellte er sich vor und fragte freundlich, ob er ihn begleiten dürfte. Es störte ihn nicht, daß Thiele weder ja noch nein sagte und einfach unfreundlich stumm neben ihm herging. Gleich fing er an, von der wahren Mission der deutschen Künstler zu reden, redete und redete bis zum Elisabethplatz pausenlos, als käm's ihm überhaupt bloß drauf an, sich reden zu hören. Da hatte Thiele genug. »Sie sehen, was für große Aufgaben die deutsche Kunst in Zukunft hat«, sagte Hitler, und beide blieben stehen. Da schaute der kleine Thiele zu ihm hinauf wie David zum Goliath und sagte: »Sag mal – dir haben se wohl ins Gehirn geschissen und vergessen zu ziehn, was?« Das kam so unerwartet, daß der verblüffte Dauerredner Kalbsaugen bekam und wortlos davonging.

Am 5. Januar 1920 tritt Harrer vom Vorsitz der DAP zurück. Hitler ist in diesem Sinne tätig gewesen. Vom 5. Januar 1920 bis 29. Juli 1921 ist Anton Drexler 1. Vorsitzender der von ihm gegründeten Partei. Ihn besucht im Januar 1920 Heinrich Derbacher, kaufmännischer Angestellter der Firma Fried. Krupp AG in Essen, im Auftrag des Zentralvorstandes des »Deutschen Arbeiter-Bundes«. Er lernt in München Drexler, Hitler und Eckart kennen:

Drexler lud mich sodann zu einer Besprechung, die heute, nachmittags um 4 Uhr, in der Wohnung des Dichters Dietrich Eckart stattfinden soll und in welcher er seinen Freund Adolf Hitler mit dem Dichter bekannt machen will. Gerne sagte ich meine Bereitwilligkeit zu, und so brachen wir alsbald zu unserer Fahrt nach Nymphenburg, woselbst Eckart wohnte, auf. Vor der Wohnung trafen wir mit Adolf Hitler zusammen, der mir von Drexler vorgestellt wurde. Nach einer kurzen Unterredung, in welcher ich Hitler als einen treudeutschen Mann von temperamentvoller Art kennenlernte, betraten wir die Wohnung des Herrn Eckart, wo uns dieser in seinem Arbeitszimmer auf das liebenswürdigste empfing.

Schon nach wenigen Worten der Unterhaltung befand ich mich hier in einem Banne deutschen Geistes, und dieser Bann, der mich tagelang umfangen hielt, wird seine Spuren auf immer bei mir hinterlassen haben.

Eckart ist dramatischer Dichter, Schriftsteller und ein ausgesprochener Antisemit. Seine gegenwärtige schriftstellerische Tätigkeit besteht in der Hauptsache in der Herausgabe der antisemitischen Wochenschrift »Auf gut deutsch«, welche heute in einer Auflage von 30 000 Exemplaren erscheint. Eckart, ein Mann Mitte der fünfziger Jahre, schlank und kräftig gebaut, mit einer tiefen Baßstimme ausgestattet, besitzt einen tiefen deutschen Geist, der jeden Sterblichen, welcher damit in Berührung kommt, unwiderstehlich fesselt und in eine Sphäre urdeutschen Erlebens versetzt. Ich dachte dabei unwillkürlich an den »großen Mann im Sachsenwald«, der es durch seine Erscheinung schon vermochte, jeden nationalfremden Geist aus seiner Umgebung zu verbannen. [...] Er [*Eckart*] sprach dann zu uns von vielen Schädlingen des Deutschtums und kam dabei auch auf die Juden zu reden, die sich als Fremdlinge bei uns eingeschlichen und durch jahrelange offene und geheime Volksverhetzung die Regierung an sich gerissen haben. Am liebsten möge er sämtliche Juden in einen Eisenbahnzug verladen und ins Rote Meer damit fahren. Er sprach auch sein Bedauern über die Einfalt und Dummheit der deutschen Arbeiter aus, die sich ins Schlepptau der sogenannten jüdischen »Arbeiterführer« haben nehmen lassen. Auch er bekämpfe die Herrschaft des Leihkapitals, also tritt für die Brechung der Zinsknechtschaft ein, wodurch er die Herrschaft des Judentums zu brechen suche.

Drexler und Hitler arbeiten an einem Parteiprogramm. Sie tragen sich mit der Absicht, sich an die Öffentlichkeit zu wenden. Drexler berichtet:

Um diese Zeit sagte ich zu Ihnen: »Adolf, nun kommt der Sprung in die Öffentlichkeit.« Es war wieder in der Burghausenerstraße, da sagten Sie: »Ja, wo willst du denn da hin, in welchem Saal soll die Versammlung sein?« Ich erwiderte: »In dem ›Hofbräuhaus‹-Festsaale.« Ihre Antwort war: »Der faßt ja 2 000 Personen, wer soll denn diesen Saal füllen. Du hast keinen Namen, ich habe erst recht keinen.« Wir berieten, was zu tun sei. Ein Gedanke, den ich schon am 7. März 1918 hatte, wurde in mir wieder lebendig: Ich wollte zu Dr. Dingfelder gehen, der ungefähr acht Tage vorher in einer Versammlung in München über das Thema sprach »Was uns nottut« und dessen Ausführungen in den Tageszeitungen eine gute Würdigung fanden, und ihn bitten, dieses Thema in einer Versammlung von uns zu wiederholen. Ich ging dabei von dem Gedanken aus, daß der – keiner der bestehenden Parteien angehörende – Dr. Dingfelder, der in München einen guten Namen hatte und dessen Ausführungen über Wucher und Schiebertum starken Anklang auch bei der Arbeiterschaft fanden, allein imstande war, uns die zur Füllung des »Hofbräuhaus«-Festsaales noch notwendigen Versammlungsbesucher zu bringen. Nach Beendigung der Rede Dingfelders sollte eine Sache gemacht werden, die in der Geschichte erstmals versucht wurde: Eine junge Partei, die erst einige hundert Mitglieder zählte, wollte ihr – im vollsten Sinne des Wortes – revolutionäres Programm, revolutionär nicht nur gegen den Staat, sondern auch gegen alle bestehenden zwanzig Parteien, durch ihren besten Redner mit einem Schlag in die Öffentlichkeit bringen.

In der Versammlung im »Hofbräuhaus«-Festsaal vom 24. Februar 1920 hält der als Antisemit bekannte Dr. med. Jo-

hannes Dingfelder die Rede. Danach spricht Hitler als Versammlungsleiter:

Der Vorsitzende Hitler dankt dem Referenten und führt dann selbst ungefähr folgendes aus: Er dankt den Gegnern, die zahlreich anwesend sind, für ihr ruhiges Verhalten und betont, daß »wir Ihnen dann auch nicht in den Rücken fallen werden«. Nun legt er klar, was die DAP will. Überall Not, Elend, Hunger usw. Wie lange soll das so weitergehen, fragt sich jeder, und was geschieht offiziell dagegen? Nichts! Weil die Regierung zu feige ist, dem Volk die Wahrheit zu sagen. (Lebhafter Beifall und Händeklatschen.) Wir können immer nur eines hören: Arbeitet mehr! Sie vergessen aber dabei, zu sagen, daß jede Mitarbeit nicht uns selbst zugute kommt, sondern unseren Feinden. Durch diesen Friedensvertrag werden immer neue, ungeheuere Leiden hervorgebracht. Woche für Woche werden neue Milliarden Papiergeld gedruckt, das den Geldwert immer mehr herabdrückt. Es gab eine Zeit, in der unsere Beamten ob ihrer Zuverlässigkeit und Unbestechlichkeit berühmt waren. Und heute? Wie können wir von einem Stand noch Ehrlichkeit verlangen, wenn der oberste Herr »Erzberger« heißt? (Stürmischer Beifall.) Die Demokratische Partei hat erklärt, daß es nicht gut angängig sei, wenn Herr Erzberger noch länger bleibt. Es müßte heißen: Wir finden es unbegreiflich, daß dieser Herr noch nicht im Zuchthaus sitzt. (Lebhafter Beifall.) Durch diese üblen Beispiele wird die Korruption großgezogen. Gilt es einem kleinen Hamsterer ein paar Eier abzunehmen, so entwickelt die Regierung eine staunenswerte Energie. So ein Hamsterer kann doch auch nichts dafür, daß er Hummelberger oder sonstwie und nicht Isidor Bach heißt. (Stürmischer Beifall und Zwischenrufe.) Neue Ämter werden geschaffen, aber nichts getan. Den Arbeitern wird immer gesagt, sie sollen nach Rußland auswandern. Wäre es da nicht zweckmäßiger, wenn dann die Ostjuden dort blieben, wenn es doch soviel Arbeit gibt? (Lebhafter Beifall.) Man kann es sich ja denken, was das für eine Arbeit ist, wenn diese auswandern. (Beifall. Nieder mit der Judenpresse! Hinaus damit!). Erst die Schuldigen, die

Juden hinaus, dann reinigen wir uns selbst. (Lebhafter Beifall.) Bei den Verbrechen der Schieber und Wucherer haben Geldstrafen keinen Wert. (Prügelstrafe! Aufhängen!) Wie schützen wir unsere Mitmenschen vor dieser Blutegelbande! (Aufhängen!) Zweifellos sind wir gute Theoretiker, aber Praktiker sind wir nicht. Wir müssen lernen, daß unsere Existenz an die Gesamtheit des Volkes gebunden ist. Unser Volk hofft immer auf die Solidarität. (Beifall.) Das sollen sich die internationalen Arbeiter gesagt sein lassen: Wer sich auf andere verläßt, der ist verlassen. (Stürmischer Beifall.) Man vergnügt sich und tanzt, um unser Elend zu vergessen. Es ist nicht Zufall, daß immer wieder neue Vergnügen gefunden werden. Man will uns eben künstlich entnerven. (Beifall.) Auf der einen Seite heißt es: du sollst arbeiten, auf der anderen Seite: nichts als Vergnügen! Unsere politischen Parteien hätten die Aufgabe, das Volk besser aufzuklären. Nichts geschieht! Diese Parteien sind heute unfruchtbar. Jede Partei macht nur Versprechungen. (Er spielt auf die USP an.) Es wird einem der Himmel vorgemacht. (Schmarrn.) Siehe DAP. (Große Unruhe im Saal.) Nun verliest Herr Hitler das Programm der Deutschen Arbeiterpartei, dessen einzelne Punkte oft reichen Beifall fanden. (Liegt an.) Während der Verlesung des Programms kam es von der Gegenseite oft zu Zwischenrufen, denen »Hinaus«-Rufe folgten. Es herrschte oftmals ein großer Tumult [...]. Wenn wir nicht mehr an die Öffentlichkeit treten, so ist das nicht Feigheit, sondern es mangelt uns an Geld. Unsere Partei fußt auf Zusammenarbeit aller schaffenden Stände. Unsere Parole heißt nur Kampf. Wir werden unseren Weg geradeaus unerschütterlich bis zum Ziele gehen. (Lang anhaltender stürmischer Beifall.) Nun liest der Vorsitzende noch eine Entschließung vor, in der gegen die Zuweisung von 40 000 Zentnern Weizenmehl an die israelitische Kultusgemeinde auf das schärfste protestiert wird, während Tausende kein Krankenbrot bekommen. Es fällt irgendein Zwischenruf. Darauf große Unruhe. Alles steht auf den Stühlen und Tischen. Ungeheuerer Tumult. »Hinaus«-Rufe. Bei der Abstimmung hätte es niemand wagen dürfen, dagegen zu stimmen, da die Haltung der Versammlung zu drohend wurde. Die Entschließung wurde einstimmig angenommen. Nun folgt eine kurze Diskussion.

Hitler berichtet über die Versammlung vom 24. Februar, die später Parteigedenktag geworden ist:

Als sich nach fast 4 Stunden der Raum zu leeren begann und die Masse sich Kopf an Kopf wie ein langsamer Strom dem Ausgang zuwälzte, zuschob und zudrängte, da wußte ich, daß nun die Grundsätze einer Bewegung in das deutsche Volk hinauswanderten, die nicht mehr zu vergessen zu bringen waren.

Ein Feuer war entzündet, aus dessen Glut dereinst das Schwert kommen muß, das dem germanischen Siegfried die Freiheit, der deutschen Nation das Leben wieder gewinnen soll.

Das von Drexler und Hitler entworfene Parteiprogramm der DAP, zu dem sich die NSDAP auch nach ihrer Wiederbegründung bekannt hat, hat folgenden Wortlaut:

Das Programm der Deutschen Arbeiterpartei ist ein Zeitprogramm. Die Führer lehnen es ab, nach Erreichung der im Programm aufgestellten Ziele neue aufzustellen, nur zu dem Zweck, um durch künstlich gesteigerte Unzufriedenheit der Massen das Fortbestehen der Partei zu ermöglichen.

1. Wir fordern den Zusammenschluß aller Deutschen aufgrund des Selbstbestimmungsrechtes der Völker zu einem Großdeutschland.

2. Wir fordern die Gleichberechtigung des deutschen Volkes gegenüber den anderen Nationen, Aufhebung der Friedensverträge in Versailles und St. Germain.

3. Wir fordern Land und Boden (Kolonien) zur Ernährung unseres Volkes und die Ansiedlung unseres Bevölkerungsüberschusses.

4. Staatsbürger kann nur sein, wer Volksgenosse ist. Volksgenosse kann nur sein, wer deutschen Blutes ist, ohne Rücksichtnahme auf Konfession. Kein Jude kann daher Volksgenosse sein.

5. Wer nicht Staatsbürger ist, soll nur als Gast in Deutsch-

land leben können und muß unter Fremdengesetzgebung stehen.

6. Das Recht, über Führung und Gesetze des Staates zu bestimmen, darf nur dem Staatsbürger zustehen. Daher fordern wir, daß jedes öffentliche Amt, gleichgültig welcher Art, gleich ob im Reich, Land oder Gemeinde, nur durch Staatsbürger bekleidet werden darf.

Wir bekämpfen die korrumpierende Parlamentswirtschaft einer Stellenbesetzung nur nach Parteigesichtspunkten ohne Rücksichten auf Charakter und Fähigkeiten.

7. Wir fordern, daß sich der Staat verpflichtet, in erster Linie für die Erwerbs- und Lebensmöglichkeiten der Staatsbürger zu sorgen. Wenn es nicht möglich ist, die Gesamtbevölkerung des Staates zu ernähren, so sind die Angehörigen fremder Nationen (Nicht-Staatsbürger) aus dem Reiche auszuweisen.

8. Jede weitere Einwanderung Nichtdeutscher ist zu verhindern. Wir fordern, daß alle Nichtdeutschen, die seit 2. August 1914 in Deutschland eingewandert sind, sofort zum Verlassen des Deutschen Reiches gezwungen werden.

9. Alle Staatsbürger müssen gleiche Rechte und Pflichten besitzen.

10. Erste Pflicht jedes Staatsbürgers muß sein, geistig oder körperlich zu schaffen. Die Tätigkeit des einzelnen darf nicht gegen die Interessen der Allgemeinheit verstoßen, sondern muß im Rahmen des Gesamten und zum Nutzen aller erfolgen.

11. Daher fordern wir: Abschaffung des arbeits- und mühelosen Einkommens.

12. Brechung der Zinsknechtschaft. Im Hinblick auf die ungeheuren Opfer an Gut und Blut, die jeder Krieg vom Volke fordert, muß die persönliche Bereicherung durch den Krieg als Verbrechen am Volke bezeichnet werden. Wir fordern daher restlose Einziehung aller Kriegsgewinne.

13. Wir fordern die Verstaatlichung aller (bisher) bereits vergesellschafteten (Trusts) Betriebe.

14. Wir fordern Gewinnbeteiligung an Großbetrieben.

15. Wir fordern einen großzügigen Ausbau der Altersversorgung.

16. Wir fordern die Schaffung eines gesunden Mittelstandes und seine Erhaltung. Sofortige Kommunalisierung der Groß-Warenhäuser und ihre Vermietung zu billigen Preisen an kleine Gewerbetreibende, schärfste Berücksichtigung aller kleinen Gewerbetreibenden bei Lieferungen an den Staat, die Länder oder Gemeinden.

17. Wir fordern eine unseren nationalen Bedürfnissen angepaßte Bodenreform, Schaffung eines Gesetzes zur unentgeltlichen Enteignung von Boden für gemeinnützige Zwecke. Abschaffung des Bodenzinses und Verhinderung jeder Bodenspekulation.

18. Wir fordern den rücksichtslosen Kampf gegen diejenigen, die durch ihre Tätigkeit das Gemeininteresse schädigen. Gemeine Volksverbrecher, Wucherer, Schieber usw. sind mit dem Tode zu bestrafen, ohne Rücksichtnahme auf Konfession und Rasse.

19. Wir fordern Ersatz für das der materialistischen Weltordnung dienende römische Recht durch ein deutsches Gemeinrecht.

20. Um jedem fähigen und fleißigen Deutschen das Erreichen höherer Bildung und damit das Einrücken in führende Stellung zu ermöglichen, hat der Staat für einen gründlichen Ausbau unseres gesamten Volksbildungswesens Sorge zu tragen. Die Lehrpläne aller Bildungsanstalten sind den Erfordernissen des praktischen Lebens anzupassen. Das Erfassen des Staatsgedankens muß bereits mit dem Beginn des Verständnisses durch die Schule (Staatsbürgerkunde) erzielt werden. Wir fordern die Ausbildung geistig besonders veranlagter Kinder armer Eltern ohne Rücksicht auf deren Stand oder Beruf auf Staatskosten.

21. Der Staat hat für die Hebung der Volksgesundheit zu sorgen durch den Schutz der Mutter und des Kindes, durch Verbot der Jugendarbeit, durch Herbeiführung der körperlichen Ertüchtigung mittels gesetzlicher Festlegung einer Turn- und Sportpflicht, durch größte Unterstützung aller sich mit körperlicher Jugendausbildung beschäftigenden Vereine.

22. Wir fordern die Abschaffung der Söldnertruppen und die Bildung eines Volksheeres.

23. Wir fordern den gesetzlichen Kampf gegen die bewußte politische Lüge und ihre Verbreitung durch die Presse. Um die Schaffung einer deutschen Presse zu ermöglichen, fordern wir, daß:

a) sämtliche Schriftleiter und Mitarbeiter von Zeitungen, die in deutscher Sprache erscheinen, Volksgenossen sein müssen;

b) nichtdeutsche Zeitungen zu ihrem Erscheinen der ausdrücklichen Genehmigung des Staates bedürfen. Sie dürfen nicht in deutscher Sprache gedruckt werden;

c) jede finanzielle Beteiligung an deutschen Zeitungen oder deren Beeinflussung durch Nichtdeutsche gesetzlich verboten wird, und fordern als Strafe für Übertretungen die Schließung eines solchen Zeitungsbetriebes sowie die sofortige Ausweisung der daran beteiligten Nichtdeutschen aus dem Reich.

Zeitungen, die gegen das Gemeinwohl verstoßen, sind zu verbieten. Wir fordern den gesetzlichen Kampf gegen eine Kunst- und Literaturrichtung, die einen zersetzenden Einfluß auf unser Volksleben ausübt, und die Schließung von Veranstaltungen, die gegen vorstehende Forderungen verstoßen.

24. Wir fordern die Freiheit aller religiösen Bekenntnisse im Staat, soweit sie nicht dessen Bestand gefährden oder gegen das Sittlichkeits- und Moralgefühl der germanischen Rasse verstoßen.

Die Partei als solche vertritt den Standpunkt eines positiven Christentums, ohne sich konfessionell an ein bestimmtes Bekenntnis zu binden. Sie bekämpft den jüdisch-materialistischen Geist in und außer uns und ist überzeugt, daß eine dauernde Genesung unseres Volkes nur erfolgen kann von innen heraus auf der Grundlage: Gemeinnutz vor Eigennutz.

25. Zur Durchführung alles dessen fordern wir die Schaffung einer starken Zentralgewalt des Reiches. Unbedingte Autorität des politischen Zentralparlaments über das gesamte Reich und seine Organisationen im allgemeinen. Die Bildung von Stände- und Berufskammern zur Durchführung der vom Reich erlassenen Rahmengesetze in den einzelnen Bundesstaaten.

Die Führer der Partei versprechen, wenn nötig unter Einsatz des eigenen Lebens, für die Durchführung der vorstehenden Punkte rücksichtslos einzutreten.

Der Kapp-Putsch (13.–16. März 1920) löst auch in Bayern politische Aktivität aus. Die Reichswehr erzwingt den Rücktritt des Gesamtstaatsministeriums Hoffmann. Als Organisator ihres Eingreifens gilt Hauptmann Mayr, der im Anschluß verabschiedet wird. Bayerischer Ministerpräsident wird der Regierungspräsident von Oberbayern, Gustav Ritter von Kahr. Er gilt als Förderer der im Winter 1918/19 entstandenen Einwohnerwehren und der aus Freikorps gebildeten »Vaterländischen Verbände«. Seine Wahl bedeutet eine Richtungsänderung der bayerischen Landespolitik, die auf scharfen Rechtskurs geht. Die Deutsche Arbeiterpartei (DAP) nennt sich vor dem 4. März 1920 Nationalsozialistische Deutsche Arbeiterpartei (NSDAP). Die politische Funktion des Hauptmann Mayr in München übernimmt Hauptmann Röhm. Eckart und Hitler versuchen mit den Putschisten in Berlin Verbindung aufzunehmen. Eckart berichtet in einer polizeilichen Einvernahme:

Anfangs 1919 besuchte mich Anton Drexler, der kurz zuvor die Nationalsozialistische Deutsche Arbeiterpartei gegründet hatte und machte mich mit seinen Ideen bekannt. Sie leuchteten mir ohne weiteres ein, und ich beschloß, der jungen Bewegung nach Kräften zu dienen. Einige Wochen oder Monate später kam ich zum erstenmal mit Hitler zusammen. Ich fühlte mich zu seiner ganzen Art hingezogen, und siehe da: sehr bald sah ich, daß er der richtige Mann für die junge Bewegung sei, und mein Verhältnis zu ihm wurde inniger während der Zeit des Kapp-Putsches. Mir war es damals weniger um Kapp zu tun, als darum, mit Hilfe des Putsches das sozialdemokratische Ministerium in München hinwegzubekommen. Ich unterhandelte damals mit General von Epp und Herrn von Kahr, mit letzterem in der entscheidenden Nacht im Münchener Polizeipräsidium. Von Kapp drang nach München nichts mehr durch, und so entschloß ich mich, zu ihm nach Berlin zu fliegen. Auf diesem Flug, von Augsburg aus, begleitete mich der damals noch gänzlich unbekannte

Hitler. Der Flug war zwecklos, da Kapp kurz nach unserer Ankunft das Weite suchen mußte.

Am 31. März 1920 wird Hitler aus der Reichswehr entlassen. Seine aus diesem Anlaß abgeschlossene Kriegsstammrolle gibt zuverlässig Auskunft über seinen Militärdienst. Die Frage beruflicher Tätigkeit ist geklärt; Hitler wird, was er bereits in den letzten Monaten seiner Zugehörigkeit zur Reichswehr gewesen ist: hauptamtlicher Parteifunktionär. Woher er das Geld für seinen Lebensunterhalt nimmt, fragen sich nicht nur seine Kritiker und Gegner, deren Zahl wächst. Das Organ der USP, »Der Kampf«, setzt sich kritisch mit Hitlers Ausführungen in der Versammlung vom 17. April 1920 auseinander:

»Der Weltkrieg und seine Macher« betitelte sich ein »Vortrag« des Herrn Hitler in der von der Deutschnationalen »Arbeiter«-Partei einberufenen Versammlung im »Hofbräuhaus« am Samstagabend. Wer glaubte, daß Herr Hitler seiner langen Kette von Lügen und Gemeinheiten neue Glieder anreihen würde, kam voll auf seine Rechnung. Der Redner setzte die »Ordnungsarbeit« des Bairischen Ordnungsblocks gegen die Reichsregierung in »mustergültiger« Weise fort. Er klagt, daß die Welt so ungerecht verteilt sei, und fordert dringend eine gerechtere Verteilung nach den Methoden Ludendorffs und Konsorten. Die »Feinde« rüsten aufs neue, um gegen den »zertrümmerten« deutschen Militarismus und Marinismus – welchen es überhaupt nie gegeben habe – gefeit zu sein! Demgegenüber helfe kein Recht, sondern müsse man die Kraft und die Macht besitzen, um mit aller Energie à la Ludendorff diese Rüstungen zu »verhindern«. (Warum haut Herr Hitler denn nicht los, nachdem doch die militärischen Instrumente doch in den Händen seiner Gesinnungsgenossen liegen?) Redner kommt in seinen Ausführungen zu dem Ergebnis, daß der internationale jüdische Geldkonzern und schließlich auch die deutsche Außenpolitik zu dem »großen Geschehen 1914« führten. Das herrliche Gedeihen und Wachsen des deutschen »Musterstaates« sei der ganzen Welt ein Dorn im Auge gewesen, besonders auch die deutsche Sozialwirtschaft und die kulturellen Fortschritte! Der aufgespeicherte Neid und Haß der Nachbarn kam zur Entladung, nachdem Deutschland ganz eingesponnen war. Das deutsche Volk, vom Kaiser bis zum niedrigsten Arbeiter, habe sich mit »einhelliger« Begeisterung gegen seine Zertrümmerung gewehrt! Die jüdische Geldinternationale habe jedoch den Sieg davongetragen, weil »Geld die Welt regiert«, auch in Deutschland. Die deutsche Presse sei zu neun Zehnteln indirektes Instrument der Feinde geworden. Von ihr und von den mit jüdischem Gold bestochenen »Judensozi« sei die »todesmutige« Armee, vom Gemeinen bis zum obersten Feldherrn, »von hinten erdolcht« worden! (Die alte Lüge!) Die ganze Kriegspolitik sei nicht alldeutsch, sondern alljüdisch gewesen! (Tosender Beifall und Füßetrampeln.) Redner sagt, etwa anwesende NSP-Männer sollen sich am Stuhl halten, daß sie nicht herunterfallen, es komme noch besser. (Dies Kunststück dürfte Herrn Hitler nie gelingen!) Und nun führte Hitler »Schlag auf Schlag« gegen die bösen »Judensozi« in der bekannten Art und Weise des Ordnungsblocks. Die Dokumente über die Einwohnerwehr, welche wir veröffentlicht haben, sowie die der »M. P.« [*»Münchener Post«*] scheinen dem Herrn im Magen zu liegen. Er spricht uns das Recht ab, sich unabhängig zu nennen, denn wir seien »judenabhängig«. Wir gäben nur vor, das internationale Kapital zu bekämpfen, um den Massen Sand in die Augen zu streuen. (Wie Herr Hitler es so gut versteht.) Redner sagt, wir unterstützen das Kapital, weil wir von ihm abhängig seien. Redner »verstieg« sich schließlich so weit, zu sagen, wir seien selbst Judenkapitalisten. Er wollte dem Volk wieder das National- und Rassegefühl beibringen. Dazu gehöre aber nicht nur, Hurra zu schreien, sondern dem Volk in seinem Unglück beizustehen, daß es wieder emporsteige zu den »göttlichen Höhen« alter Macht und Herrlichkeit. Dies könne aber nur geschehen durch Arbeit, Arbeit und noch mal Arbeit. (Ob Herr Hitler selbst wohl schon gearbeitet hat?) Die Achtung vor der schwieligen Faust müsse mehr Platz greifen, denn nur durch sie sei der Aufstieg möglich. Weg mit den Juden! Deutschland den (All-)Deutschen! Wer dies wolle, der soll sich in die National-»sozialistische Arbeiterpartei« aufnehmen lassen!! Tobender Beifall und Getrampel wie von einer Büffelherde »dankte« dem Maulhelden für seinen »Vortrag«. Der Redner gab dann noch bekannt, daß demnächst unentgeltliche Kurse stattfinden, in denen Gottfried Feder und Schriftsteller Köhler über »Nationalsozialismus« unterrichten. Zu diesem Unternehmen sowie zu Plakaten und Flugblättern sei Geld notwendig, und bittet er die Versammlung, ihn durch freiwillige Beiträge zu unterstützen. Er könne nicht zu Juden gehen, wie die andern sozialistischen Parteien!? (Er soll doch zum Ordnungsblock gehen.) Damit war die Versammlung, die zum größten Teil von »Nichtarbeitern« besucht war, zu Ende. Von Demagogie kann bei Herrn Hitler gewiß nicht die Rede sein, er will ja nur »Rache und Ordnung«.

Die NSDAP gründet im April 1920 in Rosenheim ihre erste Ortsgruppe außerhalb Münchens. Sie veröffentlicht unter dem Titel »Warum mußte die deutsche Arbeiterpartei kommen? Was will sie?« ihr erstes Flugblatt, das so beginnt:

Das deutsche Volk hat durch den Weltkrieg, Umsturz und Bruderkrieg Furchtbares erlitten. Jene Männer, die sich nach den Novemberstürmen unter den schönsten Versprechungen als die allein berufenen Retter Deutschlands aufspielten, haben uns nun zu Tode regiert. Alle Bande der Ordnung, des Rechtes und der Sitte sind zerrissen. Die uns verheißene Freiheit äußert sich in einem noch nie gekannten Überhandnehmen des gemeinen Verbrechertums, wie der privilegierten Wucherer und Volksausbeuter. Das Alte stürzte – und nun grinst Zerstörung, aber blüht kein neues Leben aus den Ruinen! Es muß klar ausgesprochen werden: Nicht ein Systemwechsel hat sich in den Spätherbsttagen 1918 vollzogen, sondern die *Krönung* des alten Systems. Die kapitalistische Konstitution hat vor der deutschen Revolution hinter den Kulissen regiert, hat mit der Revolution alle mißliebigen Personen durch ihre Günstlinge ersetzt und mißregiert uns weiter, bis wir durch Not, Hunger und Elend willenlose Sklaven des Weltkapitalismus – dessen Vertreter auch in Deutschland sitzen – geworden sind.

1,35 % Fremdrassige = 79 % Regierungsanteil

98,67 % Deutschvölkisch = 21 % Anteil an der Regierung ihres eigenen Heimatlandes.

Diese Zahlen sagen alles!

Zwölf Milliarden betrug das deutsche Industrie- oder Arbeitskapital. 250 Milliarden hingegen das Leih- und Börsenkapital.

Bekämpft wurde aber nur das Arbeitskapital, das in Gestalt von Werkzeugen, Maschinen, Schiffen und allen Betriebsmitteln Ernährerin des werktätigen Volkes war.

Das Leihkapital hingegen, das auf unserem eigenen Grund und Boden, auf unseren Bauten, Häusern und Mietskasernen lastet, wurde nicht nur *nicht* bekämpft, sondern geradezu gefördert. Die Vertreter und Agenten dieses Kapitalismus setzten sich an die Spitzen der von ihnen selbst organisierten Kampftruppen gegen das Kapital und leiteten den Kampf auf das ihnen im Wege stehende Arbeitskapital. Mit dem Arbeitskapital ist das werktätige Volk auf Gedeih und Verderb verbunden, und es muß – unter Verhinderung jeder Ausbeutung der Arbeitskräfte – geschützt werden.

Das Börsen- und Leihkapital hingegen, das mühelos durch fremde Arbeit wächst, das durch den ewigen Zins und Zinseszins ins Unermeßliche steigt, unter dessen Last heute schon alle Wirtsvölker schmachten, das nichts Geringeres als die Vertrustung der gesamten menschlichen Arbeitskräfte anstrebt – unter Vernichtung jeder mittelständischen Existenz –, das muß mit allen Mitteln bekämpft werden.

In der Parteiversammlung vom 27. April 1920 behandelt Hitler nicht nur das Thema »Politik und Judentum« – er geht auch auf die Kritik der Zeitung »Der Kampf« ein:

Der Vorsitzende, Herr Drexler, eröffnete die Versammlung und sprach sich lobend über den trotz nur eintägiger Plakatierung sehr zahlreichen Besuch aus.

Referent Hitler (Gefreiter, bekleidet in der Reichswehr eine Stelle als Aufklärungsoffizier) sprach über »Politik und Judentum«. (Wurde stürmisch begrüßt.)

Zuerst schilderte er das herrliche, blühende Deutschland vor dem Kriege, dessen innere Politik nur darauf eingestellt war, das deutsche Volk wirtschaftlich lebensfähig zu erhalten. Und heute? Heute ist sie auf den wirtschaftlichen Ruin eingestellt, wie wir täglich beobachten können. (Beifall.) Die Politik ist nur Mittel zum Zweck, und zwar zu dem Zweck, daß das eigene Volk blüht und gedeiht. Es darf jetzt nicht heißen: Monarchie oder Republik, sondern es darf für uns nur die Staatsform geben, die jeweils für das Volk am besten ist. (Beifall.) Wir brauchen einen Diktator, der ein Genie ist, wenn wir wieder emporkommen wollen. Weg mit der Parteiwirtschaft, die unser Volk zerrüttet! (Beifall.) Das Wort »Proletarier« ist heute ein parteipolitisches geworden. [...]

Weiter kam er auf die Berichterstattung des »Kampf« über seinen letzten Vortrag zu sprechen, in der ihm jedes Wort im Munde umgedreht und er zum Schlusse als Demagoge bezeichnet wurde. In scharfen Worten wandte er sich gegen diese »orientalischen Schmierfinken« und fügte die Drohung bei: Wenn wir ans Ruder kommen, dann werden wir wie die Büffel vorgehen. (Lebhafter Beifall.)

Sodann streifte Redner die Presse, insbesondere die jüdische, die unser Volk vergiftet. Daß die Judenfrage eine Rassenfrage ist, begreift unser Volk immer noch nicht, wird es aber noch fühlen müssen. Man kämpft heute nicht gegen das internationale Großkapital, sondern nur gegen das Industriekapital und richtet dadurch die Industrie zugrunde. (Sehr richtig!) Gegen das internationale Kapital gibt es nur ein Mittel: den nationalen Zusammenschluß. (Lebhafter Beifall.) Weiter erzählte Redner von einer am Vormittag stattgefundenen Gerichtsverhandlung, in der eine Frau abgeurteilt werden sollte, weil sie bei der letzten Frauendemonstration die Leute dahin aufklärte, daß sie sich nicht gegen die Schutzleute wenden sollen, da diese nur ihre Pflicht tun, sondern gegen die eigentlichen Urheber am Elend: gegen die Juden. Die Frau wurde freigesprochen. (Lebhaftes Bravo.)

Wir müssen endlich den Kampf gegen diese Rasse aufnehmen. (Lebhafter Beifall.) Es gibt da kein Kompromiß mehr, weil es Gift für uns selber wäre. (Lebhafter Beifall.)

Herr Hitler entwarf dann in kurzen Zügen das Programm der DAP: Ausweisung der Juden (bis vor 1. August 14), nicht bloß der Ausländer; Stellung unter Fremdgesetz; in Regierungsstellen kein Jude; Brechung der Zinsknechtschaft; Bodenreform; Reinigung der Presse. (Lebhafter Beifall.) Den »Kampf« und die »M.N.N.« [*»Münchner Neuesten Nachrichten«*] nannte er Spartakistenblätter. (Lebhafter Beifall.) Das Judentum ist es, das alle Stände und auch die verschiedenen Arbeiter gegeneinander hetzt. (Beifall.) Das Morden im Weltkrieg hatte diese Presse als größtes Verbrechen hingestellt; jetzt aber fordert sie zum Brudermord auf. (Stürmischer Beifall.) Unseren schönen deutschen Städten wird jetzt durch diese Parasiten der Charakter aufgedrückt. Was ist denn aus der Stadt des gutmütigen Wieners geworden? (Pfui.) Ein zweites Jerusalem! (Lebhafter Beifall.)

In der Parteiversammlung vom 11. Mai 1920 befaßt sich Hitler ausführlich mit den auf den 6. Juni festgesetzten Wahlen zum Reichstag und zum Bayerischen Landtag:

Beginn: 1/2 8 Uhr, Ende: 3/4 11 Uhr, Stimmung: lebhaft, anwesend: etwa 2 000 Personen, darunter viele Arbeiter.

Vorsitzender Drexler eröffnete die Versammlung und erteilte nach einigen einleitenden Worten dem Referenten, Herrn Hitler, zu seinem Vortrag: »Was wir wollen« das Wort.

Er kam zuerst auf die letzte Plakatierung zu sprechen, an der die Polizei die Worte »Kampf« und »Tat« verboten hatte. So müssen wir es mündlich feststellen, daß trotz alledem Kampf und Tat notwendig sind, um zum Ziele zu gelangen. Er ging sodann auf 1813 über, wo auch nur Kampf und Tat zum Ziele führten, und kam dann auf unser jetziges Elend und Unglück zu sprechen. Er verglich das Deutschland vor dem Kriege, in dem nur Ordnung, Sauberkeit und Genauigkeit herrschten, mit dem jetzigen Revolutions-Deutschland und ergeht sich dabei in scharfen Worten gegen die Revolution. Er streifte auch die Schattenseiten des neuen Deutschlands, der Hauptschaden war, daß Deutschland keine Nationalpolitik betrieb usw. Weiter kam er auf die moralische Zersetzung des deutschen Volkes zu sprechen und übte scharfe Kritik an den Errungenschaften der Revolution. Dabei geißelte er auch wieder das internationale jüdische Großkapital und dessen willfährige Presse, ferner die Schwachheit der Regierung gegenüber der Besetzung Frankfurts usw. durch die Franzosen.

Hierauf wandte er sich den kommenden Wahlen zu und hielt scharfe Abrechnung mit den Parteien, die sich immer auf den Boden der Tatsachen stellen. Es darf keine Parteien geben, die hier Bürger und dort Arbeiter sammeln, sondern nur solche, die hier Deutsche und dort Nichtdeutsche sammeln. (Lebhafter Beifall.) Wenn der Zusammenbruch ungeheuer war, so müssen auch die Mittel zum Herauskommen aus dem Elend ungeheuer sein, davon werden wir auch trotz Polizei nicht hindern lassen [sic]. (Lebhafter Beifall.) Das Übel muß an der Wurzel gefaßt werden. (Beifall.) Wir müssen dem Volk wieder Richtlinien geben, damit es gesunden kann. Die Judenfrage darf nicht umgangen, sie muß gelöst werden. (Lebhafter Beifall.) Da gibt es nur ein Handeln! (Lebhafter Beifall.)

Sodann gab Redner die bekannten Forderungen der DAP bekannt und ergänzte sie durch bekannt lebhafte Äußerungen. [...]

Herr Hitler schloß seine Ausführungen mit den Worten: »Einst wird der Tag kommen, wo es wahr werden wird: ›Das Volk steht auf, der Sturm bricht los.‹« (Lang anhaltender, sich immer wiederholender, stürmischer Beifall.)

Vorsitzender Drexler bittet, diese Gedanken in alle Parteien hineinzutragen, damit sie sich endlich einmal vom jüdischen Einfluß frei machen. Er ersucht um Spenden für die Partei.

Ministerpräsident Kahr versteht Bayern als die »Ordnungszelle Bayern«. Die damit verbundenen hochgespannten Erwartungen veranlassen das (Bayer.) Wehrkreiskommando VII in dem über die politische Lage vom 9. Juni 1920 dem Reichswehrministerium erstatteten Bericht zu der Bemerkung:

In der letzten Zeit ist viel mit dem Schlagwort »Gesundung Deutschlands von Bayern aus« von weiten Kreisen Mißbrauch getrieben worden. Das muß zu Enttäuschungen führen. Bayern ist dazu nicht tragfähig genug: Es hat auch mit sich selbst noch viel zuviel zu tun, die Gesundung muß ganz Deutschland selbst schaffen; dazu nach besten Kräften zu helfen und auch Opfer zu bringen, ist man in Bayern zweifellos bereit.

Im Sommer 1920 läßt sich General a. D. Erich Ludendorff in München-Solln nieder. Sein Haus wird eine nationale Pilgerstätte. Die Vaterländischen Verbände pflegen enge Beziehungen zu ihm. Nationale Parteien werben um seine Unterstützung. Um Kronprinz Rupprecht von Bayern sammeln sich die Anhänger der Wiederherstellung der Monarchie der Wittelsbacher. Ludendorff wird Mittelpunkt deutschnationaler Bestrebungen. Hitler versucht, durch radikale Forderungen Anhänger zu gewinnen. Ministerpräsident Kahr glaubt, die in ihrer Zielsetzung unterschiedlichen nationalen Gruppen kontrollieren zu können. Eine Rivalität um die nationale Anhängerschaft ist die Folge. Drexler und Hitler begnügen sich nicht mehr mit der Tätigkeit in München. Sie bemühen sich um die Ausbreitung der NSDAP. Am 7./8. August 1920 nehmen sie an der zwischenstaatlichen Tagung in Salzburg teil, auf der die Deutsch-Sozialistische Partei, Sitz Hannover, die Deutsche Nationalsozialistische Arbeiterpartei in der Tschechoslowakei, Ostschlesiens, Polens, des Deutschen Reiches und die Deutsche Arbeiterpartei Württembergs vertreten sind. Ziel dieser Zusammenkunft ist eine Verständigung der politisch gleichgerichteten Gruppen im Deutschen Reich, in Österreich und in der Tschechoslowakei. Über die Grundlagen der Einigung berichtet der in Salzburg erscheinende »Volksruf«:

Die nationalsozialistische Partei vereinigt die beiden weltbewegenden Ideen, Nationalismus und Sozialismus, zu einer höheren Einheit, ist daher von allen anderen Parteien wesentlich verschieden und vertritt eine Weltanschauung, die wissenschaftlich auf Fichte, Adolph Wagner und Friedrich List fußt, durch Überführung der Banken in den Besitz des deutschen Volkes, durch eine Geldreform soll das Finanzkapital, das über alle erwerbenden Kreise der Bevölkerung seine Geißel schwingt, beseitigt werden. Auf dem Gebiete des Rechtes, der Wirtschaftsorganisation und des gesamten Kulturlebens hat sich das deutsche Volk von der sklavischen Nachahmung alles Fremden zu befreien und an die gesunden Ansätze der germanischen Vorzeit und des frühen Mittelalters anzuknüpfen. Die nationalsozialistische Partei schätzt die Religion als ein hohes Gut des Volkes und wünscht, daß auch diese Art seines Kulturlebens vom deutschen Safte durchströmt werde. Sie ist eine streng antisemitische Partei und spricht Fremdrassigen das Recht ab, Deutsche zu regieren und deutsches Gut zu verwalten. Die nationalsozialistische Partei strebt die Vereinigung des geschlossenen deutschen Siedlungsgebietes zu einem Einheitsstaate an. Die Staatsform hat für sie nur untergeordnete Bedeutung. Durch das Zweikammersystem soll auch der Berufsgliederung des deutschen Volkes Rechnung getragen werden. Dem jüdisch händlerischen Geiste setzt die Partei den wehrhaften Nationalismus und die heldische Lebensauffassung entgegen. Stürmischer, nicht enden wollender Beifall folgte diesen Darlegungen, und alle Parteigruppen gaben unter dem Zurufe der Versammlung die Erklärung ab, daß sie diese Grundsätze als das Rahmenprogramm anerkennen wollen. Auch hinsichtlich des Namens wurde eine Einigung erzielt, und wurde für die zwischenstaatliche Organisation der Name »Nationalsozialistische Partei des deutschen Volkes« geprägt. Die zwischenstaatliche Kanzlei wurde unter der bewährten Führung Dr. Riehls (Wien) auch weiterhin der deutsch-österreichischen Partei übertragen. In der Wechselrede erklärte Adolf Hüttler, er wolle lieber im bolschewikischen Deutschland gehenkt werden, als in einem französisierten Deutschland selig werden. Er schilderte die sprunghafte Entwicklung der nationalsozialistischen Partei in Deutschland und betonte, daß es notwendig sei, theoretische Erkenntnis durch eine Massenbewegung in tätige Kraft umzusetzen, wogegen Ing. Brunner (Düsseldorf) einer langsamen, aber tieferschütternden Propaganda das Wort redete.

Die am 7./8. August in Salzburg durchgeführten Veranstaltungen, die »Zwischenstaatliche Tagung der Nationalsozialisten des gesamten deutschen Sprachgebietes« und der »Parteitag der deutsch-österreichischen Nationalsozialisten«, werden durch einen Festabend im Kurhaussaal beschlossen, über dessen Verlauf das »Salzburger Volksblatt« meldet:

Sodann kamen die Vertreter der auswärtigen Parteiorganisationen zum Worte und gaben ihrer Freude über den glänzend verlaufenen Parteitag Ausdruck; es sprachen u. a. Herr Sesselmann (München) und Hittler (München), der in einer begeisterten Ansprache die Verbrüderung des nationalen mit dem sozialen Gedanken feierte. Herr Ing. Jung, den Salzburgern aus der Zeit seiner Tätigkeit hierorts als unerschrockener Kämpfer für seine nationale Überzeugung wohlbekannt, gab in kurzen Umrissen ein Bild von dem Leid, das die Volksgenossen in der Tschechoslowakei zu erdulden haben, und gab die Versicherung, daß die Deutschen dort mit Kraft und Entschlossenheit des Augenblickes harren, der ihnen ihre Freiheit wiedergibt. Der Vertreter der Nationalsozialistischen Partei Deutsch-Österreichs, Dr. Riehl (Wien), feierte das bedeutungsvolle Ergebnis der Tagung, die die schönste und hoffnungsreichste war, die jemals gefeiert wurde, und die das Ergebnis hatte, daß eine einzige Partei erstanden ist, die von Düsseldorf bis Wien, von Kiel bis Villach nur einen Namen trägt: die Nationalsozialistische Partei des deutschen Volkes. Und so wie nach 1809, dem Jahre der Schmach, ein 1813 kam, so werde auch nach 1918 ein Jahr folgen, das den Deutschen den Weg zur Höhe weisen wird.

Die Versammlungen der NSDAP in München werden zunehmend turbulenter. Der Polizeibericht über die Veranstaltung vom 20. September 1920 meldet über den Verlauf der Diskussion:

Drexler teilt mit, daß sich ein Kommunist zum Wort gemeldet hat. Er läßt aber dieselben so lange nicht in den Versammlungen sprechen, bis auch die Redner der DAP in dortigen Versammlungen sprechen dürfen.

Kêhler [?] teilt mit, daß ein Gegner, mit dem er früher einmal im »Hofbräuhaus«-Saal bei einer Versammlung Streit hatte, anwesend sei, der jetzt mitklatschte, und forderte denselben auf, dieses sein widersprechendes Benehmen öffentlich zu rechtfertigen.

Dieser aufgeforderte Herr, Jäger (jüdischen Aussehens), teilt mit, daß er katholisch, kein Gegner, daß alles Irrtum sei.

Kehl (scheinbar Kommunist) schimpft weidlich über die sozialistischen Führer, nennt sie »Geschäftssozialisten, Verbrecher usw.«.

Pfrech, ein kleiner Beamter aus der Provinz, spricht begeistert von Hitler, den er das erstemal hört und der zum erstenmal wieder einmal etwas »Gutes« sagte und hofft, daß diese Idee des Nationalsozialismus sich auch in der Provinz ausbreite.

Kessler erklärt kurz die nationalsozialistische Flagge: Das Rot bedeutet, daß wir Sozialisten, aber wahre und keine Phrasendrescher, sind, das heißt [*das Weiß?*], daß wir national sein wollen, und das schwarze Hakenkreuz, daß wir strenge Antisemiten sind. Unter dieser schwarzweißroten, der alten Flagge (lebhafter Beifall) wollen wir weiterkämpfen und schließlich auch siegen (lebhafter Beifall).

Kehl tritt noch für Eisenberger ein, der ein wahrer Arbeiterführer sei und der für seine Idee nun in Haft sitze. Sonst ist er gegen die Kommunisten.

Antor teilt zwei Fälle mit, wonach zwei ortspolizeiliche Juden, die wegen Kettenhandel und Hehlerei bestraft wurden, jetzt immer noch frei umherlaufen und ihre Strafe nicht zu verbüßen brauchen. Sie wohnen in der Schweigerstraße. Solche Fälle heben die Staatsautorität nicht.

Hitler kann Schlußwort wegen Heiserkeit nicht sprechen.

Mit Appell, die nächsten Versammlungen recht zahlreich zu besuchen, und der Mitteilung, daß durch Sammlung fast 1 000 Mark eingegangen sind, schließt der Vorsitzende Drexler nach 11 Uhr die Versammlung.

Vom 29. September bis 11. Oktober 1920 hält sich Hitler in Österreich auf. Er spricht am 29. September in Innsbruck, am 1. Oktober in Salzburg, am 2. Oktober in Hallein, am 8. und 9. Oktober in Wien und am 11. Oktober in St. Pölten. In München wird am 30. September der »Nationalsozialistische Deutsche Arbeiterverein« gegründet. Die damit verfolgte Absicht wird im Protokoll zum Ausdruck gebracht:

Nach kurzen Begründungsausführungen des 1. Parteivorsitzenden A. Drexler, in denen er die Notwendigkeit klarlegte, daß die Partei sich einen Rechtstitel verschaffen müßte, welcher der Partei den Wert einer juristischen Person gibt, waren sämtliche Anwesenden einverstanden.

Es wurde sofort zur Festlegung der Satzungen geschritten, die auch dann einstimmig angenommen wurden. Ziel und Zweck des Vereins ist:

Alle körperlich und geistig arbeitenden deutschen Volksgenossen, die deutschen Blutes (arischer Abstammung) sind, zu sammeln, um gemäß dem Parteiprogramm in gemeinsamer Zusammenarbeit durch Erziehung zur politischen Reife, durch körperliche Ertüchtigung und Pflege der sittlichen Kräfte, den einzelnen und damit die Gesamtheit auf eine höhere und glücklichere Kulturstufe zu bringen.

In der Versammlung vom 30. September richtet der Referent, Ruetz, bei der Behandlung des Talmuds haßerfüllte Anklagen gegen die Juden. Der Versuch des Münchner Rabbiners Bärwald, sich dazu in der Diskussion zu äußern, führt zu einem Tumult. Darüber berichten die »Münchner Neueste Nachrichten«:

Zu den Vorgängen in der Versammlung der Nationalsozialistischen Deutschen Arbeiterpartei am letzten Donnerstagabend im »Hofbräuhaus« werden wir von einem Augenzeugen um Aufnahme folgender Darstellung ersucht:

Die Nationalsozialistische Deutsche Arbeiterpartei hatte in einem Plakat öffentlich den Talmud als Quelle und Ursache von »Haß und Verachtung der Juden gegen alles Menschliche« hingestellt. Der geistliche Führer der hiesigen Kultusgemeinde, Rabbiner Dr. Bärwald, hielt es für seine Pflicht, in öffentlicher Rede diesen Schmähungen der jüdischen Lehre entgegenzutreten. Fünf jüdische Münchener Mitbürger begleiteten ihn. Die Ausführungen des Redners, Herrn Ruetz, bewegten sich in den bekannten Gedankengängen. Schon bei Beginn dieser Rede wurden wir Juden von unserer Umgebung mit Schmähungen bedacht; Herrn Dr. Bärwald, der sich Notizen gemacht hatte, wurden diese unter dem Hinweis weggenommen, daß es hier verboten sei, Aufzeichnungen zu machen, die doch nur »mißbräuchlich« verwendet würden.

Als dann die Pause kam und Dr. Bärwald nach vorne ging, wurden wir fünf Juden (in einer Masse von vielleicht 1 500 Mann!) unter Schlägen und Mißhandlungen hinausgedrängt und die Treppe hinabgestoßen. Ich betone, daß wir uns weder durch Zwischenrufe noch durch abfällige Äußerungen irgendwie bemerkbar gemacht hatten. Die an der Münzstraße in Deckung stehenden Schutzleute zogen es vor, um die Erregung der fanatisierten Massen nicht zu steigern, nicht einzugreifen. Unterdessen war Herr Rabbiner Dr. Bärwald unter der schmählichen Einführung, es hätten sich »sechs Deutsche und ein – Ausländer zum Wort gemeldet«, zur Aussprache zugelassen worden. Seine Ausführungen wurden niedergebrüllt, er selbst von Referenten des Abends als »gemeiner Lügner« bezeichnet. Der Beleidiger wird sich vor Gericht zu verantworten haben.

Über die Stimmung, die solche Vorgänge in unseren Münchner eingesessenen jüdischen Bürgern auslösen, gibt wohl am besten der Auszug aus dem Schreiben Kenntnis, das Herr Dr. Bärwald vom »Zentralverein deutscher Staatsbürger jüdischen Glaubens« empfing. Hier heißt es: »Monatelang haben die Münchner Juden gegenüber den aberwitzigen und gehässigen Angriffen, welche die sogenannte Nationalsozialistische Deutsche Arbeiterpartei in ihren Versammlungen und auf den mit List und Berechnung abgefaßten blutrünstigen Plakaten gegen die jüdische Gesamtheit erhoben hat, vornehme Zurückhaltung bewahrt; nicht als ob alle diese Angriffe schwer zu widerlegen gewesen wären, sondern weil wir zu der Urteilsfähigkeit unserer Mitbürger das Zutrauen hatten, daß sie von selbst die Nichtigkeit und Verlogenheit dieser Anwürfe erkennen würden . . .«

Wir übergeben diese Kundgebung der Öffentlichkeit in der Überzeugung, daß die große Mehrheit unserer christlichen Mitbürger solche Ausschreitungen bedauert und verurteilt.

Wenn sie sie ebenso wie die Behörden bisher schweigend geduldet haben, so können wir uns dies nur so erklären, daß sie die schwere Gefahr, die aus planmäßiger Verhetzung der

Massen nicht allein für uns Juden, sondern für die Autorität des Staates und die Ruhe und Sicherheit aller seiner Bewohner droht, allzusehr verkannt haben.

Am 18. Oktober 1920 erstattet Hitler in einer Parteiversammlung Bericht über seine Agitationsreise durch Österreich:

Vorsitzender Drexler eröffnete den Abend und begrüßte aufs herzlichste Herrn Hitler, der eben von seiner Wahlpropagandareise aus Deutsch-Österreich zurückgekehrt war, und beglückwünschte ihn zu seinen Erfolgen. (Lebhafter Beifall.)

Hitler berichtete nun in temperamentvoller Weise über seine Reise. Eingangs sprach er von den Parteien in Deutschland wie in Österreich, die immer für »Ruhe und Ordnung« eintreten. Unsere Partei muß revolutionären Charakter tragen, denn der Zustand der »Ruhe und Ordnung« heißt nur, den jetzigen Saustall weiterhüten. (Beifall.) Wir wollen aber nicht revolutionär sein in dem Sinn, daß wir Deutsche uns gegenseitig den Schädel einschlagen, sondern wir Deutsche wollen revolutionär sein gegen die fremde Rasse, die uns bedrückt und aussaugt, und wir werden nicht eher ruhen und rasten, als bis diese Sippe aus unserem Vaterland draußen ist. (Lebhafter Beifall.)

Sodann sprach Hitler von den unglaublichen Zuständen in Deutsch-Österreich, das dem Judentum vollständig preisgegeben ist. Alles verschachert dort der Jude, angefangen von den wertvollen Gemälden in den Staatsgalerien bis zu ganzen Ländern und Nationen, wie die Deutschen in der Tschechoslowakei und in Kärnten. [...]

Redner kam hierauf auf Österreichs famose Wehrmacht, die Volkswehr, die – keine Vorgesetzten kennend – nur ein Raubgesindel ist.

Gegen die Österreichische Staatsregierung findet er schärfste Worte. Dieselbe liefert das Volk noch mit seinem letzten Rest dem Judentum aus. Er erwähnte auch, daß Tausende von Heimkehrern, die einst stolz auszogen, um ihr Vaterland zu verteidigen, nun in Baracken und Verschlägen unter den Donaubrücken hausen müssen, während die großen Paläste von lauter Juden bewohnt sind.

Im weiteren schilderte Redner seine Wahlreise, die ihn nach Innsbruck, Salzburg, Linz, Wien, Gmünd und viele andere kleinere Orte führte, und wo er fast überall große Erfolge erzielte.

Zum Schlusse kam Hitler wieder auf das Judentum überhaupt zu sprechen und sagte ihm schärfsten Kampf an. Der revolutionäre Jude macht die Revolution und zerstört alles; der Bankjude baut dann wieder auf, um sich seine Taschen zu füllen.

Auch den Fall Dr. Magnus Hirschfeld, den er des geistigen Mordes an Tausenden von deutschen Volksgenossen bezichtigte, streifte er ebenfalls kurz. Ich kann es nicht verstehen, daß solche Leute nicht vor den Richterstuhl zitiert werden. Im Gegenteil, die Staatsanwaltschaft schützt solche Schweinejuden! Da muß sich das Volk selbst helfen und Volksjustiz ausüben. Wäre ich hier in München gewesen, so hätte auch ich ihm einige Ohrfeigen gegeben, denn das was dieser alte Schweinejude feilbietet, bedeutet gemeinste Verhöhnung des Volkes.

Zum Schlusse kam Hitler auf den Polizeireferenten zu sprechen, der befürchtet, daß die Nationalsozialisten das Volk in diesen schweren Zeiten aufwiegeln usw. Ja, wir wollen das Volk aufwiegeln und ununterbrochen aufhetzen, denn wir hoffen bald auf den Tag, an dem diese fremde Schmarotzerrasse hinaus muß. Dann erst wird Ruhe und Ordnung wieder einkehren und der Herr Polizeireferent in seinem Büro ruhig weiterschlafen! (Stürmischer Beifall.)

Die »München-Augsburger Abendzeitung« veröffentlicht am 20. Oktober 1920 einen von einem führenden Nationalsozialisten – vielleicht Hitler – geschriebenen Leitartikel »Die national-sozialistische Bewegung«, in dem es heißt:

Seit dem Zusammenbruch unseres Vaterlandes beginnt eine neue Bewegung sich anzudeuten; da und dort noch keimhaft und schüchtern, anderwärts, so besonders in süddeutschen und österreichischen Gauen, fester eingewurzelt und lebendig regsam.

Im Dezember 1920 erwirbt die NSDAP den »Völkischen Beobachter«. Die erste Nummer dieser Zeitung ist als »Münchner Beobachter« am 2. Januar 1887 erschienen. Sie wechselte mehrmals den Besitzer. Im Jahre 1900 wurde sie von dem Verleger Franz Eher gekauft. Kurz nach dessen Tode im Jahre 1918 wurde sie in »Völkischer Beobachter« umbenannt. Die Thule-Gesellschaft ist vorübergehend ihr Haupteigentümer. Da ihre Verschuldung unaufhaltsam wächst, werden neue Interessenten gesucht. Über den Ankauf berichtet Drexler:

Sie, mein Führer, kamen in der Nacht vom 16. auf 17. Dezember 1920 (2 Uhr morgens) mit [*dem 2. Vorsitzenden der NSDAP, Oskar*] Körner und [*Hermann*] Esser in meine Wohnung und berichteten in aufgeregten Worten, daß der »Beobachter« in Gefahr ist, in separatistische Hände zu kommen. Graf v. B[*othmer*] und F. [*?*] wollten die Zeitung für separatistische Zwecke an sich reißen, ich müsse in aller Frühe zu Eckart und ihn bestimmen, mit mir zu kapitalkräftigen Leuten zu gehen, um Geld für den Kauf des »Beobachters« herbeizuschaffen.

Mutti Drexler hatte an diesem Tag Rohrnudeln gebacken. In der Annahme, daß meine nächtlichen Besucher Hunger hatten, holte ich Mutti zum Kaffeemachen aus dem Bett.

Am 17. Dezember 1920, früh 8 Uhr, war ich dann bei dem zunächst grantigen Dietrich Eckart. Wir fuhren also los. Unser erster Besuch war bei General von Epp, der uns, nach eingehender Schilderung der Notwendigkeit des Erwerbes und nachdem Eckart sein Haus und sein ganzes Hab und Gut verpfändet hatte, RM 60 000 gab. Für RM 5 000 Anteile am Verlag Ehers Nachf. hatte mir zum Zwecke der Unterbringung meiner Kampfartikel kurze Zeit vorher Dr. Gutberlet geschenkt. Gegen Mittag trieben wir nochmals an die RM 25 000 auf, und um 4 Uhr nachmittags des 17. Dezember 1920 fand die Protokollierung des Kaufes des »Münchner Beobachters« statt. An die 86 000 RM, im ganzen – wenn ich nicht irre – 113 000 RM Schuldenlast nahm hier der am Schraubstock stehende Werkzeugschlosser Anton Drexler, der damals kaum 35 RM in der Woche verdiente, auf sich und war als 1. Vorsitzender der Partei von dieser Minute an alleiniger Besitzer des »Münchner Beobachters«. Ein Vorgang, der in der Geschichte der Parteien einmalig sein dürfte.

Der Stil der Versammlungen der NSDAP wird der Stil ihrer Zeitung, des »Völkischen Beobachters«. Obwohl dieser Stil nicht salonfähig ist, finden seine Vertreter Aufnahme in den Münchner Salons. – Die sich hinziehenden Verhandlungen über Höhe und Zahlungsmodalität der deutschen Reparationsverpflichtungen nach dem Vertrag von Versailles verursachen Unsicherheit in der Wirtschaft und führen zum Verfall der Währung. Beide Vorgänge lösen im deutschen Volk Enttäuschung, Sorge und Verzweiflung aus. Alle Parteien wenden sich dagegen, indem sie auf die Wirkung, die zunehmende Verelendung, verweisen, aber die Ursachen, die deutsche Politik vor 1914 und den Krieg 1914–1918, unerwähnt lassen. Auf der Konferenz von Paris (24.–30. Januar 1921) einigen sich Großbritannien und Frankreich auf einen Gesamtbetrag der deutschen Reparationen von 226 Milliarden. Die Vaterländischen Verbände Münchens rufen zu Protestkundgebungen auf:

Am Sonntag, dem 6. Februar 1921, etwa 10.30 Uhr vormittags, sammelten sich am Odeonsplatz bzw. vor der Feldherrnhalle bis gegen 12 Uhr etwa 20 000 Personen an, so daß beim Eintreffen der Standorts-Musikkapelle der Platz von den Ausgängen der Theatiner-Residenzstraße ab bis über die Einmündung der Brienner Straße hinaus damit besetzt war.

Nach dem einleitenden Musikstück ergriff Oberst von Xylander das Wort und brachte in markanten Worten die Entrüstung aller Deutschen gegen die Pariser Beschlüsse zum Ausdruck. Seine Ausführungen gipfelten in den Worten: »Lieber deutsch sterben, als unter Ententefesseln verderben!« Die Ausführungen wurden öfters durch tosende Beifallskundgebungen unterbrochen. Sodann wurde von einem Ing. Krieger eine Resolution an die Reichsregierung bekanntgegeben, nach der die strikte Ablehnung der »Schandforderungen« der Entente verlangt wurde. Diese Entschließung wurde mit brausendem Beifall angenommen.

Außer diesen beiden Rednern versuchte der bekannte Antisemitenführer Hitler seine parteipolitischen Tendenzen zur Geltung zu bringen, konnte aber nicht durchdringen. Durch das sofort veranlaßte Einsetzen der Musikkapelle wurde allen Weiterungen der Boden entzogen und hierdurch jedwede Störung der feierlichen Geschlossenheit unterbunden. Unter Musikbegleitung sang hierauf die Menge entblößten Hauptes die Lieder »Großer Gott wir loben dich«, »Deutschland, Deutschland über alles«, »Die Wacht am Rhein« und das alt-niederländische Dankgebet. Die Redner hatten schon vorher an die Anwesenden die Aufforderung gerichtet, den Platz nach der Kundgebung ruhig zu verlassen und jedwede Straßendemonstration zu unterlassen. Die Menge zerstreute sich langsam. Lediglich am Max-Joseph-Platz bildete sich von jugendlichen Demonstranten ein Zug in der Richtung gegen die Maximilianstraße. Er bekam rasch Zulauf. Es wurde die Absicht laut, vor dem Hotel »Vierjahreszeiten«, in welchem bekanntlich Angehörige der Ententekommission untergebracht sind, zu demonstrieren.

Das Bayerische Staatsministerium des Innern übt scharfe Kritik am Verhalten der Münchner Polizei gegenüber den Nationalsozialisten. Sowohl ihr Präsident, Ernst Pöhner, als auch der Leiter der Politischen Abteilung, Wilhelm Frick, sympathisieren mit den Nationalsozialisten. Das Bayerische Staatsministerium des Innern ermahnt die Polizeidirektion München:

Von diesem Gesichtspunkt aus ist es veranlaßt, daß den Veranstaltungen und Ankündigungen der Nationalsozialistischen Partei in Zukunft mehr Aufmerksamkeit zugewendet wird, als dies bisher der Fall ist. Das Durchrasen der Stadt mit Kraftfahrzeugen zum Zwecke der Verteilung von Flugblättern, wie es am 3. Februar stattfand, hat einen zu revolutionären Einschlag, als daß es gebilligt werden könnte. Bei der Genehmigung von Flugblattverteilungen, die aus grundsätzlichen Erwägungen nur in den allerseltensten Fällen zu erteilen ist, müssen daher selbstverständlich die entsprechenden Auflagen gemacht werden, um Ausschreitungen zu verhindern. Für eine Behörde, wie es die Polizeidirektion München ist, müsse es peinlich und unangenehm erscheinen, in solchen Dingen plötzlich vor Überraschungen gestellt zu werden, die sich leicht vermeiden lassen.

'Allgemeine Empörung vernünftig und vaterländisch denkender Kreise hat es hervorgerufen, daß der hohe Ernst der Kundgebung vor der Feldherrnhalle nicht nur durch die Rede Hitlers, sondern durch den demonstrativ parteipolitischen Gebrauch einiger Flaggen mit dem Hakenkreuz gestört wurde. Der Verwendung des Hakenkreuzes in der Öffentlichkeit ist daher in Zukunft mit Nachdruck entgegenzutreten.

Die NSDAP beherrscht die politische Szene Münchens. Ihre inneren Spannungen mehren sich. Drexler versucht, den über die Entwicklung der Partei ungehaltenen Gottfried Feder zu beruhigen, wobei er versichert:

Auch Ihr Ziel, Herr Feder, kann nur auf revolutionärem Weg erreicht werden, und wir müssen schon deshalb zusammenhalten. Hier darf ich gleich anknüpfen, daß jede revolutionäre Bewegung einen diktatorischen Kopf haben muß, und deshalb halte ich auch gerade unseren Hitler für unsere Bewegung als den geeignetsten, ohne daß ich deshalb in den Hintergrund zu schieben wäre.

Der Politische Nachrichtendienst der Polizeidirektion München meldet am 21. März 1921:

Die Gerüchte häufen sich immer mehr, daß die nationalsozialistische deutsche Arbeiterpartei (Hitler und Genossen) immer mehr mit den Kommunisten liebäugle. Die V[*ereinigte*] KPD gibt ohne weiteres zu, daß die NDA mit ihr zu sympathisieren versuche, daß sie aber jede Annäherung ablehne; denn es sei der NDA nur darum zu tun, die Arbeiterschaft an sich zu fesseln, um im gegebenen Augenblick die Führer der KPD abzuschütteln und der Bewegung den Todesstoß zu geben.

In den Versammlungen der NSDAP geht Hitler auf alie Ereignisse und Probleme der Politik ein:

In einer am 3. ds. [*April*] im »Hofbräuhaus«-Festsaal abgehaltenen Versammlung der Nationalsozialistischen Deutschen Arbeiterpartei sprach Hitler über »Erzberger und Genossen«. Dieses durch die nunmehr in Berlin erfolgte Aufnahme des Verfahrens gegen Erzberger wegen Steuerhinterziehung wieder aktuell gewordene Thema gab dem Redner willkommenen Anlaß, im Rahmen seines Parteiprogramms mit diesem »Verbrecher und Volksschädling« abzurechnen. Am Schluß seiner Ausführungen gab Hitler der bayerischen Regierung den Rat, falls Erzberger seine Absicht, nach München zu kommen, um hier Reden zu halten, ausführen sollte, den »Erzlumpen« sofort beim Betreten bayerischen Bodens zu verhaften. Wenn er auch nicht gleich verurteilt zu werden brauche, so gehöre er doch ein paar Jahre in Sicherheit. »Wenn es die bayerische Regierung nicht tun kann, so werden wir es selber besorgen!«

Die zum Empfang von Reparationen berechtigten Mächte fordern am Ende der 2. Londoner Konferenz, am 5. Mai 1921, vom Deutschen Reich ultimativ, den von ihnen verabschiedeten »Londoner Zahlungsplan« anzunehmen. Die von dem Zentrumsabgeordneten Joseph Wirth neugebildete Reichsregierung sieht keine andere Möglichkeit, als die Forderungen zu erfüllen. Ihre Mitglieder werden als »Erfüllungspolitiker« beschimpft und bedroht. Der Wunsch, alle »nationalen Kräfte« zu sammeln, veranlaßt Ministerpräsident von Kahr, am 14. Mai 1921 eine Abordnung der NSDAP zu empfangen. Ein Teilnehmer, Rudolf Heß, Student der Universität München, schreibt am 17. Mai an Ministerpräsident von Kahr:

Ich hatte die Ehre, am 14. d. M. zu der Abordnung zu gehören, welche mit Herrn Hitler von der Deutschen Arbeiterpartei bei Euer Exzellenz war. Da Exzellenz bemerkten, Herrn Hitler vielleicht nochmals gelegentlich in kleinerem Kreise sprechen zu wollen, erlaube ich mir, kurz einiges über den Mann und seine Zuverlässigkeit zu sagen. H. stammt aus dem deutsch-böhmischen Grenzgebiet; sein Nationalempfinden wurde daher früh ausgeprägt. Aus ganz einfachen Verhältnissen kommend, führte er einen schweren Lebenskampf, um sich durchzuringen. Durch eigenes Studium erwarb er sich ein anerkennenswertes vielseitiges Wissen, das besonders in der Geschichte weit über dem Durchschnitt steht. Damit vereint er ein seltenes Gefühl für das Volksempfinden, politischen Instinkt und eine gewaltige Willenskraft. Dem ist es zu verdanken, daß H. im politischen Kampf in kurzer Zeit zu einer ebenso gefürchteten wie auf der anderen Seite verehrten Persönlichkeit wurde, deren Macht sehr viel weiter reicht, als man es in der Öffentlichkeit ahnt. Über die Ziele seiner Bewegung dürften Exzellenz unterrichtet sein. Der Kernpunkt ist, daß H. überzeugt ist, daß ein Wiederaufstieg nur möglich, wenn es gelingt, die große Masse, besonders auch die Arbeiter, zum Nationalen zurückzuführen. Dies wiederum ist aber nur denkbar in Gemeinschaft mit einem vernünftigen, ehrlichen Sozialismus, nach Befreiung der Massen aus den Händen der fremdrassigen Führer.

Tatsächlich sind schon ehemalige Kommunisten und USP-Angehörige in großer Zahl der Nationalsozialistischen Deutschen Arbeiterpartei beigetreten. Im Zirkus Krone sangen am Schluß der hinreißenden Rede von H. etwa 2 000 Kommunisten stehend das »Deutschlandlied« mit. Klassengegensätze sind überbrückt, der Handarbeiter unterhält sich in den Versammlungen mit dem Offizier und Studenten. Für mich als Auslandsdeutschen, der alle Parteiwirtschaft haßt, stellt diese Bewegung die »Partei über den Parteien« dar, der eine große Zukunft beschieden ist. Herrn H. kenne ich persönlich sehr gut, da ich ihn beinahe täglich spreche und ihm auch menschlich nahestehe. Er ist ein selten anständiger lauterer Charakter, voll tiefer Herzensgüte, religiös, ein guter Katholik. Er hat nur ein Ziel: das Wohl seines Landes. Für dieses opfert er sich in selbstloser Weise, ohne daß er von der Bewegung einen Pfennig dafür erhält. Er lebt vom Honorar, welches er für Vorträge bekommt, die er gelegentlich aus freien Stücken anderwärts hält. Im Feld war H. den ganzen Krieg über an der Front, wobei er sich als einfacher Mann das EK I erwarb. Bis 1916 verzichtete er freiwillig auf Urlaub. Euer Exzellenz können H. unbedingt vertrauen. Auch kann H. völlig schweigen, was ich selbst ausprobierte. Ich bin ausführlicher geworden, als beabsichtigt. Ich hoffe aber, daß Exzellenz Einzelheiten über den Mann willkommen sind, vor einem abermaligen Empfang desselben. Um meinen eigenen Worten mehr Gewicht beizulegen, möchte ich Euer Exzellenz bitten, nötigenfalls über mich Auskunft einzuholen bei Herrn General Professor Dr. Haushofer, mit welchem ich eng befreundet bin.

Euer Exzellenz ganz ergebener
Rudolf Heß

N. S.: Das Schreiben richte ich an Euer Exzellenz ohne Wissen von Herrn Hitler.

Im Frühsommer 1921 fühlt sich Hitler stark genug, um die Führung der Partei zu fordern, worüber es zu einer turbulenten Auseinandersetzung kommt.

Hitlers Machtergreifung in der Partei

Die Spannungen innerhalb der NSDAP nehmen im Frühjahr 1921 rasch zu. Hitler verfolgt vor allem zwei Ziele: Er lehnt die Eingliederung der Münchner NSDAP in die auf der Vertretertagung völkischer Parteien in Zeitz (26.–28. März 1921) beschlossene Gesamtpartei für das Deutsche Reich, Österreich und die Tschechoslowakei entschieden ab. Er fordert die Parteiführung mit uneingeschränkten Vollmachten. Am 11. Juli 1921 erklärt er seinen Austritt aus der Partei. In einem ausführlichen Schreiben vom 14. Juli rechtfertigt er diesen Schritt. Die Vermittlungsbemühungen Dietrich Eckarts beantwortet er mit Forderungen:

1. Sofortige Einberufung einer außerordentlichen Mitgliederversammlung binnen acht Tagen, gerechnet von heute ab, mit folgender Tagesordnung: Der derzeitige Ausschuß der Partei legt seine Ämter nieder, bei der Neuwahl desselben fordere ich den Posten des 1. Vorsitzenden mit diktatorischer Machtbefugnis zu sofortiger Zusammenstellung eines Aktionsausschusses, der die rücksichtslose Reinigung der Partei von den in sie heute eingedrungenen fremden Elementen durchzuführen hat. Der Aktionsausschuß besteht aus drei Köpfen.

2. Unverrückbare Festlegung des Grundsatzes, daß Sitz der Bewegung München ist und für immer bleibt. Daß endlich, solange die Bewegung nicht derartige Dimensionen erreicht hat, daß von den Mitteln der Gesamtbewegung aus eine eigene Parteileitung bestritten werden kann, diese von der Ortsgruppe München zu erfolgen hat.

3. Jede weitere Veränderung des Namens oder des Pro-

gramms wird ein für allemal zunächst auf die Dauer von sechs Jahren vermieden. Mitglieder, die dennoch in dieser Richtung und zu diesem Zwecke tätig sind, werden aus der Bewegung ausgeschlossen.

Am 25. Juli erscheint Drexler in der Polizeidirektion München. Unter dem Hinweis, in der Partei sei es zu schweren Differenzen gekommen, ersucht er um Beseitigung eines Plakates, das zu einer Mitgliederversammlung am 26. Juli auffordert:

Im weiteren Verlauf führte Drexler aus, daß es heute in der Nationalsozialistischen Partei zwei einander sich scharf bekämpfende Richtungen gäbe, nämlich die Hitler'sche, welche die Parteiziele auf revolutionärem Wege [*erreichen wolle*], eventuell unter Anwendung von Terror, Gewalt und anderen Mitteln. Dieser steht die Drexler-Partei gegenüber, die alle Ziele auf legalem parlamentarischen Wege erreichen wolle.

Über die am 25. Juli durchgeführte Versammlung berichtet Kriminalsekretär Feil:

Auftragsgemäß begab ich mich mit Oberwachtmeister Bayer von der Fahndungsabteilung VIa am 25. 7. 1921 nachmittags 6.30 Uhr zur Überwachung der im Betreffe genannten Versammlung. Das Lokal war sehr gut besetzt. Die Teilnehmerzahl dürfte ungefähr 300 männliche und 50 weibliche Personen gewesen sein. Von den männlichen Teilnehmern setzte sich der größte Teil aus sehr zweifelhaften Elementen – oberschlesische Abenteurer, welche mit Orden, Ehrenzeichen und Hakenkreuz geschmückt waren – zusammen. Dem besseren bzw. Mittelstand dürften kaum über 150 Teilnehmer angehört haben.

Der vermutete Streit bzw. Spaltung zwischen Hitler und Drexler der NSP kam nicht zum Austrag, da sich beide schon vorher geeinigt hatten. Dagegen hielt aber doch Drexler, währenddem Hitler zu den Teilnehmern sprach, eine Ausschußsitzung im Büro der genannten Partei (Büro befindet sich auch in der »Sterneckerbrauerei«) ab. Bei dieser Ausschußsitzung wurde scheinbar nur über Hitler verhandelt. Es scheint aber, daß man sich auch da über Hitler einigte. Hitler hielt eine Ansprache an die anwesenden Teilnehmer, deren Inhalt eigentlich nichts anderes war, als der gewaltsame Kampf gegen das Judentum, wenn sich einmal die Gelegenheit dazu biete.

Nach meiner persönlichen Anschauung und Empfinden würde Hitler mit den bei der Versammlung anwesenden Abenteurern aus Oberschlesien im Falle eines Judenpogroms nichts anderes sein, als der Anführer einer zweiten Roten Armee, wie wir sie 19 hatten, um lediglich gegen das Judentum Raub, Mord und Plünderung zu begehen.

Den Ausführungen Hitlers wurde von den Teilnehmern großer Beifall gezollt.

Gegen 10 Uhr wurde die Versammlung geschlossen, welche mit vollster Einigkeit in der Bekämpfung des Judentums endete.

Am 29. Juli meldet der Politische Nachrichtendienst der Polizeidirektion München:

Die beiden Führer, Drexler und Hitler, bekämpfen sich aufs schärfste, Hitler erstrebt die Parteiziele auf revolutionärem Wege, d. h. gegebenenfalls unter Anwendung von Gewalt, während Drexler das Programm auf legalem parlamentarischen Wege erreicht wissen will. Es drohte eine Zersplitterung der Partei, schon war Hitler ausgetreten. Schwere Kämpfe standen bevor. Durch Vermittlung Dietrich Eckarts haben sich in letzter Stunde beide Streitteile wieder versöhnt.

Am gleichen Tag, dem 29. Juli 1921, findet eine außerordentliche Mitgliederversammlung statt, deren Ergebnis in einem Protokoll festgehalten wird:

Vorsitzender und Leiter der Versammlung war der bisherige 1. Vorsitzende des Vereins, Herr Anton Drexler.

Schriftführer: Parteigenosse Herr Hermann Esser.

Teilnehmer: 554 Eintritt zahlende Mitglieder der Ortsgruppe München.

Parteigenosse Hitler übernimmt die Leitung der Versammlung und gibt zunächst die Tagesordnung bekannt, und zwar:

1. Aufklärung über die letzten Vorgänge
2. Abänderung bzw. Ergänzung der Satzungen
3. Neuwahl des Ausschusses.

Er verliest hierauf den Entwurf der neuen Satzungen (siehe Beilage). Parteigenosse Hitler schreitet daraufhin als Leiter der Versammlung zur Abstimmung über die neuen Satzungen.

Die Satzungen werden daraufhin mit allen Stimmen gegen eine (Parteigenosse Posch) angenommen. (Stürmischer Beifall.)

Parteigenosse Anton Drexler nimmt darauf das Wort und macht den Vorschlag, Pg. Hitler zum ersten Vorsitzenden zu wählen.

Die Wahl wird unter stürmischen Zustimmungskundgebungen einstimmig angenommen.

Sämtliche vorgeschlagenen Herren, und zwar als 2. Vorsitzenden Herr Oskar Körner, Kaufmann, München, werden unter großen Beifallskundgebungen einstimmig gewählt.

Hitler erhält die uneingeschränkte Führung der NSDAP. Drexler wird als Ehrenvorsitzender zur Seite geschoben. Den Münchner Nationalsozialisten wird ein anonymes Flugblatt mit dem Titel »Adolf Hitler – Verräter?« zugesandt:

Machtdünkel und persönlicher Ehrgeiz haben Herrn Adolf Hitler nach seiner sechswöchentlichen Reise von Berlin, über deren Zweck er sich bis heute noch nicht ausgesprochen hat, auf den Posten gerufen. Er glaubt die Zeit für gekommen zu erachten, um im Auftrag seiner dunklen Hintermänner Uneinigkeit und Zersplitterung in unsere Reihen zu tragen und dadurch die Geschäfte des Judentums und seiner Helfer zu besorgen. Es zeigt sich immer mehr, daß sein Zweck kein anderer war, als die Nationalsozialistische Deutsche Arbeiterpartei nur als Sprungbrett für unsaubere Zwecke zu benutzen, um deren Führung vollständig an sich zu reißen und sie im geeigneten Augenblick auf ein anderes Gleis zu schieben. Das beweist am besten ein Ultimatum, das er vor einigen Tagen an die Parteileitung stellte und in dem er u. a. vollständige alleinige Diktatur und den Rücktritt des Ausschusses und des Gründers und Führers der Partei, Werkzeugschlosser Anton Drexler, als 1. Vorsitzender forderte. Diesen Posten verlangte er für seine Person; ferner verlangte er, daß innerhalb der nächsten sechs Jahre keinerlei Einigungsverhandlungen mit den übrigen Nationalsozialisten und Deutschsozialisten geführt werden. Diese Forderungen allein schon bedeuten weiter nichts, als die Partei klein zu erhalten und ihr einen weiteren Ausbau unmöglich zu machen. Welche Geldgeber ihn dabei stützen, ist unbekannt. Tatsache ist nur, daß Hitler, der Österreicher ist, mit den dortigen Kaiser-Karl-Kreisen in Verbindung steht. Er wurde bereits vor längerer Zeit einmal öffentlich als »Karlist« bezeichnet, stellte damals zum Schein Klage und zog diese wieder zurück.

Ein weiterer Punkt ist seine Berufs- und Geldfrage. Auf Fragen seitens einzelner Mitglieder, von was er eigentlich lebe und welchen Beruf er früher gehabt habe, geriet er jedesmal in Zorn und Erregung. Eine Beantwortung dieser Fragen ist bis heute noch nicht erfolgt. Sein Gewissen kann also nicht rein sein, zumal doch sein übermäßiger Damenverkehr, bei denen er sich des öfteren schon als »König von München« bezeichnete, sehr viel Geld kostet.

Ein weiterer Punkt ist sein schon lange bestehender Kampf gegen den Gründer und Führer der Partei, den Werkzeugschlosser Anton Drexler. Obwohl Hitler genausogut wie jeder andere Mensch weiß, mit welchen Idealen Drexler beseelt ist, obwohl er genau weiß, daß an Drexlers Charakter nicht das geringste auszusetzen ist, bezeichnete er ihn in der letzten Zeit des öfteren mit Ausdrücken wie »charakterlos«, »gemeiner Hund«, »Idiot« und ähnlichen Namen mehr. Und warum? Weil Hitler genau weiß, daß die Bewegung so lange eine gesunde bleibt, als Drexler die Aufsicht führt, weil er ganz genau weiß, daß sein Verräterspiel erfolglos bleiben wird, da Drexler ein Mann so stark wie eine Eiche ist.

Und wie führt er den Kampf? Echt jüdisch. Er verdreht alle Tatsachen und stellt die Sache so hin, als ob Drexler nicht revolutionär genug sei und ins parlamentarische System zurückfallen werde. Was ist die Tatsache? Drexler ist noch keinen Finger breit von seinen Anschauungen abgewichen, die er bei der Gründung schon betonte. Wohl will Drexler neben der revolutionären Tätigkeit zugleich auch dem deutschen Arbeiter den Weg zeigen, welchen er gehen muß, um seine Ziele zu erreichen, d. h. er will neben einer beißenden Kritik an den jetzigen unsauberen Verhältnissen gleichzeitig auch Wirtschaftspolitik treiben.

Bei seinen Umtrieben hat Hitler einen Kampfgenossen gefunden, Herrn Esser. Dieser Mann, der nachgewiesenermaßen ein Spitzel der Sozialdemokratie ist, den Hitler selbst wiederholt schon als Schädling der Bewegung bezeichnete, um seinen Sturz herbeizuführen, der bei Drexler schon wiederholt den Sturz Hitlers forderte, der ferner dem »Völkischen Beobachter« durch seinen Sauhirtenton das Verbot trotz wiederholter polizeilicher Verwarnung absichtlich zuführte, diesen Mann nahm sich plötzlich Hitler, um seine dunklen Pläne durchzuführen. Das merkwürdigste ist, daß Hitler selbst wiederholt erklärte, was unter Zeugen festgestellt werden kann: »Ich weiß, daß Esser ein Lump ist, aber ich behalte ihn nur so lange, als ich ihn brauchen kann!«

Nationalsozialisten! Urteilt selbst über solche Charaktere! Laßt Euch nicht irreführen, Hitler ist Demagoge und stützt sich nur auf seine Rednergabe, er glaubt damit, das deutsche Volk irrezuführen und Euch besonders Dinge aufzuschwätzen, die alles andere sind als die Wahrheit!

Protestiert dagegen, daß man es mit der ehrlichen Gründung der NSDAP auch so machen will, wie es früher mit den anderen Parteien gemacht worden ist, sie durch einen zugelaufenen Größenwahnsinnigen und Sprüchmacher in ein anderes Gleis zu schieben!

Zeigt, daß es noch eine ehrliche deutsche politische Partei gibt, die den Mut hat, auch Fehler einzugestehen und Schädlinge zu beseitigen, die sie früher für ehrliche Menschen gehalten hat.

Nur auf diese Weise wird es gelingen, im deutschen Volke wieder Vertrauen zu erwecken, das es gerade durch derartige Hitler-Charaktere verloren hat.

Stützt Eure Ehre und die Wahrheit, die nach Überstehung von einigen aufgepeitschten Kämpfen doch zum Siege führen wird!

Mit deutschem Heilgruß!

Die Nationalsozialisten Münchens

Zwei Münchner Zeitungen, die »Münchner Post« und die »Süddeutsche Presse«, veröffentlichen das Flugblatt im Wortlaut. Dietrich Eckart greift im »Völkischen Beobachter« Verfasser und Verbreiter des Flugblattes an. Er rechtfertigt Hitlers Führungsanspruch:

Wir sind es, die die Bewegung ins Rollen gebracht haben; wir sind es, die über die weitaus stärkste Schlagkraft verfügen; in München, der jetzt deutschesten Stadt, hat der Nationalsozialismus nicht nur die überwiegend meisten Anhänger, sondern auch die geradeste Linie; und da sollen wir uns anschließen, sollen wir hinübergleiten in die Reihen derjenigen, die weder an Zahl noch an Wucht, noch an Klarheit auch nur annähernd mit uns zu wetteifern vermögen. Umgekehrt wird ein Schuh daraus.

Die verantwortlichen Redakteure der beiden Zeitungen, die das Flugblatt veröffentlicht haben, werden angeklagt. Im Mittelpunkt sowohl der umfangreichen polizeilichen Ermittlungen als auch des gerichtlichen Verfahrens steht die Frage nach dem Verfasser des gegen Hitler gerichteten Flugblattes. Eckart nennt bei einer polizeilichen Einvernahme am 30. Dezember 1921 Otto Dickel, Führer der in Augsburg bestehenden »Werkgemeinschaft«, Verfasser des als Replik auf Spenglers »Der Untergang des Abendlandes« gedachten Buches »Die Auferstehung des Abendlandes«, als möglichen Verfasser des Pamphlets. Er sagt aus, im Juli von Ernst Ehrensperger, einem Redakteur des »Völkischen Beobachters«, das Flugblatt gezeigt erhalten zu haben; er habe es scharf abgelehnt. In der Hauptverhandlung sagen die Mitglieder des Parteiausschusses unter Eid aus, der Verfasser des Flugblattes sei ihnen unbekannt. Nur Drexler bezeichnet Ehrensperger als Verfasser. Unter Eid erklärt dieser, mit dem Flugblatt nichts zu tun zu haben. Die beiden Redakteure werden, da ihnen der Schutz des § 193 StGB versagt wird, von dem erkennenden Schöffengericht München zu je 600 Mark Geldstrafe verurteilt. Als 1925 Ernst Ehrensperger, der Verfasser, wahrscheinlich jedoch nicht der Urheber des Flugblattes, verurteilt wird, kommt es zum Bruch zwischen Hitler und Drexler.

Provokation der Öffentlichkeit

Gegenstand erbitterter Auseinandersetzungen zwischen der Reichsregierung und dem Bayerischen Gesamtstaatsministerium ist in der Hälfte des Jahres 1921 die Frage des Fortbestandes der Einwohnerwehren. Deren Anfänge reichen in den Herbst 1918 zurück. Im Frühjahr 1919 bilden sich auf dem Lande die ersten Formationen. Nach der Besetzung Münchens durch Regierungstruppen entsteht eine Bürgerwehr. Auf der Grundlage der ersten Zusammenschlüsse entwickelt sich die schließlich gut organisierte bayerische Einwohnerwehr. Von ihr sagt Karl Moser von Filseck, der württembergische Gesandte in München:

Die Einwohnerwehr führte ein etwas geräuschvolles Dasein, was teils dem bayerischen Volkscharakter zuzuschreiben ist, der vergnügungssüchtig ist, teils dem unklugen Verhalten der Leiter derselben, insbesondere ihres hiesigen Urhebers, des Herrn von Kahr.

Ministerpräsident von Kahr weigert sich zunächst, der ihm von der Reichsregierung übermittelten Forderung nach Auflösung der Einwohnerwehren zu entsprechen. Er lehnt die nach der Ermordung des ehemaligen Reichsministers Erzberger am 26. August 1921 vom Reichspräsidenten erlassene Reichsausnahmeordnung ab. Die Auseinandersetzungen darüber führen am 11. September zu seinem Rücktritt. Die Einwohnerwehren setzen sich nach ihrer erzwungenen Auflösung in zwei Richtungen fort, in den Vaterländischen Verbänden, die das politische Leben Bayerns bestimmen, und in der Geheimorganisation des Forstrats Georg Escherich, der OR-

GESCH (Organisation Escherich). In den Einwohnerwehren begegnen sich Republikfeindschaft der Kriegsgeneration und Reichsverdrossenheit der bayerischen Politik. Die Einwohnerwehren sind die Vorbilder und Vorläufer zahlreicher paramilitärischer Organisationen, Bünde, Freikorps u. a., die auch Einfluß auf die immer wieder aufflackernden politischen und verfassungsrechtlichen Auseinandersetzungen zwischen München und Berlin nehmen. Der politisch tätige Philosoph und Theologe Ernst Troeltsch bemerkt in seinem am 12. September 1921 veröffentlichten »Spectator-Brief«:

So ist das System, dem der Kampf gilt, doch eben wesentlich die Reichsverfassung. Wie sehr das der Fall ist, das zeigte der aus Anlaß der Ermordung [*Erzbergers*] ausbrechende Konflikt zwischen dem Reich und Bayern. Das führt auf einen weiteren wichtigen Punkt der Situation, auf die Sonderstellung Bayerns. Auch das ist ein Ergebnis recht komplizierter Verhältnisse. Man hat dort völlig vergessen, daß die Revolution seinerzeit gerade von Bayern ausging und durch die Kopflosigkeit des Münchener Militärs sehr erleichtert wurde, daß die Befreiung vom Rätesystem nicht das Werk der gerühmten Einwohnerwehr war, sondern der damals lebhaft ersehnten Freikorps und Preußens, eine Schutzaktion des Reiches. Die damals sehr radikalen Bauern, ebenso wie die nicht minder revolutionären Kleinbürger, haben gleichfalls ihre damaligen Stimmungen vergessen. Im Gedächtnis behalten hat man nur das Grauen vor der Räterepublik; im übrigen hat man erreicht, was man damals wollte. Dieses Grauen hat sich zu einem allgemeinen grundsätzlichen Abscheu vor dem Sozialismus ausgebreitet. Bauern und Kleinbürger sind zu ihren natürlichen sozialen Empfindungen zurückgekehrt, und die alten Herrenschichten haben dadurch unter starken Zugeständnissen an das Zentrum die Leitung wieder an sich gebracht. Da die Reichspolitik stark unter dem Einfluß des Sozialismus stand und stehen mußte, hat man diesen weiterhin mit dem verhaßten Berlin und mit dem Judentum identifiziert und so die Ströme des Partikularismus und Antisemitismus auf die antisozialistische Mühle geleitet; das Benehmen vieler norddeutscher Sommergäste trägt dazu bei, diese Ströme nicht versiegen zu lassen. Zu alledem kommt dann noch die starke monarchische Strömung, die Bitterkeit der früheren Militärs, die Mitwirkung preußischer Emigranten und die nur allzu begreifliche Verstimmung idealistischer Patrioten. All das knäuelte sich zu dem Gedanken zusammen, Bayern die Mission der Rettung des Reiches vom Sozialismus, der Ordnungszelle und des Keimes des Wiederaufbaues, zuzuschreiben. Man bildete in Bayern die Einwohnerwehren als militärischen Schutz gegen sozialistische Experimente; schuf eine katholisch-bürgerliche Regierung, stattete sie mit den Befugnissen des »Ausnahmezustandes« aus und hoffte, auf diese Weise das Reich und die Juden schließlich zu einer antisozialistischen Politik zu zwingen.

Zehn Tage nach von Kahrs Rücktritt wird am 21. September Hugo Graf Lerchenfeld-Köfering zum neuen Ministerpräsidenten gewählt. Der Wechsel im Amt des bayerischen Ministerpräsidenten führt nicht zu einem grundsätzlichen Wandel in den Beziehungen zwischen Berlin und München. Von der bayerischen Reichsverdrossenheit profitiert Hitler, seit dem 29. Juli alleiniger Führer der NSDAP. Wenige Tage nach seiner Bestimmung schafft er einen eigenen Wehrverband, die SA. Im Gründungsaufruf vom 3. August heißt es:

Die NSDAP hat im Rahmen ihrer Organisation eine eigene Turn- und Sportabteilung gebildet. Sie soll unsere jungen Parteimitglieder besonders zusammenschließen, um als eiserne Organisation ihre Kraft der Gesamtbewegung als Sturmbock zur Verfügung zu stellen. Sie soll Trägerin des Wehrgedankens eines freien Volkes sein. Sie soll den Schutz stellen für die von den Führern zu leistende Aufklärungsarbeit. Sie soll aber vor allem in den Herzen unserer jungen Anhänger den unbändigen Willen zur Tat erziehen, ihnen einhämmern und einbrennen, daß nicht die Geschichte Männer macht, sondern Männer die Geschichte. Und daß der Mensch, der wehrlos sich den Sklavenketten fügt, das Sklavenjoch verdient. In ihr soll aber auch weitergepflegt werden Treue untereinander, freudiger Gehorsam gegenüber dem Führer.

Besondere Bedeutung legt Hitler der Verbreitung des Symbols der Partei, des Hakenkreuzes, bei. In seinem ersten Rundschreiben vom 17. September 1921 trifft er Anordnungen über »Fahnen und Armbänder« und über das Tragen des »Parteiabzeichens«. Die Turn- und Sportabteilung, die sich schließlich »Sturmabteilung« (SA) nennt, hat sehr bald Gelegenheit, ihre Schlagkraft zu zeigen. Bei der Versammlung des Bayernbundes am 14. September 1921 kommt es zu tätlichen Auseinandersetzungen:

Der von Ingenieur Ballerstedt geleitete Bayernbund hatte auf Mittwoch abend in den großen Saal des »Löwenbräukellers« eine öffentliche Versammlung einberufen, die zu den letzten politischen Ereignissen Stellung nehmen sollte. Angekündigt war ein Vortrag des Bundesleiters unter dem Titel: Wir verraten Bayern nicht! Die Versammlung, die einen starken Besuch aufwies, nahm infolge eines von nationalsozialistischer Seite planmäßig vorbereiteten Überfalles ein vorzeitiges, stürmisches Ende. Nationalsozialistische »Jungmannen« hatten frühzeitig die Plätze um die Rednertribüne besetzt. Auch sonst waren zahlreiche Nationalsozialisten über den Saal verteilt. Als der Führer der Nationalsozialisten, Hitler, im Saal erschien, wurde er von seinen Anhängern mit demonstrativem Beifall begrüßt. Sein Erscheinen gab den Auftakt zu dem nachfolgenden Gewaltakt. Der frühere Redakteur Esser des »Völkischen Beobachters« stieg auf einen Stuhl und erklärte, daß Bayern die Lage, in der es sich befinde, den Juden und Judenzern verdanke. Ballerstedt habe sich immer um die Judenfrage herumgedrückt. Die Nationalsozialisten sähen sich daher »gezwungen«, Ballerstedt das Wort zu entziehen und es Hitler zu geben.

Die Anhänger Hitlers besetzten darauf sofort das Podium, um ihre Absicht, die Versammlung zu einer nationalsozialistischen zu gestalten, durchzuführen. Ein großer Teil der Versammlung erhob hingegen lebhaft Protest und verlangte, daß Ballerstedt sprechen solle. Dieser war inzwischen zum Podium durchgedrungen, konnte aber nicht zu Wort kommen, da die Nationalsozialisten andauernd »Hitler« schrien. Der Tumult vergrößerte sich noch, als versucht wurde, durch Ausschalten der Beleuchtung der befürchteten Schlägerei vorzubeugen. Als die Beleuchtung wieder funktionierte, erklärte Ballerstedt, daß er jeden gerichtlich wegen Hausfriedensbruches belangen werde, der die Versammlung zu stören versuche. Daraufhin umringten ihn die auf dem Podium befindlichen jungen Leute, unter denen sich verschiedene kaum halbwüchsige befanden, schlugen auf ihn ein und stießen ihn die Treppe vom Podium hinunter, wobei Ballerstedt eine stark blutende Kopfwunde davontrug.

Redakteur Esser gab darauf bekannt, daß die Nationalsozialisten jeden unerbittlich entfernen würden, »der die Ruhe störe«. Ein Mitglied des Bayernbundes, das anscheinend dessen Versammlung leiten sollte, machte auf dem Podium den Nationalsozialisten Vorhalt wegen ihres gewalttätigen Benehmens, worauf auch er mit Fäusten und Stockhieben geschlagen und vom Podium hinabgedrängt wurde. Ein Kriminalbeamter eilte ihm mit einem Gummiknüttel zu Hilfe.

Während sich der Versammlung begreiflicherweise steigende Erregung bemächtigte, erschienen drei Mann der Landespolizei in dem Saal. Ein Kriminalbeamter erklärte die Versammlung als polizeilich aufgelöst. Ein stärkeres Aufgebot der Landespolizei führte dann die Räumung des Saales durch, die ohne weitere Zwischenfälle vor sich ging, nachdem bekanntgegeben worden war, daß das Eintrittsgeld zurückerstattet werde.

Die Vorgänge haben ein gerichtliches Nachspiel. Obwohl ihre strafrechtliche Verfolgung bekannt ist, treten Hitler und seine Anhänger in zahlreichen Versammlungen und Kundgebungen herausfordernd auf. Die Polizeidirektion München sieht sich veranlaßt, Hitler ernsthaft zu ermahnen:

Auf Vorladung erschien am 25. Oktober 1921, nachmittags, Adolf Hitler, 1. Vorsitzender der Nationalsozialistischen Deutschen Arbeiterpartei, in der Abteilung VI der Polizeidirektion, wo ihm durch Regierungsrat Bernreuther persönlich Vorhalt wegen der jüngsten Vorkommnisse gemacht wurde.

Insbesondere wurden hierbei die von Nationalsozialisten verübten Tumulte in der Massenversammlung am 16. Oktober (Protest gegen die Abtrennung Oberschlesiens) erwähnt, wo man durch Schreien usw. den Abgeordneten Auer am Reden verhinderte. Ferner wurde auf die im Anschluß an diese Versammlung veranstaltete Demonstration vor der »Münchener Post« hingewiesen, wobei zwei große Spiegelscheiben dieses Zeitungsunternehmens eingeschlagen wurden. Weiterer Vorhalt wurde wegen der nächtlichen Lärmszenen vor der Wohnung des Abgeordneten Auer, wegen Veranstaltung des Demonstrationszuges nach der jüngsten Versammlung der Hitler-Partei im Zirkus Krone und dem Zusammenstoß mit der Polizei gemacht sowie auch die übrigen in den letzten Tagen noch von nationalsozialistischer Seite verübten Ausschreitungen (Plakatabreißen usw.) berührt.

Unter Hinweis auf all diese Geschehnisse, welche den öffentlichen Frieden und die Ordnung gefährden, wurde Hitler eindringlichst Vorhalt gemacht und ihm damit gedroht, daß er, wenn die Dinge so weitergehen, unnachsichtig seine Ausweisung zu gewärtigen habe.

Hitler erklärte, daß er für all diese Sachen nicht verantwortlich gemacht werden könne, denn beim Einschlagen der Fensterscheiben bei der »Münchener Post« handle es sich, soviel er erfahren habe, um einen Racheakt von ehemaligen Angehörigen des Freikorps Oberland. Den letzten Zug mit Fahne nach Beendigung der Krone-Versammlung habe er nie gebilligt, sondern nur verurteilt und auch Veranlassung genommen, dieserhalb einige Beteiligte aus der Partei auszuschließen. Er versprach, alles zu tun, um Ausschreitungen von vornherein hintanzuhalten.

Im November 1921 erstellt die Polizeidirektion München eine Übersicht über die von ihr gegenüber der NSDAP ergriffenen Maßnahmen:

Flugblätter (nicht genehmigt):

Am 4. 9. 1920 wurde ein Aufruf zu einer Versammlung vom 5. September, abgesehen von seiner Schärfe, aus grundsätzlichen Erwägungen nicht genehmigt.

Am 11. 3. 1921 wurde ein Flugblatt »Deutsche Hochschüler!«, das zur Verteilung in einer Versammlung der Bayerischen Mittelpartei bestimmt war, aus Grundsatz nicht genehmigt.

Am 15. 6. 1921 wurde ein Flugblatt »Zum Mord an dem Abgeordneten Gareis!« zur Verteilung auf öffentlichen Straßen und Plätzen nicht zugelassen, jedoch als Beilage zum »Völkischen Beobachter« zur Verbreitung genehmigt (grundsätzliches Verbot).

Am 1. 9. 1921 wurde eine Druckschrift, Beilage zu Nr. 69 des »Völkischen Beobachters«, »Zum deutschnationalen Parteitag«, aus prinzipiellen Gründen nicht genehmigt.

Außerdem wurden in nachstehenden Fällen, in denen Hersteller oder Verbreiter nicht genehmigter Flugblätter festgestellt werden konnten, die Strafanzeigen an die zuständigen Gerichte abgegeben:

am 30. 6. 1921 gegen Oskar Körner, Kaufmann, als verantwortlichen Vorsitzenden der NSDAP, wegen Verbreitung eines Flugblattes »Zum Mord des Abgeordneten Gareis«;

am 30. 6. 1921 gegen Hans Stiegeler, Buchdruckereibesitzer, wegen Herstellung des vorgenannten nicht genehmigten Flugblattes;

am 28. 7. 1921 gegen Oskar Körner, Kaufmann, wegen Anklebens von nicht genehmigten Flugzetteln (Aufruf zur Teilnahme an einer Versammlung im Zirkus Krone);

am 5. 9. 1921 gegen den verheirateten Elektrotechniker Adolf Prucker wegen Verteilung nicht genehmigter Flugblätter (Einladung zu einer Versammlung im Zirkus Krone am 31. 8. 1921);

am 15. 9. 1921 gegen den Postaushelfer Michael Rathsam wegen Verteilens nicht genehmigter Flugblätter (Einladung zu einer Versammlung im Zirkus Krone am 25. 8. 1921);

am 15. 9. 1921 gegen den Buchdruckereibesitzer Georg Schreiber wegen Herstellung der zwei letztgenannten Flugblätter;

am 20. 9. 1921 gegen den Polizeihilfsarbeiter Pius Wagner wegen Verteilung eines nicht genehmigten Flugblattes aus einem Auto (»Wer schuf die Zwangswirtschaft, ...«); am gleichen Tage wurde gegen den Mittäter, den Blumenhändler Leonhard Ebert Anzeige erstattet.

Weitere vierzehn Anzeigen wegen Verbreitung antisemitischer und hetzerischer Flugblätter, bei denen die Täter bereits festgestellt sind, sind noch in Schwebe (Einvernahme und sonstige Erhebungen); deren Abgabe an die zuständigen Gerichte erfolgt in den nächsten Tagen.

Bei einer Reihe von Flugblättern und Klebezetteln konnten Hersteller und Verbreiter nicht festgestellt werden. Wo derartige Druckerzeugnisse in der Öffentlichkeit auftraten, wurden sie beschlagnahmt und, soweit angeklebt, durch Polizeiorgane entfernt.

Plakate (vollständig nicht genehmigt):

Am 9. 11. 1921 wurde ein Plakat, das ausschließlich gröbliche Beschimpfungen eines politischen Gegners der Nationalsozialisten, des Ingenieurs Ballerstedt, enthielt, zum Anschlag nicht zugelassen.

Am 17. 3. 1921 wurde ein Plakat, das die Wohnungspolitik behandelte, nicht genehmigt. Gründe: Die allgemeine Schärfe und insbesondere die Länge des Plakates ließen Verkehrs- und Ordnungsstörungen befürchten.

Am 12. 8. 1921 wurde ein Plakat »Hitler, König von München« nicht genehmigt. Gründe: Der Plakatinhalt bewegte sich in rein innerparteilichen Beschimpfungen, die außerhalb jeden öffentlichen Interesses standen; die Plakatsäule soll doch nicht allgemein zum Austrag interner Vereinsstreitigkeiten benützt werden.

Am 12. 8. 1921 wurde ein Plakat, das eine langatmige Erklärung einiger aus der Partei ausgeschlossener Mitglieder enthielt, aus den gleichen Gründen wie das vorher genannte Plakat verboten.

Am 25. 8. 1921 wurde ein Plakatstreifen mit Rücksicht auf dessen hetzenden Ton gegenüber einer am gleichen Abend stattfindenden Versammlung eines politischen Gegners nicht genehmigt.

Am 3. 9. 1921 wurde ein langes Plakat unter Hinweis auf die inzwischen ergangene Ministerialentschließung vom 1. 9. 1921, Nr. 2310 a 3, nicht mehr genehmigt.

Am 18. November 1921 stirbt auf seinem ungarischen Landsitz der letzte bayerische König, Ludwig III. von Bayern. Seine und seiner vor ihm verstorbenen Frau Beisetzung in München wird als Gelegenheit angesehen, daß Kronprinz Rupprecht sich als König von Bayern proklamiert. Doch Rupprecht, dem Abenteuer abgeneigt, zögert. München fiebert. Es zieht alle an, die mit den politischen und wirtschaftlichen Verhältnissen des Deutschen Reiches unzufrieden sind. Sie erwarten sich das Heil von einer – gegebenenfalls auch gewaltsamen – Veränderung. Ihre Unruhe teilt sich der Stadt mit. Die Gerichte begnügen sich damit, die schlimmsten Auswüchse der politischen Auseinandersetzungen abzuurteilen, so die Zwischenfälle im »Löwenbräukeller« vom 21. September 1921:

Gestern, Donnerstag [*12. Januar 1922*], nachmittags, verkündete das Volksgericht in dem Prozeß gegen Hitler und Genossen das Urteil. Es lautete nach einstimmiger Bejahung der Schuldfrage gegen Esser, Hitler und Körner wegen je eines Vergehens des Landfriedensbruches auf drei Monate Gefängnis, gegen Huber wegen eines Verbrechens des Landfriedensbruches auf sechs Monate Gefängnis. Nach Verkündung der Strafsätze rief ein Mann im Zuhörerraum »Gemeinheit«. Die Polizei stellte den Zwischenrufer fest. [...]

Ballerstedt stand das Hausrecht zu. Sein Eingreifen mit der Drohung mit einer Anzeige wegen Hausfriedensbruches war berechtigt. Der Einwand der Angeklagten, daß es ihnen in anderen Versammlungen ebenso gegangen sei und daß keine Behörde eingegriffen habe, blieb als Irrtum über die Strafbarkeit unbeachtet. Hitler war mit dem Hinabdrängen Ballerstedts vom Podium einverstanden, er hat nichts dagegen unternommen. Bei dem von Hitler betonten Einfluß auf seine Anhänger und bei der großen Disziplin wäre eine Abmahnung nicht ohne Erfolg geblieben. Anders sind die Vorgänge im Saale zu beurteilen. Es ist nicht erwiesen, ob einer der Angeklagten, besonders Huber, sich unter den Angreifern befand, eine Verantwortlichkeit der auf dem Podium Gebliebenen in dieser Richtung ist nicht festzustellen. Weder von

Esser noch von Hitler läßt sich behaupten, daß sie die geistigen Leiter der Menge und der Gewalttätigkeiten gewesen wären. Sie können also nicht als Rädelsführer angesprochen werden. Dem Angeklagten Huber ist nachgewiesen, daß er Gewalttätigkeiten verübt hat, indem er nach Ballerstedt schlug, wenn er auch nur dessen Aktenmappe traf. Daß Esser nicht mit Gewalt eingewirkt hat, ergibt der Sachverhalt.

Beim Strafausmaß war zu berücksichtigen, daß das Einschlagen auf Ballerstedt ein Angriff auf die verfassungsmäßige Versammlungs- und Redefreiheit, eine gefährliche Störung der öffentlichen Ordnung und des Rechtsfriedens war.

Die Nachricht von der Verurteilung Hitlers erreicht auch Ernst Toller, der, wegen seiner Beteiligung an der Räteherrschaft in München verurteilt, eine fünfjährige Festungshaft verbüßt. In seinem Bericht »Eine Jugend in Deutschland« erzählt er:

Ein Mann namens Adolf Hitler wurde in München zu einigen Monaten Gefängnis verurteilt, weil er eine Versammlung der bayerischen Königspartei zu sprengen versuchte. Unter seiner Führung drangen Leute mit erhobenen Stühlen auf das Rednerpodium, es entspann sich eine Saalschlacht, Ärzte mußten einigen Verwundeten beistehen.

Um den Mann Adolf Hitler scharen sich unzufriedene Kleinbürger, frühere Offiziere, antisemitische Studenten und entlassene Beamte. Sein Programm ist primitiv und einfältig. Die Marxisten und die Juden sind die inneren Feinde und an allem Unglück schuld, sie haben das unbesiegte Deutschland hinterrücks gemeuchelt und dann dem Volk eingeredet, Deutschland hätte den Krieg verloren.

Die äußeren Feinde sind die Franzosen, eine verkommene, vernegerte Rasse, der Krieg gegen sie ist unvermeidlich und darum notwendig. Die nordische deutsche Rasse ist allen anderen überlegen. Gott habe ihn, den Hitler, dazu berufen, Marxisten und Juden auszurotten.

Hitler stachelt das Volk zu wütendem Nationalismus. Ich erinnere mich nicht, vor zwei Jahren, als wir »inneren Feinde« gegen das Unrecht des Friedens von Versailles zu kämpfen begannen, Hitlers Namen gehört zu haben. Auch in der Revolution hat er geschwiegen.

Ein Gefangener erzählt mir, er sei dem österreichischen Anstreicher Adolf Hitler in den ersten Monaten der Republik in einer Münchener Kaserne begegnet. Damals hätte Hitler erklärt, er sei Sozialdemokrat. Der Mann sei ihm aufgefallen, weil er »so gebildet und geschwollen« dahergeredet hätte, wie einer, der viel Bücher liest und sie nicht verdaut. Doch habe er ihn nicht ernst genommen, weil der Sanitätsunteroffizier verraten hätte, im Krieg sei der Hitler, als er von der Front zurückkam, schwer nervenkrank in einem Lazarett gelegen, blind, plötzlich habe er wieder sehen können.

Diese nervöse Erblindung macht mich nachdenklich. Welche Kraft muß ein Mensch haben, daß er blind werden kann vor einer Zeit, die er nicht sehen will.

Reiche Fabrikanten unterstützen den Hitler. Er wütet auch gegen die Gewerkschaften, und sie gebrauchen ihn als Prellbock.

Die NSDAP macht von sich reden. Nationale, alldeutsche und völkische Gruppen rivalisieren mit ihr, verlieren jedoch den Wettlauf, da sich die radikalen Forderungen der NSDAP nicht überbieten lassen. Hitler findet zunehmend Beachtung. Adel und Bürgertum betrachten ihn als Wellenbrecher gegen die rote Flut des Marxismus. Mit ihm geht eine Veränderung vor, von der Karl Alexander von Müller sagt:

Bei Hitler wuchs meine Witterung der Zukunft nur langsam und unklar. Das zweite Mal, daß ich ihn traf, war friedlich genug: bei Erna Hanfstaengl, beim Kaffee, auf Wunsch des Abtes Alban Schachleiter, der ihn kennenlernen wollte; meine Frau und ich waren häusliche Staffage. Wir andern saßen schon zu viert am blanken Mahagonitisch vor dem Fenster, als die Wohnungsglocke klang; durch die offene Tür sah man, wie er auf dem schmalen Gang die Gastgeberin fast unterwürfig höflich begrüßte, wie er Reitpeitsche, Velourhut und Trenchcoat ablegte, schließlich einen Gürtel mit Revolver abschnallte und gleichfalls am Kleiderhaken aufhängte. Das sah kurios aus und erinnerte an Karl May. Wir wußten alle noch nicht, wie genau jede dieser Kleinigkeiten in Kleidung und Benehmen schon damals auf Wirkung berechnet war, nicht anders wie das auffällige kurzgeschnittene Schnurrbärtchen, das schmaler war als die unschön breitflügelige Nase. Der Mann, der hereinkam, war nicht mehr der trotzigverlegene Ausbilder in einer schlechtsitzenden Uniform, der mir 1919 gegenübergestanden war; aus seinem Blick sprach schon das Bewußtsein des öffentlichen Erfolges: aber etwas seltsam Linkisches haftete ihm immer noch an, und man hatte das unangenehme Gefühl, er spürte es und nahm es einem übel, daß man es bemerkte. Auch das Gesicht war immer noch schmal und bleich, beinahe mit einem leidenden Zug. Nur das vorgewölbte wasserblaue Auge starrte manchmal in einer unerbittlichen Härte, und über der Nasenwurzel zwischen den starken Augenbogen ballte sich, fast wulstartig empordrängend, ein fanatischer Wille. Auch diesmal sprach er sehr wenig und hörte die meiste Zeit mit betonter Aufmerksamkeit zu.

Über München und in zunehmendem Maße über Süddeutschland geht eine Flut politischer Versammlungen, Kundgebungen und Demonstrationen hinweg. Die Notwendigkeit des Krieges wird zum Schicksal des Friedens: das Marschieren. Die Uneinsichtigkeit gebiert Haß, der Haß verführt zu Gewalt. Als Reichspräsident Ebert im Sommer 1922 München einen Besuch abstattet, wird er nicht nur angepöbelt, sondern auch angespien. Der österreichische Generalkonsul in München, Hans Hammer, berichtet nach Wien:

Gestern abend verließ der Reichspräsident München, nachdem er anderthalb Tage hier geweilt hatte. Anlaß zu dem Besuche war eine Einladung der Leitung der Gewerbeschau.

Es gab keine blutigen Zwischenfälle, ansonsten aber dürfte Ebert seinen Münchener Besuch nicht in angenehmer Erinnerung behalten.

Schon bei seiner Ankunft hatte sich eine Schar von Demonstranten am Bahnhofsausgange aufgestellt und Herrn Ebert durch Pfiffe und ostentatives Schwenken roter Schwimmhosen begrüßt. Letzteres Symbol spielte auf den bekannten »Mißgriff« einer großen illustrierten Zeitung an, welche einmal als

Titelblatt ein Bild Eberts und Noskes in Schwimmhosen zeigte.

Sooft sich Ebert sehen ließ, wurde er durch Pfeifen und Gejohle eines Teiles des Publikums empfangen. Diese Manifestanten gehörten meist der »nationalsozialistischen«, einer bisher im Landtage noch nicht vertretenen Partei unter der Führung eines ehemaligen Österreichers namens Hitler an. Sie haben die Propaganda der Straße offiziell in ihrem Programm stehen und kokettieren ein wenig mit dem Fascismo.

Abgesehen von diesen Manifestationen enthielten aber auch die offiziellen Äußerungen wenig Erfreuliches für den Präsidenten.

Alle Redner erinnerten ihn daran, daß Bayern seine staatliche und Stammeseigenart gewahrt wissen wolle und auf seinen Hoheitsrechten bestünde.

Während Hitler vom 24. Juni bis 27. Juli 1922 in der Strafanstalt München-Stadelheim die am 12. Januar 1922 ausgesprochene Haftstrafe verbüßt, geht die nationalsozialistische Agitation uneingeschränkt weiter. Die Erregung, die ihre antisemitische Propaganda in der Bevölkerung Bayerns auslöst, veranlaßt das Bayerische Staatsministerium des Innern, sich in einer Entschließung vom 3. Juli 1922 an die ihr unterstellten Behörden zu wenden:

Die antisemitische Propaganda hat in letzter Zeit in verschiedenen Teilen des Landes, auch auf dem Lande, Formen angenommen, die einer friedlichen Entwicklung nicht zuträglich sind, vielmehr unter Umständen zu Bedenken für die Aufrechterhaltung der öffentlichen Ruhe und Sicherheit Anlaß geben können. Man scheut bei dieser Propaganda selbst davor nicht zurück, in mehr oder weniger verblümter Weise zu Gewalttätigkeiten gegen die Juden aufzufordern. Namentlich in kleineren Orten und auf dem Lande kann diese Aufhetzung gefährlich werden.

Wenn auch die Staatsregierung zu dem Antisemitismus als solchem keine Stellung zu nehmen hat, so ist sie doch verpflichtet, seine Auswüchse zu bekämpfen, soweit sie eine Gefahr für die öffentliche Ruhe und Sicherheit bedeuten. Es ergeht daher die Anordnung, diesen Vorkommnissen besonderes Augenmerk zu schenken und, soweit veranlaßt, auch die Bezirkspolizeibehörden mit Weisung zu versehen. Die einschlägigen Flugblätter und Plakate sind zu beobachten, die Versammlungen sind geeignet zu überwachen.

Das politische Klima in München wird nicht von den Verfassungsorganen, Landtag und Gesamtstaatsministerium, sondern vom sogenannten nationalen Lager bestimmt. Seine Führer vergessen ihre Rivalität, wenn sich Gelegenheiten zu politischen Demonstrationen bieten. Am 25. August 1922 werden wegen erneuten Meinungsverschiedenheiten zwischen dem Reich und München in München Demonstrationen abgehalten, in denen sich die allgemeine politische Erregung niederschlägt:

Der Hauptteil (Nationalsozialisten) hatte sich am »Bürgerbräukeller« gesammelt und zog dann, als das Verbot bekannt wurde, in den »Münchner-Kindl-Keller« und ließ dort die mitgebrachte Musikkapelle spielen. Auch Lieder wurden gesungen. Die anwesenden Chiemgauer führten Schuhplattlertänze vor, Fahnen und Hakenkreuzflaggen wurden ausgesteckt. Die Zahl dieser Leute betrug etwa 5 000. Bei ihnen fand sich sodann Hitler, Pittinger und Kanzler (Chiemgauer!) ein. Unter den Leuten ging das Gerücht, daß Kahr zum Staatspräsidenten ausgerufen werden solle. Rechtsanwalt Buckeley, der auch dabei war, soll dies auch dem Obersten Keller (frühere Einwohnerwehr) gegenüber geäußert haben.

Die Polizei war ausgerückt und an Ort und Stelle.

Vor dem »Münchner-Kindl-Keller« war eine Ansammlung von kommunistischer Jugend, etwa 1 000 Leute, mit denen im Laufe des Abends Streit entstand. Die Polizei schritt gegen die Kommunisten ein und säuberte die Straße.

Von den Versammlungsteilnehmern im »Münchner-Kindl-Keller« war der Polizei gegenüber anscheinend die Ermüdungstaktik beabsichtigt. Die Polizeidirektion befürchtete, daß die Leute für alle Fälle aushalten wollten, um zu geeigneter Zeit doch noch etwas zu unternehmen. Da allgemeine Mißstimmung über den Ministerpräsidenten Graf Lerchenfeld sich äußerte, nahm die Polizeidirektion an, daß es auf den Sturz des Ministerpräsidenten und die Einsetzung des früheren Ministerpräsidenten von Kahr abgesehen war, was der Polizeidirektion schon tags zuvor aus zuverlässiger Quelle als Endzweck der ganzen Aktion mitgeteilt worden war.

Gegen 11 Uhr schien bei den Leuten die Erkenntnis einzusetzen, daß nichts erreicht werden könne. Hitler (also scheinbar Hauptführer in der ganzen Sache) trat auf und erklärte, es gäbe zwei Möglichkeiten einer Aktion: die eine sei die, daß die Polizei ihre Pflicht verletze, die andere die des Blutvergießens. Beide Wege seien zu verwerfen; infolgedessen fordere er auf, ruhig heimzugehen. Darauf rückten die Chiemgauer (etwa 400 Mann) ab, um um 11.22 Uhr vom Ostbahnhof aus heimzufahren. Diese Gruppe kam dann am Ostbahnhof mit den Kommunisten in eine kleine Schießerei.

Die zunehmende Erregung versetzt den Stellvertreter des Ministerpräsidenten im Staatsministerium des Äußern, Staatsrat Hans Schmelzle, in Unruhe. Der württembergische Gesandte in München berichtet:

Staatsrat Schmelzle, den ich im Ministerium des Äußern sprach, sieht die Lage hier für durchaus noch nicht geklärt an. Die Haltung der extrem rechtsgerichteten Kreise macht ihm Sorge, und er befürchtet für die nächste Zeit eine Aktion derselben. Die Protestversammlung gegen das Abkommen mit Berlin habe die Regierung verboten, und es seien die Versuche, trotz des Verbots sich zu versammeln, ohne Schwierigkeiten unterdrückt worden, aber es bestehe eine große Erregtheit in weiten Kreisen der Bevölkerung, die durch das Versammlungsverbot noch verstärkt worden sei. Insbesondere hätten die Nationalsozialisten einen enormen Zulauf, und ihnen sei alles zuzutrauen. Die Sozialdemokratie habe viele ihrer Angehörigen an die Nationalsozialisten verloren, und der Führer Hitler müsse eine ganz faszinierende Persönlichkeit sein. So sei es gar nicht unmöglich, daß dieselben in der nächsten Zeit hier einen Putsch versuchen werden, wobei sie die steigende Teuerung als Vorwand benutzen würden.

Am 14./15. Oktober 1922 führt die NSDAP in Coburg, das seit 1920 zu Bayern gehört, eine der zeitüblichen Veranstaltungen, einen »Deutschen Tag«, durch. Hitler erklärt:

Niemand möchte eine Verantwortung in den Majoritäten übernehmen, und die Minorität entschuldigt ihre Untätigkeit durch die kleine Zahl. Solange die Welt besteht, ist Geschichte von Minderheiten gemacht worden [...]. Unser Symbol ist kein Vereinszeichen, sondern ein Siegesbanner. Es muß und wird einmal über dem Berliner Schloß wie über der Bauernhütte flattern.

Unter dem Eindruck des Erfolges der von Hitler geführten NSDAP unterstellt sich am 20. Oktober 1922 Julius Streicher, Führer der in Nürnberg bestehenden »Deutschen Werkgemeinschaft« und Herausgeber der Zeitung »Deutscher Volkswille«, Hitler. Die NSDAP wird dadurch verdoppelt. Sie nimmt der mit ihr rivalisierenden Deutschsozialistischen Partei Mitglieder und Mitläufer ab. Streicher verschärft den radikalen Antisemitismus der NSDAP. Hitler verwirft wiederholt und entschieden den Parlamentarismus. Am 25. Oktober 1922 erklärt er in München:

Parlamente werden dem deutschen Volk nicht helfen. Ein Weg zur Änderung unserer Lage ist nur dann möglich, wenn wir bedenken, daß die jüdische Revolution von 1918 von einer entschlossenen kleinen Gruppe gemacht wurde, die dann als Stoßtrupp die breite lethargische Majorität mit sich fortriß. Das ist der Gang nach einer jeden Umwälzung gewesen; nach dieser Erkenntnis hat einst Bismarck als einzelner Mann das deutsche Volk hochgerissen. Wir Nationalsozialisten wollen uns dieses »politische« Naturgesetz zu eigen machen und die Stoßtrupps bilden, die das Schicksal des Volkes in die Hand nehmen, um es aus dem Sumpf heraus in eine bessere Zukunft zu führen. Die mit dem Parlamentarismus Unzufriedenen zu sammeln, ist unsere Aufgabe, um unser Volk an die Stelle zu setzen, wohin es gehört.

Am 28. Oktober 1922 unternimmt Mussolini seinen erfolgreichen Marsch auf Rom. Der Sieg der Faschisten in Italien versetzt die Nationalsozialisten in Bayern in Erregung. Die Ansichten über die Erfolgschancen eines nationalsozialistischen Putsches gehen auseinander. Nach seinem Rücktritt vom Amt des Ministerpräsidenten versichert Hugo Graf Lerchen-

feld-Köfering am 7. November 1922 dem württembergischen Gesandten in München:

Graf Lerchenfeld meinte, durch seinen freiwilligen Rücktritt werde die ruhige Weiterentwicklung der bayerischen Politik gesichert. Er habe auf diese Weise einen guten Abgang. [...] Die vaterländischen Verbände seien unter sich zerfallen, und ihre Führer Escherich, Ludendorff und [*Otto*] Pittinger lägen sich in den Haaren. Da blühe der Weizen der Nationalsozialisten. Dazu komme nun das gefährlich ansteckende Beispiel der italienischen Faschisten. Aber was in Italien möglich sei, das sei nicht ebenso auch in Deutschland möglich. Als Mussolini in Neapel den Mobilmachungsbefehl erlassen habe, hätten die Faschisten gleichzeitig in Mailand, Brescia, Rom etc. losgeschlagen. Die nationalsozialistische Bewegung dehne sich nicht viel weiter als über München und Südbayern aus. Wenn nun hier ein nationalsozialistischer Umsturz erfolgen sollte, so würde es nicht gehen wie bei dem Umsturz im Jahre 1918, wo sich die Aktion von hier aus über das ganze Reich ausgedehnt habe, vielmehr würde wohl schon in Nordbayern nicht mitgemacht werden, geschweige denn im übrigen Reich, und so würde eine nationalsozialistische Aktion die Zertrümmerung Bayerns und die Absprengung vom Reiche bedeuten. Dr. Denk [*Gesandter Preußens in München*] fragte den Grafen Lerchenfeld, ob er dessen so sicher sei, daß sich die Bewegung nur auf Südbayern beschränke, er habe doch Nachrichten, daß sie in manchen andern Teilen Deutschlands sehr stark sei, auch sei sie überall recht gut finanziert.

Die Besorgnis über den Nationalsozialismus ist im Herbst 1922 bereits so groß, daß sich eine Reihe von Landesregierungen zu polizeilichem Einschreiten entschließt. Die NSDAP wird verboten und aufgelöst in Baden, Thüringen, Preußen, Mecklenburg-Schwerin, Hamburg und Bremen. Auch ergeht ein Verbot des Parteiblattes »Völkischer Beobachter«. Dagegen erhebt die NSDAP Beschwerde beim Staatsgerichtshof des Deutschen Reiches. In Bayern, an dessen Spitze Ministerpräsident Eugen von Knilling steht, kann sie unbehindert ihre Tätigkeit fortsetzen. Über die Gründe ihres verstärkten Zu-

laufes im Jahre 1922 äußert sich die Polizeidirektion München am 2. Dezember 1922, als sie auf Ersuchen der Regierung der Pfalz in Speyer eine Darstellung über die Entstehung der NSDAP gibt:

Der starke Zulauf, den die Partei besonders seit den letzten Monaten zu verzeichnen hat, setzt sich aus allen Kreisen der Bevölkerung zusammen; neben den Angehörigen des Mittelstands und des Bürgertums sind auch sehr viele Arbeiter dem nationalsozialistischen Banner gefolgt. In dem Anwachsen der Arbeiteranhängerschaft bei der Nationalsozialistischen Deutschen Arbeiterpartei erblicken die alten sozialistischen Parteien eine schwere Gefahr für ihren weiteren Bestand. Aus diesem Grunde ist der Kampf um die Massen in beiden Lagern sehr heftig entbrannt.

Die Nationalsozialisten erblicken in ihrer regen Versammlungstätigkeit ihr wirksamstes Werbemittel. Im Hinblick auf ihre Gegnerschaft fanden naturgemäß früher in den Versammlungen kleine oder größere Reibereien statt, gegen die sich die Nationalsozialisten auf das energischste wehrten. Zur Sicherung eines ruhigen Verlaufes ihrer Veranstaltungen haben daher die Nationalsozialisten sogenannte Sturmabteilungen gebildet, welche aus der Turn- und Sportabteilung der Partei hervorgegangen sind. Diese Sturmtrupps üben den Ordnungsdienst in den Versammlungen aus, sind stramm diszipliniert und fest in der Hand ihrer Führer. Das geschlossene Auftreten dieser Abteilungen hat bei den Angehörigen der linksgerichteten Parteien ernste Befürchtungen und Bedrohungen ausgelöst. An Angriffen auf die Nationalsozialisten in dieser Richtung aus linksgerichteten Kreisen hat es bis jetzt nicht gefehlt. Der Entwicklung der Sturmabteilung der Partei sowie der Partei selbst wird seitens der Polizeibehörden ein besonderes Augenmerk geschenkt. Zu ernstlichen Ruhestörungen ist es außer Singen von vaterländischen Liedern in Gruppen innerhalb des befriedeten Bannkreises des Landtags und einigen kleineren Zwischenfällen zur Nachtzeit bisher nicht gekommen. In jüngster Zeit wurden diese Sturmabteilungen auch nach auswärts zum Schutz von Versammlungen verwendet und unter Benutzung der Eisenbahn bzw. Lastkraftwagen nach Coburg, Freising, Tegernsee, Bad Tölz als Ordnungsleute gebracht.

Es besteht kein Zweifel, daß der nationalsozialistische Gedanke – vielleicht gerade deswegen, weil die Partei in ihrer Werbetätigkeit die nationale Idee besonders hochhält – heute bereits in allen Kreisen und Schichten der Bevölkerung festen Fuß gefaßt hat und die Partei als ernster politischer Machtfaktor angesehen werden muß.

Am 13. Dezember 1922 veranstaltet die NSDAP in München zehn Massenversammlungen. Ihre Durchführung veranlaßt den Polizeireferenten des Bayerischen Staatsministeriums des Innern, Josef Zetlmeier, zu folgendem Aktenvermerk:

Die Tendenz der nationalsozialistischen Bewegung ist auch durch diese zehn Versammlungen klar dargetan. Die Bewegung ist trotz des nationalsozialistischen Triebes inhaltlich negativ und unklar und geht triebartig einer revolutionären Entladung entgegen, mag dieses auch vielleicht von einem Teile der Führer nicht gewollt sein. Das kam auch in den zehn Versammlungen zum Ausdruck und ist auch psychologisch notwendig. Denn wohin soll sie sonst steuern? Parlamentarisch will sie sich nicht betätigen, und das Reden allein hat keinen Wert. Die Bewegung ist daher ohne Zweifel eine Gefahr für den Staat, nicht nur für die derzeitige Staatsform, sondern für das Staatswesen überhaupt, denn will sie in bezug auf das Vorgehen gegen die Juden, Sozialdemokraten, Bankkapital nur einigermaßen halten oder zur Auswirkung kommen lassen, was sie in dunklen Ideen in sich trägt, so gibt es viel Blut und Unordnung. Das wird man, ohne daß man ängstlich ist, nicht in Abrede stellen können.

Die Staatsregierung steht daher zweifellos vor einer sehr ernsten Aufgabe, die für sie um so größer ist, als sie eine bürgerliche Regierung ist. Das Bild wäre ganz anders, wenn die nationalsozialistische Bewegung unmittelbar unter der sozialdemokratischen Regierung eingesetzt hätte. Die Aufgabe der Regierung ist um so ernster, als, wie erwähnt, die Nationalsozialisten sich weiter Sympathien erfreuen als eine nationale Partei. Die hauptsächlichsten der übrigen deutschen Staaten haben die nationalsozialistische Partei verboten. Die Beschwerden, die dagegen eingelegt wurden, sind noch im Laufe, aber zweifellos war das Vorgehen dieser Länder in der Hauptsache von politischen Parteirücksichten geleitet. Einen Mittelweg hat jüngst Württemberg eingeschlagen, das im Anschluß an die Göppinger Ausschreitungen bis auf weiteres die Versammlungen der Nationalsozialisten verboten hat.

In Bayern wurde bisher lediglich die Waffenverordnung sowie eine Anweisung erlassen, die Verordnung streng zu vollziehen, einzelne Versammlungen wurden von äußeren Behörden verboten, z. B. in Augsburg, etwas Grundlegendes ist aber nicht unternommen worden, und zwar aus allgemeinen politischen Gründen. Außerdem fanden mehrere Besprechungen des Herrn Ministers mit Hitler statt, in denen dieser aufgeklärt und ermahnt wurde. Eine ausschlaggebende Wirkung hatten sie nicht, wie die weitere Entwicklung beweist. Es ist dieses bei der Energie einer Bewegung, die auf die Diktatur hinausläuft, auch ganz klar. Wer die politischen Verhältnisse in Bayern kennt, wird die bisherige Haltung der bayerischen Regierung begreiflich finden. Hat man doch in Bayern das Bild, daß die Sympathie, die man bis zu einem gewissen Grade für die nationalsozialistische Bewegung haben muß, offenbar verschiedene Behörden in der rein polizeilichen Beurteilung der Bewegung befangen macht, so daß das Ministerium z. B. über die Art der Entwicklung der Bewegung in Oberbayern nur ziemlich mangelhaft unterrichtet wurde.

Gleichwohl wird es ernster Prüfung bedürfen, ob die Bayerische Regierung, die jetzt schon von den anderen Regierungen auch in dieser Richtung mehr oder minder mit Vorwürfen bedacht wird, die bisherige Haltung beibehalten kann. Ich halte das nicht für möglich, denn die Bewegung geht schließlich auf Hochverrat hinaus, in Frage kommen auch die §§ 127 und 128 RStGB. (bewaffnete Haufen und Geheimbund), in welcher Richtung das Justizministerium mit der Untersuchung befaßt ist.

Warten auf »Losschlagen«

Die Verhandlungen über die deutschen Reparationsverpflichtungen sind, obwohl sie das ganze Jahr 1922 andauern, erfolglos. Die Reichsregierung des Reichskanzlers Wilhelm Cuno, seit dem 22. November 1922 im Amt, bittet um Befreiung der Barzahlungen auf zwei Jahre. Ihr Antrag wird von der Konferenz der Regierungschefs in Paris Ende Dezember abgelehnt. Die aufgrund des Vertrages von Versailles gebildete Reparationskommission stellt in ihren Sitzungen vom 26. Dezember 1922 und 9. Januar 1923 eine schuldhafte Verfehlung Deutschlands fest. Das Deutsche Reich hat am Ende des Jahres 1922 in Holz- und Kohlenlieferungen einen Rückstand von 24 Millionen Goldmark. Es hat während des Jahres Lieferungen in Höhe von 1 480 Millionen Goldmark geleistet. Am 10. Januar 1923 beginnen französische und belgische Truppen unter Begleitung italienischer Ingenieure den Vormarsch über die Grenze des westlichen Besatzungsgebietes hinaus mit dem Ziel der Besetzung und Kontrolle des Ruhrgebietes. Frankreich, Belgien und Italien betrachten das Unternehmen als die Entsendung einer Kontrollkommission von Ingenieuren zur Überwachung der Tätigkeit des Kohlensyndikats und zur Sicherung der Durchführung des Lieferprogramms. Die Reichsregierung bezeichnet die Maßnahme als einen Bruch des allgemeinen Völkerrechtes und als eine Verletzung des Vertrages von Versailles. Sie ergreift Maßnahmen, die als »passiver Widerstand« gegen die Besatzungsmacht verstanden werden. Sie erhält für dieses Vorgehen spontane Zustimmung des gesamten deutschen Volkes. Eine Welle nationalen Solidaritätsbewußtseins geht durch Deutschland. Sie nimmt Wind aus den

Segeln derer, die die Vertretung nationaler Interessen als ihre persönliche Angelegenheit betrachten. Die NSDAP verstärkt daraufhin ihre Versammlungstätigkeit. Der österreichische Generalkonsul in München, Hans Hammer, schreibt über die nach der Proklamation des passiven Widerstandes an der Ruhr für Hitler entstandene Situation:

Die in den vergangenen Monaten zu einem überaus ernst zu nehmenden Faktor vor allem in der bayerischen Politik angewachsene nationalsozialistische Bewegung hat in der jüngsten Zeit einen zweifachen Echec erlitten.

Die mannhafte, nationale und einheitliche Haltung der Arbeiterschaft im Ruhrgebiete hat zur Folge gehabt, daß zahlreiche Mitläufer der nationalsozialistischen Bewegung sich nunmehr von ihr abwenden, da die konstante Hetze gegen die »internationale Sozialdemokratie« bei den gegenwärtigen Zeiten ihnen ebenso unangebracht als ungerecht erscheint. Andererseits ist Herr Hitler aus den sogenannten vaterländischen Vereinen ausgeschieden, und es scheint überdies, als ob auch unter den Führern der Bewegung selbst keine Einstimmigkeit mehr bestände. [...]

Jene Elemente, für welche die Hitlerschen Reden Wasser auf die Mühle sind, schlossen sich seiner Partei, soweit ihre nächsten Ziele dieselben sind, von selbst an. Im gleichen Maße aber, als die Erfüllungspolitik Berlins Schiffbruch erlitt, wuchs die Anhängerzahl der nationalsozialistischen Bewegung. Selbst in den sozialistischen Arbeiterkreisen begann es zu dämmern, daß die Taktik des steten Nachgebens zu keinem erträglichen Verhältnisse mit Frankreich führe, wohl aber, für jedermann sichtbar, die weitere Verelendung Deutschlands unaufhaltsam nach sich ziehe. Die Hoffnung auf Hilfe der Parteigenossen in den Ententeländern hatte sich längst als trügerisch erwiesen. Kein Wunder, daß unter dem Drucke einer beispiellos rührigen Propaganda die Nationalsozialistische Arbeiterpartei, wie sie offiziell heißt, auch in den Kreisen ihrer eigentlichen Gegner schließlich Eingang und Anhänger fand.

Aber der Einmarsch der Franzosen ins Ruhrgebiet änderte das Bild. Die Arbeiter daselbst leisteten entschlossenen Widerstand gegen die Gewaltmaßnahmen des Feindes, und die Berliner Regierung erwies sich gegenüber Frankreich nicht mehr nachgiebig. Dadurch aber wurde Herrn Hitler der Wind aus den Segeln genommen. Seine weiter fortgesetzten Angriffe gegen die Sozialdemokratie und Berlin entfremden ihm angesichts der wohlverstandenen Notwendigkeit, in den jetzigen extremen Schicksalsstunden nach außen hin Einigkeit zu zeigen, die Sympathien der nicht Unentwegten.

Indessen ist Herr Hitler sicher nicht der Mann, der sich zur Seite schieben läßt. Kommenden Sonntag will er Heerschau halten über seine Partei, wozu aus allen Teilen des Reiches die Führer der Bewegung erscheinen sollen. Vielleicht fühlt er den Boden unter den Füßen wanken. Die Begeisterung, die er so geschickt zu entflammen verstand und die er täglich in Massenversammlungen schürte, verlangt nach Taten, soll sie nicht verebben.

In diesem Sinne glaube ich die mir zugekommenen Nachrichten zu verstehen, daß Hitler sich nunmehr mit dem Gedanken trage, zu einem Schlage in kürzester Zeit auszuholen.

Die Durchführung des 1. Reichsparteitags der NSDAP vom 27. bis 29. Januar 1923 in München ist durch umlaufende Putschgerüchte gefährdet. Ministerpräsident von Knilling verhängt vorsorglich den Belagerungszustand über München. Regierungspräsident von Kahr und Polizeipräsident Eduard Nortz bedrängen den Landeskommandanten der Reichswehr in Bayern, Generalleutnant Otto von Lossow, Hitler zu empfangen. Hitler gibt eine ehrenwörtliche Erklärung ab, keinen Putschversuch zu unternehmen und sich am 29. Januar – am Tag nach dem Parteitag – »bei Exzellenz wieder zu melden«. Darauf erhält er die Genehmigung zur Durchführung des 1. Reichsparteitags der NSDAP, über dessen Verlauf Karl Alexander von Müller berichtet:

Am 28. traten, statt fünftausend, sechstausend Mann SA auf dem Marsfeld an. Am Vorabend brauste Hitler im Auto von einer der zwölf Versammlungen zur andern. Im »Löwenbräu« hörte ich ihn damals zum ersten Mal öffentlich sprechen. Wie viele politische Versammlungen hatte ich schon in diesem

Saal erlebt. Aber weder im Krieg noch in der Revolution hatte mich schon beim Eintreten ein solcher Gluthauch hypnotischer Massenerregung angeweht. Es war nicht nur die besondre Spannung dieser Wochen, dieses Tages. »Eigne Kampflieder, eigne Fahnen, eigne Symbole, ein eigner Gruß«, notierte ich, »militärähnliche Ordner, ein Wald grellroter Fahnen mit einem schwarzen Hakenkreuz auf weißem Grund, die seltsamste Mischung von Soldatischem und Revolutionärem, von Nationalistischem und Sozialem – auch in der Zuhörerschaft: überwiegend der herabgleitende Mittelstand, in all seinen Schichten – wird er hier neu zusammengeschweißt werden?« Stundenlang ununterbrochen dröhnende Marschmusik, stundenlang kurze Reden von Unterführern, wann würde er kommen? War doch noch ein Unerwartetes dazwischengetreten? Niemand beschreibt das Fieber, das in dieser Atmosphäre um sich griff. Plötzlich, am Eingang hinten, Bewegung. Kommandorufe. Der Sprecher auf dem Podium bricht mitten im Satz ab. Alles springt mit Heilrufen auf. Und mitten durch die schreienden Massen und die schreienden Fahnen kommt der Erwartete mit seinem Gefolge, raschen Schritts, mit starr erhobener Rechten zur Estrade. Er ging ganz nah an mir vorbei, und ich sah: das war ein andrer Mensch als der, dem ich da und dort in Privathäusern begegnet war: die schmalen, bleichen Züge wie von einem besessenen Ingrimm zusammengeballt, kalte Flammen ausschleudernd aus den vorgewölbten Augen, die rechts und links nach Feinden auszuspähen schienen, um sie niederzuwerfen. War es die Masse, die ihm diese rätselvolle Kraft eingab? Strömte sie von ihm aus zu ihr? »Fanatisierende hysterische Romantik, mit einem brutalen Willenskern«, notierte ich mir. »Wenn der herabsinkende Mittelstand ihn trägt, dieser Mann selbst gehört ihm nicht an, er muß aus ganz andern dunklen Tiefen kommen: ob er sich seiner nur als Sprungbrett bedient?«

Seine Stimme war noch nicht so rauh und bellend wie später, als alle Radiostationen rund um den Planeten sich einschalteten, um sie zu verbreiten: klarer, metallischer, ein mir ganz unerwarteter männlicher Ton. Er sprach nur etwa eine Viertelstunde lang, mit demagogischer, höhnischer, sich überschlagender Ironie, fast von Satz zu Satz von Stürmen des Beifalls, des Gelächters getragen. Und schon brach er wieder auf zur nächsten Versammlung, die nach ihm fieberte.

Der I. Senat des Staatsgerichtshofs des Deutschen Reiches verwirft in seinem Urteil vom 15. März 1923 die Beschwerden gegen das Verbot der NSDAP in Preußen, Sachsen, Baden, Mecklenburg-Schwerin, Hamburg und Bremen. Er gibt in der umfassenden Urteilsbegründung eine Darstellung der Entstehung und der Entwicklung der NSDAP:

Die von der NSDAP entfaltete Tätigkeit hat sich seit längerer Zeit in Formen abgespielt, die mit der Republikschutz-Gesetzgebung nicht in Einklang zu bringen sind. Aus dem von den beteiligten Landesregierungen und dem Reichskommissar für Überwachung der öffentlichen Ordnung beigebrachten äußerst reichhaltigen Material hat der Staatsgerichtshof die volle Überzeugung gewonnen, daß die Partei Bestrebungen der in §§ 7 Ziffer 4 und 8 Ziffer 1 des Gesetzes vom 21. Juli 1922 gekennzeichneten Art verfolgt und daß in ihr fortgesetzt dahingehende Erörterungen gepflogen werden. Diese Überzeugung stützt sich auf die vielfachen Kundgebungen der Hauptführer der Partei, insbesondere Hitlers selbst als ihres 1. Vorsitzenden und geistigen Hauptes, sodann auf Aufsätze, die in dem eigenen Parteiorgan, dem »Völkischen Beobachter«, abgedruckt sind, und auf Flugblätter der Partei sowie auf eine Anzahl behördlicher Berichte. Nicht dagegen sind die in gegnerischen Zeitungen veröffentlichten Aufsätze, namentlich die Berichte über Versammlungen oder sonstige Veranstaltungen der Partei mit herangezogen worden. Damit ist eine einwandfreie, den Anforderungen der Billigkeit und Gerechtigkeit genügende Grundlage für die Beurteilung des Gebarens der Partei geschaffen.

Ohne erschöpfend zu sein, sollen zunächst die Kundgebungen mitgeteilt werden, die eine unmittelbare oder mittelbare Beschimpfung der verfassungsmäßig festgestellten republikanischen Staatsform des Reichs darstellen (§ 8 Ziffer 1 des Schutzgesetzes).

Hitler bezeichnet in einer öffentlichen Versammlung, die

am 12. April 1922 in München abgehalten wurde, die Demokratie als etwas grundsätzlich nicht Deutsches, sondern als etwas Jüdisches und bemerkt dazu, daß die jüdische Demokratie der Majoritätsbestimmung jederzeit nur Mittel gewesen sei zur Vernichtung der arischen Führerschaft. In einer weiteren, am 25. Oktober 1922 in München stattgehabten öffentlichen Versammlung erklärt Hitler die Demokratie für gleichbedeutend mit Judenherrschaft, da nicht das Volk herrsche, sondern die öffentliche Meinung, wie sie dem Volk durch die den Juden gehörige Presse eingeflößt werde. Die Demokratie sei dabei nicht Endzweck, sondern nur Mittel zum Zweck. Dieser bestehe in der Errichtung der Judenherrschaft durch Erziehung zur Demokratie, d. h. durch Schaffung einer lethargischen Volksmasse, die glaube, durch ihre gewählten Vertreter selbst zu regieren. Am 28. Oktober 1922 bezeichnet Hitler gelegentlich einer Versammlung in Rosenheim die Demokratie als »verschleierte Judenherrschaft« und fährt dann fort, »die Demokratie sei die Bresche, die das Judentum in das deutsche Herz geschlagen habe, die das Blut vergiftet habe durch den vorgegaukelten Mammonismus, der das Volk in Todesnot gebracht habe«. Der Schriftleiter Esser, gleichfalls ein führendes Mitglied der NSDAP, spricht am 15. Dezember 1921 in einer Versammlung der neu eingerichteten Ortsgruppe Zwikkau von »saumäßiger Schieberrepublik«, welche die neuen Tyrannen, die jüdischen Geldfürsten, an die Stelle der fortgejagten Fürsten gesetzt habe.

Der »Völkische Beobachter« vom 10. Juni 1922 berichtet, daß Scheidemann 1918 von der Freitreppe des Reichstags aus die »Schieberrepublik« ausgerufen habe. Dasselbe Blatt äußert sich am 29. Juli 1922 dahin, daß sich »die Einverleibung der neuesten Kolonie der internationalen Bankiers – genannt deutsche Republik – in ihr großes Privatkonsortium mit staunenswerter Geschwindigkeit vollziehe«.

In einem Flugblatt der Partei, das die Überschrift »Kommunisten« trägt, heißt es u. a. »Ihr habt die großartige Entdeckung gemacht, daß alle Demokratie, aller Parlamentarismus, alles Gequassel nur eitel Schaumschlägerei ist.«

Soweit die unmittelbaren Beschimpfungen der Republik.

Noch zahlreicher sind die mittelbaren, durch Verächtlichmachung von Mitgliedern der Reichsregierung, insbesondere des Reichspräsidenten Ebert, des ehemaligen Reichskanzlers Wirth und des verstorbenen Außenministers Rathenau, erfolgten Beschimpfungen.

Am 30. November 1922 weist Hitler in einer Münchener Versammlung darauf hin, daß die Erfüllungspolitik jetzt ihre Quittung für ihre Charakterlosigkeit erhalte. Wer jämmerlich sei, verdiene auch keine andere Behandlung. »Und«, fährt er fort, »jämmerlich sind wir heute oben und unten. Oben: die Reichsregierung hatte an die Entente ein vertrauliches Schreiben gerichtet mit der Bitte, ihr eine drohende Note zu senden, um so die Handhabe für die restlose Auflösung der nationalen Verbände zu erhalten ... Das ist Charakterlosigkeit, grenzenlose politische Charakterlosigkeit, und ihr gilt der Kampf unserer Bewegung.« Esser erklärt am 17. März 1922 ebenfalls in einer Münchener Versammlung gelegentlich seiner Rede über »Börsenregierung und bayerische Politik« u. a.: »Kahr und Pöhner mußten gehen, weil sie Bayern deutsch und föderalistisch verwalten wollten. Wenn wir sie auch ihrer oft zu schwachen Haltung wegen angreifen mußten, so sind sie uns als Deutsche doch lieber wie die ganze heute regierende Bagage.«

Der »Völkische Beobachter« begrüßt am 22. März 1922 in dem Aufsatz »Vernichtung des Mittelstandes« die von anderer Seite gesprochenen, offenbar auf Rathenau gemünzten Worte: »Vaterlandslose Finanzbestien, die im Bereiche der Reichsregierung Deutschland aussaugen und im jüdischen Wasserkopf Berlin ihren Sitz haben«, spricht in der Nummer vom 22. April 1922 u. a. von dem »Börsen- und Sowjetjuden Rathenau« und bemerkt ebendaselbst, daß der Reichsminister Köster, »dessen feistes Proletengesicht wir unlängst auf dem Titelblatt der jüdischen Berliner Illustrirten bewundern konnten (man munkelt auf Kosten des Reichs)«, eine Broschüre geschrieben habe »Konnten wir im Herbst weiterkämpfen?«, hierbei aber natürlich als der »Novembergießer« zu einem Nein komme. Am 26. April 1922 unterzieht der »Völkische Beobachter« in dem Aufsatz »Die Genueser Pleite« die Ergebnisse der Konferenz von Genua einer hämischen Kritik und läßt sich hierbei dahin aus: »In Paris arbeitet man eifrig daran, den gallischen Gockel gegen Deutschland scharfzumachen, und mit geschwollenem Kamm fährt er auf den unglücklichen Herrn Wirth los, der täglich mehrmals seine Hosen wechseln muß ... Die Versumpfung wird weitergehen, solange dieser Unglücksmann im Deutschen Reich herumwirtschaften kann wie in einer Gummizelle ... Wohin er eigentlich gehört.« In derselben Nummer heißt es in bezug auf die sogenannte Erfüllungspolitik der Reichsregierung: »Gibt es etwas Hündischeres als diese Handlungen? Die durch die ›Arbeiterrevolution‹ ans Ruder gelangte ›deutsche‹ Regierung leckt dem jüdischen Bankhause zu Amsterdam die – Hand, um das große Winseln über den guten Erfüllungswillen fortsetzen zu können. Ob das deutsche Volk dabei in immer erneute Sklaverei gerät, schert die Herrschaften wenig.« Der »Völkische Beobachter« vom 10. Juni 1922 bringt unter der Überschrift »Heil Ebert I., unserm geliebten Landesvater« einen Aufsatz, der den Reichspräsidenten anläßlich seines bevorstehenden Besuchs von München mit den Worten begrüßt: »Rüste dich, Monachia, dein König kommt zu dir! Nicht ein König von Gottes Gnaden, wohl aber einer, dem die Sonne Jehovas von Grunewald, von Libana, vom Quai d'Orsay, von der Wall Street und sogar vom nebligen London aus freundlich lächelt« und folgendermaßen schließt: »Ihr deutschen Männer und Frauen versammelt euch in stiller Bewunderung, spart euch die Ausgaben für Äpfel, Gurken und Eier, mit denen ihr vielleicht aus Mißverstehen des Geschmacks unseres allverehrten Oberhäuptlings, ihn zu begrüßen gedachtet. Übt Ordnung und Ruhe und betet zu Gott dem Gerechten um seine lange Gesundheit, auf daß S. M. Ebert I. blühe und gedeihe und zunehme am Geist und Weisheit. Das walte Jehova!« Am 21. Juli 1922 stellt der »Völkische Beobachter« Betrachtungen über die Verurteilung Hitlers wegen Landfriedenbruchs durch das Volksgericht München an und äußert sich hierbei u. a.: »Man gibt sich in gräflichen Höhen hoffentlich Rechenschaft darüber, was man tut. Durch die Gefangensetzung Adolf Hitlers, eines Mannes, der als einziger in Bayern es verstanden hatte, den deutschen Charakter wieder zur Selbstbestimmung zu rufen und eine aufrechte Schar zusammenzubringen, die von dem hochverräterischen Tun und Lassen des heutigen Regiments vom Ekel erfaßt wurde, wie vor den gräflichen Nullen, die diesem System als Vorspann dienten, durch diese Gefangensetzung wird, objektiv beobachtet, dem ganzen Deutschtum in Bayern ein Schlag versetzt ... Ihr Grafen und Judenkulis in Berlin werdet euch gewaltig verrechnen, wenn ihr vom Gefängnis etwas für euch erhofft.« Unter der Überschrift »Ebert-Nachklänge« wird in einem Aufsatz der gleichen Nummer des »Völkischen Beobachters« der Reichspräsident mit »unser allverehrter Landesstiefvater Ebert Fritz« angeredet und höhnisch als Vertreter der »Daitschen Rebublich« bezeichnet.

Das Verbot der NSDAP in zahlreichen deutschen Ländern bestimmt Hitler, in einem Abkommen mit dem völkischen Politiker Albrecht von Graefe Norddeutschland der von diesem geführten »Deutschvölkischen Freiheitspartei« zu überlassen. Da Bayern das Urteil vom 15. März 1923 ablehnt, kann die NSDAP in Bayern ihre Tätigkeit ungestört fortsetzen. Am 1. Mai unternimmt Hitler einen weiteren Versuch, Stadt und Land seinen Willen aufzuzwingen. Abermals findet er Bürgen, deren Eintreten ihm die Abhaltung geplanter Demonstrationen gestattet. Durch die Bereitstellung von Reichswehreinheiten und durch äußerste Vorsichtsmaßnahmen gelingt es, einen Zusammenstoß zwischen den Maifeiern der Arbeiter und den Demonstrationen der Vaterländischen Verbände zu verhindern. Die Stadt ist erfüllt von einer seit Tagen umlaufenden Putschdrohung. Die Polizeidirektion München schildert in ihrem abschließenden Bericht die explosive Situation am 1. Mai 1923:

Auf dem Oberwiesenfeld entwickelt sich ein Bild, das das Gepräge eines militärischen Feldlagers trug. Die ohne Waffen erschienenen Angehörigen der Vaterländischen Kampfverbände erhielten im Laufe der ersten Vormittagsstunden solche aus Reichswehr- und sonstigen Quellen ausgehändigt und sicherten durch Absperren aller Zufahrtswege und Straßen, durch Feldwachen und Postenketten, die auch mit Maschinengewehren versehen waren, das eigentliche Oberwiesenfeld. Dort verbrachten die einzelnen Verbände die Zeit, indem sie abwechselnd exerzierten und übten. Die Zahl der in den Händen der Kampfverbände befindlichen Maschinengewehre wird auf etwa 18 bis 20 Stück geschätzt. Eine zufällig am gleichen Morgen auf dem Oberwiesenfeld übende Batterie der Reichswehrartillerie wurde in Zusammenhang mit den 1.-Mai-Vorgängen gebracht und gab zu den verschiedenen Pressenotizen, hinsichtlich geplanter Beschießung der »Münchener Post« usw. Veranlassung. Gegen 1 Uhr nachmittags wurde die Bereitschaft der Kampfverbände auf dem Oberwiesenfeld abgesagt, die Verbände sammelten sich und lieferten vollzählig die erhaltenen Waffen wieder ab. [...]

Um jeden Zusammenstoß zwischen den Maifeiernden und den versammelten Nationalsozialisten auf dem Oberwiesenfeld zu unterbinden, wurde ein starkes Aufgebot von Landespolizeikräften in halbkreisförmigem Bogen mit Sicherungsstaffeln um das Lager Oberwiesenfeld zusammengezogen. Als weitere Reserve dienten Reichswehr sowie die in Laim im Laufe des Vormittags noch eingetroffenen und ausgeladenen auswärtigen Verstärkungen. Der entschlossenen und jeden Zweifel ausschließenden Haltung der Polizeikräfte dieses Sicherungsgürtels dürfte es in erster Linie zu danken sein, daß jede Neigung zu aktivistischem Vorgehen, sofern eine solche tatsächlich bestand, bei den auf dem Oberwiesenfeld Gesammelten gebannt blieb. Am Nachmittag des 30. April war im übrigen aufgrund der eingelaufenen Meldungen der Einmarschweg der aus Schwabing kommenden sozialistischen Maifeierdemonstranten auf der Linie Leopold-Ludwigstraße auf polizeiliche Weisung hin noch wegverlegt worden.

Unter dem Schutz weitgehender Sicherheitsvorkehrungen der Polizeidirektion wickelte sich die sozialistische Maifeier auf der Theresienwiese ohne jegliche Störung ab. Programmmäßig sammelten die einzelnen Züge an den bestimmten Plätzen und zogen gesichert von den erstmals in einheitlicher Kleidung auftretenden Zügen der sozialistischen Sicherheitsabteilungen (»Auergarde«) unter Vorantritt von Musikkapellen zur Festwiese. Die polizeilich gemachten Auflagen wurden im wesentlichen eingehalten. Wirkliche Sowjetfahnen und Tafeln mit politischen Inschriften traten fast gar nicht in die Erscheinung. Es steht fest, daß mit Sowjetfahnen erschienene Kommunisten von den verantwortlichen Führern der einzelnen Züge von der Teilnahme am Zuge ausgeschlossen wurden. Die Kommunisten hatten einer Parteianweisung zufolge zu dem lächerlichen Mittel gegriffen, den Sowjetstern auf den Fahnen oder das Fahnentuch selbst durch Plakate zu ersetzen mit der Inschrift: »Dieser Teil ist polizeilich verboten!« Selbständig auftretende, kleinere kommunistische Züge wurden ganz vereinzelt beobachtet. Auch die sonst vorherrschenden roten Vereins- und Sektionsfahnen waren nur schwach vertreten, dagegen wurde eine nicht unbeträchtliche Anzahl von schwarzrotgelben Fahnen in den Zügen mitgeführt. Während der Feier wurde aus dem Auge der Bavaria eine rote Fahne von einem unberufenen Demonstranten ausgehängt. Die Gesamtbeteiligung auf der Theresienwiese dürfte etwas über 25 000 Personen betragen haben und damit jene des Vorjahres um ein geringes übertroffen haben. Die Festrede auf der Theresienwiese hielt der Vorsitzende des Deutschen Metallarbeiterverbandes Dittmann. Der Schlußteil seiner Ausführungen war schwer verständlich, da eine Gruppe von Kommunisten für sich laut die Internationale sang, was insbesondere bei den Umstehenden großes Mißfallen auslöste. Zu Störungen sonstiger Art kam es jedoch nicht. Die Stimmung war sehr ruhig. Der Abmarsch der Massen vollzog sich vollkommen reibungslos, und auch hier wurden Störungen nirgends gemeldet.

Als gegen die Mittagsstunde sich die Massen allgemein verlaufen hatten, machte man im gegnerischen Lager auf dem Oberwiesenfeld ebenfalls Anstalten abzuziehen. Das Ersuchen der dort versammelten Verbände, ohne Waffen unter Meidung des Bannkreises in den »Bürgerbräukeller« ziehen zu dürfen, wurde genehmigt, und so führte der auf dem Oberwiesenfeld anwesende nationalsozialistische Führer Adolf Hitler die Sturmabteilung seiner Partei nach Abgabe der Waffen gegen 1/2 3 Uhr nachmittags in größerem Zuge durch die Hohenzollern-, Leopold-, Veterinär-, Königin-, Prinzregentenstraße, also im Bogen um das Bannkreisgebiet herum zum »Bürgerbräukeller«.

Da Hitler sich am 1. Mai 1923 über die ihm auferlegten Sicherheitsauflagen hinwegsetzt, wird gegen ihn ein staatsanwaltschaftliches Ermittlungsverfahren eingeleitet. Der damit befaßte Staatsanwalt Martin Dresse erhält von Justizminister Gürtner nach Abschluß seiner Erhebungen am 1. August 1923 Anweisung, Anklage zu erheben, sobald er neue Weisung dazu erhalten haben wird. Diese bleibt jedoch aus. Kahr verweist in seinem Brief an Innenminister Schweyer am 30. Mai 1924 auf die nachlässige Behandlung der Vorgänge am 1. Mai 1923:

Man macht mir hauptsächlich den Vorwurf, daß die Hitler-Bewegung nicht früher unterdrückt wurde. Wenn die Staatsregierung wollte, so war der Zeitpunkt für ein solches Handeln nach dem innen- und außenpolitisch unheilvollen Auftreten Hitlers am 1. Mai 1923 gegeben. Das damals einzuleitende Strafverfahren hätte sich angesichts der damaligen Ernüchterung in diesen Kreisen ohne erhebliche Verwicklung abwickeln lassen. Bayern hätte dann Ende September keinen Generalstaatskommissär gebraucht, und mir, der bayerischen Regierung, dem bayerischen Staat und dem Reich wäre die Katastrophe vom November 1923 und die noch größere Katastrophe des Hitler-Prozesses erspart geblieben.

Die München-Augsburger Abendzeitung« hält es angesichts der Verwirrung über die zahlreichen vaterländischen Organisationen für notwendig, einen Überblick, »Die vaterländische Bewegung in München«, zu geben:

Nach mancherlei Sturm und Drang kristallisierte sich aber die vaterländische Bewegung in Bayern in zwei großen Gruppen:

1. Die Vereinigten Vaterländischen Verbände Bayerns unter dem Ehrenvorsitz des früheren bayerischen Ministerpräsidenten und jetzigen Regierungspräsidenten Exzellenz Dr. von Kahr und unter der Führung des Gymnasialprofessors Bauer.

2. Die sogenannte Arbeitsgemeinschaft der Vaterländischen Kampfverbände unter nationalsozialistischer Führung.

Diese beiden Hauptgruppen – von kleineren unbedeutenden Verbänden kann abgesehen werden – waren sich einig in dem großen Ziele der Stärkung des nationalen Gedankens und der Abwehr des Marxismus. Bei der Arbeitsgemeinschaft der Kampfverbände trat hervorstechend auch der Kampf gegen das Judentum programmatisch hervor.

Die *Vereinigten Vaterländischen Verbände Bayerns* gliedern sich ihrerseits in sieben Gruppen, nämlich:

1. Politische Vereine: Andreas Hofer-Bund, Hochschulring Deutscher Art, Heimat- und Königsbund, Alldeutscher Verband und Bayerischer Ordnungsblock.

2. Unpolitische Vereine: Bund »Bayern und Reich«, umfaßt die ehemalige Einwohnerwehr außerhalb Münchens. Das zusammenhaltende Band ist rein geistig. Ziel ist, gegen alle Bestrebungen des Umsturzes auf der Hut zu sein. Verfolgt wird eine deutsche Politik auf föderalistischer Grundlage. Den Ehrenvorsitz hat Exzellenz Dr. von Kahr.

3. Offiziersverbände: Deutscher Offiziersbund, Nationalverband deutscher Offiziere, Verband bayerischer Offiziere und Regimentsvereine, Eichheimer Ärztebund ehemaliger aktiver Militärärzte.

4. Die Soldatenverbände: Vereinigung nationalgesinnter Soldaten, Bayerischer Kriegerbund.

5. Deutsch-Völkische Arbeitsgemeinschaft mit angeschlossenen 16 Verbänden. Diese Verbände pflegen den Gedanken der Rassereinheit.

6. Wirtschaftliche Verbände: Interessengemeinschaft deutscher Heeres- und Marine-Angehöriger, Reichsbund der Kriegsteilnehmer deutscher Hochschulen und Zentralverband deutscher Kriegsbeschädigter.

7. Jugendverbände: Jung-Bayern, Deutsch-nationaler Jugendbund.

Diese sieben Gruppen bilden zusammen die Vereinigten Vaterländischen Verbände Bayerns und stehen unter dem Ehrenvorsitz von Dr. Kahr. Diese Gesamtgruppe hat zum

Ziele: Widerstand gegen die Versklavung des deutschen Volkes und Eintreten für eine bodenständige Politik unter Wahrung der Interessen Bayerns in politischer und wirtschaftlicher Hinsicht, Festhalten unter allen Umständen an der rechtmäßigen Regierung, Freiheit der Kritik an den Regierungshandlungen, Stützung der Regierung in der Befolgung einer vom Linksradikalismus unbeeinflußten Politik.

Die zweite Hauptgruppe ist die *Arbeitsgemeinschaft der Vaterländischen Kampfverbände.*

Das Charakteristikum dieser Gruppe ist Hitler mit seiner Nationalsozialistischen Arbeiterpartei, angeschlossen waren in dieser Arbeitsgemeinschaft »Wicking«, »Reichsflagge«, »Oberland« und die Vaterländischen Bezirksvereine Münchens. Diese letzte Vereinigung ist die frühere Münchener Einwohnerwehr. Bei ihr hatte ebenfalls Herr von Kahr den Ehrenvorsitz, er hat ihn aber längst niedergelegt. Die Vereinigten Vaterländischen Bezirksverbände Münchens sind aus der Arbeitsgemeinschaft ausgetreten. Politischer Führer dieser sogenannten Arbeitsgemeinschaft war der frühere bayerische Justizminister Dr. Roth, ich sage, war, weil auch da inzwischen ein Wechsel vorgenommen worden sein soll. Diese sogenannten Kampfverbände erblicken ihre Hauptaufgabe nicht so sehr in der Stützung der Regierung, als darin, die Regierung zu einer nationalen Politik beschleunigten Tempos zu treiben.

Die Frage nach den Geldgebern der NSDAP beschäftigt immer wieder Politiker und Publizisten. Der Redakteur Stefan Großmann stellt in der Zeitschrift »Tagebuch der Zeit« die Behauptung auf, der amerikanische Autoindustrielle Henry Ford sei einer der Geldgeber Hitlers. Diese Behauptung veranlaßt den konsularischen Vertreter der Vereinigten Staaten von Amerika in München, Robert Murphy, Hitler aufzusuchen:

Ich hatte irgendwo gelesen, daß der ältere Henry Ford, der angeblich eine antisemitische Publikation in Detroit finanzierte, auch für Hitlers Nazis Geld beigesteuert habe, und ich wollte ihn fragen, ob diese Behauptung richtig sei. Er empfing mich freundlich – es war das einzige Mal – und erklärte: »Die Organisation von Herrn Ford hat unserer Partei leider noch kein Geld zukommen lassen.« Die Gelder der NSDAP stammen hauptsächlich von »patriotischen Deutschen im Ausland«. Und ich glaube, daß in jenen Tagen Hitler wirklich mehr finanzielle Unterstützung vom Ausland erhielt als in Deutschland.

Die Frage nach den Geldgebern ist verständlich angesichts der wirtschaftlichen Entwicklung des Deutschen Reiches. Die Besetzung des Ruhrgebietes und die Reaktion der Reichsregierung beschleunigen den Verfall der deutschen Währung. Die Dollarnotierung hat am 31. Juli 1914 4,20 Mark betragen. Sie zeigt im Jahre 1923 folgende Entwicklung:

Januar	17 972 Mark
Juli	353 412 Mark
August	4 620 455 Mark
September	98 860 000 Mark
Oktober	25 260 280 000 Mark
15. November	4 200 000 000 000 Mark

In die wirtschaftliche Unsicherheit und in die politische Unklarheit hinein veröffentlicht der Schriftsteller Arthur Moeller van den Bruck sein programmatisches Buch »Das dritte Reich«. Bereits 1919 hat Dietrich Eckart geschrieben:

Es gibt nirgends auf Erden ein Volk, das fähiger wäre, das dritte Reich zu erfüllen, als das deutsche.

Moeller van den Bruck nennt den Gedanken des Dritten Reiches einen »alten und großen deutschen Gedanken«, der »früh mit der Erwartung eines tausendjährigen Reiches« verbunden gewesen:

Aber immer lebt in ihm [*dem Gedanken des Dritten Reiches*] noch ein politischer Gedanke, der sich wohl auf die Zukunft, doch nicht so sehr auf das Ende der Zeiten als auf den Anbruch eines deutschen Zeitalters bezog, in dem das deutsche Volk erst seine Bestimmung auf Erden erfüllen werde.

Die NSDAP kündigt an, das im Juli 1923 in München stattfindende 13. Deutsche Turnfest zu einer »einzigartigen, vaterländischen Kundgebung für das deutsche Volkstum, deutsche Ehre und Freiheit zu machen«. Die Polizeidirektion München erläßt eine ortspolizeiliche Vorschrift, die für die Dauer des Turnfestes das Tragen uniformähnlicher Kleidungsstücke oder Kopfbedeckungen mit Abzeichen einer politischen Partei, das Tragen von Armbinden, das Zeigen von Parteifahnen untersagt. Unbeschadet dieser Anordnung führt die NSDAP ein »Nebenprogramm« durch, im Rahmen dessen Hitler am 14. Juli im Zirkus Krone die Rede »Fluch der November-Revolution. Internationale Sklavenkolonie oder deutscher Freiheitsstaat?« hält. Über die Ereignisse danach meldet ein Bericht der Polizeidirektion München:

Nachdem die Versammlung beendigt war, zogen einzelne Abteilungen der Hitlerschen Sturmtruppen aus dem Zirkusgebäude heraus, um vor dem Zirkusgebäude dem im Auto abfahrenden Führer Hitler eine Art Spalier zu bilden. Nach Abfahrt Hitlers stellten sich die Sturmabteilungen in Richtung Marsstraße in geschlossener Reihenfolge auf, an ihrer Spitze wurden mehrere der bekannten Hundertschaftsfahnen sowie eine Standarte getragen. An der Einmündung der Marsstraße in den Marsplatz und weiter rückwärts in der Marsstraße standen Bereitschaften der Schutzmannschaft in drei Ketten hintereinander gestaffelt, um eventuellen Zugbildungen und dem Vorantragen von Parteifahnen usw. entgegentreten zu können. Noch ehe sich der Zug in die Richtung Marsstraße in Bewegung gesetzt hatte, nahmen mehrere Sicherheitskommissare Veranlassung, die an der Spitze des sich aufstellenden Zuges stehenden Sturmabteilungen wiederholt darauf hinzuweisen, daß das Mitführen von derartigen Parteifahnen nicht geduldet werden könne, auch der Versammlungsleiter Christian Weber wurde auf das Unzulässige der Entfaltung solcher Fahnen hingewiesen. Schließlich erklärten die Nationalsozialisten, die Fahnen wieder in den Zirkus zurücktragen zu wollen. Tatsächlich wurden auch nun die entrollten Fahnen entlang dem bereits aufgestellten Zug nach rückwärts getragen, jedoch nicht in den Zirkus verbracht, sondern in den Zug, der sich bereits in der Spatenstraße in Richtung Arnulfstraße in Bewegung gesetzt hatte, eingereiht. Die in der Marsstraße stehenden Polizeikräfte, die man anscheinend durch einen Zug durch die Arnulfstraße umgehen wollte, wurden nunmehr durch den leitenden Oberkommissar auf dem Wege durch die Marsstraße-Seidlstraße in die Arnulfstraße hinüberbefohlen, mit dem Auftrag, dort neuerdings dem Zuge bzw. den mitgeführten Parteifahnen entgegenzutreten. Hierbei erhielten die einzelnen Organe durch den Leiter an Ort und Stelle die ausdrückliche Weisung, zur Entfernung der Parteifahnen nochmals aufzufordern und im Weigerungsfalle die Namen der einzelnen Fahnenträger festzustellen sowie die Entfernung der verbotswidrig mitgeführten Parteifahnen durchzusetzen. Die gesamten Kräfte der Schutzmannschaft, circa 35 Mann, gingen nun durch die Arnulfstraße stadtauswärts dem Zuge entgegen. In der Höhe der Torbogen des Verkehrsministeriums blieb der größte Teil der Schutzmannschaft, einschließlich dreier berittener Schutzleute, in Form einer geschlossenen Kette quer über der Straße stehend, zurück, während zwei Sicherheitskommissare in Begleitung von drei Wachtmeistern mit aufgehobenen Händen zum Zeichen des Haltens dem Zuge entgegentraten. Hier sei erwähnt, daß ursprünglich an der Spitze des Zuges die Parteifahnen sich nicht befanden, daß der Zug aber einen kurzen Halt beim Einmarsch in die Arnulfstraße machte, wo sich zwischen dem Versammlungsleiter Christian Weber, der mit einem Motorrad den Zug begleitete, und einem Führer der Sturmabteilung Verhandlungen entwickelten, die schließlich damit endigten, daß die Parteifahnen aus dem Zuge herausgenommen wurden und an die Spitze vorgetragen wurden. Während der Führer der beteiligten Sturmabteilungen anscheinend keine besondere Lust zeigte, die Parteifahnen der Schutzmannschaft entgegenzutragen, scheint Weber die Bedenken zerstreut zu haben mit dem Hinweis, wir probieren es einmal. Die vorher bereits erwähnten fünf Polizeiorgane traten nun dem Zug, an dessen Spitze bereits die nationalsozialistischen Sturmfahnen gestellt waren, entgegen und forderten die Einrollung und Entfernung der verbotenen Fahnen. Sofort umringten die Zugteilnehmer die Beamten, und als diese nun zur Feststellung der Namen der Fahnenträger und zur Wegnahme der Fahnen schreiten wollten, kam es seitens der Zugteilnehmer zu Widersetzlichkeiten gegenüber den Polizeiorganen. Man versuchte, die Fahnen dem Zugriff der Polizeiorgane zu entziehen. Es entstand ein allgemeines Schieben und Drängen um die einschreitenden Polizeiorgane, in dessen Verlauf einem Sicherheitskommissar die Mütze vom Kopfe geschlagen wurde und derselbe zu Boden stürzte. Mit geschwungenen Hakenstöcken, Fahnenstangen usw. drang die Menge unter den wüstesten Beschimpfungen wie »Judenknechte«, »Judensöldlinge« usw. auf die Schutzleute ein. Diese sahen sich in ihrer Bedrängnis genötigt, um Luft zu bekommen die blanke Waffe zu ziehen und gegen die allernächsten sie bedrängenden Demonstranten anzuwenden. Als nun die weiter rückwärts in einer losen Kette stehenden Schutzleute sahen, daß sich ihre Kameraden in arger Bedrängnis befanden, eilten sie ohne weitere Anweisung diesen zu Hilfe. Nach den Aussagen von unparteiischen Zeugen wurde von dem Gros der nun eingreifenden Schutzleute in der Hauptsache vom Gummiknüppel Gebrauch gemacht. Nur vereinzelt kam auch von diesen Polizeiorganen da und dort in der Bedrängnis die blanke Waffe in den Gebrauch. Es gelang allmählich den Polizeiorganen, zwei der bekannten nationalsozialistischen Sturmfahnen sowie eine Standarte der Nationalsozialistischen Deutschen Arbeiterpartei zu beschlagnahmen und etwa zwölf Personen, die sich den Anordnungen der Polizeiorgane entgegensetzten, festzunehmen.

Gottfried Feder bringt am 10. August 1923 in einem Brief an Hitler seine Besorgnis über die innere Entwicklung der NSDAP zum Ausdruck:

Die Personenfrage ist freilich hier auch nicht leicht zu lösen, aber es gibt so viele vorzügliche Männer, die sich gerne Ihnen zur Verfügung stellen, sei es im Rahmen der Partei selbst, sei es außerhalb derselben, daß zum mindesten viele berufen werden können.

Sie kennen die Herren, die mit mir zusammen den sogenannten Verfassungsentwurf in vielen und eingehenden Beratungen verfaßt haben. Sie kennen die Herren, die den Aufruf der Vaterländischen Kampfverbände mit mir ebenfalls in eingehenden und langen Beratungen formuliert haben. Im »Beobachter« hat sich kürzlich ein »Ausschuß für Volksernährung« zum Wort gemeldet, und in unseren »Führerbesprechungen« der auswärtigen Redner für die Partei ist ebenfalls ein Kreis von maßgebenden Parteimitgliedern zusammengeschlossen. Also es fehlt durchaus nicht an Willen und nicht an Leistungen – aber all das sind doch nur lose nebeneinander herlaufende Kreise, die gegenseitig voneinander wenig oder gar nichts wissen.

Einen Hauptteil der Schuld daran trägt – und nun kommen Sie selbst an die Reihe –, daß man Sie selbst bei diesen Beratungen und Besprechungen nie sieht. Es ist wirklich nicht leicht für Ihre Mitarbeiter an diesen verschiedenen Aufgaben, dadurch ihre Arbeit nicht genügend gewürdigt zu sehen. Nicht etwa aus persönlichen Gesichtspunkten, sondern um der Sache willen ist dies unbedingt ein großer Schaden. Erstens würde die Arbeit ja viel schneller vor sich gehen und zweitens gerade durch Ihre Teilnahme – wenigstens an abschließenden Sitzungen – auch wirklich vollendet und in den Rahmen der Gesamtarbeit eingestellt werden können.

Ich sagte Ihnen einmal, daß ich die Anarchie in Ihrer Zeiteinteilung wirklich für sehr mißlich für die ganze Bewegung hielte. Sie müssen einfach Zeit haben für alle wichtigen Dinge, gerade das ist ja die Kunst eines großen Mannes, daß er Zeit hat für jeden und daß er mit seiner hervorragenden Menschenkenntnis sofort das Wichtige vom Unwichtigen zu scheiden weiß und dadurch ungeheuer viel Zeit spart.

Im Sommer 1923 reist Hitler in die Schweiz, um Geld für seine Partei zu sammeln. Er leugnet diese Reise später, stellt aber nicht in Abrede, daß die Partei laufend Spenden aus dem Ausland, besonders aus der Tschechoslowakei, erhalten hat. Über die Höhe des Betrages, den Hitler in der Schweiz sammelt, gehen die Mitteilungen auseinander, einige sprechen von

30 000, andere von 50 000 Franken. Geld ist nötig für die Vorbereitungen, die getroffen werden. In Bayern geht die Parole eines baldigen »Losschlagens« um. Die politische Gruppe, die am lautesten dafür wirbt, erhält den größten Zulauf – die NSDAP. Sie benutzt alle vaterländischen und nationalen Veranstaltungen, um für sich Propaganda zu machen. Zu einer eindrucksvollen Demonstration aller vaterländischen Verbände wird der »Deutsche Tag« in Nürnberg am 1./2. September 1923. Das Staatspolizeiamt Nürnberg-Fürth meldet darüber:

Auf einen glanzvollen Begrüßungsabend in der Ausstellungshalle im Luitpoldhain am 1. 9. 23, an dem auch der Regierungspräsident von Mittelfranken die Grüße des Staatsministeriums und der Kreisregierung von Mittelfranken überbrachte und die Notwendigkeit der Förderung des Wehrgedankens mit allen Mitteln betonte – in weiteren sechs Sälen fanden gleiche Veranstaltungen für die einzelnen Verbände statt –, folgte der Gedenktag, der Tag einer Begeisterung, wie sie Nürnberg seit dem Jahr 1914 nicht mehr erlebt hat. Nach dem Gottesdienst auf der Deutschherrnwiese, die die zu einem gewaltigen Viereck aufgestellten Teilnehmer am Deutschen Tag kaum zu fassen vermochte und bei welchem Studienrat Dr. Braun, Nürnberg, und Kaplan Roth von Indersdorf in flammenden Worten das deutsche Gewissen schärften, formierten sich die Verbände zum Festmarsch, voran die Fahnen der alten Armee, begleitet von Landespolizei zu Pferd und zu Fuß, dann die Kriegervereine, Offiziersbünde und Vaterländische Verbände. Die Straßenzüge waren in ein Meer von schwarzweißroten und weißblauen Fahnen gehüllt, brausende Heilrufe der Straßen, Gehsteige und Fenster in dichtgedrängten Massen füllenden Bevölkerung umtosten Ehrengäste und Zug, zahllose Arme streckten sich ihm mit wehenden Tüchern entgegen, ein Regen von Blumen und Kränzen schüttete sich von allen Seiten über ihn: Es war wie ein freudiger Aufschrei hunderttausender Verzagter, Verschüchterter, Getretener, Verzweifelnder, denen sich ein Hoffnungsstrahl auf Befreiung aus Knechtschaft und Not offenbarte. Viele,

Männer und Frauen, standen und weinten, überwältigt von seelischer Erregung.

Der Vorbeimarsch dauerte über zwei Stunden. Er erfolgte in Zugkolonnen (Achter- und Zehnerreihen). Nach Sachverständigenurteil betrug die Zahl der Zugteilnehmer mindestens 100 000, meist gute Gestalten in tadelloser Haltung, vielfach, besonders bei Reichsflagge, bäuerlicher Einschlag. Am stärksten vertreten waren Nationalsozialisten und Reichsflagge, überraschend stark auch in Anbetracht der weiten Entfernung seines hauptsächlichsten Wirkungskreises (Thüringen) der Jungdeutsche Orden.

Der Nachmittag brachte weitere Versammlungen in den größeren Sälen Nürnbergs, in denen zahlreiche der oben erwähnten Ehrengäste und Führer der Verbände sprachen, darunter auch Hitler.

Die Arbeiter Nürnbergs nehmen die Herausforderung an; es kommt zu einer explosiven Lage. Der Direktor des Staatspolizeiamtes Nürnberg-Fürth, Heinrich Gareis, der sich mit den Veranstaltern des »Deutschen Tages« solidarisch erklärt, berichtet:

Trotz dieser Maßnahmen trat über Nacht eine außerordentliche Verschärfung der Lage ein. Die Terrorakte nahmen am nächsten Tag nicht ab, sondern häuften sich. Damit stieg die Erregung der nationalgesinnten Kreise, die sich bereits in einem »An die nationalen Arbeiter« über Nacht ohne Genehmigung angeschlagenen Plakat [...], dessen Entfernung von mir sofort nach Einlauf der Mitteilung angeordnet worden war, sowie in einer Reihe von Hilferufen bemerkbar gemacht hatte. Einzelne Betriebsleitungen ermannten sich und setzten den Forderungen der linksorientierten Arbeiterschaft durch entsprechende Anschläge in Plakaten oder Schließung ihrer Betriebe Widerstand entgegen, was wieder die Erregung in diesen Kreisen steigerte. Kurz, die Lage spitzte sich infolge der Explosivstimmung in beiden Lagern in einer Weise zu, daß es eine grobe Pflichtversäumnis gewesen wäre, die Maßnahmen, die ich zur Aufrechterhaltung der Ordnung traf, nicht zu treffen. Zu diesen gehörte vor allem die Nichtgenehmigung von geschlossenen Zügen unter Mitführung offener Fahnen zur Beerdigung des in der Nacht vom 2. auf den 3. September erschossenen Krämer, die am 5. September 23 Uhr nachmittags stattfand.

Der Publizist Hans von Hülsen berichtet:

Nürnberg galt immer als eine »rote« Stadt. Aber angesichts der erdrückenden Fülle von Hakenkreuzlern verhielten sich die »Roten« still. Nachts gab's ein paar Prügeleien, wie das in Bayern so ist, am nächsten Morgen sah man etliche verbundene Köpfe; doch Ernstliches geschah nicht. Die Arbeiter blieben unsichtbar, das Straßenbild wurde völlig vom Hakenkreuz, der feldgrauen Kappe und den schwarzweißroten Fahnen beherrscht. Wäre in dies Pulverfaß ein Funke gefallen, es hätte ein Blutbad sondergleichen gegeben! Denn obwohl das Waffentragen damals in Bayern offiziell verboten war, hatte doch jeder Nationalsozialist sein Messer am Gürtel und seinen Revolver in der Tasche – wovon ein paar nächtliche Schüsse Zeugnis ablegten.

In Nürnberg kommt es zur Gründung des »Deutschen Kampfbundes«, eines Zusammenschlusses von NSDAP (Hitler) und SA (Göring), Reichsflagge (Adolf Heiß) und Bund Oberland (Friedrich Weber). Da sich die Reichsflagge schon bald vom Kampfbund trennt, kommt es zu ihrer Spaltung. Die Reichskriegsflagge (Röhm) bleibt beim Kampfbund. Militärischer Führer des Kampfbundes ist Oberstleutnant a. D. Hermann Kriebel. Geschäftsführer wird Max Erwin von Scheubner-Richter. Am 25. September 1923 wird Hitler die politische Leitung des Kampfbundes übertragen. Die Veranstaltung in Nürnberg hat die politische Erregung Bayerns erhöht. Im Bewußtsein der öffentlichen Meinung setzt sich die Überzeugung durch, der Deutsche Tag sei der Auftakt zu einem größeren Unternehmen – die Generalprobe, der die Premiere folgt.

Hitler-Putsch

Am 26. September 1923 erklärt die Reichsregierung des Reichskanzlers Gustav Stresemann, seit dem 13. August im Amt, den passiven Widerstand für beendet. In Bayern ernennt der Ministerrat am gleichen Tage den Regierungspräsidenten von Oberbayern, Gustav Ritter von Kahr, zum Generalstaatskommissar. Bei Fortbestand des parlamentarisch bestellten Gesamtstaatsministeriums werden die wichtigsten Befugnisse der Landespolitik auf Kahr als den »Inhaber der gesamten vollziehenden Gewalt« übertragen. Mit dieser Maßnahme sind unterschiedliche Erwartungen verbunden. Die Monarchisten erhoffen sich die Wiederherstellung der Monarchie, die Nationalisten erwarten ein Eingreifen Bayerns in die deutsche Politik. Die verfassungsmäßige Landesregierung tritt in den Hintergrund. Der Kampfbund ist über die für ihn unerwartete Einsetzung Kahrs als Generalstaatskommissar empört. Hitler gerät förmlich in Raserei, als Kahr die für den 27. September angesetzten Massenkundgebungen der NSDAP in vierzehn Münchener Sälen verbietet. Er ist entschlossen, sich auch gegenüber Kahr durchzusetzen. Kahr seinerseits stützt sich auf den Befehlshaber der in Bayern stationierten 7. (Bayer.) Reichswehrdivision, General Otto Hermann von Lossow, und auf den Chef des Landespolizeiamtes im Staatsministerium des Innern, Oberst Hans Ritter von Seißer. Kahr, Lossow und Seißer – ein Triumvirat, dessen Zusammenarbeit sich verstärkt, da es zwischen dem Reichswehrminister Geßler und General von Lossow, der die Durchführung eines Befehls verweigert, zu einem Konflikt kommt. Kahr, Lossow und Seißer halten sich für stark genug, die nationale Bewegung unter ihre Kontrolle zu bringen. Die NSDAP versucht der von ihr erkannten Gefahr, überspielt zu werden, zu entgehen. Der Umfang der politischen Verwirrung wird sichtbar in dem Brief, den Walter Riehl, bis zum 7. September 1923 Leiter der Zwischenstaatlichen Kanzlei der Deutschen Nationalsozialistischen Arbeiterpartei Österreichs mit Sitz in Wien, am 13. Oktober 1923 an Hitler schreibt:

Gestern wurde mir vertraulich folgendes berichtet. Herr Dr. Suchenwirth, Lehrer an einer hiesigen Mittelschule, seit dem Salzburger Parteitag Mitglied des Vollzugsausschusses der Reichsparteileitung, hat in einem engeren Kreis der jetzt führenden Parteigenossen in Österreich folgendes mitgeteilt:

Adolf Hitler hätte ihm bei seiner letzten Anwesenheit in München gesagt, daß Dr. Riehl nicht mehr das Vertrauen Hitlers genieße, weil er schuld daran sei, daß Kahr zum Generalkommissar eingesetzt wurde. Ich soll angeblich dem österreichischen Bundeskanzler Seipel das Geheimnis verraten haben, daß wir beabsichtigen, Hitler zum Diktator Deutschlands auszurufen! Dies hat Seipel telefonisch dem Ministerpräsidenten Knilling mitgeteilt, und dieser hat dann, um uns zuvorzukommen, Herrn Dr. von Kahr als Generalkommissar eingesetzt.

Ich verwahre mich gegen derartige lächerliche Legendenbildungen und stelle vielmehr der Wahrheit gemäß folgendes fest:

Am selben Tage, vor dem ich Seipel besuchte, um mit ihm über innenpolitische Fragen zu sprechen, stand in der hiesigen bolschewistischen Zeitung »Der Abend« eine Nachricht, worin mitgeteilt wurde, daß die rechtsgerichteten Kreise in Deutschland, insbesondere die Nationalsozialisten, ein Direktorium bilden wollen, dem Hitler, Ludendorff und Kahr angehören. Hitler rüste militärische Kräfte, um nach Berlin zu ziehen, und der österreichische Nationalsozialistenführer Riehl wolle ihm 100 000 Mann österreichischer Sturmtruppen zur Verfügung stellen.

Seipel, der von dieser Nachricht im »Abend« offenbar schon wußte, fragte mich, was daran Wahres sei, und fragte gesprächsweise, ob wir bald in Deutschland losschlagen werden. Ich erklärte dem Bundeskanzler, daß es natürlich lächerlich sei, unserem Adolf Hitler, wie dies ja in allen Zeitungen fortwährend geschehe, die Dummheit zuzumuten, unvorbereitet, sozusagen den Krieg zu beginnen. Ich beruhigte dann den Bundeskanzler in der Richtung, daß ich ihm sagte, daß nach meiner Anschauung die Münchner Kreise und Ludendorff erst dann zur Gewalt greifen werden, wenn von den Bolschewiken aus (also Norddeutschland und Mitteldeutschland) ein Angriff gegen Bayern erfolge. Was die österreichische Hilfe betreffe, so sagte ich lächelnd zu Seipel, daß derartige Kindereien von 100 000 Mann, wenn sie in den Zeitungen stehen, uns gar nicht unangenehm sind, wenigstens haben die Sozi einigen Respekt.

Hitler läßt antworten, die ihm unterstellte Behauptung sei »ebenso lächerlich, wie dumm und unwahr«, und ersucht, »ihn mit Tratschereien derartig kindlicher Art verschonen zu wollen«. Seine Aufmerksamkeit gilt der Lage in Bayern. Auf einer Tagung der NSDAP am 14. Oktober in Nürnberg erklärt Julius Streicher:

Wir können Herrn von Kahr kein Vertrauen entgegenbringen, nicht weil wir an seiner persönlichen Ehrenhaftigkeit zweifeln, sondern weil wir in ihm nicht den starken rücksichtslosen Mann sehen, der den Intrigen der Bayerischen Volkspartei gewachsen sei. Wie könnte Herr von Kahr z. B. ein Verbot mit Todesstrafe für alle Schiebungen und für Lebensmittelwucher erlassen, wenn wir uns vergegenwärtigen, daß in seiner Regierung [*als Landwirtschaftsminister*] ein Herr Wutzelhofer sitzt [*dem man Lebensmittelschiebungen unterstellt*].

Hitler hält in Nürnberg eine Rede, in der er erklärt:

Wenn ich mich nicht hinter Kahr gestellt, so habe ich das vor meinem Gewissen dahin verantwortet, daß ich nicht zum Lügner an mir selber werden kann. Ich kann nur das tun, ich kann nur da handeln, wohin mich mein fanatischer Glaube, die Liebe zum ganzen deutschen Volke hinführt. Ich sehe aber hier nicht den Titanenkampf für das große Ganze unseres unglücklichen Volkes, sondern ich sehe hier die kluge, aber einseitige Politik einer parlamentarischen Partei. Und darum will ich weiterkämpfen und mein Ziel, das ich mir selbst gestellt, nicht aus den Augen verlieren, Wegbereiter zu sein der großen deutschen Freiheitsbewegung, die uns die Einigung nach innen und nach außen bringen soll, und dabei will ich mich auf niemand stützen als auf meinen ungeheuren Tatwillen und mit ihm und durch ihn siegen oder untergehen.

Der Stellvertreter des Generalstaatskommissars von Kahr, Oberregierungsrat Hubert Friedrich Karl Freiherr von und zu Aufseß, sagt über die bayerischen Absichten am 20. Oktober 1923 vor Studenten in München:

Es heißt für uns nicht: Los von Berlin! Wir sind keine Separatisten. Es heißt für uns: Auf nach Berlin! Wir sind seit zwei Monaten von Berlin in einer unerhörten Weise belogen worden. Das ist auch nicht anders zu erwarten von dieser Judenregierung, an deren Spitze ein Matratzeningenieur [*Reichspräsident Ebert war gelernter Sattler*] steht. Ich habe seinerzeit gesagt: In Berlin ist alles verebert und versaut, und ich halte das auch heute noch aufrecht.

Am 23. Oktober 1923 ruft der Kampfbund seine militärischen Führer in München zu einer Besprechung zusammen. In der nichtöffentlichen Sitzung des Hitler-Prozesses am 4. März 1924 wird darüber verhandelt:

Zeuge Huber: Die Sitzung vom 23. Oktober war eine rein militärische Sitzung, die von den militärischen Führern der Nationalsozialisten und des Kampfbundes einberufen war, in die Schellingstraße. Hitler hat an dieser Sitzung nicht teilgenommen, lediglich am Anfang der Sitzung ist er, wohl deshalb, weil sehr viele auswärtige Führer des Kampfbundes von weit her gekommen waren, in der Sitzung erschienen und hat die Führer in einer kleinen Ansprache begrüßt. Ich weiß nicht, ob Wert darauf gelegt wird, daß der Inhalt dieser Aussprache bekanntgegeben wird.

Vorsitzender: Wenn Sie es im Gedächtnisse haben!

Zeuge Huber: Der Inhalt war ungefähr folgender. Herr Hitler sagte zu uns: Die nationale Bewegung ist im mächtigen Fortschreiten, der Zeitpunkt, an dem die Erhebung des nationalen Teiles des deutschen Volkes stattfinden wird, liegt nicht mehr fern, die Basis für diese nationale Erhebung ist geschaffen. Ein selbständiges Handeln seitens der Truppen des Kampfbundes sei ein Unding und sei ausgeschlossen. Die nationale Erhebung könne nur in engster Vereinigung mit der bayerischen Reichswehr und der Landespolizei erfolgen.

Hitler sagte dann ungefähr noch folgendes: Die Errichtung einer nationalen Diktatur von München aus sei unbedingt notwendig, ebenso die Schaffung einer nationalen Armee; hierfür käme wohl einzig und allein der Reorganisator unseres künftigen Heeres, Exzellenz Ludendorff, in Betracht.

Ob das, was ich jetzt sage, Hitler oder später die militärischen Führer gesagt haben, weiß ich nicht mehr genau; ich glaube aber, Hitler hat auch das erwähnt, daß die nationale Armee in engstem Anschluß an das Berufsheer zu arbeiten habe. Das war etwa der Sinn der Ansprache, die ungefähr zehn Minuten gedauert hat.

Sodann kam die eigentliche militärische Besprechung. Hier wurden lediglich Organisationsfragen des Kampfbundes und im Anschluß daran Organisationsfragen für die Errichtung der als unbedingt notwendig bezeichneten nationalen Armee besprochen, also die Frage der Führerernennung, die Frage der Ausrüstung und Bewaffnung. Bei dieser Frage der Bewaffnung möchte ich erwähnen, daß auf meinen Einwand – darum kann ich mich noch genau erinnern –, daß die Bewaffnung bei uns in Oberfranken im Verhältnis zu anderen nationalen Verbänden eine sehr geringe sei, mir entgegnet wurde: Diese Frage braucht Sie nicht zu besorgen; die Bewaffnung erfolgt ja aus den Beständen der Reichswehr und Landespolizei, mit denen das Einvernehmen schon im Wehrkreiskommando hergestellt ist.

Am 24. Oktober findet im (Bayer.) Wehrkreiskommando VII eine Besprechung statt, an der 24 Vertreter der Reichswehr, der Landespolizei und der Vaterländischen Verbände teilnehmen. General von Lossow spricht von drei Möglichkeiten:

1. Einmarsch nach Berlin und Ausrufung der nationalen Diktatur,
2. Weiterwurschteln und »Bayern bei der Stange bleiben«,
3. Trennung Bayerns vom Reich.

Am 26. Oktober erläßt das (Bayer.) Wehrkreiskommando VII den Befehl Ia Nr. 800/23 mit dem Stichwort »Herbstübung 1923«, in dessen allgemeinem Teil Lossow bestimmt:

1. Für den Fall innerer Unruhen ist eine Verstärkung der Division in Aussicht genommen.
2. Ein allgemeiner Aufruf erfolgt nicht. Die Vorbereitungen sind sofort in Angriff zu nehmen. Sie sind vertraulich zu behandeln.
3. Die Verstärkung der 7. Division beginnt erst auf meinen ausdrücklichen Befehl, der den Truppenteilen mit Stichwort telefonisch, von Offizier zu Offizier, oder telegrafisch zugehen wird. Der Wortlaut des Stichwortes wird gesondert gleichzeitig mit dieser Verfügung herausgegeben werden.

Der Stellvertreter des Ministerpräsidenten im Staatsministerium des Äußern, Staatsrat Hans Schmelzle, erklärt zur Situation Bayerns Ende Oktober 1923:

[...] daß er die von Hitler drohende Gefahr als zur Zeit wieder besonders groß bezeichne. Er fürchte sehr, daß Herr von Kahr mit der Zeit an Ansehen einbüßen werde, denn auf wirtschaftlichem Gebiet könne er keine Erfolge erzielen. Dann würden seine enttäuschten Anhänger nach rechts Anschluß suchen, worauf Hitler nur warte. Sei aber Herr von Kahr einmal erledigt, dann habe man niemanden mehr, der imstande sei, Hitler die Waage zu halten, und dann komme doch noch das, was aufzuhalten durch die Ernennung Kahrs gelungen sei. Hitler werde die Macht erlangen und dann seinen Zug nach Berlin antreten. Deswegen sei es nur im Interesse des Reiches gelegen, wenn Herr von Kahr möglichst lange als Generalstaatskommissar erhalten bleibe. Jeder unbedachte

Schritt der Reichsregierung sei Wasser auf die Mühlen der Nationalsozialisten und der ihnen zuneigenden Rechtsaktivisten.

Carl Zuckmayer besucht im Herbst 1923 eine der zahllosen Versammlungen Hitlers:

An den Bräuhaus- und Bierhallen-Versammlungen Adolf Hitlers habe ich in dieser Zeit öfters teilgenommen. Ich wollte Bescheid wissen.

Einmal gelang es mir, so nah an der Rednertribüne zu sitzen, daß ich den Speichel unter seinem Nasenschnauz vorspritzen sah. Für unsereinen war der Mann ein heulender Derwisch. Aber er verstand es, jene dumpf im Virginia- und Würstl-Dunst zusammengedrängten Mengen aufzuputschen und mitzureißen; nicht durch Argumente, die bei Hetzreden ja nie kontrollierbar sind, sondern durch den Fanatismus seines Auftretens, das Brüllen und Kreischen, mit biedermännischen Brusttönen gepaart, vor allem aber: durch das betäubende Hämmern der Wiederholungen, in einem bestimmten, ansteckenden Rhythmus. Das war gelernt und gekonnt und hatte eine furchterregende, barbarisch-primitive Wirksamkeit.

Das Deutsche Reich befindet sich in diesen Monaten in einer Existenzkrise. Der Währungsverfall erschüttert die wirtschaftlichen und gesellschaftlichen Verhältnisse. Separatismus am Rhein, Volksfrontregierung in Sachsen und Thüringen und Partikularismus in Bayern machen die Ohnmacht der Reichsgewalt sichtbar. Die auch in Berlin angestellten Überlegungen, ein Direktorium mit diktatorischen Vollmachten einzusetzen, werden in Bayern aufmerksam verfolgt. Oberst Hans Ritter von Seißer reist am 3. November 1923 zu Besprechungen nach Berlin. Als Ergebnis seiner Unterhaltung mit dem Chef der Heeresleitung der Reichswehr, General Hans von Seeckt, hält er fest:

Ich schilderte kurz die Auffassung in Bayern und das großdeutsche Ziel Kahrs: Schaffung einer vom Parlament freien nationalen Diktatur, die mit durchgreifenden Maßnahmen gegen den sozialistischen Unrat vorgeht.

Seeckt: Das ist auch mein Ziel, ich habe es erheblich schwieriger als Sie in Bayern. Zweifel an Stresemann. Unterschied im Tempo, aber nicht im Ziel. Legaler Weg muß gegangen werden.

Frage: Wie steht Kahr zu Ludendorff?

Seeckt fragt weiter nach Vorgängen an der Grenze, [*Kapitän zur See Hermann*] Ehrhardt, Sorgen wegen Eingreifens der Reichswehr.

Antwort: Übertrieben, nur polizeilicher Grenzschutz.

Mit Ehrhardt keine Verbindung, dagegen mit Wicking-Bund, der Leute zusammengezogen hat.

Starker Druck aller vaterländischen Kräfte in Bayern auf Kahr zum Eingreifen gegen Berlin für Schaffung einer nationalen Diktatur. Mißtrauen gegen Seeckt in den vaterländischen Kreisen.

Baldige Lösung nötig. Man darf die Stärke der Bewegung in Bayern nicht unterschätzen.

Ich erwähne Gerüchte über Vorgehen Seeckts gegen Bayern.

[*Seeckt:*] Ich mache den Krieg 66 nicht zum zweiten Male, das ist ausgeschlossen. Ich gebe mich auf keinen Fall dazu her, mit Reichswehr und proletarischen Hundertschaften gegen Bayern vorzugehen, habe in dieser Hinsicht einen scharfen Zusammenstoß mit Ebert gehabt, dem ich nachdrücklich erklärte, daß ich Reichswehrführer, aber nicht Führer proletarischer Hundertschaften sei und daß ich niemals für solche Sachen zu haben sei. Vorgehen der Reichswehr gegen Thüringen erfolgt in den nächsten Tagen.

Auf die Bemerkung, daß wir uns in Bayern leicht täten, schilderte ich die Schwierigkeiten, die wir in Bayern gehabt haben, und wie es damals gemacht worden sei.

Am 6. November 1923 findet in München eine Besprechung zwischen dem bayerischen Triumvirat Kahr, Lossow, Seißer einerseits und den Vertretern der Vaterländischen Verbände andererseits statt. Dazu führt Rechtsanwalt Gademann in der nichtöffentlichen Sitzung des Hitler-Prozesses am 12. März 1924 aus:

Kahr sagte zur Einleitung der Besprechung: Das Vordringlichste ist die Schaffung einer nationalen Regierung. Darüber sind wir uns einig. Wir müssen uns jetzt die Arbeit einteilen. Die Regierung Stresemann ist nicht national, daher war sie vom Beginn zu bekämpfen. Kahr kam dann darauf, daß verschiedene Verbände, wobei nicht der Kampfbund genannt wurde, in den letzten Tagen etwas selbständig in der Propaganda gehandelt hätten und daß über die Verbände das Gerücht umliefe, sie würden selbständig losschlagen. Er warne vor selbständigem Losschlagen, denn er rechne doch auf die Mitarbeit der Verbände, wenn der anormale Weg beschritten werde. Denn ob der normale Weg beschritten werden könne, sei fraglich, nach der ganzen Situation, wie sie jetzt gegeben sei. Der anormale Weg müsse vorbereitet werden. Die Vorbereitungen seien schon getroffen. Aber wenn dieser anormale Weg beschritten würde, müßten alle zusammenstehen. Es müßte nach einem einheitlichen, genügend vorbereiteten und durchdachten Plane vorgegangen werden.

General von Lossow erklärt, er werde mitmachen, wenn 51 Prozent Erfolgschancen gegeben seien. Hitler fürchtet, überspielt zu werden. Er will einerseits der Aktion anderer zuvorkommen und andererseits das immer noch zögernde Triumvirat Kahr, Lossow, Seißer zum Handeln zwingen. Am 7. November 1923 beschließt er, einen Putsch, den er als nationale Revolution versteht, durchzuführen. Er benutzt dazu eine Veranstaltung, die am 8. November im Saal des »Bürgerbräukellers« stattfindet. Alles, was in München Namen, Rang und Ansehen besitzt, ist dort anwesend, als Generalstaatskommissar von Kahr aus Anlaß des fünften Jahrestages der Revolution von 1918 ein umfangreiches Skript »Vom Volk zur Nation« verliest. Als Zeuge im Hitler-Prozeß schildert Karl Alexander von Müller den Verlauf des Abends:

Der Saal war gedrängt voll, und man hatte etwa den Eindruck, daß die ganze Veranstaltung den Leitern aus der Hand gewachsen war. Es waren mehr Leute gekommen offenbar, als beabsichtigt war. Ich bekam einen Platz unmittelbar gegenüber dem Podium noch diesseits des Hauptganges, so daß ich die Hauptvorgänge sehr deutlich sehen konnte. [...] Herr von Kahr hatte eine halbe Stunde gesprochen. Da entstand Unruhe am Eingang, als wollten Leute sich hereindrängen. Die Unruhe wurde nicht kleiner trotz verschiedener Mahnungen. Dann mußte der Herr von Kahr seine Rede unterbrechen. Schließlich sah man Stahlhelme auftauchen. Von dem Augenblick an war die Wahrnehmung von meinem Platz aus ziemlich beeinträchtigt. Die Leute standen auf den Stühlen, so daß ich Hitler erst sah, wie er ziemlich nahe im Hauptgang gekommen war, kurz bevor er sich zum Podium wandte, sah ich, wie er auftauchte zwischen zwei Bewaffneten im Stahlhelm, die die Pistole an den Kopf gehalten in der Richtung gegen die Decke trugen. Sie bogen ein gegen das Podium zu. Hitler stieg seitwärts von mir links auf den Stuhl. Der Saal war noch unruhig, und darauf gab Hitler dem Mann, der rechts von ihm stand, ein Zeichen, und der gab mit der Pistole einen Schuß auf die Decke ab. Dann rief Hitler aus (die genaue Reihenfolge kann ich nicht sagen): Die nationale Revolution ist ausgebrochen. Der Saal ist umstellt. Es kann sein, daß er die Zahl genannt hat, ich weiß es nicht sicher. Er bitte die Herren Kahr, Lossow, Seißer hinaus und garantiere für die persönliche Freiheit. Die Herren bewegten sich nicht. Der Generalstaatskommissar war einen Schritt zurückgetreten und stand, Hitler ruhig ansehend, diesem gegenüber. Dann ging Hitler auf das Podium zu. Was geschah, konnte ich nicht genau sehen. Ich hörte, daß er einsprach auf die Herren, und die Worte: Es wäre alles in zehn Minuten erledigt, wenn die Herren mit ihm hinausgingen.

Zu meiner Überraschung gingen die drei Herren sofort mit ihm hinaus. Im Saale herrschte große Aufregung. Man wußte, es konnte niemand den Saal verlassen. Man sah in der Mitte nicht die einzelnen Maßnahmen, wie abgesperrt war. Aber das Gefühl war verbreitet, daß man in einer Art Mausefalle säße. Die Unruhe war so groß, daß niemand das Wort ergreifen konnte. Eine Reihe von Herren versuchten es, der Vorsitzende versuchte, Ruhe zu schaffen, einige Herren haben versucht zu sprechen. Es gelang nicht.

Erst wie Pöhner auf Aufforderung das Podium betrat,

schien es ruhig zu werden. Aber er hatte noch nicht begonnen, da wurde er hinausgerufen, von einem Bewaffneten, glaube ich, der ihn darum bat, und Pöhner verließ den Saal. Erst Hauptmann Göring gelang es mit großem Stimmaufwand und einer gewissen brutalen Energie, sich für einige Sätze Ruhe zu verschaffen. Unter dem, was er sagte, waren zwei Dinge, die meiner Erinnerung nach auf die Versammlung Eindruck machten: Das eine war, daß er sehr lebhaft betonte, es richte sich die Sache in keiner Weise gegen Kahr, im Gegenteil, man hoffe, daß er mitmache, und das zweite, daß sich die Sache auch nicht gegen die Truppen richte, die Reichswehr und Landespolizei. Im Gegenteil, sie rückten mit fliegenden Fahnen schon aus den Kasernen an. Das hat nach meiner Meinung Eindruck gemacht auf die Versammlung. Trotzdem war die Stimmung im ganzen – ich kann natürlich nur von meiner Umgebung urteilen, habe aber die Meinung, daß es die Gesamtstimmung des Saales wiedergibt – noch gegen das ganze Unternehmen. Man hörte: Theater! Südamerika! Mexiko! Das war das Überwiegende. Der Umschwung trat erst ein bei der zweiten Ansprache Hitlers, als er nach zehn Minuten ungefähr hereinkam, allein aufs Podium ging und eine kurze Ansprache hielt. Diese war rednerisch ein Meisterstück. Sie hat eigentlich die Stimmung der Versammlung mit wenigen Sätzen umgedreht wie einen Handschuh. Ich habe so etwas noch selten erlebt. Wie er aufs Podium ging, war die Unruhe so groß, daß er kein Gehör fand und einen Schuß abgab. Ich sehe noch die Bewegung. Er holte den Browning hinten aus der Tasche, bei der Gelegenheit war es nach meiner Erinnerung, daß die Äußerung mit dem Maschinengewehr gemacht wurde. Wie keine Ruhe wurde, rief er ärgerlich in die Versammlung hinein: Wenn nicht Ruhe wird, lasse ich ein Maschinengewehr auf der Galerie aufstellen. Er kam eigentlich herein, um zu sagen, daß seine Voraussage, daß in zehn Minuten die Sache erledigt sein würde, nicht eingetroffen sei. Er brachte das aber in einer Weise vor, daß er schließlich hinausging, mit der Vollmacht der Versammlung, zu Kahr zu sagen, daß der ganze Saal hinter ihm stehen würde, wenn er sich anschließen würde. Es war eine vollkommene Umdrehung. Man hörte die Meinung äußern, es sei eine abgekartete Geschichte, ein Theaterarrangement. Ich war dieser Meinung nicht, weil dem die ganze Haltung Kahrs zu widersprechen schien. Man hatte in seiner nächsten Umgebung den Eindruck der Verstörtheit, der schweren Bestürzung. Meine Meinung war, daß Kahr nicht zustimmen würde und daß wir bis zum anderen Morgen eingesperrt sein würden. Ich habe das auch mehreren Herren gegenüber ausgesprochen. Ich nahm an, daß, wenn Kahr nicht zustimmen würde, Hitler ihn festhalten würde. Daß er persönlich gegen ihn vorgehen würde, hielt ich für ganz unwahrscheinlich. Ich darf vielleicht sagen, was mein persönlicher Eindruck über unsere Lage im Saale war. Das Gefühl einer leiblichen Gefahr habe ich für meine Person in der ganzen Zeit nicht gehabt, eigentlich keine Minute lang. Ich nahm nicht an – ich kannte ja Hitler persönlich –, daß er, wenn draußen keine Zustimmung erzielt würde, gegen den Saal losgehen und daß ein Blutbad angerichtet würde. Natürlich war die Lage so: Es waren geladene Pistolen, Gewehre, Maschinengewehre da, so daß durch die Dummheit, die Aufgeregtheit des einzelnen etwas Unberechenbares geschehen konnte. Die Möglichkeit war gegeben, daß, wenn draußen außerhalb des Kellers ein Zusammenstoß kommen würde, dann innen eine Panik in unberechenbarer Weise eintreten konnte. Im ganzen nahm ich an, wir würden festgehalten werden, weil die Herren nicht zustimmen würden.

Eine Stunde nach dem ersten Eintreten Hitlers kamen die drei Herren mit Ludendorff und Hitler wieder in den Saal. Sie wurden enthusiastisch empfangen. Auf dem Podium ergriff zuerst Kahr unaufgefordert das Wort zu der Ansprache, die in den Zeitungen genau wiedergegeben ist. Auch Ludendorff sprach meiner Erinnerung nach unaufgefordert, während Lossow und Seißer erst auf wiederholte Aufforderungen – ich weiß nicht Worte, jedenfalls Gebärden Hitlers – das Wort ergriffen. Wenn ich das Bild wiedergeben soll, das die Herren auf dem Podium mir boten, so würde ich sagen, Kahr war vollkommen unbewegt. Sein Gesicht war den ganzen Abend wie eine Maske. Er war nicht bleich oder erregt, er war sehr ernst, sprach aber die Worte sehr ruhig. Ich hatte den

Eindruck, daß um seine Augen ein Ausdruck von Melancholie lag. Aber das ist subjektiv vielleicht. Hitler dagegen war bei dieser Szene eigentlich leuchtend vor Freude. Man hatte den Eindruck, daß er selig war, daß es ihm geglückt war, Kahr zu bewegen, mitzutun. Es war in seinem Ausdruck, ich möchte fast sagen, eine Art kindlicher Freude, ein sehr offener Ausdruck, den ich nicht vergessen werde. Exzellenz Ludendorff daneben war todernst; wie er hereinkam, war er fahl vor innerer sehr zusammengehaltener Erregung. Sowohl sein Aussehen wie seine Worte machten durchaus den Eindruck eines Mannes, der weiß, es ist eine Sache um Leben und Tod, vielleicht eher Tod wie Leben. Ich werde den Ausdruck nicht vergessen. Er war so, daß, als ich am nächsten Mittag in der Stadt das Gerücht hörte, er sei gefallen, ich zu mir sagte: so hat er gestern abend ausgesehen. Abstechend davon war der Ausdruck Lossows, der etwas Unbeteiligtes, etwas Lässiges in seiner ganzen Haltung hatte. Ich möchte dabei nichts Parteimäßiges sagen, aber, um es zu charakterisieren, ich hatte den Eindruck, er macht ein etwas spöttisches Fuchsgesicht. So ein gewisses Lächeln kam nicht aus seinen Zügen heraus, durch das man nicht dringen konnte. Seißer war erregt und bleich. Er war der einzige, der einen persönlich erregten Eindruck machte, im äußeren Sinn erregt. Seine Worte waren nur eine Variation dessen, was Lossow sprach. Die Wiedergabe der Worte dieser beiden Herren ist in den Zeitungen nicht ganz genau gewesen, sie ist etwas retuschiert.

Kahr, Lossow und Seißer nehmen, nachdem sie den »Bürgerbräukeller« verlassen haben, ihre Hitler gegebene Zusage zurück. Sie erklären sich als überrumpelt, bezeichnen ihr Einverständnis als »Theater« und bieten Landespolizei und Reichswehr auf. Die Putschisten befinden sich an zwei verschiedenen Orten der Stadt, im »Bürgerbräukeller« auf der Isarhöhe und im Gebäude des Wehrkreiskommandos VII in der Schönfeldstraße. Der Stadt bemächtigt sich eine große Unruhe. Johannes Guthmann erlebt den Anbruch des 9. November 1923 in München:

Wir übernachteten im Hotel »Schottenhamel« dicht am

Bahnhof. Die Nacht war unruhig und blieb es. Trupps junger, festlich gestimmter Menschen durchzogen marschierend die Straßen. Die alten Lieder wurden laut und lauter. Immer wieder trieb es uns ans Fenster, uns dieses nächtliche Treiben anzusehen. Morgens beim Frühstück Erregung rings um uns her. »Ja, wissen die Herren noch nicht, daß Sie im Königreich Bayern sind?« Man hielt uns die Zeitung hin: »München, den 9. November 1923!« 9. November? Heut vor fünf Jahren war es, daß Deutschland zusammenbrach. Heute sollte es wieder auferstehen! In einer effektvoll stürmischen Volksversammlung im »Bürgerbräukeller« diese Nacht auf die Beine gestellt? Zu großen Taten gehören große Männer. Wer war der Held dieser nächtlichen Szene? Würde er es auch am Lichte des Tages sein? Adolf Hitler??? Der aus Böhmen? Ein klamoroser Mann, aber ein unklarer Begriff. Wir eilten in die Stadt. Die Straßen leer.

Elisabeth Castonier erinnert sich an das Geschehen dieses Tages in München:

Wir ahnten nicht, was vorgefallen war, als wir am 9. November die Ludwigstraße hinuntergingen und ungewöhnlich viele Menschen dem Odeonsplatz zuströmten. Irgend jemand rief: »Wir ham a neue Regierung!« und »Hitler marschiert auf Berlin!«

»Sieg-Heil« und »Heil Hitler« wurde gerufen, und Castonier fragte erstaunt, ob das tatsächlich der Kerl von der Straßenecke wäre.

Vor dem Kriegsministerium standen einige junge Burschen und bewachten ein Maschinengewehr. Der Odeonsplatz war zur Hälfte abgesperrt, niemand wußte so recht, was los war, aber immer wieder hörten wir etwas von »neuer Regierung«. Und dann schrie eine Stimme: »Da kommens, Heil Hitler!«

Angesichts der unklaren Lage entschließen sich die Leiter des Kampfbundes zu einem Demonstrationsmarsch in das Stadtinnere. Sie überrennen auf der Höhe der Ludwigsbrücke eine Sperrkette der Landespolizei und marschieren auf den Marienplatz. Dort beschließen sie den Weitermarsch zum

Kriegsministerium. In der Residenzstraße, auf der Höhe der Feldherrnhalle, trifft der Demonstrationszug auf eine zweite Sperrkette der Landespolizei. Polizeioberleutnant Michel Freiherr von Godin, Führer der Stations-Verstärkung Mitte 2, einer Polizeieinheit, schildert den Zusammenstoß zwischen dem Demonstrationszug und der Landespolizei:

Am 9. November 1923 wurde die Stations-Verstärkung Mitte 2 ungefähr um 12.30 Uhr nachmittags in der Theatinerstraße in der Höhe des Kühbogens zur Abwehr einer aus Richtung Weinstraße anmarschierenden Hitler-Truppe eingesetzt. Die Stations-Verstärkung Mitte 2 war eben zur Linie aufmarschiert, als in der Residenzstraße ein wüstes Gebrüll und Geschrei einsetzte. Gleichzeitig winkten etliche Landespolizeiwachtmeister aus Richtung Feldherrnhalle – Theatinerkirche um Unterstützung für Residenzstraße. Ich eilte hierauf mit meinem Zug in die Theatinerstraße zurück um die Feldherrnhalle herum und erkannte, daß der Gegenstoß der Hitler-Truppen, die mit Kriegsmaterial jeglicher Art ausgerüstet waren, durch die Postierungen in der Residenzstraße glänzend gelungen war. Ich trat hierauf mit dem Befehl: »2. Stations-Verstärkung, marsch, marsch!« zum Gegenstoß gegen den gelungenen Durchbruch der Hitler-Truppen an. Beim Einbruch in den Gegner wurden wir mit gefälltem Bajonett und entsichertem Gewehr und vorgehaltenen Pistolen empfangen. Einzelne meiner Leute wurden angepackt und ihnen die entsicherte Pistole auf die Brust gesetzt. Meine Leute arbeiteten mit Kolben und Gummiknüppeln. Ich persönlich hatte zu meiner Verteidigung, um nicht frühzeitig von meiner Pistole Gebrauch machen zu müssen, einen Karabiner genommen, parierte damit zwei mir vorgehaltene Bajonette und rannte die Betreffenden mit quer vorgehaltenem Karabiner über den Haufen. Plötzlich gab ein Hitler-Mann, der einen Schritt halblinks vor mir stand, einen Pistolenschuß auf meinen Kopf ab. Der Schuß ging an meinem Kopf vorbei und tötete einen hinter mir stehenden Wachtmeister meiner Stations-Verstärkung. Wie sich später herausstellte, den Unterwachtmeister Hollweg Nikolaus. Für den Bruchteil einer Sekunde trat in meiner Stations-Verstärkung eine Erstarrung ein. Noch bevor es mir möglich gewesen war, einen Befehl zu geben, gaben meine Leute Feuer, was die Wirkung einer Salve auslöste. Zu gleicher Zeit nahmen die Hitler-Truppen das Feuer auf, und es entspann sich etwa 20 bis 25 Sekunden ein regelrechter Feuerkampf. Aus dem Preysingpalais und aus dem Haus der Konditorei Rottenhöfer wurden wir von den Hitler-Truppen mit starkem Feuer überschüttet. Gegen diesen Gegner nahm Zug Demmelmeyer von Mitte 5 den Feuerkampf auf. In dem Moment der Feuerabgabe der Stations-Verstärkung Mitte 2 sprangen fünf Mann derselben auf die Feldherrnhalle hinauf und nahmen das Feuer auf einen hinter dem Löwen am Kapellentor der Residenz in kniendem Anschlag feuernden Hitler-Schützen auf. In einer Zeitspanne von höchstens dreißig Sekunden ergriffen die Hitler-Truppen die regellose Flucht. Zug Demmelmeyer sperrte hierauf die Residenzstraße-Preysinggasse und Theatinerstraße gegen Marienplatz ab.

Paula Schlier erlebt als Redaktionssekretärin des »Völkischen Beobachters« den Zusammenbruch des Putsches, der der Auftakt zu einem triumphalen Marsch nach Berlin hat sein sollen:

Um die Mittagsstunde setzte eine ungeheure Verwirrung ein. Immer noch glaubten die meisten an das Gelingen der Revolution und erwarteten stündlich den Abmarsch der Sturmtruppen gegen Norden, zunächst gegen Sachsen. Väter und Söhne hatten das Haus in der Frühe mit Waffen verlassen, waren mittags nicht heimgekehrt, und die Frauen wußten nicht, wohin sie gegangen waren. »Wo ist mein Mann, wo ist mein Sohn? Wir haben Musik gehört, zieht man schon gegen den Feind?« riefen sie. Um 1, 2 Uhr erhöhte sich die Angst um den noch nicht heimgekehrten Gatten und Vater.

Lange bevor noch das Morden an der Feldherrnhalle stattgefunden hatte, tauchten schon Gerüchte auf: »Ist es wahr, daß Hitler und Ludendorff tot sind und alles verloren ist?« Dazwischen liefen »günstige Meldungen« aus anderen Städten ein, Freudenschreie über den vermeintlichen Sieg Hitlers in München. Erst um 3 Uhr kamen die offiziellen Nachrichten über Hitlers Demonstrationszug: Singend seien die Sturmtruppen durch die Stadt gezogen, mit »Deutschlandlied« und wehenden Fahnen. Plötzlich eine Salve. Von wem? Warum? Hauptmann Sch. ist tot, Dr. R. von acht Kugeln durchbohrt, als er Ludendorff schützen wollte. Ludendorff wird ohnmächtig, sein Begleitoffizier läuft in die nächste Apotheke und heult dort wie ein junger Hund. Hitler, am Arm verwundet, entflieht im Auto. Seine Truppen sind im Augenblick in alle Winde verstreut.

Bis um 4 Uhr hatten alle Frauen von der Verwundung, dem Tod des Sohnes, Bruders, Gatten erfahren. Viele Stunden, bis in die Nacht, weinte eine Frauenstimme nach der anderen durch das Telefon in mein Ohr. [...]

Erst am Abend kam der amtliche Bericht, die Totenliste: achtzehn trockene Namen. Wir kannten sie alle, die nun tot waren, und zwischen der Aufzählung jedes Namens stockte der Herzschlag. Der eine oder andere der Gefallenen war gestern noch hier gewesen, hatte sich als Held gefühlt und mit dem Revolver gefuchtelt.

Der Zusammenstoß zwischen Demonstranten und Polizei kostet neunzehn Menschen das Leben – sechzehn Nationalsozialisten und drei Polizeibeamten. General Ludendorff stellt sich den staatsanwaltschaftlichen Ermittlungen. Die meisten Teilnehmer des Demonstrationszuges fliehen. Hitler wird am 11. November 1923 in Uffing festgenommen, worüber das Landratsamt Weilheim Meldung erstattet:

Auf die fernmündliche Weisung vom heutigen begab sich der Polizeioberleutnant Belleville mit der hiesigen Polizeitruppe mit Lastauto heute etwa vor 1/2 5 Uhr nachmittags nach Uffing. Außerdem war der Gendarmeriekommissar Mehringer mit der Eisenbahn dorthin gefahren und erwartete die Landespolizei bei der Überfahrt in der Nähe des Bahnhofs zu Uffing. Das Polizeikommando und Mehringer begaben sich zunächst in die außerhalb der Ortschaft Uffing gelegene Villa der Frau Hofrat Hanfstaengl, die ihnen mitteilte, daß sich Hitler bei ihr nicht befinde. Trotzdem suchten sie die Behausung eingehend ab, in der Meinung, daß Hitler dort doch zu finden sei. Da die Nachforschung nach demselben dort jedoch vergeblich war, begaben sie sich in die in der Ortschaft Uffing selbst befindliche Behausung des verheirateten Sohnes der Frau Hanfstaengl. Die Ehefrau des letzteren führte den Polizeioberleutnant Belleville in das Zimmer, in welchem Hitler im Schlafanzug angetroffen wurde. B. kündigte ihm die Verhaftung an. Hitler gab dem Polizeioberleutnant B. die Hand und erklärte, daß er sich verhaften lassen wolle. Er bemerkte hierbei, daß er keinen Wortbruch begangen habe und sich nur deshalb verhaften lassen wolle.

In München demonstrieren Studenten der Universität und der Technischen Hochschule gegen Kahr, der des Wortbruches beschuldigt wird. Die bayerische Politik steht an einem Wendepunkt. Referenten des Staatsministeriums des Äußern beschreiben »Die bayerischen staatspolitischen Notwendigkeiten, die sich aus den Ereignissen vom 8. und 9. November 1923 ergeben«:

Rasche Durchsetzung voller Gerechtigkeit gegen alle wissentlichen Teilnehmer an dem Putsch ist die erste Staatsnotwendigkeit. Die an der Strafverfolgung beteiligten Behörden müssen sich frei machen von der sonst zutreffenden, hier aber völlig fehlgehenden Erwägung, es handle sich immerhin um national gesinnte Männer. Greift eine an sich gute Gesinnung zu verwerflichen Mitteln, dann ist sie schon subjektiv nicht mehr gut. Objektiv vollends dann nicht, wenn sie wie hier das erstrebte Ziel, statt es zu erreichen, von vornherein in unerreichbare Abgründe stürzen würde. Jede Nachgiebigkeit und jedes Paktieren mit revolutionären Gewalten treibt die Revolution vorwärts. Rücksichtnahme wird sachlich nicht von Erfolg begleitet und persönlich nicht mit Anerkennung, sondern mit Schutzhaft und Todesstrafe gedankt. Bei der besonderen Art der Verteidigung derer hinter Ludendorff wird eine solche Rücksichtnahme überdies als Schwäche, Furcht und Schuldbekenntnis ausgelegt.

Am 16. November beginnt die Ausgabe des neuen gesetzlichen Zahlungsmittels, der Rentenmark. Die Zufriedenheit darüber lenkt zunächst ab von den folgenschweren Schäden, die der Währungsverfall, die Inflation, der Struktur des deutschen Volkes zugefügt hat. Einsicht und Ernüchterung begleiten die Wende auch der deutschen Politik. Der konsularische Vertreter der Vereinigten Staaten von Amerika in München, Robert Murphy, ist der Ansicht, das Scheitern des Hitler-Putsches bedeute zumindest das Ende der politischen Tätigkeit Hitlers in Deutschland. Er berichtet am 10. März 1924 nach Washington:

Der November-Putsch 1923 ist zwar aufs lächerlichste gescheitert; die dahinterstehende nationalistische Bewegung in Bayern wurde jedoch keineswegs erstickt, sondern nur vorübergehend aufgehalten. Es ist damit zu rechnen, daß Hitler, der kein deutscher Staatsangehöriger ist, nach Verbüßung seiner Strafe des Landes verwiesen wird. Weitere nationalistische Tätigkeit seinerseits scheint mir, wenigstens fürs erste, ausgeschlossen.

Stefan Zweig bemerkt in seinen Erinnerungen »Die Welt von gestern«:

In diesem Jahr 1923 verschwanden die Hakenkreuze, die Sturmtrupps, und der Name Adolf Hitlers fiel beinahe in Vergessenheit zurück. Niemand dachte mehr an ihn als einen möglichen Machtfaktor. Erst nach ein paar Jahren tauchte er wieder auf, und nun trug ihn die aufbrausende Welle der Unzufriedenheit rasch hoch. Die Inflation, die Arbeitslosigkeit, die politischen Krisen und nicht zum mindesten die Torheit des Auslands hatten das deutsche Volk aufgewühlt; ein ungeheures Verlangen nach Ordnung war in allen Kreisen des deutschen Volkes, dem Ordnung von je mehr galt als Freiheit und Recht. Und wer Ordnung versprach – selbst Goethe hat gesagt, daß Unordnung ihm unlieber wäre als selbst eine Ungerechtigkeit –, der hatte von Anbeginn Hunderttausende hinter sich.

Hitler-Prozeß

Reichsregierung und Bayerisches Gesamtstaatsministerium stimmen in der Notwendigkeit überein, die Vorgänge des Hitler-Putsches gerichtlich zu verfolgen. Sie sind in der Frage, wo das Verfahren durchgeführt werden soll, unterschiedlicher Ansicht. Bei einer Besprechung im Reichsjustizministerium am 15. November 1923 in Berlin besteht Staatssekretär Karl Joël darauf, das Verfahren am Staatsgerichtshof zum Schutz der Republik beim Reichsgericht in Leipzig anhängig zu machen. Die bayerischen Vertreter widersprechen entschieden. Das Reich erklärt sich schließlich aus politischen Gründen mit der Anklageerhebung vor dem Volksgericht für den Landgerichtsbezirk München I einverstanden. Die dafür zuständige Staatsanwaltschaft führt umfangreiche Ermittlungen durch. Hitler verweigert zunächst die Aussage. Er kündigt einen Hungerstreik an, da er seine Sache als verloren ansieht. Anton Drexler nimmt für sich in Anspruch, Hitler die Selbstmordabsicht ausgeredet zu haben. Die Staatsanwaltschaft München I legt am 8. und 24. Januar und 7. Februar 1924 die Anklageschriften vor. In der Anklageschrift vom 8. Januar führt sie unter anderem über Hitler aus:

Hitler war die Seele des ganzen Unternehmens. Er entwarf den Plan zu dem Unternehmen, setzte sich bei der Ausführung an die Spitze, er erklärte den Sturz der Regierung im Reich und in Bayern, er verteilte die neuen Ämter und nahm für sich selbst die oberste Leitung der Reichspolitik allein in Anspruch. Er war bemüht, das Unternehmen zu festigen und zu erweitern und es auch dann noch fortzuführen, als ihm die völlige Aussichtslosigkeit vollkommen klar sein mußte.

Über Ludendorff steht in dieser Anklageschrift:

Es ist die Annahme begründet, daß Ludendorff über das für den 8. 11. 23 geplante Unternehmen schon vorher genau unterrichtet war. Von der gewaltsamen, verfassungswidrigen Art des eingeleiteten Unternehmens bekam er sicher spätestens Kenntnis, als er am Abend des 8. 11. 23 mit dem Kraftwagen abgeholt und zum »Bürgerbräukeller« gebracht wurde. Im »Bürgerbräukeller« angekommen, erhielt er auch noch einmal von Hitler das bestätigt, was er unterwegs schon erfahren hatte. Er wußte, daß zu dieser Zeit die Herren Kahr, Lossow und Seißer noch keinerlei Äußerung über ihre beabsichtigte Stellungnahme abgegeben hatten; er fragte sie auch gar nicht nach ihrer Ansicht, sondern erklärte sofort, daß er selbst bei der Sache mittue, und redete den Herren Kahr, Lossow und Seißer zu, sich auch zur Verfügung zu stellen. Er trat also sogleich auf die Seite des Unternehmens. Er betätigte sich auch als Führer der neu zu bildenden Nationalarmee, indem er Vorschriften über Grenzschutz, Auflösung der Verbände und Eingliederung in die Reichswehr, Unterbringung der aufzustellenden Truppen (Bereitstellung von Räumen, von Öfen, Stroh usw.) besprach und erließ. Er begrüßte die unter den Hakenkreuzfahnen heranrückende Infanterieschule gleich nach ihrer Ankunft am »Bürgerbräukeller« und schritt ihre Front ab, er gab der Infanterieschule Befehle, er gab insbesondere auch Röhm den Befehl, das Wehrkreiskommando mit seinen Leuten besetzt zu halten, er stellte sich schließlich an die Spitze des Zuges in das Stadtinnere, um durch das Gewicht seines Namens und seiner Persönlichkeit dem Ganzen einen besonderen Nachdruck zu geben und Einfluß auf die Reichswehr und Landespolizei zugunsten des Unternehmens zu gewinnen.

Der Prozeß beginnt am 26. Februar 1924, er endet am 27. März. Am 1. April erfolgt die Verkündung des Urteils. Angeklagt sind: Adolf Hitler, Erich Ludendorff, Ernst Pöhner, Wilhelm Frick, Friedrich Weber, Ernst Röhm, Wilhelm Brückner, Robert Wagner, Hermann Kriebel und Ernst Pernet. Den Vorsitz des Volksgerichts für den Landgerichtsbezirk

München I hat Landgerichtsdirektor Neithardt. Beisitzer ist Landgerichtsrat Leyendecker, Ersatzrichter ist Oberlandesgerichtsrat Simmerding, Laienrichter sind Leonhard Beck, Christian Zimmermann und Philipp Hermann, Ersatzlaienrichter ist Max Brauneis. Die Anklage wird vertreten von I. Staatsanwalt Stenglein und II. Staatsanwalt Ehard. Da Stenglein wiederholt verärgert den Sitzungssaal verläßt, nimmt Ehard die Vertretung der Anklage wahr. Das Verfahren wird in öffentlichen und nichtöffentlichen Sitzungen abgewickelt. In den nichtöffentlichen Sitzungen, deren Protokolle bis heute unveröffentlicht sind, werden vor allem die Fragen der Zusammenarbeit zwischen Reichswehr und Polizei einerseits und den von den Angeklagten geführten Verbänden andererseits und der Vorbereitung des Marsches auf Berlin erörtert. Über die Atmosphäre des Verfahrens schreibt Hans von Hülsen, der als Journalist dem Prozeß beiwohnt:

Dieses Monstreprozesses im ehemaligen Speisesaal der Kriegsschule an der Blutenburgstraße, der mich im Februar 1924 drei eisigkalte Wochen in München festhielt, kann ich niemals ohne Wehmut und Bitterkeit denken. Was dort in Szene gesetzt wurde, ist mir immer wie Münchens politischer Karneval erschienen. Ein Gerichtshof, der den »Herren Angeklagten« immer wieder die Gelegenheit gibt, stundenlange Propagandareden »zum Fenster hinaus« zu halten; ein Beisitzer, der nach Hitlers erster Rede (ich hab's mit eigenen Ohren gehört!) erklärt: »Doch ein kolossaler Kerl, dieser Hitler!«; ein Vorsitzender, der duldet, daß von der höchsten Spitze des Reiches als von »Seiner Hoheit, Herrn Fritz Ebert« gesprochen wird (Hitler) und daß man die Reichsregierung eine »Verbrecherbande« nennt (Kriebel); ein Generalstaatsanwalt, der in einer Sitzungspause einem der Angeklagten vertraulich auf die Schulter schlägt: »Na, mein lieber Pöhner . . .!«; ein Offizier, der im Vorraum einen amerikanischen Journalisten, als er sich mit einem Kollegen auf englisch unterhält, anherrscht: »Sprechen Sie in meiner Gegenwart deutsch!«; ein Vorsitzender, nochmals, der einen Pressezeichner aus dem Saal weisen läßt, weil sich einer der Angeklagten von ihm »karikiert« fühlt – gehört all das nicht in den makabren Münchner Bilderbogen vom großen politischen Karneval, der mit einem fürchterlichen Erwachen am Aschermittwoch endet?! Mir kam, während ich täglich viele Stunden diesem durch und durch unwürdigen Theater zusehen mußte, die Erinnerung an den Juli 1919. Damals hatte ich, vor diesem selben »Volksgerichtshof«, die lange Reihe der Prozesse gegen die Männer der »Räterepublik München« mitgemacht. Damals war alles sehr, sehr anders gewesen! Da war es keinem Vorsitzenden eingefallen, die Angeklagten mit »Herr« zu titulieren, stramm militärischer Ton hatte geherrscht, und von den vor den Schranken des strengen Gerichts Stehenden hätte ich wohl den sehen mögen, der es gewagt hätte, sich über eine Karikatur zu beschweren! Sie alle kamen damals nicht im Jackettanzug mit dem Eisernen Kreuz I. Klasse, wie Hitler, sie kamen in Sträflingskitteln, bewacht von Soldaten, die bis an die Zähne bewaffnet waren – auch nicht im eleganten Luxusautomobil, wie jetzt General Ludendorff, sondern im grünen, vergitterten Gefängniswagen von Stadelheim. Aber dafür wurden sie auch alle zu vielen Jahren Zuchthaus verurteilt – eine Gefahr, die im Ernst keiner der Putschisten vom 9. November auch nur eine Sekunde lief. [...]

Was du von der Minute ausgeschlagen, bringt keine Ewigkeit zurück!

Am ersten Verhandlungstag, am 26. Februar, kommt es bei der Einvernahme der Angeklagten zu folgendem Dialog zwischen dem Angeklagten Hitler und dem II. Staatsanwalt Ehard:

Ehard: Herr Hitler vertritt den Standpunkt, daß die Revolution des Jahres 1918 rechtlich nicht bindend sei. Man müsse sich also nicht um sie kümmern, es sei ein Zustand, den man erst wieder reparieren und in den richtigen Zustand zurückversetzen müsse. Wollte Herr Hitler also durch sein Unternehmen die früheren, nach seiner Auffassung richtigen, rechtlich bindenden verfassungsmäßigen Zustände wiederherstellen?

Hitler: Nach meiner Auffassung sollte diese Möglichkeit

hergestellt werden durch die Beseitigung der absolut ungesetzlichen Majorisierung der gesamten Staatsgewalt durch die vollständig in jüdischen Händen befindliche Presse, durch die Gewerkschaften und durch den Druck der sogenannten Wirtschaftsorganisationen. Es sollte der dadurch lahmgelegten Öffentlichkeit möglich werden, wieder die Freiheit des Entschlusses zu erhalten. Ich habe schon gesagt, die Frage, ob Kahr die Statthalterschaft des Königs übernehmen sollte oder nicht, spielte bei uns zunächst gar keine Rolle. Darin, daß wir erklärten, es muß ein Landesverweser kommen, lag schon, daß für uns der Zustand von 1914 nicht automatisch eintreten würde, sondern daß der Landesverweser ein Übergangsstadium war, im Verlaufe dessen definitiv festgestellt werden mußte, ob die Revolution von 1918 von der Nation gebilligt wird oder nicht.

Ehard: Sie stehen also auf dem Standpunkt, wenn ich Sie recht verstehe, daß die endgültig bindende Erledigung der Revolution von 1918 bis jetzt nicht eingetreten ist, und wollten durch Ihr Vorgehen die Möglichkeit dafür schaffen, daß eine nach Ihrer Auffassung erst rechtlich bindende Abstimmung oder so etwas vorgenommen werden könne.

Hitler: Vor allem in einem Punkt gibt es bei mir gar keine Abstimmung: Die Frage, ob ein Volk national oder international zu regieren ist, ob von Nationalisten oder Marxisten, ist nicht ein Problem der Abstimmung, sondern ein Problem der Moral und des Anstandes. Wenn in einem Staat bloß tausend Nationalisten und hunderttausend andere wären, dann hätten diese tausend das moralische Recht vor Gott und der Welt, die Nation zu vertreten. Das ist ein Moralproblem und nicht ein Problem der Majorität.

Ehard: Herr Hitler hat, wenn ich es richtig zusammenfasse, den Standpunkt eingenommen: General Lossow kann sagen: Reichswehr, stillgestanden, jetzt Staatsstreich! – her stellt euch!, jetzt nicht Staatsstreich.

Wollte Hitler damit sagen, daß man mit der heutigen Reichswehr machen kann, was man will? Heute Staatsstreich, morgen keinen?

Hitler: Pardon, ich habe folgendes damit ausdrücken wollen, den Unterschied zwischen einer freiwilligen Organisation und einer Truppe. Lossow konnte unter Umständen seinen Offizieren halb und halb Erklärungen abgeben, das war bei uns natürlich nicht möglich. Ich kann hier in öffentlicher Verhandlung leider auf den Grund, warum ich dies erklärte, nicht eingehen; denn unsere Leute sind in einer gewissen Stelle dauernd – wenn ich mich richtig ausdrücke – präpariert worden, was selbstverständlich einen gewissen Eindruck machte; und sie waren doch nicht Rekruten, bei denen man sagen konnte: Stillgestanden! Oder: Kehrt! Weggetreten! Sondern dieses Präparieren hat mit der Zeit eine ganz bestimmte Grundanschauung hervorgerufen, die nicht so oder so geändert werden konnte. Jetzt ein Ja und dann ein halbes Nein und dann wieder ein halbes Ja, das mußte entweder zur Auflösung der Verbände führen oder zur Katastrophe, insofern plötzlich eine Truppe aus ihrem Lokal herauskommt und für sich eine Aktion unternimmt. Das wollte ich sagen, ich werde dann unter Ausschluß der Öffentlichkeit mich hierüber eingehend äußern.

Am zweiten Verhandlungstag, am 27. Februar 1924, versucht Staatsanwalt Ehard Hitlers Absichten am 8. November 1923 zu erkunden:

Ehard: Ich bitte, Herrn Hitler zu fragen, ob er nicht am Abend des 8. November für sich die erste Stelle in Deutschland in Anspruch genommen hat.

Hitler: Ich muß betonen, daß man am 8. November abends schwer die erste Stelle Deutschlands in Anspruch nehmen konnte, nachdem die Frage nicht die war, die erste Stelle in Deutschland zu erringen, sondern in München und Bayern Position zu fassen. Ich weise hin auf die tatsächlich erfolgten Erklärungen, die von mir gegeben worden sind. Es ist mit keinem Wort davon die Rede, daß ich die erste Stelle wünsche, sondern ausdrücklich habe ich erklärt, daß den politischen Kampf ich führe. Ich habe ausdrücklich erklärt in der Versammlung: Den politischen Kampf führe ich. Daß ich auf die erste Stelle Anspruch mache, wäre schon deshalb ganz undenkbar, weil, solange Exzellenz Ludendorff letzten Endes an meiner Seite steht, die erste Stelle Exzellenz Ludendorff gebührt und nicht mir.

Ehard: Sie haben erklärt: Die politische Leitung des Reiches habe ich.

Hitler: Ich habe gesagt: Die politische Führung des Kampfes übernehme ich.

Verteidiger Justizrat Kohl: Herr Hitler, würden Sie sich, wenn Sie für sich die erste Stelle beansprucht hätten, nicht sofort auch an erster Stelle genannt haben?

Hitler: Ich habe mich als letzter genannt, und während sämtliche anderen Herren einen Titel hatten, habe ich keinen Titel genommen, sondern bloß erklärt: Ich übernehme die Leitung des politischen Kampfes.

Bei der Einvernahme des angeklagten Führers des Bundes Oberland, Dr. Friedrich Weber, am gleichen Verhandlungstag wird die Besprechung vom 6. November zwischen Generalstaatskommissar von Kahr, General von Lossow, Oberst von Seißer einerseits und den Führern des Deutschen Kampfbundes andererseits erörtert:

Vorsitzender: Wie hat sich Herr von Lossow geäußert?

Dr. Weber: General von Lossow führte aus, daß die Reichswehr unbedingt hinter dem Generalstaatskommissar stünde, daß sie entschlossen sei, jeder Weisung des Generalstaatskommissariats zu folgen, daß er als Chef, als bayerischer Landeskommandant entschlossen sei – dabei schlug er mit der Faust auf den Tisch –, jeden Staatsstreich mitzumachen in schwarzweißrotem Sinne, der 51 Prozent der Wahrscheinlichkeit für sich habe.

Vorsitzender: Und Herr von Seißer?

Dr. Weber: Oberst von Seißer sprach nur ganz kurz; er sprach über einige Fragen des Grenzschutzes an der bayerischen Nordgrenze und dann noch davon, daß Exzellenz von Kahr sich auf die Landespolizei unbedingt verlassen und stützen könne.

Vorsitzender: Über den Inhalt dieser Unterredung vom 6. November haben Sie abends mit Herrn Hitler gesprochen? (Dr. Weber bejaht.) Wie hat sich da Herr Hitler geäußert?

Dr. Weber: Ich habe, glaube ich, zusammen mit Herrn Oberstleutnant Kriebel kurz referiert an der Hand einiger weniger stenografischer Notizen, Herr Oberstleutnant Kriebel an der Hand eines längeren Protokolls, und habe am Abend des 6. November Herrn Hitler erklärt, daß eben damit zum ersten Mal Exzellenz von Kahr in größerem Kreise seine vollkommene Übereinstimmung mit den Gedankengängen und Zielen Hitlers zum Ausdruck gebracht habe und daß ich es begrüßen würde, wenn unter allen Umständen möglichst bald eine Besprechung zwischen Herrn Hitler und Herrn von Kahr zustande käme. Herr Hitler hat mich ermächtigt, in diesem Sinne telefonisch noch am Abend des 6. November Exzellenz Ludendorff zu ersuchen, diese Besprechung zu ermöglichen, was von mir geschehen ist.

Vorsitzender: Sie ist aber nicht zustande gekommen (Dr. Weber: Sie ist nachträglich ...), weil sie abgelehnt wurde von Exzellenz. Die Hauptsache ist die, daß Sie sagen, aufgrund dieser Besprechung hätten Sie die Überzeugung gewonnen, daß nunmehr vollkommene Übereinstimmung in den Zielen, im Wege sogar besteht zwischen Kahr, Lossow, Seißer und dem Kampfbund in Hitlerschen Gedankengängen.

Dr. Weber: Jawohl, gerade auch in dem Sinne, daß nicht an der Nordgrenze Bayerns eine Schranke zu errichten ist, sondern daß die Entscheidung darin liegt, die Bewegung in irgendeiner Form über die bayerischen Grenzen hinaus vorwärtszutreiben.

In der nichtöffentlichen Sitzung des dritten Verhandlungstages, am 28. Februar 1924, werden die Angeklagten Hitler, Kriebel, Dr. Weber über Ausbildung und Ausrüstung der Verbände des Deutschen Kampfbundes befragt:

Vorsitzender: Die Leute wurden in den Kasernen ausgebildet?

Hitler: In den Kasernen mit Wissen der Reichswehr und Landespolizei zum Teil in Uniform der Reichswehr und Landespolizei.

Vorsitzender: Von Offizieren der Reichswehr?

Hitler: Von Offizieren der Reichswehr.

Vorsitzender: Das war gar nicht geheimgehalten, das war öffentlich!

Dr. Weber: Nachdem die Öffentlichkeit ausgeschlossen ist, möchte ich hier zum Grenzschutz einige Bemerkungen machen. Gleich nach Bildung des Generalstaatskommissariats ist auch an uns die Weisung ergangen, daß die Ausbildung unserer Leute mit Höchstdruck zu betreiben sei, daß vor allem die jungen Jahrgänge, deren wir ja viele in unseren Reihen hatten, die noch nicht im Feuer gestanden waren, zu höchsten und schärfsten Übungen heranzuziehen seien. Es haben daher Woche für Woche dreimal Scharfschießübungen stattgefunden. Sowohl in München wie außerhalb fand Exerzieren statt unter Leitung und Führung von Reichswehroffizieren. Da wir über verhältnismäßig starke Kräfte verfügten, reichten die Räume der Reichswehr allein nicht aus. Für diese Zwecke sind uns von Seite der Landespolizei Räume, Offiziere und Ausbildungsunteroffiziere zur Verfügung gestellt worden, alles unter Hochdruck im Laufe der Oktoberwochen. Aufgrund dieses Befehles, den Oberstleutnant Kriebel angeführt hat, ist an mich die Anfrage ergangen, was wir zur Ausrüstung unserer Leute in Nordbayern an Waffen noch benötigten. Es war ja der Reichswehr wie der Landespolizei vollkommen bekannt, daß Oberland von den Verbänden vielleicht mit am allerbesten mit Waffenmaterial ausgerüstet war. Unser Waffenbestand war aber zum Teil südlich der Donau gelagert, und nun ist angefragt worden, was wir an Autokolonnen benötigen würden, um unsere Waffen an unsern Abschnittsraum in Nordbayern, also in der östlichen Hälfte von Unterfranken, zu verfrachten und zu verbringen. Es ist bereits mit dem Verfrachten begonnen worden, es ist dann weiter auch in der Sache gefragt worden, ob wir auch die schwere Artillerie, über die Oberland noch verfügt, über die Reichswehr und Landespolizei offenbar nicht mehr verfügen, ebenfalls zu diesem Vormarsche nach Norden zur Verfügung stellen würden.

Vorsitzender: Wer hat angefragt?

Dr. Weber: Die Landespolizei, ob unsere schwere Artillerie sich in einem Zustande befinde, daß sie sofort verwendungsfähig sei, und ob auch für das Pferdematerial zum Fortschaffen unserer schweren Artillerie von uns Vorsorge getroffen sei, weil sonst die Landespolizei das besorgen würde. Eine Reihe von anderen Ausführungen wird Oberstleutnant Kriebel noch geben können. Auch ich würde bitten, wenn es für notwendig erachtet wird, noch weitere Bemerkungen hinzufügen zu dürfen.

Verteidiger Luetgebrune: Ich möchte mir die Frage erlauben, von wem die Weisungen ausgegangen sind, mit der Ausbildung unter Höchstdruck fortzufahren?

Kriebel: Die Weisungen sind ergangen einmal von der Reichswehr, teilweise vom Standortältesten, übrigens auch von dem Kommandanten und Chef des Landeskommandos von Lossow und Oberstleutnant Berchem; außerdem wurde das Anerbieten gestellt, daß wir die Landespolizeikasernen zur Ausbildung erhalten mit den Offizieren und Unteroffizieren von Oberst von Seißer.

Vorsitzender: Das werden Sie wahrscheinlich schriftlich haben?

Kriebel: Nein, mündlich.

Verteidiger Gademann: Hier kommt ein Befehl herein, von dem Staatsanwalt Ehard vorhin gefragt hat, ob Herr von Seißer davon gewußt hat ...

Ehard: Das habe ich nicht gefragt. Ich bitte mir nichts zu unterstellen.

Verteidiger Gademann: Das ergibt sich wieder daraus, daß er selbst, Oberst von Seißer, den bekannten Geheimbefehl 3/107 erlassen hat. Ich weiß nicht, ob die Staatsanwaltschaft ihn kennt; wenn ich ihn verlesen soll, ich habe ihn hier. (Ruf vom Richtertisch: Bitte!) Er ist vom 29. Oktober und lautet: »Für den Fall innerer Unruhen innerhalb des Deutschen Reiches« usw. usw. (Redner verliest den Befehl.)

Dieser Befehl sollte nach Kenntnisnahme sofort vernichtet werden, ist aber nicht vernichtet worden, sonst könnte er nicht hier sein.

Ehard: Nach Eintreffen des Ausführungsbefehles sollten diese Vorbereitungen abgeschlossen sein. Es war also ein Plan, nicht eine aktive tatsächliche Mobilmachung.

In der gleichen nichtöffentlichen Sitzung fordert Staatsanwalt Ehard den Angeklagten Hitler zu einer eingehenden Stellungnahme auf:

Ehard: Ich möchte mir eine allgemeine Anregung gestatten, ob es nämlich nicht zweckmäßig wäre, in diesem Zusammenhang in Kürze noch eine andere Frage zu erörtern, nämlich die: Welche Gedanken hat man sich in diesem Kreise hier über die Möglichkeit der Durchführung dieses Marsches nach Berlin gemacht? Es ist ohne weiteres klar, daß bei einem derartigen Unternehmen sofort die größten außenpolitischen Schwierigkeiten eintreten, ebenso die größten innenpolitischen Schwierigkeiten. Ich bitte kurz anzudeuten die Möglichkeit der Unterbringung, der Eisenbahnverbindung, der Bespannung der Kolonnen, des Trains, der Verpflegung, Bekleidung und dergleichen. Links, um das ganz kurz zu sagen, die Franzosen mit ihrem Anhange, rechts Tschechen, Polen und ringsum die einmarschbereite Reichswehr.

Hitler: Ich würde dankbar sein, wenn ich jetzt Gelegenheit bekommen würde zu antworten. Vorwegnehmen möchte ich eines, nämlich die sogenannten außenpolitischen Schwierigkeiten. Ich muß etwas weit ausgreifen. Worin sollen praktisch die außenpolitischen Schwierigkeiten begründet sein? Die Begründung soll darin liegen, daß eine günstige Sanierung Deutschlands Frankreich nicht dulden würde; denn würde ein derartiger Vorgang zur Zerstörung Deutschlands führen, dann würde der Staatsanwalt wahrscheinlich selbst nicht die Vermutung aussprechen, daß Frankreich eingreifen würde. Das Einschreiten Frankreichs wäre doch im günstigsten Falle sowohl als im schlimmsten nur zu erwarten, wenn man in Paris die Befürchtung bekommen würde, daß allenfalls innenpolitische Vorgänge in Deutschland eine Regierungsmethode aufkommen lassen, die mit der bisherigen Ausbeutungspolitik des Deutschen Reiches kategorisch aufräumt. Eines muß ich Ihnen, Herr Staatsanwalt, zur Antwort geben. Wenn wir mit diesen außenpolitischen Schwierigkeiten in dem Sinne rechnen, daß wir die innere deutsche Reorganisation von ihnen bestimmen lassen, dann werden wir viel eher frei werden; denn jede deutsche innere Gesinnungsänderung, die uns politisch zur Freiheit Deutschlands führen wird, wird von Frankreich bekämpft werden, ganz gleich in welcher Form. Jede solche Gesinnungsänderung, die in Paris als eine Änderung der bisherigen deutschen Mentalität der Jämmerlichkeit empfunden werden wird, wird von Frankreich selbstverständlich ausdrücklich so gesehen werden.

Im Rahmen weitschweifiger Darlegungen entwirft Hitler ein visionäres Bild des Marsches nach Berlin:

In München, Nürnberg, Bayreuth wäre ein unermeßlicher Jubel, eine ungeheure Begeisterung wäre im Deutschen Reiche ausgebrochen, und wenn die erste Division der deutschen Nationalarmee den letzten Quadratmeter bayerischen Bodens verlassen hätte und zum erstenmal auf thüringisches Land übergetreten wäre, so hätten wir es erlebt, daß das Volk dort aufgejubelt hätte. Die Leute hätten erkennen müssen, das deutsche Elend hat ein Ende, die Erlösung konnte nur kommen durch eine Erhebung. Die pazifistisch-defätistische, vollständig unmoralische Regierung in Berlin hätte im Sturm weichen müssen.

Wenn man nicht begreift, daß erst im Innern der Wandel geschaffen werden muß, daß eine nationale Regierung kommen muß ohne Rücksicht auf das Majoritätsprinzip, dann wird Deutschland niemals wieder auferstehen.

Es wurde mir gestern die Frage vorgelegt, ob wir uns berechtigt fühlen durften, die Erhebung zu organisieren, ob wir glaubten die Majorität zu haben. Herr Staatsanwalt, wenn das Recht, für sein Volk eine derartige Tat zu wagen, nur in der Majorität begründet wäre, so säßen Sie heute nicht hier als deutscher Staatsanwalt. Denn dieses deutsche Vaterland ist nicht gegründet worden durch Majoritäten, sondern durch die Entschlußkraft einzelner Persönlichkeiten, häufig genug in Widerspruch zu den Majoritäten, vor allem Deutschland selbst ist nicht das Produkt der Majorität, sondern das Produkt eines Helden, der, gestützt auf reine Machtmittel, sein Werk den Majoritäten in unerhörtem Kampfe abgetrotzt hat.

Die Nachsicht des Landgerichtsdirektors Neithardt gegenüber den Angeklagten wird von der öffentlichen Meinung kritisiert. Auch die Mitglieder des Bayerischen Gesamtstaatsministeriums sind empört. Das Protokoll des Ministerrats vom 4. März 1924 vermerkt:

Staatsminister Dr. Schweyer teilt mit, daß Polizeipräsident Mantel und Polizeioberst Banzer sich darüber beschwert hätten, daß sich Reichswehr und Landespolizei in dem Prozesse täglich Verunglimpfungen gefallen lassen müßten, ohne daß vom Vorsitzenden auch nur ein Finger gerührt werde. Wenn es noch ein paar Tage so weitergehe, könnten sie für die Sicherheit der Landespolizei nicht mehr einstehen. Staatsminister Dr. Schweyer habe alles versucht, den Leuten zureden zu lassen, daß sie ruhig bleiben sollten. Die Vernehmung der Angeklagten gehe nun zu Ende. Nun werde der Umschwung kommen.

In dem gleichen Sinn habe sich auch General Freiherr von Kreß für die Reichswehr an Staatsminister Dr. Matt gewandt.

Gegen die Prozeßführung des Vorsitzenden beständen schwere Bedenken. Er habe schon vor dem Prozeß gegenüber Ministerialrat Zetlmeier erklärt, Ludendorff sei noch das einzige Plus, das wir in Deutschland besäßen. Gerüchten zufolge soll er sich auch dahin ausgesprochen haben, daß Ludendorff freigesprochen würde.

Die Angeklagten würden nicht vernommen, sondern hielten Reden. Sie könnten vorbringen, was sie wollen. Zu den Ausführungen des Generals Ludendorff – insbesondere hinsichtlich der längst widerlegten und als Lüge erklärten Ausstreuungen über Ministerialrat Weigmann – werde Staatsminister Dr. Schweyer eine Berichtigung in die Presse bringen lassen.

Der Vorsitzende habe auch von einem doch einseitigen Vorbringen eines Angeklagten als von einer »Feststellung« gesprochen. Den Angeklagten würden die größten persönlichen Freiheiten gewährt; so habe Dr. Weber, obwohl er verhaftet sei, am Sonntag Stadturlaub erhalten.

Für den persönlichen Schutz der Zeugen müßten besondere

Maßnahmen getroffen werden. Es sei auch die Besorgnis geäußert worden, der Vorsitzende werde bei der Vernehmung der Hauptbelastungszeugen die Öffentlichkeit ausschließen.

Staatsminister Dr. Matt würde dies sehr bedenklich finden, weil dann in der Öffentlichkeit gar keine Klarstellung erfolgen würde.

Staatsminister Dr. Krausneck teilt mit, daß die Art und Weise, wie der Prozeß aufgemacht werde, in ernsten Kreisen, namentlich auch in Berlin, mit größter Sorge verfolgt werde. Auch er könne sich bei ganz objektiver Prüfung des Eindrucks nicht erwehren, daß der Vorsitzende doch etwas einseitig eingestellt sei.

Staatsminister Dr. von Meinel vermißt, daß der Vorsitzende in seiner Fragestellung nie zum Ausdruck bringe, wie der Staat über die doch sehr schweren Dinge, um die es sich handle, denken müsse. Es sei ihm aufgefallen, daß das Gericht noch nie habe merken lassen, daß es anderer Ansicht sei als die Angeklagten. Man habe unwillkürlich das Gefühl, daß hier etwas nicht in Ordnung sei.

Staatsminister Dr. Matt erwähnt, daß der Vorsitzende geradezu Fragen stelle, wie: »Nicht wahr, an Gewaltanwendung haben Sie nicht gedacht?«

Staatsminister Gürtner führt aus, er sei schon wiederholt mit dem Vorsitzenden in Verbindung getreten und habe ihm z. B. von dem Schreiben des Wehrkreiskommandos Kenntnis gegeben. Er habe auch mit dem Vorsitzenden hinsichtlich der Reihenfolge bei der Vernehmung der Zeugen Fühlung genommen usf. Dem Vorsitzenden sei auch mitgeteilt worden, es habe einen peinlichen Eindruck gemacht, daß er Hitler vier Stunden habe sprechen lassen. Dieser habe aber erwidert, es sei unmöglich, den Redestrom Hitlers zu hemmen. Die Justizverwaltung müsse sich vor dem Vorwurf einer Beeinflussung des Gerichtes hüten und könne eigentlich nur durch die Staatsanwaltschaft eingreifen. Der Vorsitzende habe auch gegenüber den Angeklagten nicht die gleiche Möglichkeit, ihnen das Wort zu entziehen und sie in ihren Ausführungen zu beschränken wie gegenüber Zeugen. Aus stenografischen Niederschriften über die Gerichtsverhandlung gewinne man übrigens den Eindruck, daß die Berichterstattung der Zeitungen sehr mangelhaft sei.

Staatsminister Gürtner steht auf dem Standpunkt, daß der Vorsitzende das Fragerecht der Verteidiger ausschließen müßte, und hat ihm das auch schon durch einen Kollegen übermitteln lassen.

Was die Frage der Öffentlichkeit der Verhandlung anbelange, so habe er aus den stenografischen Protokollen, soweit er sie bisher habe nachlesen können, den Eindruck gewonnen, daß bisher Reich und Land durch die Öffentlichkeit der Verhandlung nicht in unerträglichem Maße gefährdet worden seien. Er könne es allerdings nicht billigen, daß das Gericht den Angeklagten sage, sie sollten das Gericht darauf aufmerksam machen, wenn die Öffentlichkeit ausgeschlossen werden müsse. Anderseits werde es ohne entsprechende Mitwirkung sowohl der Angeklagten als auch der Zeugen kaum möglich sein, hier alle Gefahren auszuschließen, nachdem der Vorschlag der Justizverwaltung, die Öffentlichkeit auszuschließen, nicht angenommen worden sei.

Landgerichtsdirektor Neithardt gestattet den Angeklagten, die Zeugen, vor allem Kahr, Lossow und Seißer, ausführlich zu befragen. In der nichtöffentlichen Sitzung des zwölften Verhandlungstages, des 11. März, stehen sich der Angeklagte Hitler und der Zeuge Kahr gegenüber. Sie beschäftigen sich mit dem Umfang der Vorbereitungen für den »Marsch nach Berlin«:

Hitler: Darf ich demgegenüber nur eine Frage stellen: Halten Exzellenz eine Mobilmachung der bayerischen Reichswehr bis zu einer Höhe von drei Divisionen, die finanzielle Vorbereitung hierfür, die Munitionierung derselben für eine normale oder eine anormale Angelegenheit, für eine Angelegenheit, die der höchsten Bedeutung wert ist, oder für eine Angelegenheit, die eigentlich so jeden Tag zwischendurchlaufen könnte und eigentlich normal wäre?

Kahr: In welchem Umfang diese Vorbereitungen getroffen worden sind, ich muß das wiederholen, damit war ich nicht befaßt, sondern das ist eben bemessen worden nach den Erwägungen, die beim Wehrkreiskommando und, wie ich annehme, auch im Benehmen mit dem Reichswehrministerium gespielt haben.

Hitler: Exzellenz war aber doch bekannt, daß das Reichswehrministerium in Berlin diese Verstärkung von drei Divisionen weder beantragt noch gewünscht hatte. Mithin mußten Exzellenz doch von dieser Angelegenheit, die gar nicht vom Reichswehrministerium irgendwie gewollt war, selber ...

Kahr: Wie weit die Verstärkung gegangen ist, in welchem Umfange, das war mir überhaupt nicht bekannt.

Hitler: Exzellenz haben aber doch zum mindesten Kenntnis gehabt von der Verstärkung der Grenzpolizei?

Kahr: Ich habe Kenntnis gehabt, das habe ich schon erwähnt, von der Grenzpolizei; ich habe Kenntnis gehabt, daß es notwendig sein wird, die Reichswehr, wenn sie auswärts verwendet wird, entsprechend zu verstärken; aber mit den weiteren Dingen, Vorgängen und weiteren Maßnahmen habe ich mich nicht weiter befaßt.

Hitler: Die Verstärkung der Grenzpolizei, von der Exzellenz zugegebenerweise Kenntnis hatte, ist eine geradezu lächerliche Kleinigkeit gegenüber einer Mobilmachung, die drei Divisionen umfaßt und die ausdrücklich streng geheimgehalten wurde, selbst geheimgehalten vor Berlin.

Kahr: Man wird von sofortiger Verstärkung der Grenzpolizei überhaupt nicht sprechen können, sondern überhaupt nur vom Aufruf der Grenzpolizei.

Hitler: Und selbst von dieser fast normalen Angelegenheit hatten Exzellenz Kenntnis! Von der vollständig anormalen der Bildung einer neuen Armee in Bayern in Stärke von drei Divisionen mit allem kriegstechnischen Material, das man nicht für Bayern benötigt, hatten Exzellenz keine Kenntnis!

Kahr: Wie weit diese Maßnahmen getroffen wurden, weiß ich nicht; darüber wird jedenfalls General Lossow eingehend Auskunft geben können. Welches Material da aufgeboten wurde usw., das weiß ich nicht, ich habe mich damit nicht befaßt.

Hitler: Hat Exzellenz von Lossow von sich aus politisch die Verantwortung zu tragen für derartige Maßnahmen oder mußte nicht die politische Verantwortung dafür doch Exzellenz tragen?

Kahr: Ich war überzeugt, daß Lossow keine Schritte unternehmen wird, die nicht politisch zu verantworten sind.

Hitler: Halten Exzellenz es für möglich, daß im früheren Reiche der Kriegsminister von sich aus eine Mobilmachung befohlen hätte ohne vorhergehende genaueste Übereinstimmung mit dem Reichskanzler, mit dem politischen Chef des Reiches?

Vorsitzender: Sind noch weitere Fragen in geschlossener Sitzung zu stellen?

Am fünfzehnten Verhandlungstag, am 14. März, bedrängen die Angeklagten und ihre Verteidiger den Zeugen Lossow mit der Frage nach dem intellektuellen Urheber des gemeinsam geplanten und vorbereiteten Unternehmens:

Vorsitzender: Herr Hitler, wollen Sie Ihre Frage näher präzisieren?, nämlich die Frage, in welchem Kopfe jener Gedanke entstanden ist, und können Sie vielleicht den Kopf gleich nennen, den Sie meinen?

Hitler: Es ist möglich, daß der Zeuge den ersten Urheber von sich aus nicht weiß; aber der Zeuge möge doch hier bekanntgeben, wer in seinen Augen der geistige Vater des Planes ist und mit wem er in dieser Richtung verhandelt hat, und zwar die Personen, nicht Verbände.

Vorsitzender: Das Gericht wird darüber Beschluß fassen. Herr Staatsanwalt, haben Sie darüber eine Erklärung abzugeben?

I. Staatsanwalt Stenglein: Nein, ich habe keine Erklärung abzugeben. Ich kann in diese dunklen Zusammenhänge, die da angedeutet werden, nicht hineinsehen.

Vorsitzender: Das Gericht wird Beschluß fassen.

Der Vorsitzende verkündet nach geheimer Beratung folgenden Beschluß:

Die von dem Angeklagten Hitler an den Zeugen gestellte Frage wird nicht zugelassen. Die Angeklagten haben ja selbst mit allem Nachdrucke behauptet, daß der erste Gedanke zu ihrer Bewegung erst am 6. November abends ohne jede vorgängige Vorbereitung entstanden sei. Die Frage nach der Urheberschaft des Direktoriumsgedankens und damit auch die Frage eines Zusammenhanges zwischen einer in Norddeutschland und einer in Süddeutschland dahingehenden Bewegung kann also mit der Tat der Angeklagten nicht im inneren Zusammenhange stehen. Deshalb wird die Frage als für die Entscheidung der Schuld- und Straffrage unerheblich abgelehnt.

Die Verteidigung führt Beschwerde über Lossow:

Verteidiger Bauer: Darf ich dazu eine kurze Erklärung abgeben? Im Auftrage der Gesamtverteidigung habe ich zu erklären: Die Verteidiger haben sich soeben darüber beraten, ob und auf welche Weise sie sich gegen den Ton, den Generalleutnant von Lossow als Zeuge hier beliebt, im Interesse des Ansehens ihrer Herren Mandanten und ihres eigenen Ansehens verwahren sollen. Da jedoch die bisherigen Belehrungen des Herrn Vorsitzenden bei dem Zeugen nichts gefruchtet haben, halten es die Verteidiger für zwecklos, in jedem einzelnen Falle neuerlich Vorstellungen gegen den Ton des Generalleutnants von Lossow zu erheben.

Vorsitzender: Ich habe bereits wiederholt um eine sachliche Beantwortung der Fragen ersucht, ich wiederhole dieses Ersuchen mit Rücksicht auf die Vermeidung von Reibungen, die der Sache abträglich sind. Ich darf also bitten und darf auch Herrn Hitler bitten, daß der Stimmaufwand nicht zu groß wird von beiden Herren.

Herr Hitler, haben Sie eine weitere Frage zu stellen?

Hitler: Ich darf vielleicht vorher noch erklären, daß es mir selbstverständlich ferne liegt, den Beschluß des hohen Gerichtes irgendwie zu kritisieren. Nur: Es wäre niemals zum 8. November gekommen, wenn nicht infolge der vorhergegangenen Ereignisse das Instrument, mit dem wir ja überhaupt den 8. November erst durchführen konnten, geschaffen worden wäre; denn dieses Instrument, das am 8. November eingesetzt wurde, ist das Produkt der hochverräterischen Tätigkeit der Herren Lossow, Kahr und Seißer.

Vorsitzender: Sie haben kein Recht, in dieser Weise zu kritisieren. Ich habe bereits den Standpunkt des Gerichtes gesagt, daß den Angeklagten konzediert werden kann, daß sie an die Ernstlichkeit einer Mittätigkeit dieser Herren geglaubt haben. Ob mit Recht oder Unrecht, wird das Gericht in seinem Urteile bereits zu entscheiden haben. Darf ich bitten, weiterzufahren?

In ihren Schlußworten bekennen sich die Angeklagten selbstbewußt zu ihrer Tat. Der militärische Führer des Deutschen Kampfbundes, Oberstleutnant a. D. Kriebel, führt aus:

Ich bekenne mich rückhaltlos zur Tat vom 8. und 9. November und halte sie heute noch für richtig. Heute nochmals vor die Frage gestellt, würde ich genauso handeln. Ich bin überzeugt, daß Deutschland ohne eine Tat nicht gerettet werden kann. Ich bin zu der Überzeugung gekommen vor allem durch die Leiden meiner Heimat, der Pfalz; auch der Pfalz kann nicht geholfen werden durch Reden und durch die sogenannte Tat einer Geldspende, sondern nur durch eine wirkliche Tat, und zu der waren wir entschlossen. Ich kann nur meinem Bedauern Ausdruck geben und meinem Schmerz darüber, daß wir durch unser zu großes Vertrauen an der Ausführung der rettenden Tat gehindert worden sind. Ich muß, so schmerzlich in gewisser Beziehung das ist, aussprechen, daß unsere Tat vom 8. November gescheitert ist an Trug und Wortbruch dreier ehrgeiziger Gesellen.

Oberlandesgerichtsrat Ernst Pöhner polemisiert gegen Reichspräsident Ebert:

Wer von den Beamten ist denn bereit, für diese Obrigkeiten, wie wir sie in den Bundesstaaten und im Reich gehabt haben, zu kämpfen und zu sterben? Ich habe diese Frage einmal einem Ministerialdirektor einer Zentralstelle in Berlin vorgelegt, der mir die Vorzüge Ebert Fritzes gerühmt hat, und diesen Beamten gefragt, ob er bereit sei, für Ebert zu sterben. Darauf erwiderte er, dazu könne er sich nicht entschließen.

Damit ist für mich diese Obrigkeit erledigt. Ich habe von Anfang an diese Pseudoobrigkeiten abgelehnt. Sie sind Afterregierungen, die man vom Gesichtspunkte des deutschen Rechtsempfindens, vom Standpunkt der christlichen Kultur aus nur bekämpfen kann. Diese Auffassung habe ich meinen Vorgesetzten gegenüber restlos und unverhüllt zum Ausdruck gebracht, nicht erst jetzt, sondern von Anfang an. Ich habe ihnen das sogar schriftlich gegeben. Vor eineinhalb Jahren wurde die Frage akut wegen meiner Einstellung zum Staatsgerichtshof und zum Republikschutzgesetz. Ich sollte damals vor dem Staatsgerichtshof erscheinen. Ich habe dann einen dienstlichen Bericht auf dem Dienstweg dem Justizministerium vorgelegt und meine Stellungnahme klipp und klar geäußert, daß ich diese Regierung, ihre Einrichtung und Gesetze nicht für mich als verbindlich anerkennen kann, daß sich mein Rechtsempfinden als Deutscher und Christ dagegen auflehnt und daß ich im Staatsgerichtshof nur ein Revolutionstribunal erblicke, dem gegenüber ich nicht zum Gehorsam verpflichtet bin, daß dieses sogenannte Gesetz zum Schutz der Republik nichts anderes ist als unter dem Druck der Straße und durch die Feigheit unserer Volksvertreter zustande gekommen, zur Knebelung der deutschen Freiheit.

Am 1. April 1924 erfolgt die Urteilsverkündung. Ein nicht genannter Beamter gibt der Polizeidirektion München zu Protokoll:

Der Zudrang zur Urteilsverkündung im Hitler-Prozeß war sehr stark. Die Ausgabe von Eintrittskarten war sehr freigebig gehandhabt worden. Beim Eingang in die Infanterieschule stauten sich noch die mit Eintrittskarten versehenen Personen, als oben bereits der Zuhörerraum mit Ausnahme der für die Aufsichtsbehörden reservierten Plätze überfüllt war. Unter den auf den Gängen sich aufhaltenden Personen sah man mehrere mit Blumensträußen. Die Stimmung im Zuhörerraum war verhältnismäßig ruhig. Kurz nach 10 Uhr erschienen die Angeklagten mit Ausnahme des erkrankten Oberlandesgerichtsrats Pöhner. Ludendorff, Kriebel, Röhm und Brückner trugen Uniform mit Ordensauszeichnungen. Gleich nach dem Eintritt der Angeklagten erschien das Gericht und begann mit der Urteilsverkündung. Der Urteilstenor wurde schweigend aufgenommen. Nach dessen Verlesung entfernten sich, soweit dies bei der Überfüllung des Saales möglich war, einige Vertreter der Staatsbehörden und der Presse. Die Urteilsbegründung, die etwa eine Stunde dauerte, wurde ebenfalls im allgemeinen ruhig angehört. Nur bei der rechtlichen Würdigung wurde an der Stelle, wo das Gericht ausführt, daß es sich weder von Sympathien noch Antipathien, noch von politischen Erwägungen leiten lassen dürfe, und den Satz zitierte: fiat justitia, pereat mundus, ein stärkeres Gemurmel laut, das den Vorsitzenden zu der Drohung der Saalräumung veranlaßte. Ferner wurde mehrfaches Bravo gerufen, als die Urteilsbegründung ausführte, Hitler sei zwar Österreicher, aber er betrachte sich als Deutscher und habe freiwillig im deutschen Heere gekämpft und sich hierbei große Verdienste erworben; auf einen Mann, der so deutsch denkt wie Hitler, könne nach Auffassung des Gerichts die Vorschrift des § 9 Absatz II des Republikschutzgesetzes keine Anwendung finden. Nach Verlesung der Urteilsgründe ersuchte der Vorsitzende die Angeklagten und die Verteidiger im polizeilichen Interesse, sich aus dem Sitzungssaale erst zu entfernen, wenn die Zuhörer den Saal verlassen haben. Hierauf versuchte Rechtsanwalt Roder einen Antrag auf Aufhebung des Haftbefehls gegen Hitler vorzubringen, der aber vom Vorsitzenden zurückgewiesen wurde. Darauf meldete sich Ludendorff zu Wort und erklärte: »Ich empfinde diese Freisprechung als eine Schande, die mein Ehrenkleid und meine Ordensauszeichnungen nicht verdient haben.« Im Zuhörerraum erhoben sich starke Heilrufe. Der Vorsitzende sagte hierauf: »Ich rufe Exzellenz Ludendorff ganz entschieden zur Ordnung. Ich frage die Schutzleute, ob sie die Namen von Personen nennen können, die Heil gerufen haben.« Als hierauf keine Namen genannt wurden, erklärte der Vorsitzende, er hätte, im Falle ihm Personen, die Heil gerufen haben, bekanntgeworden wären, drei Tage Haft gegen sie verhängt. Darauf verließ das Gericht den Sitzungssaal. Der Oberleutnant Brückner rief sodann zweimal laut in den Zuhörerraum: »Nun erst recht!« Der Zuhörerraum wurde hierauf geräumt, ohne daß irgendwelcher Widerstand geleistet wurde. Beim Verlassen der Infanterieschule konnte ich bemerken, daß sich vor der Absperrung etwa tausend singende und pfeifende Menschen angesammelt hatten und eine Anzahl von Personen die Absperrung bereits durchbrochen hatten; letztere konnte jedoch von der berittenen Schutzmannschaft leicht wieder hinausgetrieben werden. Die Demonstration war verhältnismäßig harmlos.

Das Volksgericht für den Landgerichtsbezirk München I verkündet folgendes Urteil:

I. Von den Angeklagten:

1. *Hitler Adolf*, geboren am 20. April 1889 in Braunau (Oberösterreich), Schriftsteller in München, seit 14. November 1923 in dieser Sache in Untersuchungshaft;
2. *Ludendorff Erich*, geboren am 9. April 1865 in Kuszewia, General der Infanterie a. D., Exzellenz in München;
3. *Pöhner Ernst*, geboren am 11. Januar 1870 in Hof a. S., Rat am Obersten Landesgerichte in München, in dieser Sache vom 9. November 1923 bis 23. Januar 1924 in Untersuchungshaft gewesen;
4. *Frick Wilhelm*, geboren am 12. März 1877 in Alsenz, Bezirksamt Rockenhausen, Oberamtmann der Polizeidirektion München, Dr. jur., in dieser Sache seit 9. November 1923 in Untersuchungshaft;
5. *Weber Friedrich*, geboren am 30. Januar 1892 zu Frankfurt a. M., Assistent an der tierärztlichen Fakultät der Universität München, Dr. med. vet., in dieser Sache seit 9. November 1923 in Untersuchungshaft;
6. *Röhm Ernst*, geboren am 28. November 1887 in München, Hauptmann a. D. in München, in dieser Sache seit 9. November 1923 in Untersuchungshaft;
7. *Brückner Wilhelm*, geboren am 11. Dezember 1884 in Baden-Baden, Oberleutnant der Reserve a. D. und Studierender der Staatswissenschaften in München, seit 23. November 1923 in dieser Sache in Untersuchungshaft;
8. *Wagner Robert*, geboren am 13. Oktober 1895 in Lindach, Kreis Moosburg (Baden), Leutnant in München, vom 16. November 1923 bis 14. Februar 1924 in dieser Sache in Untersuchungshaft gewesen;

9. *Kriebel Hermann*, geboren am 20. Januar 1876 in Germersheim, Oberstleutnant a. D. in München, in dieser Sache seit 16. Januar 1924 in Untersuchungshaft;

10. *Pernet Heinz*, geboren am 5. September 1896 in Berlin-Charlottenburg, Oberleutnant a. D. und Bankbeamter in München, vom 16. November 1923 bis 9. Februar 1924 in dieser Sache in Untersuchungshaft gewesen,

werden verurteilt:

Hitler, Weber, Kriebel und Pöhner, jeder wegen eines Verbrechens des Hochverrates je zu fünf Jahren Festungshaft, ab bei Hitler vier Monate zwei Wochen, Weber vier Monate drei Wochen, Kriebel und Pöhner je zwei Monate zwei Wochen Untersuchungshaft, sowie jeder zur Geldstrafe von zweihundert Goldmark, ersatzweise zu je weiteren zwanzig Tagen Festungshaft;

Brückner, Röhm, Pernet, Wagner und Frick, jeder wegen eines Verbrechens der Beihilfe zu einem Verbrechen des Hochverrats zu je einem Jahr drei Monate Festungshaft, ab bei Brückner vier Monate eine Woche, Röhm und Frick je vier Monate drei Wochen, Pernet und Wagner je zwei Monate drei Wochen Untersuchungshaft, sowie jeder zur Geldstrafe von einhundert Goldmark, ersatzweise zu je weiteren zehn Tagen Festungshaft,

sowie endlich alle zu den Kosten.

II. Ludendorff wird von der Anklage eines Verbrechens des Hochverrats unter Überbürdung der ausscheidbaren Kosten auf die Staatskasse freigesprochen.

III. Die Haftanordnungen gegen Frick, Röhm und Brückner werden aufgehoben.

Die sehr umfangreiche Begründung des Urteils befaßt sich sowohl mit der Vorbereitung und dem Verlauf des Putsches als auch mit seiner rechtlichen Würdigung. Sie schließt mit einem urteilsfremden Bedauern der Folgen des Putsches vom 8./9. November 1923 und mit einer kurzen Darstellung der Strafzumessung. Nach einer Erklärung der Bewunderung Hitlers lehnt sie ausdrücklich die Möglichkeit ab, diesen aufgrund des Republikschutzgesetzes aus Deutschland auszuweisen:

Beklagenswert sind die sichtbaren Folgen der Tat, der Tod und die Verwundung einer Reihe vaterlandsbegeisterter Männer.

Das Gericht will sich nicht darüber äußern, obwohl das Unheil verhütet worden wäre, wenn Generalstaatskommissar von Kahr dem am 7. November geäußerten Wunsche Hitlers um Gewährung einer Unterredung oder der um die gleiche Zeit gegebenen Anregung des Kommerzienrats Zentz zu einer Aussprache zwischen Hitler und Kahr unter vier Augen nach der »Bürgerbräukeller«-Rede Kahrs entsprochen hätte oder wenn dem Verlangen Hitlers zur Mitwirkung ein bestimmtes Nein der drei Herren von Kahr, von Lossow und von Seißer entgegengesetzt worden wäre oder wenn den von den Angeklagten in der Nacht vom 9. November unternommenen wiederholten Versuchen zur Klärung der Lage auch nur das geringste Entgegenkommen gezeigt worden wäre.

All den aufgeführten Strafmilderungsgründen stehen aber auch gewichtige Straferschwerungsgründe gegenüber. Die weitere Durchführung des Unternehmens hätte die Gefahr eines Bürgerkriegs heraufbeschworen, schwere Störungen des wirtschaftlichen Lebens des gesamten Volkes und vermutlich auch außenpolitische Verwicklungen herbeigeführt.

Bei Abwägung aller dieser Umstände sind den Angeklagten mildernde Umstände zugebilligt worden. Die an sich schon vom Gesetze sehr reichlich bemessene niederste Strafgrenze von fünf Jahren Festungshaft für die Haupttäter bildet eine ausreichende Sühne ihres Verschuldens. Die Tat der Gehilfen war eine verhältnismäßig so untergeordnete, daß auch hier die geringstzulässigen Strafen von einem Jahr drei Monaten Festungshaft am Platze erscheinen.

Nach § 9 Absatz 1 des Republikschutzgesetzes vom 21. Juli 1922 mußte neben den Freiheitsstrafen auf Geldstrafen in der für angemessen erachteten Höhe von 200 – zweihundert – bzw. 100 – einhundert – Goldmark erkannt werden. Im Uneinbringlichkeitsfalle tritt an Stelle von je zehn Goldmark ein Tag Festungshaft.

Die Anrechnung der Untersuchungshaft ist nach § 60 RStGB erfolgt.

Zu einem Ausspruch im Sinne des § 81 Absatz II RStGB bestand keine Veranlassung.

Hitler ist Deutschösterreicher. Er betrachtet sich als Deutschen. Auf einen Mann, der so deutsch denkt und fühlt wie Hitler, der freiwillig viereinhalb Jahre lang im deutschen Heere Kriegsdienste geleistet, der sich durch hervorragende Tapferkeit vor dem Feinde hohe Kriegsauszeichnungen erworben hat, verwundet und sonst an der Gesundheit beschädigt und vom Militär in die Kontrolle des Bezirkskommandos München I entlassen worden ist, kann nach Auffassung des Gerichtes die Vorschrift des § 9 Absatz II des Republikschutzgesetzes ihrem Sinn und ihrer Zweckbestimmung nach keine Anwendung finden.

Im Kostenpunkt ist nach § 496 ff. RStPO erkannt.

Aus all den oben aufgeführten, zugunsten der Verurteilten sprechenden Gründen hat das Gericht die Bewilligung von Bewährungsfristen in dem Umfang für angezeigt erachtet, wie er aus den mit dem Urteil verkündeten Beschluß ersichtlich ist.

Da die Bewährungsfristen für Brückner, Röhm und Frick sofort in Kraft treten, waren die gegen sie bestehenden Haftanordnungen aufzuheben.

Das Urteil enthält folgenden »Beschluß«:

Den Verurteilten Brückner, Röhm, Pernet, Wagner und Frick wird für den Strafrest mit sofortiger Wirksamkeit Bewährungsfrist je bis 1. April 1928 bewilligt.

Den Verurteilten Hitler, Pöhner, Weber und Kriebel wird nach Verbüßung eines weiteren Strafteils von je sechs Monaten Festungshaft Bewährungsfrist für den Strafrest in Aussicht gestellt.

Das Urteil löst in der Weltöffentlichkeit Verwunderung und Empörung aus. Der »Bayerische Kurier«, eine der Bayerischen Volkspartei nahestehende Zeitung, schreibt:

Man mag über das Urteil, das der Vorsitzende des Volksgerichts München am 1. April verkündet hat, denken wie man will, das eine wird ihm auch der schärfste Kritiker nicht abstreiten können, daß es der bisherigen Prozeßführung völlig und durchaus angemessen ist, ein Prozeß, der von einer Gerichtsverhandlung oft nur den Namen trug und im Inhaltlichen einer völkischen Agitationsversammlung glich; ein Prozeß, bei dem es kein Verhör der Angeklagten gab und bei dem die rechtlichen Gesichtspunkte gänzlich von parteipolitischen Erörterungen überwuchert wurden; ein Prozeß, bei dem die eigentliche Leitung oft ganz in den Händen der Angeklagten und der Verteidiger lag und Zeugen, Vertreter der Staatsautorität und fremde Souveräne schutzlos allen möglichen Schmähungen ausgesetzt waren; ein Prozeß, bei dem so »unwesentliche« Gesichtspunkte wie die Frage der außen- und innenpolitischen Folgen oder der Finanzierung der Straftat kaum mit einem Worte berührt wurden; ein Prozeß, bei dem der Staatsanwalt den Saal verließ, weil er keinen Schutz gegen persönliche Beleidigungen fand, und am nächsten Tage wieder reumütig zurückkehrte, ohne den Vorsitzenden wegen Befangenheit abzulehnen; ein Prozeß, bei dem über tausend Dinge gesprochen wurde, niemals aber über den öffentlich erhobenen Vorwurf, daß einer der Verteidiger mit einem Abgeordneten und mit dem Vorsitzenden über ein Vergleichsangebot gesprochen hat, wonach die Angeklagten den Prozeß nur dann ohne Schädigung des Vaterlandes zu führen bereit seien, wenn volle Begnadigung zugesagt werden würde; ein solcher Prozeß konnte fürwahr nicht anders beendet werden als durch das verkündete Urteil.

Partei ohne Zukunft?

Ende der völkischen Bewegung?

Noch bevor das Urteil im Prozeß gegen Hitler und Genossen ergeht, sammeln sich die Mitglieder der seit 9. November 1923 verbotenen NSDAP in zwei Gruppen, in der von Alfred Rosenberg gegründeten »Großdeutschen Volksgemeinschaft«, die seit dem 1. Januar 1924 von Julius Streicher und Hermann Esser geleitet wird, und in dem von den Deutschvölkischen am 7. Januar gegründeten »Völkischen Block in Bayern«. Dieser konstituiert sich für das ganze Reichsgebiet als »Nationalsozialistische Freiheitsbewegung«, die sich auch »Nationalsozialistische Freiheitspartei« nennt. An ihrer Spitze stehen General a. D. Ludendorff, Albrecht von Graefe und Gregor Strasser. Die Inhaftierung Hitlers benutzen alldeutsche, nationalistische und völkische Politiker, um die Leitung der »völkischen Bewegung« an sich zu reißen. Es kommt zu endlosen Intrigen und Auseinandersetzungen. Während die Tätigkeit der Nationalsozialistischen Freiheitsbewegung in Bayern durch die anhaltenden Prozesse vor Münchener Gerichten behindert ist, gewinnen völkische Gruppen außerhalb Bayerns an Bedeutung. Sie profitieren von dem Aufsehen, das Putsch und Prozeß erregt haben. Bei den Wahlen zum Bayerischen Landtag am 6. April 1924 erhält der Völkische Block 23 von 129 Abgeordneten. Im Anschluß an die Verurteilung der Angeklagten des Hitler-Prozesses kommt es zur Aburteilung zahlreicher Nationalsozialisten. Die Münchener Gerichte versuchen die turbulente Entwicklung zwischen 1919 und 1923 gerichtlich zu ahnden. Am 28. April 1924 werden 40 Mitglieder des »Stoßtrupp Hitler« abgeurteilt. Für den nach seiner Verurteilung in die Haftanstalt Landsberg am Lech verbrachten Hitler findet aus Anlaß seines 35. Geburtstages, am 23. April, eine, wie der »Völkische Kurier« schreibt, »glänzende Hitler-Geburtstagsfeier« statt:

Eine gewaltige Ehrenkundgebung veranstaltete die treue Schar der Frontsoldaten und Frontoffiziere zur Geburtstagsfeier Adolf Hitlers im »Bürgerbräukeller«. Daß das nationalsozialistische München in dichten Massen erschienen war, daß in dem Gewoge und Meer von Besuchern Uniformen leuchteten aus vergangenen Tagen und aus großer Zeit, daß schließlich alles Völkische in Eintracht und Begeisterung zusammengeströmt war, braucht als Selbstverständlichkeit bei der allgemeinen Verehrung des Mannes, der den Freiheitsgedanken und das völkische Bewußtsein im deutschen Volke zur heutigen Flamme entzündete – und dafür büßen muß hinter geschlossenen Mauern, keine besondere Hervorhebung.

Die Versammlung faßt einstimmig folgende Entschließung:

Die heute, den 23. April, im »Bürgerbräukeller« versammelten über 3 000 ehemaligen Frontkämpfer und Nationalsozialisten fordern von der jetzigen bayerischen Staatsregierung:

1. Die sofortige Freilassung der in Landsberg untergebrachten Festungsgefangenen Hitler, Kriebel und Dr. Weber.

2. Die Aufhebung des vom verflossenen Generalstaatskommissar von Kahr ausgesprochenen Verbotes der Nationalsozialistischen Deutschen Arbeiterpartei. [...]

4. Die sofortige Aufhebung des durch den verflossenen Generalstaatskommissar von Kahr verhängten Verbots des »Völkischen Beobachters«, damit die deutsche Freiheitsbewegung wieder ihr Organ erscheinen lassen kann.

Bei den Reichstagswahlen am 4. Mai erhält die Nationalsozialistische Freiheitsbewegung, die Einheitsliste der Nationalsozialisten und Deutschvölkischen, 1 918 000 Stimmen, das sind 6,5 Prozent der abgegebenen gültigen Stimmen. In diesem Wahlergebnis schlägt die Ausbreitung der nationalsozialistischen Vorstellungen durch, über die der klassische Philologe Ludwig Curtius berichtet:

Das Nazitum fing nach 1923 an, in unseren eigenen deutschnationalen Reihen sich auszubreiten. Sein Ziel der Wiederherstellung der nationalen Würde Deutschlands hätte auch mich verlockt, wären nicht gleich zu Beginn in der Agitation der Partei schon alle die verhängnisvollen Tendenzen sichtbar gewesen, die später den Untergang Deutschlands herbeiführten: die blinde Übersteigerung des Nationalgefühls, welche jeden Maßstab für die Beurteilung anderer Völker und ihrer geschichtlichen Leistungen verlor, die Überschätzung der kriegerischen und wirtschaftlichen Macht Deutschlands inmitten der großen Weltvölker, der Kampf gegen das Christentum, der grobschlächtige Antisemitismus, die widerspruchsvolle Rabulistik in der Behandlung wirtschaftlicher Fragen und das Faustrecht der brutalen Gewalt gegen alle Andersdenkenden und Schwachen. Das alles war mir von Anfang an so widerwärtig, daß ich im Unterschied von manchen Freunden, die glaubten, man könne durch Mitwirkung klärend und mildernd die noch in Gärung befindliche Partei beeinflussen, jede, auch die leiseste Berührung mit ihr ablehnte und freilich hoffte, das deutsche Volk würde im Laufe der Jahre diese psychische Erkrankung überwinden.

Am 12. Mai 1924 stellt die Staatsanwaltschaft bei dem Landgericht München I das von ihr eingeleitete Ermittlungsverfahren gegen das bayerische Triumvirat vom Herbst 1923, Generalstaatskommissar von Kahr, General von Lossow und Oberst von Seißer, ein. Zur Begründung ihres Beschlusses führt sie aus:

Das Verhalten der Herren Dr. von Kahr, General von Lossow und Oberst von Seißer am 8./9. 11. 1923 und vor dem 8. 11. 23 wurde bereits im Ermittlungsverfahren gegen Adolf Hitler und Genossen wegen Hochverrats strafrechtlich gewürdigt. Aufgrund des Ergebnisses der Hauptverhandlung gegen Hitler und Genossen und der nachträglichen ergänzenden Erhebungen wurde es neuerdings eingehend strafrechtlich geprüft. Das Ergebnis dieser Prüfung ist folgendes: Es ist nicht erwiesen, daß Dr. von Kahr, General von Lossow und Oberst von Seißer am 8. 11. 23 den ernsten Vorsatz hatten, bei dem hochverräterischen Unternehmen Hitlers und seiner Anhänger mitzutun, daß sie sich somit eines Verbrechens des Hochverrats oder der Beihilfe hierzu schuldig gemacht haben. Es liegt auch kein Beweis dafür vor, daß das Verhalten der genannten drei Herren vor dem 8. 11. 23 den Tatbestand einer strafbaren Handlung erfüllt.

Hitler verbringt in Gesellschaft ihm ergebener Gesinnungsgenossen eine in jeder Hinsicht angenehme Festungshaft in der Strafanstalt Landsberg am Lech. Es fehlen ihm keine Annehmlichkeiten des täglichen Lebens. Er kann sich der Zuschriften und der Besuche nicht erwehren. Er hat die Möglichkeit, sein Wissen durch eingehende Lektüre zu erweitern und, soweit er dazu in der Lage ist, auch zu vertiefen. Er betrachtet die mit ihm Inhaftierten als Publikum, vor dem er seine politischen Ansichten entwickelt. Otto Strasser schildert das Leben in der Haftanstalt:

In Landsberg geht es wie in einem Kasino, aber nicht wie in einem Gefängnis zu. Die Herren haben ein oder zwei Zimmer zu ihrer Verfügung. Sie empfangen Besucher, verbringen ihre Tage gemeinsam, rauchen, spielen Karten und bestellen beim Gefängniswärter Mahlzeiten, die sie sich mit raffinierter Feinschmeckerzunge ausdenken.

Die Bewohner des Parterre wären sogar restlos zufrieden, wenn nicht die lästige Manie des »Herrn vom ersten Stock« wäre, endlose Reden zu halten. Der »Herr vom ersten Stock« ist natürlich Hitler.

Eines Nachts halten die vom Parterre gemeinsam Rat. Was könnte man tun, um die erdrückende Flut der Worte Hitlers in eine Bahn zu lenken und an ihnen vorbeizuleiten? Gregor Strasser hat eine geradezu machiavellistische Idee: »Wie wäre es, wenn er seine Memoiren schriebe?«

Mit der größten Vorsicht wird der Plan dem kleinen Maler von Braunau suggeriert. Die Aussicht auf diese Arbeit lockt ihn. Strasser und die anderen Herren vom Parterre können von nun an ungestört Karten spielen und trinken. Hitler rennt in seinem Zimmer auf und ab. Sein Chauffeur und Mädchen für alles, Emil Maurice, spielt die Rolle, die Molière der Köchin zuzuweisen pflegte: an diesem finsteren Individuum [...] trainiert Hitler seine Beredsamkeit, an der man schon eine gewisse Dynamik feststellen kann.

Im Juni 1924 veranstalten die Nationalsozialisten eine Unterschriftenaktion »Gebt Adolf Hitler frei!«, die große Beachtung findet. Hitler fühlt sich durch diese Kundgebungen bestätigt. Die Vorgänge in der völkischen Bewegung sind für ihn jedoch nicht überschaubar und vor allem nicht beeinflußbar. Er schreibt am 16. Juni an Ludolf Haase in Hannover:

Wie ich nun aus einer ganzen Reihe von Zuschriften und Kundgebungen ersehe, lehnen zahlreiche Ortsgruppen und einzelne Verbände das Zusammengehen mit der Freiheitspartei grundsätzlich ab.

Endlich erfahre ich vom Ausschluß einer Anzahl alter Pg. aus der Bewegung durch Tagungen, deren Zusammensetzung mir unklar ist. Es ist mir unter solchen Umständen nicht mehr möglich, von hier aus irgendwie einzugreifen oder gar eine Verantwortung zu übernehmen.

Ich habe deshalb beschlossen, mich auf so lange von der öffentlichen Politik zurückzuziehen, bis mir die wiedergegebene Freiheit auch die Möglichkeit eines tatsächlichen Führers bietet.

Ich muß Ihnen deshalb erklären, daß ab jetzt niemand mehr das Recht besitzt, in meinem Namen zu handeln, sich auf mich zu berufen oder in meinem Namen Erklärungen abzugeben.

Ebenso bitte ich von jetzt ab keine Briefe politischen Inhalts mehr an mich zu richten.

Die Absicht, die Führung der verbotenen NSDAP niederzulegen, bekräftigt Hitler auch in einer Presseveröffentlichung am 7. Juli 1924:

Herr Adolf Hitler teilt uns aus Landsberg mit, daß er die Führung der nationalsozialistischen Bewegung niedergelegt hat und sich auf die Dauer seiner Haft jeder politischen Tätigkeit enthält.

Er zieht damit sämtliche von ihm ausgestellten persönlichen

Vollmachten zurück und bittet, sich nicht mehr auf sie zu berufen.

Herr Hitler bittet insbesondere seine ehemaligen Anhänger, von Besuchen in Landsberg künftig absehen zu wollen.

Der Grund für diesen Entschluß liegt in der Unmöglichkeit, augenblicklich irgendeine praktische Verantwortung übernehmen zu können, sowie in der allgemeinen Arbeitsüberlastung. Herr Hitler schreibt zur Zeit an einem umfangreichen Buche und will sich so die dafür nötige freie Zeit sichern.

General Ludendorff hat Herrn [*Gregor*] Strasser von der ehemaligen Nationalsozialistischen Arbeiterpartei für die Dauer der Inhafthaltung Hitlers in die Reichsführerschaft berufen.

Am 1. August 1924 veröffentlicht der »Völkische Kurier« eine Mitteilung Hitlers vom 29. Juli:

Trotz der von mir in der Presse veröffentlichten Bitte, von Besuchen in Landsberg am Lech absehen zu wollen, da ich zur Zeit an einer Arbeit hänge, die mir Unterbrechungen verbietet, erhalte ich dennoch besonders von auswärts immer wieder Besuche.

Ich wiederhole deshalb meine Bitte nochmals auf das dringendste und kann Ausnahmen nur dann annehmen, wenn mir vorher der Zweck des Besuches mitgeteilt wird und meine Einwilligung durch Rückantwort stattfindet. In allen Fällen bin ich, so leid es mir tut, gezwungen, die Besuche abzuweisen.

Beide Veröffentlichungen verweisen auf die Niederschrift von Hitlers »Mein Kampf«. Otto Strasser erinnert sich:

Seit Juli 1924 diktiert er Rudolf Heß, der ebenfalls auf der Festung Landsberg sitzt, sein Buch.

Heß ist ihm völlig ergeben. Von seiner Seite hat Hitler keine Einwände gegen die historischen Ungenauigkeiten zu erwarten, deren er sich schuldig macht, noch die geringste Kritik an den überspannten Monologen, in die das Redebedürfnis des »Meisters« mündet.

»Mein Kampf« war im Rohzustand ein wahres Chaos von Gemeinplätzen, von Schülerreminiszenzen, subjektiven Urteilen und persönlicher Gehässigkeit. Schlecht verdaute politische Lektüre vermischte sich hier mit den früheren Reden eines [*Karl*] Lueger, des Gründers der Christlich-Sozialen Partei in Österreich, oder eines [*Georg Ritter von*] Schönerer, des Führers der alldeutschen und antisemitischen Partei [*Deutschnationaler Verein*], die die Sudetendeutschen unter der Doppelmonarchie gegründet hatten.

Hitler benutzt die Arbeit an seinem Buch »Mein Kampf« als Grund, sich von der politischen Entwicklung fernzuhalten, da er keine Möglichkeit sieht, die wachsenden Spannungen in der völkischen Bewegung zu beseitigen. Obwohl der Parteitag der Nationalsozialistischen Freiheitsbewegung am 16./17. August 1924 in Weimar eine Einigung der völkischen Bewegung verkündet, zeigt diese immer schärfere Gegensätze zwischen Nationalsozialisten und Deutschvölkischen. Die Vertrauensmännerversammlung des Völkischen Blocks in Bayern richtet nach ihrer Tagung am 30./31. August Huldigungstelegramme an Ludendorff und Hitler. In dem Telegramm an Hitler erklärt sie:

Unserem lieben, hochverehrten Führer Adolf Hitler erneuern wir an dem heutigen Tage [...] das Gelübde, nicht zu ruhen und zu rasten, bis die Schmach dieses Tages gesühnt ist. Wir ersehnen die Stunde, die uns den Führer wiederschenkt.

Das Volksgericht München I hat bei seiner Verurteilung Hitler gleichzeitig den Beschluß verkündet, daß Hitler nach Verbüßung eines Strafteils von sechs Monaten Festungshaft Bewährungsfrist für den Strafrest erhalten soll. Bei der Einlieferung in die Haftanstalt Landsberg am Lech wird Hitler eröffnet, daß seine Strafe am 1. April 1924 beginnt. Da ihm vier Monate und zwei Wochen Untersuchungshaft angerechnet werden, wird das Strafende auf den 17. November 1928 festgelegt. Aufgrund des Beschlusses des Gerichts über die Aussetzung des weitaus größeren Teiles der verhängten Strafe wird das Teilstrafende auf den 1. Oktober 1924 festgelegt. Die Staatsanwaltschaft München I versucht, die Entlassung Hitlers zu diesem Zeitpunkt durch Versagen der Bewährungs-

frist zu verhindern. Es kommt darüber zu Auseinandersetzungen zwischen den zuständigen Gerichtsbehörden. Am 15. September 1924 berichtet auf Ersuchen der Staatsanwaltschaft München I der Direktor der Haftanstalt Landsberg am Lech, Oberregierungsrat Leybold, über das Verhalten Hitlers:

Hitler zeigt sich als ein Mann der Ordnung, der Disziplin nicht nur in bezug auf seine eigene Person, sondern auch in bezug seiner Haftgenossen. Er ist genügsam, bescheiden und gefällig. Macht keinerlei Ansprüche, ist ruhig und verständig, ernst und ohne jede Ausfälligkeit, peinlich bemüht, sich den Einschränkungen des Strafvollzugs zu fügen. Er ist ein Mann ohne persönliche Eitelkeit, ist zufrieden mit der Anstaltsverpflegung, raucht und trinkt nicht und weiß sich bei aller Kameradschaftlichkeit seinen Haftgenossen gegenüber eine gewisse Autorität zu sichern. Als Junggeselle, der auch in der Freiheit keine Ansprüche an eine gute Lebenshaltung stellt, trägt er den Entzug der Freiheit leichter als seine verheirateten Schicksalsgenossen. Er hat keinen Zug zur Weiblichkeit, Frauen, mit denen er hier bei Besuchen in Berührung tritt, begegnet er mit größter Höflichkeit, ohne sich mit ihnen in ernste politische Besprechungen einzulassen. Gegen die Beamten der Anstalt tritt er stets höflich und nie in verletzender Form auf. Hitler, der anfangs sehr viele Besuche bekommen hat, hält sich, wie bekannt ist, seit einigen Monaten politische Besuche möglichst fern, er schreibt nur ganz wenig Briefe, meistens nur Danksagungen. Er beschäftigt sich täglich viele Stunden lang mit dem Entwurf seines Buches, das in den nächsten Wochen erscheinen soll und seine Autobiographie, Betrachtungen über das Bürgertum, Judentum und Marxismus, deutsche Revolution und Bolschewismus, über die nationalsozialistische Bewegung und die Vorgeschichte des 8. November 1923 enthalten wird. [...]

Er ist in den zehn Monaten der Untersuchungs- und Srafhaft ohne Zweifel reifer und ruhiger geworden, als er es war. Er wird nicht mit Drohung und Rachegedanken gegen die im entgegengesetzten Lager stehenden, im November 1923 seine Pläne durchkreuzenden amtlichen Personen in die Freiheit zurücktreten, wird kein Wühler gegen Regierung, kein Feind anderer Parteien, die national gesinnt sind, sein. Er betont, wie sehr er überzeugt davon ist, daß ein Staat ohne feste Ordnung im Innern und ohne feste Regierung nicht bestehen könne.

Der Einspruch der Staatsanwaltschaft München I erreicht, daß Hitler nicht zum 1. Oktober 1924 entlassen wird. Da die Aussichten, die vorzeitige Entlassung Hitlers zu verhindern, jedoch gering sind, ist das Bayerische Gesamtstaatsministerium bestrebt, Hitler nach der Haftentlassung in sein Geburtsland Österreich abzuschieben. Am 4. Oktober spricht der Ministerialrat im Bayerischen Staatsministerium des Innern, Kohlndorfer, auf der Deutschen Gesandtschaft in Wien vor, die darüber am 5. Oktober an das Auswärtige Amt in Berlin berichtet:

Gestern früh sprach der Ministerialrat im Bayerischen Staatsministerium des Innern, Kohlndorfer, auf der Gesandtschaft vor und sagte mir, daß er im streng vertraulichen Auftrage seiner Regierung komme, um mit dem hiesigen Kabinett wegen einer eventuellen Übernahme Hitlers nach Österreich in Verbindung zu treten. Die Angelegenheit sei sehr dringend, da schon in den nächsten Tagen das Gericht entscheiden werde, ob Hitler noch weiter in Haft zu behalten oder ob er unter Zuerkennung einer Bewährungsfrist zu entlassen sei. Im letzteren Falle wolle ihn die bayerische Regierung nicht im Lande behalten, sondern unverzüglich abschieben.

Da Hitler nach Auffassung der bayerischen Behörden österreichischer Staatsangehöriger sei, wäre Passau als Übernahmeort in Aussicht genommen gewesen. Das Land Oberösterreich habe Hitler auch als österreichischen Staatsangehörigen anerkannt und sei bereit gewesen, ihn zu übernehmen. Am letzten Freitag früh habe jedoch die bayerische Grenzbehörde in Passau gemeldet, daß die dortige österreichische Stelle direkt von Wien Weisung erhalten habe, Hitler nicht zu übernehmen. Dadurch seien die ganzen Dispositionen der bayerischen Regierung umgeworfen worden. Er habe nun den Auftrag erhalten, die Angelegenheit im unmittelbaren Benehmen mit der hiesigen Regierung zu klären und wenn irgend möglich die Übernahme Hitlers sicherzustellen.

Während die Oberösterreichische Landesregierung in Linz zunächst ihre Bereitschaft erklärt, Hitler zu übernehmen, lehnt die Bundesregierung der Republik Österreich eine Übernahme Hitlers kategorisch ab. Bei einer Begegnung zwischen Bundeskanzler Ignaz Seipel und dem bayerischen Ministerpräsidenten Heinrich Held, der am 28. Juni als Nachfolger von Knillings gewählt worden ist, in Lindau, wird auch über die Abschiebung Hitlers nach Österreich gesprochen. Bundeskanzler Seipel teilt dem Sektionschef Franz Peter darüber mit:

1. Wie ich Held getroffen habe, wurde in rein zufälliger Form während des Speisens von Hitler gesprochen.

Held sagte mir scherzweise: »Wenn Hitler aus der Haft entlassen wird, so werden wir ihn über die österreichische Grenze bringen.« Ich erwiderte: »Wir werden schauen, daß Sie ihn selbst behalten.« Der »Miesbacher Anzeiger« hat dieses Gespräch als eine ernste Unterredung geschildert.

2. Ohne daß ich davon Kenntnis hatte, und zwar zu einer Zeit, als ich schon wieder in Wien weilte, wurde von Bayern aus nach Linz mitgeteilt, daß Hitler aus der Haft entlassen wird und daß man ihn zwangsweise nach Oberösterreich überstellen wolle. Von Linz aus ist über die Übergangsmodalitäten von Bayern gesprochen worden.

3. Unabhängig davon, weil man dies hier nicht wußte, ist bei uns aufgrund der Zeitungsnachrichten in den Ämtern die Frage diskutiert worden, was im Falle des Versuches, Hitler zwangsweise von Bayern nach Österreich zu überstellen, zu tun wäre. Ich bin gefragt worden, welche Weisungen den Grenzpolizeibehörden an der österreichisch-bayerischen Grenze zu erteilen wären, und ich habe den Auftrag gegeben, diese Polizeibehörden anzuweisen, Hitler nicht zu übernehmen, solange die Notwendigkeit hierzu aufgrund eines auf diplomatischem Wege gestellten Ansuchens nicht gegeben sei. Diese Weisung ist hinausgegangen.

Am 7. Dezember 1924 finden Neuwahlen des Reichstags und des preußischen Landtags statt. Die Nationalsozialistische

Freiheitsbewegung erhält bei den Reichstagswahlen 907 000 Stimmen, das sind 3 Prozent der abgegebenen gültigen Stimmen. Sie entsendet 14 Abgeordnete in den Reichstag. Der erhebliche Rückgang der Nationalsozialistischen Freiheitsbewegung begünstigt die sich ausbreitende Vorstellung, die völkische Bewegung habe ihren Höhepunkt überschritten, da die wirtschaftliche Konsolidierung eine politische Stabilisierung begünstigt. Diese Ansicht erklärt auch die Gleichgültigkeit gegenüber der Entlassung Hitlers aus der Festungshaft. Am 19. Dezember verwirft das Oberste Landesgericht des Freistaates Bayern die staatsanwaltschaftliche Beschwerde gegen den Beschluß des Landgerichts München I, der die Bewilligung der zugesagten Bewährungsfrist für Hitler vorsieht. Das Bayerische Oberste Landesgericht erklärt die Bewährungsfrist für Hitler als Rechtens. Die Staatsanwaltschaft München I ordnet in einem Telegramm an die Haftanstalt Landsberg am Lech die sofortige Entlassung Hitlers und Kriebels an. Am 20. Dezember 1924 wird Hitler aus der Festungshaft entlassen. Er kehrt nach München zurück. Über die Bedeutung der Haft für Hitler sagt Hitlers Rechtsberater Hans Frank:

Wie Hitler mir einmal erzählte, las er in der Haft, was er bekommen konnte: Nietzsche, [*Houston Stewart*] Chamberlain, Ranke, Treitschke, Marx und anderes, Bismarcks »Gedanken und Erinnerungen« und viele bis dahin veröffentlichte Kriegserinnerungen deutscher und alliierter Feldherrn und Staatsmänner. Er muß wohl insgesamt einen für seine Gesamtanschauungen sehr festigenden Schlußeindruck von seinen Lesungen erhalten haben, denn er sagte einmal – bei Tisch –: »Landsberg war meine Hochschule auf Staatskosten. Ich erkannte die Richtigkeit meiner Anschauungen auf lange Sicht aus der Welt- und Naturgeschichte und wurde für mich zufrieden angesichts des ganzen widerspruchsvollen heuchlerischen Wissensgetues der Professoren und Universitätspfaffen überhaupt. Im übrigen ist Wollen mehr als Wissen.«

Da Hitler sobald als möglich seine politische Tätigkeit wiederaufnehmen will, ersucht er, einem Rat des mit ihm verurteilten früheren Münchener Polizeipräsidenten Pöhner fol-

gend, um eine Unterredung mit dem bayerischen Ministerpräsidenten Held, dem er die Erklärung abgeben will, sich nur mit legalen Mitteln an der politischen Auseinandersetzung zu beteiligen. Den Weg zu Ministerpräsident Held ebnet ihm Justizminister Gürtner. Vierzehn Tage nach seiner Entlassung aus der Haftanstalt Landsberg am Lech, am 4. Januar 1925, steht Hitler dem Ministerpräsidenten Held gegenüber:

Zu Anfang des Jahres 1925 empfing Ministerpräsident Dr. Held nach einigem Zögern Adolf Hitler zu einer von diesem dringend erbetenen Aussprache. Es war die erste von drei persönlichen Begegnungen, die Held mit Hitler hatte. Der Besuch erfolgte unter vier Augen. Hitler spielte die Rolle des zahmen Mannes. Trotzdem hielt es der Ministerpräsident für angebracht, in aller Öffentlichkeit zu erklären, er habe Hitler keinen Zweifel darüber gelassen, daß er Verhältnisse, wie sie sich vor und nach dem 9. November ergeben hätten, unter keinen Umständen dulden werde. Als trotzdem da und dort allerlei politische Schlußfolgerungen aus jener Unterredung gezogen wurden, ließ der Ministerpräsident durch die offizielle Korrespondenz seiner Partei darauf aufmerksam machen, daß man weder die Zeit noch die Regierung mit früheren Zeiten und früheren Regierungen vergleichen dürfe: »Die Zeiten haben sich doch wesentlich geändert. Das bayerische Volk hat eine Vorstellung der sich neu anbietenden Akteure hinter sich, und es hat von der einen Vorstellung genug. Es ist eine vollkommene Verkennung der ganzen Lage, wenn jemand jetzt von den Problemen einer loyalen Zusammenarbeit der verfassungsmäßigen Staatsregierung mit den Revolutionären von gestern als von einem gleichberechtigten Partner spricht.«

Im Januar 1925 findet eine Preußentagung der Nationalsozialistischen Freiheitsbewegung statt, auf der sich die Abgeordneten Reinhold Wulle und Albrecht von Graefe mit der zukünftigen Rolle Hitlers in der völkischen Bewegung befassen. Wulle erklärt, die frühere Autorität Hitlers dürfe nicht wieder in Erscheinung treten:

Der Ultramontanismus sei die weitaus größte Gefahr, schlimmer noch als die jüdische Gefahr. Hitler habe dem Ministerpräsidenten Dr. Held einen Besuch gemacht. Die Gefahr bestünde, daß Hitler, durch die lange Haft vielleicht mürbe gemacht, sich vor dem Ultramontanismus beuge.

Die Gefahr des bayerischen Partikularismus würde unter einer schwachen Führung Hitlers um so größer. Wulle betonte dabei, daß er ausgesprochen preußische Politik vertrete.

Auf das taktische Mittel des Parlamentarismus dürfe die Völkische Freiheitspartei nicht verzichten. Auch Bismarck habe sehr oft demokratische Mittel benutzt, um zu seinem Ziele zu gelangen.

Deshalb erwartet Wulle von Hitler und seinem Anhang, daß sie sich unter eine kluge politische Führung von Berlin stellen. Denn das »Gefühlsmäßige« der Hitlerianer sei zwar ganz schön, aber man müsse doch vor allem ein »kluger Politiker« sein.

Die Wulle und Graefe ließen überhaupt deutlich hören, daß sie den Adolf Hitler für keinen Politiker halten, daß sie ihn aber als »Trommler« recht gerne in ihre Dienste nehmen möchten. Darum hat Herr Wulle zu den Hitlerianern mit besonderem Nachdruck von der »Einigkeit« und der »Disziplin« in der Bewegung gesprochen.

Deutlicher noch als Wulle drückte sich der bekannte Reichstagsabgeordnete [*Wilhelm*] Henning aus. Er ist entschieden gegen die von Hitler beabsichtigte Neuaufziehung der Nationalsozialistischen Arbeiterpartei. Hitler lasse sich zu sehr von »jugendlichen, unreifen Schwätzern« beeinflussen. Man wisse heute nicht bestimmt, ob Hitler noch der alte sei, ob er noch völlig frei sei. Aber selbst wenn er das noch ist, so wäre er zwar ein guter Trommler, aber kein Politiker.

Am deutlichsten aber kam der Gegensatz der Völkischen Freiheitspartei gegen Hitlers Nationalsozialistische Arbeiterpartei zum Ausdruck durch Dr. Körner. Dieser erklärte: »Hitler will nicht Trommler sein, sondern Papst. Wir von der Freiheitspartei haben alles geschaffen, Hitler nichts! Hitler hat Treubruch begangen am Treubund!«

Die Hitlerianer antworteten darauf mit großem Lärm. Aber der Vorsitzende Wulle wies nicht etwa den Sprecher Dr. Körner zurecht, sondern die lärmenden Hitlerianer.

Hitler läßt sich durch diese Agitation nicht beeinflussen. Hermann Fobke, ein Göttinger NS-Funktionär, teilt nach Zusammenkünften mit Hitler vom 28. bis 30. Januar 1925 in München den norddeutschen Nationalsozialisten mit:

1. Hitler denkt nicht daran, mit der Freiheitspartei zu paktieren. Nachdem seine Bedingungen seinerzeit im Frühjahr vorigen Jahres abgelehnt worden sind, kommt eine Verschmelzung für ihn keineswegs mehr in Frage. Persönliche Beziehungen Hitlers zu Graefe [...] bestehen nicht.

2. Sobald der Ausnahmezustand in Bayern aufgehoben und damit die NSDAP wieder erlaubt wird, erfolgt umgehend eine entsprechende Erklärung Hitlers, die zur Neugründung der Partei im ganzen Reich auffordern wird. Die Zusage des Ministerpräsidenten Held auf Freigabe der Bewegung hatte Hitler bei meinem Dortsein schon in der Tasche. (Nach den neuesten Meldungen ist mit der Aufhebung des Belagerungszustandes sehr bald zu rechnen, der Bayerische Landtag muß nur noch eine entsprechende Vorlage erledigen, die ihm in dieser Woche zugehen soll.) Hitler mahnt für diese Zwischenzeit alle Anhänger zur Geduld. Es ist taktisch gar nicht möglich, etwas zu unternehmen, bevor die Bewegung nicht auch in Bayern frei ist.

3. Hitler wird sich bei der Neuorganisation nicht an einzelne Gruppen binden. Er garantierte mir jedoch dafür, daß an die Unterführerstellen »nur echte Nationalsozialisten« kämen.

4. Hitler hat mir die Zusage gemacht, nach dem Norden zu kommen, um »ihn intensiv zu bearbeiten«.

5. Hitler legt besonderen Wert auf Folgendes:

a) Es wird ihm von freiheitsparteilicher Seite der Vorwurf gemacht, er habe bei seinem Besuch beim bayerischen Ministerpräsidenten Held vor dem Zentrum »gekuscht«. Hitler stellt ausdrücklich fest, daß sein Besuch nur den Zweck gehabt hat, die noch in Landsberg befindlichen Gefangenen freizubekommen, was ihm gelungen ist. In politischer Hinsicht ist Hitler keinerlei Bindung eingegangen, er hat Held nur das Versprechen gegeben, »keinen Putsch zu machen«. [...]

b) Von den Freiheitsparteilern wird er, weil er eine Bindung mit ihnen nicht eingehen will und einen Brief Graefes nicht beantwortet hat, der in dieser Richtung zielte, des »Treubruchs am Treubund« geziehen. Hitler bemerkt dazu, daß er keine Veranlassung gehabt hätte, auf den Brief Graefes zu antworten, der für ihn keine Sonderstellung einnehme. [...]

6. Es ist eine schamlose Lüge der Freiheitspartei, wenn behauptet wird, Hitler sei durch die Haft mürbe geworden. Er ist elastischer als je zuvor.

7. Hitler betonte wiederholt, daß sein Kurs ganz der alte sei, d. h. sein Kampf vor allem dem Marxismus gelte.

Der Zerfall der völkischen Bewegung geht rasch vor sich. Am 13. Februar 1925 legen Ludendorff und Graefe die Reichsführerschaft der Nationalsozialistischen Freiheitsbewegung nieder. Ungeduldig wartet Hitler auf seinen Wiedereintritt in die Politik. Am 16. Februar veröffentlicht Bayern die Aufhebung des noch immer bestehenden Ausnahmezustandes, wodurch die Rechtsgrundlage des Verbotes sowohl der NSDAP als auch der KPD entfällt. Am 26. Februar erscheint zum erstenmal nach seinem Verbot der »Völkische Beobachter«. Hitler veröffentlicht darin den Leitartikel »Zum Wiedererstehen unserer Bewegung« und »Grundsätzliche Richtlinien für die Neuaufstellung der Nationalsozialistischen Deutschen Arbeiter-Partei«. In seinem Leitartikel schreibt er:

So wie vor fünf Jahren sehe ich mich heute gezwungen, damit wieder von vorne zu beginnen, obwohl ich die Überzeugung hege, daß das Werk diesmal leichter gelingen wird. Mitte Juni 1924 habe ich die Führung der nationalsozialistischen Bewegung niedergelegt. Es war mir nicht möglich, aus der Festung heraus eine praktische Verantwortung übernehmen zu können für die Leitung einer großen Partei, in einer Zeit, da schwere Entscheidungen dauernd getroffen werden mußten. [...]

Ich muß mich an dieser Stelle besonders gegen den Versuch wenden, religiöse Streitigkeiten in die Bewegung hineinzerren zu wollen, ja, die Bewegung damit gleichzustellen. Ich habe mich immer gegen die Sammelbezeichnung »Völkisch« gewehrt, weil die außerordentlich unbestimmte Auslegung dieses Begriffes selbst schädlichen Versuchen Tor und Tür öffnet. Die Bewegung hat deshalb auch früher mehr Wert auf ihr klar umrissenes Programm gelegt sowie auf die bei ihr eingeführte einheitliche Tendenz ihres Kampfes als auf einen zu mehr oder minder phrasenhaften Auslegungen geeigneten nicht klar definierbaren Begriff.

Wenn heute von verschiedenen Seiten der Versuch unternommen wird, die völkische Bewegung in religiösen Belangen anzusetzen, so sehe ich darin den Beginn ihres Endes.

Religiöse Reformationen können nicht von politischen Kindern gemacht werden. Um etwas anderes aber handelt es sich bei diesen Herrschaften nur sehr selten.

Am 27. Februar 1925 erfolgt im Münchener »Bürgerbräukeller« die Wiederbegründung der NSDAP. Hitler bittet den Gründer der Partei, die Versammlung zu eröffnen und zu leiten. Drexler verlangt den Ausschluß von Hermann Esser aus der in Neugründung befindlichen Partei. Hitler lehnt dieses Ersuchen ab. Er spricht in der ersten Versammlung nach dem Verbot über das Thema »Deutschlands Zukunft und unsere Bewegung«. Viertausend Besucher sind anwesend. Hitler sagt offen und unmißverständlich, welchen Platz er in der völkischen Bewegung einzunehmen wünscht:

Wenn jemand kommt und mir Bedingungen stellen will, dann sage ich ihm: Freundchen warte erst einmal ab, welche Bedingungen ich dir stelle. Ich buhle ja nicht um die große Masse. Nach einem Jahr sollen sie urteilen, meine Parteigenossen; habe ich recht gehandelt, dann ist es gut; habe ich nicht recht gehandelt, dann lege ich mein Amt in ihre Hände zurück. Bis dahin aber gilt: Ich führe die Bewegung allein, und die Bedingungen stellt mir niemand, solange ich persönlich die Verantwortung trage. Und ich trage die Verantwortung wieder restlos für alles, was in der Bewegung vorfällt.

Diese Ausführungen Hitlers veranlassen die bayerische Regierung, am 9. März über Hitler ein Redeverbot zu verhängen. Preußen und die meisten Länder schließen sich diesem Vorgehen an. Hitler ist seines wirksamsten Mittels, der Rede in Massenkundgebungen, beraubt. Zwei Jahre lang kann er in den meisten deutschen Ländern keine öffentliche Versammlung abhalten. Hitler benutzt in dieser Zeit zwei Mittel, um sich in Erinnerung zu halten. Er spricht in geschlossenen Mitgliederversammlungen und Veranstaltungen. Er veröffentlicht zahlreiche Leitartikel. Er ist gezwungen, sich in persönlichen oder gesellschaftlichen Gesprächen zu behaupten. Karl Alexander von Müller schreibt:

Er [*Hitler*] stand nach der vorzeitigen Entlassung aus Landsberg fürs erste unter öffentlichem Redeverbot. Aus diesem Grund lud das Ehepaar Bruckmann – Hugo Bruckmann war in seiner ruhigeren und skeptischeren Art dem politischen Weg seiner Frau gefolgt – in kurzen Abständen für ihn eine Gruppe jeweils berufsverwandter Männer und Frauen ein, das eine Mal Künstler, das andere Mal Männer der Wirtschaft, das eine Mal höhere Beamte, das nächste Mal Gelehrte oder Techniker, meist zwischen vierzig und sechzig Gäste.

Hitler hatte hier nicht die narkotisierende Atmosphäre der großen überfüllten Massenversammlungen, die betäubende Marschmusik, die fanatisierenden Fahnenaufmärsche, die atemlose Aufnahmebereitschaft erregter, entwurzelter Menschenmengen. Er mußte im Gegenteil mit einer überwiegend kritischen und meist abgeneigten Hörerschaft rechnen, die er im Grund seines Herzens haßte oder verabscheute. Es war für ihn eine ganz neue Schule der Propaganda, der Verstellung, des Menschenfangs. Er selbst war gegenüber den früheren Jahren seit Putsch und Festungshaft stark verändert. Das schmale, blasse, kränkliche, oft fast leer wirkende Gesicht war kräftiger zusammengefaßt, die starke Struktur des Knochenbaus, von der Stirn bis zum Kinn, trat ausgeprägter hervor; was früher schwärmerisch wirken konnte, war nun einem unverkennbaren Zug der Härte gewichen: es war im wesentlichen schon beinahe das Bild geworden, das man von später im Gedächtnis hat.

Das über ihn verhängte Redeverbot und die Ausbreitung der völkischen Bewegung in Norddeutschland veranlassen Hitler, am 11. März 1925 Gregor Strasser, von 1921 bis 1923

Gauleiter und SA-Führer von Niederbayern, den Aufbau der norddeutschen Parteiorganisation zu übertragen. Über Strasser, der schließlich zum Gegenspieler Hitlers wird, bemerkt Albert Krebs, der erste Gauleiter der NSDAP in Hamburg:

Der Landshuter Apotheker Gregor Strasser, äußerlich und innerlich ein Urbayer, war derb, angriffslustig, allen Genüssen und Freuden des Lebens, den groben und den feinen, zugetan, beweglichen Geistes und unruhigen Blutes, aber zuzeiten auch vorsichtig und voll bäuerlicher Schlauheit, Beharrlichkeit und Neigung zu Gewachsenem und Überliefertem. Er erzählte mit triumphierendem Behagen die Geschichte vom Empfang seiner Batterie im Herbst 1918 durch den Landshuter Soldatenrat: »Da stand der Haderlump und schwatzte und schwatzte seine saudummen angelernten Sprüch von der Internationale, vom siegreichen Proletariat, von den blutsaufenden Generälen und Kriegshetzern und den schweißschindenden Kapitalisten und Burschoas. Ich saß oben auf meinem Gaul, den ich so heimlich gegen den Kerl drückte, daß der immer wieder einen Schritt zurück mußte, sagte gar nichts und sammelte nur langsam das ganze Maul voll Spucke. Schließlich war der Kerl am Ende und schrie: ›Liefert die Waffen ab, reißt die Fahnen und Kokarden herunter, wählt Soldatenräte!‹ Da war ich auch so weit; das ganze Maul voll habe ich ihm mitten ins Gesicht gespuckt. Weggeschwemmt hab ich den Lump. Und dann hab ich kommandiert: ›Batterie trab!‹, und wir sind in Landshut eingezogen, wie wir 1914 ausgezogen sind.« Das war jener Gregor Strasser, der bei Saalschlachten trotz seines Zuckerleidens noch selbst den Rock auszog, von der Vortragsbühne heruntersprang und mit einem Stuhl um sich schlug oder im Reichstag einen lärmenden Tumult erregte. Es gab aber auch noch einen anderen Strasser, der mit Künstlern und Schriftstellern Freundschaft hielt, etwa mit einem so feinsinnigen Mann wie dem Balten Otto von Taube, und vieles las, während einer Krankheit sogar den Homer im Urtext.

Die Beauftragung Gregor Strassers mit der Sammlung der norddeutschen Nationalsozialisten kann nicht über die wenig aussichtsreiche Lage der NSDAP hinwegtäuschen. Die Natio-

nalsozialistische Freiheitsbewegung bricht auseinander, da ihre Führer zerstritten sind. Hitler hat Redeverbot; sein Führungsanspruch wird abgelehnt. Sein Bekenntnis zur Legalität macht ihn in den Augen vieler Anhänger lächerlich – Umstände, die den Berliner Schriftsteller und Journalisten Heinz Pol veranlassen, in der »Weltbühne« das »Ende der völkischen Bewegung« festzustellen:

Während des parlamentarischen Faschingstrubels; während der gloriosen Epoche der Halbdutzend Untersuchungsausschüsse; während der Katzbalgerei um die Ehre, ein paar Jahre lang Vorsitzender der deutschen Republik sein zu dürfen – währenddessen ist ein Patient sanft verschieden. Und da der Patient grade nicht aktuell war, so bekam er keine Nachrufe. Schade: er hat es verdient. Er war, nehmt alles nur in allem, ein süßer Schneck. Jetzt, wo er tot ist, kann man ja ruhig sagen, daß man gelegentlich schreckliche Angst vor seinen Wutausbrüchen hatte. Aber er hat sich dann gemausert, ist älter geworden, und kaum in die Flegeljahre gekommen, war er bereits ein sittsamer junger Mann, wie es deren viele gibt. Nun ist er jung gestorben – die germanischen Götter liebten ihn wohl. Und wir sind ganz mit ihm ausgesöhnt.

Wie es eigentlich kam, daß die völkische Bewegung in Deutschland so schnell und lautlos zusammenbrach, ist nur zu verstehen, wenn man weiß, daß die ganze Bewegung, der zur Zeit ihrer höchsten Blüte, Anfang November 1923, immerhin einige Millionen Menschen folgten, in Wirklichkeit nur von etwa zehn Männern gemacht worden war, die ihrem Charakter, ihren Fähigkeiten, ihrer Abstammung und Erziehung nach zu verschieden waren, um länger als ein paar Monate hindurch – und auch die nur mit Ach und Krach – gemeinsam zu führen.

Die völkische Bewegung war zunächst einmal in drei ganz große Heerlager geteilt, nämlich in die bayrische, die thüringische und die mecklenburgische. In Bayern regierte Hitler, in Thüringen Dinter und in Mecklenburg v. Graefe. Die vierte Kanone: Ludendorff, in Nord- und Mitteldeutschland nicht sehr geschätzt, fand Aufnahme bei Hitler.

Der Abstieg begann mit Hitlers Festungshaft. Schlimm war nicht seine Abwesenheit. Schlimm war vielmehr Ludendorffs Versuch, kaum daß sein Intimus für ein paar Monate politisch unschädlich gemacht worden war, sich selbst auf den Thron zu setzen. Sofort kam es zu einem furchtbaren Krach mit der Dinter-Gruppe. Dinter machte sich selbständig, stieß den Bannfluch gegen Ludendorff aus, und Ludendorff bannfluchte zurück. [...]

Der Patient ist verstorben. Die trauernden Hinterbliebenen liegen sich wegen des Testaments in den Haaren.

Sie werden sich nimmer einigen.

Die Zulässigkeit dieser Ansicht scheint der erste Wahlgang der Reichspräsidentenwahl am 29. März 1925 zu bestätigen. Ludendorff erhält als Kandidat der völkischen Bewegung 285 793 Stimmen, das sind 1,06 Prozent der abgegebenen gültigen Stimmen. Beim zweiten Wahlgang am 26. April fordert Hitler seine Anhänger auf, für Generalfeldmarschall von Hindenburg zu stimmen. Dieser wird Nachfolger Eberts. – Bereits am 27. März hat Hitler den österreichischen Generalkonsul in München aufgesucht, um mit ihm den Stand seiner Staatsangehörigkeit zu besprechen. Dieser berichtet nach Wien:

Hitler gab darauf seiner Ansicht Ausdruck, daß er die österreichische Staatsangehörigkeit verloren habe, und fügte bei, daß dies auch sein Wunsch sei. Durch den Verlust der österreichischen Staatsangehörigkeit, den er anstrebe, würde er staatenlos. Als Staatenloser aber habe er den Anspruch auf die deutsche Reichsangehörigkeit, weil er in der deutschen Armee gedient habe. Es sei dies kein Anspruch auf die Zugehörigkeit zu einem bestimmten deutschen Bundesstaate, sondern nur auf die Reichsangehörigkeit. Ich darf beifügen, daß ich die Richtigkeit dieser Behauptung bisher noch nicht verifizieren konnte.

Hitler fragte mich nun, was er tun könne, um die Entscheidung über seine Staatsangehörigkeit zu beschleunigen, da er großes Interesse daran habe, aus dem österreichischen Staatsverband auszuscheiden.

Auf diese Frage erwiderte ich, daß er meiner Ansicht nach

dieses Ziel am schnellsten dadurch erreichen könne, wenn er selbst um seine Entlassung aus dem österreichischen Staatsverband formell ansuche. Hitler griff diese Idee sofort auf und erkundigte sich, wie er dies zu machen habe.

Der österreichische Generalkonsul unterrichtet Hitler über die Verfahrensweise. Er befragt ihn auch über die Zukunft seiner Partei:

Im Laufe der Unterredung kam Hitler, durch von mir gestellte Fragen angeregt, auf seine Bewegung zu sprechen. Ich unterlasse es, auf jene seiner Ausführungen einzugehen, welche mir geradezu utopistisch schienen. Er ist für die Zukunft seiner Bewegung von einem bemerkenswerten Optimismus erfüllt. So behauptete er, heute bereits in München-Stadt auf ungefähr 80 000 bis 100 000 Stimmen zählen zu können. Bei der Neueinrichtung der Bewegung, die vollkommen auf dem Grundsatz unbedingter Autorität immer eines persönlich verantwortlichen Führers für jede Ortsgruppe beruhe und den unbedingten Gehorsam für die Mitglieder voraussetze, stütze er sich nicht auf altbewährte Kräfte, sondern versuche, vor allem in den linksorientierten Kreisen zu werben. Denn gerade in diesen Kreisen finde er jene Elemente, die an Disziplin gewöhnt seien, und nicht in den Kreisen der Intelligenz [...]. Für die Wiedereinrichtung der Bewegung glaube er noch circa sechs Monate zu benötigen. Die Bewegung sei 1923 zu schnell angewachsen und habe daher auch nicht genügend Halt gehabt. Wohl habe sie durch die Putsch-Ereignisse einen schweren Stoß erhalten, doch sei er sicher, daß sie in Kürze stärker dastehen werde denn je. Er könne nur wünschen, daß die feindliche Haltung gegen ihn andauere. Eine bessere Förderung seiner Pläne könne er sich überhaupt nicht wünschen. Vorläufig wolle er seine Haupttätigkeit wohl in Bayern ausüben, aber er gehe überall hin, wo es notwendig sein würde.

Der österreichische Generalkonsul Otto Günther beschließt seinen Bericht mit der Bemerkung:

Alles in allem hat mich die Unterredung mit Hitler in meiner Überzeugung bestärkt, daß er ein Phantast ist, der ihm gemachten Einwendungen sofort ausweicht, und daß er sich in gewisse Ideen verrannt hat, von denen er nicht abzubringen ist. Sein Ideal wäre ein Deutschland, das als Volk etwa so organisiert ist wie eine Armee.

Dem Rat des österreichischen Generalkonsuls folgend, richtet Hitler am 27. April 1925 an den Magistrat der Landeshauptstadt Linz das Ersuchen:

Ich bitte um meine Entlassung aus der österreichischen Staatsbürgerschaft.

Gründe:

Ich befinde mich seit dem Jahre 1912 in Deutschland, habe nahezu 6 Jahre im deutschen Heere gedient, darunter 4 1/2 Jahre an der Front und beabsichtige nunmehr die deutsche Staatsbürgerschaft zu erwerben.

Da ich zurzeit nicht weiß, ob meine österreichische Staatsangehörigkeit nicht ohnehin bereits erloschen ist, ein Betreten des österreichischen Bodens durch eine Verfügung der Bundesregierung jedoch abgelehnt wurde, bitte ich um eine günstige Entscheidung meines Gesuches.

Am 30. April stellt die Oberösterreichische Landesregierung in Linz Hitler folgende Auswanderungsgenehmigung aus:

Der am 20. April 1889 in Braunau geborene, bisher in Linz heimatberechtigte Schriftsteller Adolf Hitler in München ist behufs Erlangung der deutschen Reichsangehörigkeit aus dem österreichischen Staatsverband ausgeschieden.

Hitler ist nun endgültig nicht mehr Österreicher; er glaubt der Gefahr, aus Deutschland abgeschoben zu werden, entgangen zu sein. Er ist aber nicht deutscher Staatsbürger, kann weder wählen noch gewählt werden. Diese Situation behindert ihn nicht beim Aufbau der NSDAP, die am 24. Juni 1925 ihre erste Parteigeschäftsstelle nach der Neugründung eröffnet. Am 18. Juli übergibt Hitler den ersten Band seines Werkes »Mein Kampf« – als Titel ist ursprünglich »4 1/2 Jahre Kampf gegen Lüge, Dummheit und Feigheit« geplant gewesen – der Öffentlichkeit. – Auf einer Tagung am 10./11. September gründen die nord- und westdeutschen Gaue die

»Arbeitsgemeinschaft der nordwestdeutschen Gauleiter der NSDAP«, bekanntgeworden als »Arbeitsgemeinschaft Nordwest«. An ihrer Spitze steht Gregor Strasser. Die anwesenden nationalsozialistischen Funktionäre verweisen auf die Uneinigkeit der Nationalsozialisten Münchens, machen für die entstandene Krise den Einfluß Hermann Essers auf Hitler und die Partei verantwortlich und erklären, sich nicht an irgendwelchen Wahlen zu beteiligen, »ganz gleich, welche Weisung von der Münchner Leitung ausgegeben würde«. Die »Statuten der Arbeitsgemeinschaft der nord- und westdeutschen Gaue der NSDAP« vom 9. Oktober 1925 sehen vor:

§ 1. Die Arbeitsgemeinschaft der nord- und westdeutschen Gaue der NSDAP umfaßt die Gaue: Rheinland-Nord, Rheinland-Süd, Westfalen, Hannover, Hannover-Süd, Hessen-Nassau, Lüneburg-Stade, Schleswig-Holstein, Groß-Hamburg, Groß-Berlin und Pommern.

§ 2. Ziel und Zweck der Arbeitsgemeinschaft ist: möglichst umfassende Vereinheitlichung der angeschlossenen Gaue in Organisation, Propaganda, Schaffung einheitlicher Propagandamittel, Austausch von Rednern, freundnachbarliche Pflege der persönlichen Beziehungen der Gauleiter untereinander, Gedankenaustausch über politische und organisatorische Fragen schriftlich und in sich regelmäßig wiederholenden Zusammenkünften, im Bedarfsfalle gemeinsame Stellungnahme zu politischen Tagesfragen.

§ 3. Das Organ der Arbeitsgemeinschaft sind die zweimal im Monat erscheinenden »NS-Briefe«, die vom Pg. Gregor Strasser herausgegeben und von Pg. Dr. Goebbels redigiert werden.

§ 4. Arbeitsgemeinschaft und NS-Briefe bestehen mit ausdrücklicher Genehmigung Adolf Hitlers.

§ 5. Der Leiter der Arbeitsgemeinschaft ist Pg. Gregor Strasser, Landshut.

§ 6. Der Geschäftsführer der Arbeitsgemeinschaft ist Pg. Dr. Goebbels, Elberfeld.

§ 7. Die Geschäftsstelle der Arbeitsgemeinschaft befindet sich bis auf weiteres Elberfeld, Holzerstr. 4, Tel. 65 26.

§ 8. Die der Arbeitsgemeinschaft angeschlossenen Gauleiter versammeln sich nach Bedarf abwechselnd in einer größeren Stadt eines der eben genannten Gaue zu gemeinsamer Beratung.

§ 9. Um die Übersicht über den Stand der Bewegung den einzelnen Gauleitern zu erleichtern und die gemeinsame Arbeit zu vereinfachen, verpflichten sich die einzelnen Gauleiter, jede wichtige Verlautbarung ihres Gaues, politische Stellungnahme, Organisationsrundschreiben, Flugblätter, Presseerklärungen pp. in mindestens fünfzehnfacher Ausfertigung bei der Geschäftsstelle der Arbeitsgemeinschaft einzureichen, damit sie von dort aus in der geeigneten Form an die einzelnen Gaue weitergeleitet werden können.

§ 10. Jeder angeschlossene Gauleiter ist nicht nur berechtigt, sondern verpflichtet, ihm notwendig erscheinende Anträge und Anregungen der Leitung der Arbeitsgemeinschaft weiterzugeben, damit sie für die ganze Arbeitsgemeinschaft fruchtbringend angewandt werden können.

§ 11. Solange die Organisationsarbeit der Arbeitsgemeinschaft nicht übermäßig große Mittel beansprucht, übernimmt der Gau Rheinland-Nord vorläufig die Kosten der Verwaltung der Arbeitsgemeinschaft.

§ 12. Die angeschlossenen Gauleiter verpflichten sich auf Ehre und Gewissen, im Rahmen der gemeinsamen Arbeit alle eigensüchtigen Zwecke hintanzusetzen, und in kameradschaftlichem Geiste der Idee des Nationalsozialismus unter ihrem Führer Adolf Hitler zu dienen.

Hitlers Aufmerksamkeit gilt dem Aufbau der Parteiorganisation. Am 9. November 1925 werden die »Schutzstaffeln« (SS) gegründet. Sie führen die Tradition des »Stoßtrupps Hitler« weiter. – Die NSDAP gibt an, daß Ende 1925 die Zahl der von ihr ausgegebenen Mitgliedsnummern 27 117 erreicht hat.

Spaltung zwischen Nord und Süd?

Der Sturz der deutschen Dynastien im Herbst 1918 veranlaßt einen lange anhaltenden Streit darüber, wem das sogenannte Fürstenvermögen gehört, d. h. was davon Privatvermögen und was Staatseigentum ist. Im Herbst 1925 bringt die Fraktion der Deutschen Demokratischen Partei im Reichstag einen Antrag ein, durch Reichsgesetz die Länder zu ermächtigen, die vermögensrechtliche Auseinandersetzung mit den Fürstenhäusern, soweit sie noch nicht stattgefunden hat, durch Landesgesetz unter Ausschluß des Rechtsweges zu regeln. Gleichzeitig stellt die KPD im Reichstag den Antrag auf entschädigungslose Enteignung des Gesamtvermögens der Fürstenhäuser. Darüber kommt es im Winter 1925/26 zu einer eingehenden politischen Diskussion auch innerhalb der NSDAP. Die Funktionäre der Arbeitsgemeinschaft Nordwest treffen sich am 24. Januar 1926 in der Wohnung des Gauleiters Bernhard Rust in Hannover. Bei dieser Zusammenkunft soll Dr. Joseph Goebbels aus Rheydt, damals Mitarbeiter von Gregor Strasser, beantragt haben, den »kleinen Bourgeois Adolf Hitler« aus der Partei auszuschließen. Die in Hannover versammelten norddeutschen Funktionäre fassen folgende Entschließung:

Die Arbeitsgemeinschaft steht, ohne der Entscheidung der Parteizentrale irgendwie vorgreifen zu wollen, auf dem Standpunkt, daß die sogenannte Frage der Fürstenabfindung keine die Partei als solche in ihren Grundinteressen berührende Frage ist.

Sie läßt sich dabei von dem Gesichtspunkte leiten, daß die Frage der sogenannten Fürstenabfindung nicht nur eine rechtliche Frage ist, sondern auch eine soziale. In einem Staat des Rechts und der Gerechtigkeit würde es selbstverständlich sein, ausschließlich den Standpunkt des Rechtes anzuerkennen. Dieser Staat von Weimar aber, der das ungeheure Unrecht der Vermögenskonfiskation, genannt Aufwertung, an den Kleinrentnern, den Kriegsanleihezeichnern, den Staats- und Gemeindegläubigern begangen hat, hat selbst die Grundlage des Rechts und des Eigentums verletzt, und zwar nicht im Dienste der Allgemeinheit, sondern im Gegenteil im Dienste des spekulativen, unsittlichen Börsenkapitals einiger weniger!

Die ungeheure Notlage, in die das Deutsche Volk gerade durch die verbrecherische Politik der Regierungsparteien aller Schattierungen geraten ist, läßt es nicht zu, daß unter Berufung auf ein formales Recht Hunderte von Millionen den ehemaligen Fürsten, die in ihrer übergroßen Mehrheit die völkischen Aufgaben Deutschlands nicht kannten oder förderten, bewilligt werden.

Diese Auffassung findet nicht die Zustimmung Hitlers, der es vermeiden will, Anhänger einer Entschädigung der deutschen Fürstenhäuser zu verlieren. Er betrachtet die Frage als zweitrangig, da zwischen dem Haus Wittelsbach und dem Freistaat Bayern bereits 1923 eine Regelung zustande gekommen ist. Unterschiede in der Frage der Fürstenabfindung bringen die Meinungsverschiedenheiten und Spannungen zwischen der NSDAP in Norddeutschland und der NSDAP in Bayern zum Ausdruck. Die Möglichkeit einer getrennten Entwicklung, ja einer Spaltung zeichnet sich ab. Hitler versucht, die Gegensätze in der Partei auf einer Führertagung zu überwinden. Goebbels trägt über die Zusammenkunft von Bamberg am 14. Februar 1926, über die der »Völkische Beobachter« meldet, es sei völlige Einmütigkeit erzielt worden, in sein Tagebuch ein:

Dann durch Bamberg. Entzückende Stadt. Alt, jesuitisch. Hitler rast im Auto vorbei. Ein Händedruck. Aha! Schlange-Berlin, Streicher, Esser, Feder. Dann an die Arbeit. Hitler redet. Zwei Stunden. Ich bin wie geschlagen. Welch ein Hitler? Ein Reaktionär? Fabelhaft ungeschickt und unsicher. Russische Frage: vollkommen daneben. Italien und England naturgegebene Bundesgenossen. Grauenhaft! Unsere Aufgabe ist die Zertrümmerung des Bolschewismus. Bolschewismus ist jüdische Mache! Wir müssen Rußland beerben! 180 Millionen!!! Fürstenabfindung! Recht muß Recht bleiben. Auch den Fürsten. Frage des Privateigentums nicht erschüttern! Grauenvoll! Programm genügt! Zufrieden damit. Feder nickt. Ley nickt. Streicher nickt. Esser nickt. Es tut mir in der Seele weh, wenn ich dich in der Gesellschaft seh!!! Kurze Diskussion. Strasser spricht. Stockend, zitternd, ungeschickt, der gute, ehrliche Strasser, ach Gott, wie wenig sind wir diesen Schweinen da unten gewachsen! Eine halbe Stunde Diskussion nach einer vierstündigen Rede! Unsinn, du siegst! Ich kann kein Wort sagen! Ich bin wie vor den Kopf geschlagen. Mit dem Auto zur Bahn. Strasser ist ganz aus dem Häuschen! Winken und Heil. Mir tut das Herz so weh! Abschied von Strasser. In Berlin übermorgen sehen wir uns wieder. Ich möchte weinen! Heimfahrt. Traurige Heimfahrt. Mit Haake und Dr. Ley. Ich sage kaum ein Wort. Eine grauenvolle Nacht! Wohl eine der größten Enttäuschungen meines Lebens. Ich glaube nicht mehr restlos an Hitler. Das ist das Furchtbare: mir ist der innere Halt genommen. Ich bin nur noch halb.

Auf Einladung des »Nationalclub von 1919« spricht Hitler am 28. Februar 1926 in Hamburg; er behandelt die Möglichkeiten des politischen Erfolgs der NSDAP:

Deutschland besitzt zur Zeit 30 oder 34 Millionen Menschen, Frauen und Männer, die über das Schicksal der Nation entscheiden, und zwar zunächst durch die Wahl. Diese 30 oder 34 Millionen selbst wieder teilen sich in drei Teile: in einen Teil, der vollkommen gleichgültig allen Dingen gegenübersteht, der sich überhaupt um nichts kümmert, politisch völlig indifferent ist, nirgends hinzuzurechnen ist. Der schadet uns sowohl in positivem wie in negativem Sinne. Dann bleibt noch der zweite Teil über, das ist ein Teil, der an sich international oder zumindest schwach national eingestellt ist, und ein dritter Teil, der national, zum Teil auch fanatisch national eingestellt ist.

Wenn wir uns die Frage vorlegen: wie groß ist die eine Hälfte, dann müssen wir sagen, sie besteht nicht nur aus den Sozialdemokraten, sondern auch noch aus der Kommunistischen Partei, umfaßt die pazifistischen Demokraten und reicht bis in das Zentrum hinein oder bis in die sogenannten Rechtsparteien hinein, was an sich nicht bereit ist, für die nationalen Belange rücksichtslos einzutreten, sondern auf internationale pazifische Unterstützung hofft oder was an sich bewußt international, antideutsch eingestellt ist. Das stellt eine bestimmte Gruppe dar, und dieser Gruppe, die 14 bis 15 Millionen umfaßt, steht eine Gruppe von 10, 12 oder 13 Millionen gegenüber, die national sein will, auch dem Temperament, der Energie und der Stärke nach.

Was hat nun die bisherige Entwicklung in Deutschland gezeigt? Sie hat immer nur eine Verschiebung innerhalb dieser beiden Gruppen gezeigt, innerhalb der einzelnen Parteien dieser beiden Gruppen, niemals aber eine Verschiebung von einer Gruppe in die andere. Außerdem wurde die linke Gruppe dauernd stärker, nahm dauernd zu.

Am 1. März 1926 kommt es zur Gründung des Kampf-Verlages in Berlin, der zu einem Mittelpunkt nationalsozialistischer Pressepolitik wird. Die NSDAP erhält dadurch die Möglichkeit, ihre Versammlungstätigkeit durch Publikationen zu verstärken. Bemüht, norddeutsche Funktionäre für sich zu gewinnen, lädt Hitler im April Joseph Goebbels nach München ein. Goebbels geht zu Hitler über. Die Gründe vertraut er seinem Tagebuch an:

Hitler kommt. Prinzipielle Fragen: Ostpolitik. Soziale Frage. Bamberger Beweisführung. Er spricht drei Stunden. Glänzend. Könnte einen irre machen. Italien und England unsere Bundesgenossen. Rußland will uns fressen. Alles das steht in seiner Broschüre und in dem nächstens erscheinenden 2. Bande seines »Kampf«. Wir kommen aneinander. Wir fragen. Er antwortet glänzend. Ich liebe ihn. Soziale Frage. Ganz neue Einblicke. Er hat alles durchgedacht. Sein Ideal: gemischter Kollektivismus und Individualismus. Boden, was drauf und drunter, dem Volke. Produktion, da schaffend, individualistisch. Konzerne, Truste, Fertigproduktion, Verkehr etc. sozialisiert. Darüber läßt sich reden. Er hat das alles durchgedacht. Ich bin bei ihm in allem beruhigt. Er ist ein Mann, nehmt alles nur in allem. So ein Brausekopf kann mein Führer sein. Ich beuge mich dem Größeren, dem politischen Genie! Herzlicher Abschied. Wir bekommen alle drei eine feste Bestätigung. Und nun soll Frieden sein unter uns. Wir gehen zum Essen und trinken uns dann vor Begeisterung einen an.

Am 1. Mai 1926 spricht Hitler auf der Maifeier des Landesverbandes Hamburg der NSDAP. Die »Hamburger Nachrichten« melden:

Der Mann, dessen Wirken zweifellos zu den lehrreichsten Abschnitten der Nachkriegsgeschichte gehört, war Sonntag Hamburger Gast. Jedoch nicht auf hamburgerischem Boden, auf dem ihm das Reden unerlaubt ist, sondern im nachbarlichen Mecklenburg, in Schwerin. Hier feierte der Landesverband Hamburg der Nationalsozialistischen Arbeiterpartei Deutschlands sein drittes Maifest. In Schwerin trafen sich die Hamburger und Altonaer, die im Sonderzug ankamen, mit Abordnungen ihrer Gesinnungsfreunde aus Bremen, Lübeck, Lüneburg und anderen Orten.

Die Stadthallensäle waren schon nachmittags um 2 Uhr dicht belagert; Trupp um Trupp strömten dann die gespannten Besucher in die Räume, die natürlich dem Andrang nicht gewachsen waren. Der Saalschutz sorgte für Ordnung.

Die Stimmung wurde schon vorbereitet durch die mauernsprengende Gewalt der Musik. Plötzlich klangen draußen Heilrufe auf, die Gestalten der spalierbildenden Nationalsozialisten strafften sich, und lebhaft und schnell schritt Adolf Hitler, von brausenden Rufen empfangen, durch den Saal zur Bühne. Hitler sieht sehr frisch und viel vorteilhafter aus als das entstellte Bild, das von ihm im Umlauf ist. Ohne Zögern begann er seine Rede, frei stehend auf der Bühne, und sprach drei Stunden, ohne jegliche Unterbrechung. Man muß es ihm lassen, er kennt sein Handwerk. Wohltemperiert einsetzend, die Mundart leicht wienerisch gefärbt, führt er seine Hörer langsam ansteigend auf den Höhepunkt einer

Periode, die er mit einem blitzenden scharfen Schlußsatz beendet; die Wirkung bleibt nicht aus. Diese Technik wiederholt er in kürzeren oder längeren Abschnitten. Unterstützt wird der Eindruck durch eine sehr gewandte Gebärdensprache des schlanken Körpers, die schauspielerisch sehr wirksam, jedoch durchaus nicht geschmacklos ist.

In der Deutschen Nationalsozialistischen Arbeiterpartei Deutsch-Österreichs ist es bereits im Herbst 1923 zu Meinungsverschiedenheiten gekommen. Eine Richtung betrachtet Hitler auch als den Führer der österreichischen Nationalsozialisten, eine andere Richtung lehnt ihn ab. 1924 konstituiert sich der Hitler treue Teil als NSDAP, die sich nach Verhandlungen mit Hitler im März am 11. Mai 1926 Hitler unterstellt. Am 22. Mai wird Hitler auf der Generalversammlung der NSDAP in München einstimmig zum Vorsitzenden gewählt. Der Vorstand des Nationalsozialistischen Deutschen Arbeitervereins bildet weiterhin die Leitung der NSDAP. Sie beschließt:

Das Programm vom 24. Februar 1920 ist unabänderlich.

Am 3./4. Juli 1926 findet in Weimar der 2. Reichsparteitag der NSDAP statt. Dazu erscheint die erste Nummer des »Illustrierten Beobachters«, den Hermann Esser redigiert. Hitler schreibt von 1928 bis 1931 beinahe in jeder Ausgabe einen politischen Kommentar, für den er Honorar erhält. Auf dem Parteitag in Weimar spricht er über »Politik, Idee und Organisation«. Über den Verlauf des Parteitages meldet der »Völkische Beobachter«:

Selten hat selbst Adolf Hitler so gesprochen wie in Weimar. Nur ganz große Gedanken, aus einem naturhaft-mystischen Urgrund quellend, im Verlauf einer knappen Stunde ein Weltgebäude.

Und so wuchs er dann auch über sich hinaus zum Symbol aller, die an die ewigen Fragen unseres Volkstums tasteten und nach einem Mann suchen, diese zu lösen.

Joseph Goebbels notiert über den Parteitag:

Weimar! Eine der wichtigsten Etappen auf unserem Weg. Dabei ein Erlebnis von unerschütterbarer Gewalt. Samstagmorgen Ankunft. Nach langer, humorvoller Fahrt. In Weimar schon toller Betrieb. Zum »Hotel Chemnitius«. Ich schlafe bis in den Mittag hinein. Mittag! [*Gregor*] Strasser ist da! Rust und Dinklage kommen. Auf den Straßen wimmelt es von unseren Leuten. Ich muß tausend Hände drücken. Kaffee! Palaver! Auf dem Markt! Die Berliner kommen! Sie haben mich alle gern. Man winkt und lacht. Fräulein von Behr: fleißig, adrett, bescheiden. Ich liebe sie etwas! Auto! Hitler kommt. Aufruhr. Die Berliner stehen vor seinem Hotel und singen. Ergreifend: »Hitler wird uns führen einst aus dieser Not!« Mit Himmler auf dem Motorrad durch die Gegend. Zurück. Auf dem Marktplatz Palaver mit der Bechstein. Dabei die Sängerin Toni Sendler. Eine entzückende Frau. Küß die Hand. Plötzlich kommt Hitler über den Markt. Sofort werde ich mitgeschleift. Er ist sehr erfreut, daß die Sache so groß angeht. Draußen bei all den Herren. Man wird an allen Ecken geknipst. Zum Propaganda- und Organisationsausschuß. Hitler hat einen schweren Zusammenstoß mit Kerrl-Peine um den Eigentumsbegriff. Hitler hat in der Sache recht, in der Form unrecht. Heraus mit Munder. Er macht mir Vorwürfe. Ich wäre gebunden. So ein Schafskopf. Der gute Papa Gundlach sitzt dabei und versteht nichts. Zu den Berlinern. Hitler redet. Wie immer gut. Heraus. In den Bayernsaal. Drückende Fülle. Adolf spricht zu seinen Bayern. Ein wundervolles Volk. Dinter und Streicher seichen. Mit Rust noch eine halbe Stunde zusammen. Kerrl hat unrecht. Wird geordnet. Nach Hause. Im Hotel Betrieb. Gau Ruhr beim Umtrunk. Löblen redet. Spitzkühler. Um 2 Uhr nachts kommen die Essener Lastautos. 200 Mann nach 35stündiger Fahrt. Wer will da noch an der Zukunft verzweifeln! Zu Bett! Zu Bett! 9 Uhr andern Morgens! Ins Theater. Überall die Unseren. Mann an Mann. Feder spricht. Zwei Stunden. Den alten Dreh. Zur Gewerkschaftstagung. Mäßig. Ins Theater. Ausschußberichte. Rosenberg glänzend. Ebenso Strasser. Mein Referat über »Propaganda«. Ich werde mit Jubel empfangen. Meine Satire »wenn ein Redner kommt« weckt endlose Heiterkeit. Hitler lacht sich halb tot. Hitler spricht. Von Politik, Idee und Organisation. Tief und mystisch. Fast wie ein Evangelium. Schaudernd geht man mit ihm an den Abgründen des Seins vorbei. Das Letzte wird gesagt. Ich danke dem Schicksal, daß es uns diesen Mann gab! Umzug! Mit Strasser im Wagen entgegen. Unter endlosem Jubel der dichtgestauten Menschenmassen. Der Zug kommt. Mit an die Spitze. Die ganze Führerschaft, Hitler als erster, marschiert vorne.

In einer Rückschau auf den Parteitag befaßt sich Alfred Rosenberg mit der Symbolkraft der Fahne:

Mit einer Fahne führt man Millionen in den Kampf, aber echten Wert hat eine Fahne nur, wenn sie Symbol eines aus dem menschlichen Urquell sprudelnden Lebensgefühls ist. Das ist das schwarze Hakenkreuz, das germanische Zeichen der Rasse und das Zeichen des Kampfes um die Werte unseres Volkstums. Die Farben Schwarz-Weiß-Rot waren das heilige Banner, unter dem das zweite Reich gegründet wurde und unter dem zwei Millionen deutscher Helden das Leben ließen. Jetzt stehen wir im Chaos. Aus diesem Chaos, gegen dieses Chaos ringen sich klar und hell für jeden Sehenden bereits die Idee und Gestalt des Dritten Reiches empor: das ewige Rassenzeichen und die heldenhaften alten Ehrenfarben in neuer uralter Form. Rasse und Ehre, Ehre und Rasse, das war es, was eine jede Fahne predigte, eine jede von den vielen, die am Sonntag, dem 4. Juli, in der Frühe, eng zusammenstanden und am Abend, fünfhundert an der Zahl, gefolgt von immer neuen Kolonnen, an Adolf Hitler vorübergetragen wurden. Dieses dann auf dem Marktplatz versammelte Fahnenmeer sprach später nochmals, wortlos, aber eindringlicher als alle Worte, das neue Bekenntnis aus.

Hitler versucht, durch Besuche, Gespräche und Reden in geschlossenen Veranstaltungen Einfluß auf die Entwicklung zu nehmen, kann jedoch Auseinandersetzungen nicht verhindern. Die NSDAP in Berlin ist untereinander zerstritten. Am 21. August 1926 schreibt das Organ der KPD, »Die Rote Fahne«:

Die Nationalsozialisten versuchen die verzweifelten Erwerbslosen in ihre Netze zu ziehen. Zu gestern abend war nach »Haverlands Festsälen« eine Erwerbslosenversammlung einberufen, für die ein »Zentralverband der Erwerbslosen« verantwortlich zeichnete. Die Einladung zu dieser Versammlung erfolgte durch einen ungeheuren Berg von Flugzetteln, die zur Täuschung der Arbeitslosen von roter Farbe waren. Während der Versammlung wurde der »Völkische Beobachter« völlig gratis verteilt, so daß die Annahme berechtigt erscheint: hier haben einige Geldleute (Großagrarier?) die Hand im Spiel. Der Ausgang der Versammlung dürfte den irregeleiteten Hitlerproleten, aber auch deren Geldgebern gezeigt haben, daß bei den Erwerbslosen Berlins »kein Blumentopf für Hitler« zu gewinnen ist.

Von Zwischenrufen fortwährend unterbrochen, versuchte ein »nationalsozialistischer« Referent mit den alten, abgedroschenen Phrasen von Börsenkapital und Juden, die an allem schuld sein sollen, Eindruck zu schinden. Als er Hitler als »ehrlichen Arbeiter« besang, brach in der Versammlung ein Proteststurm los. Die Diskussionsredner zeigten dann dem Referenten, welche Aufgaben die Erwerbslosen jetzt haben. Der Kongreß der Werktätigen wird zu der Riesenerwerbslosigkeit Stellung nehmen. Darum müssen die Erwerbslosen überall Delegierte für diesen Kongreß wählen. Die Ausführungen der kommunistischen Redner versuchten einige wildgewordene Nationalsozialisten dauernd zu unterbrechen, was ihnen aber nicht gelang. Als der letzte Redner geschlossen hatte, erhob sich plötzlich alles von den Bänken und stimmte die »Internationale« an.

Der Situationsbericht der NSDAP für den Monat Oktober 1926 führt über die Verhältnisse in Berlin aus:

Die innerparteiliche Lage in diesem Monat ist keine gute gewesen. Es haben sich in unserem Gau Zustände herausgebildet, die sich diesmal derartig zuspitzten, daß mit einer vollständigen Zerrüttung der Berliner Organisation gerechnet wurde. Es ist die Tragik des Gaues gewesen, daß er nie einen richtigen Führer besessen hatte, der doch gerade hier in dieser

Millionenstadt so ungeheuer notwendig gewesen wäre. Bei aller Hochschätzung des ersten Gauleiters, Pg. Dr. Schlange, der sich aufgerieben hat, gelang es diesem doch nicht, eine einheitliche klare Linie im Gau zu bilden. Die Macht der Rede war ihm ohnedies noch versagt geblieben, und manche ungerechte persönliche Anfeindung lähmte seine Arbeitskraft. Es begann sich langsam im Gau eine Opposition herauszuschälen, die zwar kräftig die Mißstände rügte, was ja stets das eigentliche treibende Element jedweder Opposition ist, aber positive Vorschläge wenig vorbringen konnte und, was ja die Hauptsache wohl gewesen wäre, einen geeigneten Pg. aus ihrer Mitte als neuen Gauleiter nicht stellen konnte.

Joseph Goebbels erhält den Lohn für das Überwechseln in das Lager Hitlers. Er wird Gauleiter von Berlin-Brandenburg. Am 7. November 1926 trifft er in Berlin ein. Zwei Tage später richtet er an alle Ortsgruppen und Sektionsführer das Rundschreiben Nr. 1 der Gauleitung Berlin-Brandenburg:

Mit dem heutigen Tage übernehme ich die Gauleitung des Gaues Berlin-Brandenburg. Der Gau Potsdam wird hiermit aufgelöst. Zum Gau Berlin-Brandenburg gehört Groß-Berlin und die Mark Brandenburg mit Ausnahme von Anhalt-Dessau.

Am 1. November 1926 errichtet Hitler als zentrale Leitung die »Oberste SA-Führung«, der auch die SS und die Hitler-Jugend unterstellt wird. Er ernennt zum »Obersten SA-Führer« (OSAF) den Gauleiter und SA-Führer des Gaues Ruhr, Hauptmann a. D. Franz von Pfeffer, der eine einheitliche Organisation der SA aufbaut, die er scharf von der politischen Organisation der NSDAP trennt. Hitler legt großen Wert darauf, daß sich Aufbau und Tätigkeit der SA in aller Offenheit vollziehen. In einem Brief an Hauptmann Pfeffer betont er, die Ausbildung der SA habe nicht nach militärischen Gesichtspunkten, sondern nach parteizweckmäßigen zu erfolgen:

Um von vornherein jeden geheimen Charakter der SA zu verhüten, muß, abgesehen von ihrer sofort jedermann kenntlichen Kleidung, schon die Größe ihres Bestandes ihr selbst den Weg weisen, welcher der Bewegung nützt und aller Öffentlichkeit bekannt ist. Sie darf nicht im Verborgenen tagen, sondern soll unter freiem Himmel marschieren und damit endgültig einer Betätigung zugeführt werden, die alle Legenden von »Geheimorganisation« zerstört. Um sie auch geistig von allen Versuchen, durch kleine Verschwörungen ihren Aktivismus zu befriedigen, abzuziehen, muß sie, von allem Anfang an, in die große Idee der Bewegung vollständig eingeweiht und in der Aufgabe, diese Idee zu vertreten, so restlos ausgebildet werden, daß von vornherein der Horizont sich weitet und der einzelne Mann seine Mission nicht in der Beseitigung irgendeines kleineren oder größeren Gauners ersieht, sondern in dem Sicheinsetzen für die Errichtung eines neuen nationalsozialistischen völkischen Staates. Dadurch aber wird der Kampf gegen den heutigen Staat aus der Atmosphäre kleiner Rache- und Verschwörungsaktionen herausgehoben zur Größe eines weltanschaulichen Vernichtungskrieges gegen den Marxismus, seine Gebilde und seine Drahtzieher.

Was wir brauchen sind nicht hundert oder zweihundert verwegene Verschwörer, sondern hunderttausend und aber hunderttausend fanatische Kämpfer für unsere Weltanschauung. Nicht in geheimen Konventikeln soll gearbeitet werden, sondern in gewaltigen Massenaufzügen, und nicht durch Dolch und Gift oder Pistole kann der Bewegung die Bahn frei gemacht werden, sondern durch Eroberung der Straße. Wir haben dem Marxismus beizubringen, daß der künftige Herr der Straße der Nationalsozialismus ist, genauso, wie er einst der Herr des Staates sein wird.

Am 5. Dezember 1926 veröffentlicht die »Unabhängige Nationalsozialistische Partei Deutschlands« einen Aufruf an »Nationalsozialisten, Antisemiten, Gesinnungsfreunde«:

Am 27. Februar 1927 werden es zwei Jahre, daß unsere 1923 in Blut erstickte Bewegung von Adolf Hitler neu aufgezogen wurde. Ein Jahr später wollte Hitler vor der Generalmitgliederversammlung Rechenschaft über seine Arbeit ablegen. An jenem denkwürdigen Tage standen bereits jene Männer an den Stufen der Rednertribüne im »Bürgerbräukeller«, die noch am 27. Februar 1925 in schärfster Opposition gegen die Neugründung Hitlers gestanden haben. [...] Hitler war nicht mehr frei in seinen Entschlüssen. Das Redeverbot, die Bewährungsfrist verurteilten ihn zur Duldsamkeit. Und seit diesen Tagen regieren in der NSDAP jene Männer, die bis dahin die Arbeit Hitlers sabotierten, der Führer des Gaues Nieder-Bayern, Gregor Strasser, und der ehemalige Führer des Gaues Rhein-Ruhr, Dr. Goebbels.

Am 10. Dezember 1926 veröffentlicht Hitler den zweiten Band seines Buches »Mein Kampf«. Am 18. Dezember spricht er auf der Weihnachtsfeier der NSDAP, Sektion (München-) Haidhausen im »Hofbräuhauskeller«. Er führt dabei aus:

Die Geburt des Mannes, welche an Weihnachten gefeiert werde, habe für den Nationalsozialisten die größte Bedeutung. Christus sei der größte Vorkämpfer im Kampf gegen den jüdischen Weltfeind gewesen. Er sei die größte Kampfnatur gewesen, die je auf der Erde gelebt habe. Christus sei nicht der Friedensapostel gewesen, wie gewisse Kreise heute den Menschen erzählen wollen. Kampf gegen die Macht des Kapitals sei sein Lebenszweck und seine Lehre gewesen, für die er von seinem Erzfeind, dem Juden, an das Kreuz geschlagen worden sei. Auf Jahrtausende hinaus habe die Lehre Christi die Grundlage zum Kampf gegen den Menschheitsfeind, den Juden, gegeben. Jahrhunderte habe das Urchristentum den schwersten Kampf gegen seine Feinde geführt und habe sich trotz aller Verfolgungen durchgesetzt. So werde sich auch der Nationalsozialismus trotz Verfolgungen und Schikanen der Behörden durchsetzen und jene Machtgruppe werden, welche die Ideale [*von*] Christus zur Tat werden lassen. Das Werk, welches Christus angefangen hatte, aber nicht beenden konnte, werde er – Hitler – zu Ende führen.

Die NSDAP gibt an, daß Ende 1926 die Zahl der von ihr ausgegebenen Mitgliedsnummern 49 523 erreicht hat. Die Zahl der Mitglieder ist allein im Laufe dieses Jahres um 22 406 gestiegen.

Als erledigt angesehen

Hitler, durch das Redeverbot in den meisten deutschen Ländern in seiner Wirksamkeit beschränkt, widmet sich dem Ausbau der Parteiorganisation und der Parteipresse. Er läßt keinen Zweifel an seiner Entschlossenheit, seinen Führungsanspruch durchzusetzen. In einem Rundschreiben vom 23. Februar 1927 wird diese Ansicht unmißverständlich zum Ausdruck gebracht:

Einem Blatt, das bisher als offizielles Organ der NSDAP anerkannt war, ist die Genehmigung, sich als solches zu bezeichnen und das Kennzeichen der NSDAP (Hakenkreuz mit Kranz und Adler) am Kopf zu führen, durch Herrn Hitler entzogen worden. Veranlassung zu diesem Vorgehen war der Verstoß des Blattes gegen einen der ersten Grundsätze der NSDAP, welcher lautet, daß Angriffe gegen Religionsgemeinschaften und deren Institutionen unbedingt untersagt sind, Auseinandersetzungen über diese nicht in die Reihen der NSDAP getragen werden dürfen. Selbst der Jude wird nicht aus religiösen Gründen bekämpft, sondern lediglich aus nationalen und rassepolitischen.

Am 1. Februar 1927 hebt Sachsen das Redeverbot für Hitler auf. Bereits am 26. November 1926 hat die Nationalsozialistische Fraktion des Bayerischen Landtags die bayerische Staatsregierung ersucht, Hitler das Reden in öffentlichen Veranstaltungen wieder zu gestatten. Es kommt zu Verhandlungen zwischen der bayerischen Staatsregierung und dem nationalsozialistischen Abgeordneten Buttmann, die zu folgender Vereinbarung führen:

Die Staatsregierung geht davon aus, daß von der Verhinderung öffentlicher Versammlungen, in denen Herr Hitler als Redner aufzutreten beabsichtigt, abgesehen werden kann, wenn folgende Voraussetzungen erfüllt sind:

1. Herr Dr. Buttmann erklärt mit Ermächtigung des verantwortlichen Leiters der NSDAP, daß diese Partei keinerlei gesetzwidrige Ziele verfolgt und daß sie auch zur Erreichung ihrer Ziele keinerlei gesetzwidrige Mittel anwenden wird.

2. Herr Dr. Buttmann verpflichtet sich insbesondere, für die Leitung der NSDAP dafür zu sorgen, daß weder bei der Einrichtung noch bei der Verwendung der SA, SS oder ähnlicher Hilfsorganisationen der Partei gegen die Gesetze verstoßen wird, namentlich, daß sich diese Einrichtungen nicht mit militärischen Dingen befassen und sich nicht polizeiliche Befugnisse anmaßen, soweit es sich nicht lediglich um Wahrung des Hausrechtes handelt.

3. Die NSDAP wird dafür sorgen, daß das erste öffentliche Wiederauftreten Hitlers in einer Versammlung außerhalb Münchens erfolgt.

4. Herr Dr. Buttmann nimmt zur Kenntnis, daß die Staatsregierung sich vorbehält, jederzeit die im Interesse der Aufrechterhaltung der öffentlichen Ordnung und Sicherheit erforderlichen Maßnahmen zu treffen.

5. Herr Dr. Buttmann erklärt sich damit einverstanden, daß die Staatsregierung, wenn sie es für erforderlich hält, von seinen Erklärungen in der Öffentlichkeit Gebrauch macht.

Am 6. März 1927 spricht Hitler zum erstenmal nach zwei Jahren auf einer Kundgebung in Vilsbiburg. Das Bezirksamt meldet darüber dem Bayerischen Staatsministerium des Innern:

Bereits am Vormittage trafen aus verschiedenen Orten der Umgebung, Landshut, Freising usw., die SA-Truppen ein, welche in ihren bekannten Uniformen (braungelbe Jacke) unter Vorantragung ihrer Standarten und Fahnen mit Hakenkreuzabzeichen in militärischer Ordnung singend einzogen und dann sich auflösten. Wegen der Vorbereitung der Versammlung ist der hiesige Leiter der Veranstaltung, Inspektor

Zellner, mit mir gestern schon ins Benehmen getreten, und heute hatte ich nochmals eine Besprechung mit ihm, in der ich ihn wohlmeinend ermahnte, nach Kräften dahin zu wirken, daß Ausschreitungen vermieden würden. Er sagte mir zu, daß alles wohlvorbereitet sei, um den wohlgeordneten Verlauf der Versammlung zu sichern. Die Versammlung begann nachmittags 3 Uhr und wurde in der hiesigen Gewerbehalle, einem Raum von 800 Quadratmetern abgehalten. Anwesend waren etwa tausend Leute, so daß der Raum etwa zu zwei Dritteln ausgefüllt war. [. . .] Als eigentlicher Referent der Versammlung ergriff dann Hitler zu seinem Thema »Zukunft oder Untergang« das Wort [. . .]. Die Rede wurde mit großem Beifall aufgenommen, worauf Abgeordneter [*Gregor*] Strasser Hitler mit dem üblichen Heilruf für seine Ausführungen dankte und mit dem Dichterwort »Ans Vaterland, ans teure, schließ dich an« die Versammlung beendigte. Dieselbe verlief, wie jeder meiner Gewährsmänner betonte, in vollständig ruhiger Weise, namentlich wurden von keinem der Redner irgendwelche Ausfälligkeiten gegen die Regierung, andere Parteien oder gegen bestimmte Einzelpersönlichkeiten gemacht. Nach Schluß der Versammlung zogen die SA-Truppen in den Marktplatz, wo sie sich aufstellten und Hitler von jedem einzelnen sich verabschiedete. Die Truppen erwiderten den Abschiedsgruß mit Heilruf und lösten sich dann auf. Gegenredner traten nicht auf, ebenso erfolgten auch keine Zwischenrufe.

Am 9. März 1927 spricht Hitler zum erstenmal wieder in München, und zwar im Zirkus Krone. Der Beginn der Veranstaltung ist auf 20 Uhr festgesetzt. Ein ausführlicher Bericht der Polizeidirektion München schildert beispielhaft den Verlauf einer Versammlung Hitlers:

Grellrote Plakate hatten schon Tags zuvor verkündet, daß Adolf Hitler über das Thema »Deutsche Front« sprechen werde. Auf dem Wege zum Marsfeld fällt einem auf, daß an den Straßenecken die Schutzleute zu zweien und dreien postiert sind. [. . .]

Der Zirkus ist bereits zehn Minuten nach 7 Uhr bis weit

über die Hälfte angefüllt. Von der Bühne herunter hängt die rote Fahne mit dem Hakenkreuz im weißen Kreis. Die Bühne ist für hervorragende Parteimitglieder und den Redner reserviert. Auch die Logenplätze scheinen, da sie von Braunhemden verteilt werden, für besondere Parteileute vorgesehen zu sein. Auf der Tribüne hat sich eine Musikkapelle eingefunden. Sonstige Dekorationen waren nicht zu sehen.

Die Leute in den Bänken sind aufgeregt und mit Erwartungen angefüllt. Man spricht von Hitler, von seinen einstigen rednerischen Triumphen im Zirkus Krone. Die Frauen, von denen auffallend viele sich einfanden, scheinen noch immer für ihn begeistert zu sein. Man erzählt sich von früheren Tagen des Glanzes. Zahlreiche Männer tragen das Hakenkreuzabzeichen am Rock. Hitler-Leute besetzen in Trupps die Gänge, die Bühne und die Türen. Das Publikum winkt ihnen zu. Man erkennt deutlich, daß die Mehrzahl der Leute Hitler-Anhänger sind. In der heißen, süßlichen Luft liegt Sensationsgier. Die Musik spielt einige klangreiche Militärmärsche, wähhrend immer neue Scharen hereinströmen. Der »Völkische Beobachter« wird herumgetragen und angepriesen. An der Kasse bekam man das Programm der Nationalsozialistischen Arbeiterpartei ausgehändigt, und im Eingang werden einem Zettel in die Hand gedrückt, auf denen ermahnt wird, sich zu keinen Provokationen hinreißen zu lassen und die Ordnung zu bewahren. Fähnchen werden verkauft: »Begrüßungsfähnchen, das Stück 10 Pfennig.« Sie sind entweder schwarzweißrot oder ganz rot und haben das Hakenkreuzzeichen. Die Frauen sind die besten Käufer hierfür.

Unterdessen füllen sich die Reihen. »Es muß so werden, wie früher!« hört man sagen. Die Manege füllt sich. Die Leute setzen sich auf den Manegenrand und stehen zwischen diesem und den vordersten Sitzplätzen. Die Musikkapelle vertreibt die erwartungsvolle Langeweile. Man kann die Leute beobachten.

Die meisten gehören den unteren Erwerbsschichten an, sind Arbeiter, Kleingewerbler, Kleinhändler. Viele Jugendliche in Windjacken und Wadenstrümpfen. Vertreter der radikalen Arbeiterschaft sieht man wenig, fast keine. Die Leute sind gut angezogen, einige Herren zeigen sich sogar im Frack. Man schätzt die Menschenmasse im Zirkus, der nahezu ganz voll ist, auf siebentausend Personen. Aus den Gesprächen ist ebenfalls zu entnehmen, daß das Gros der Versammelten den unteren Mittelstand, der sich recht und schlecht durchbringt, repräsentiert. Man sieht auch einige Angehörige der besseren Schichten, Damen im Pelzmantel und Vertreter der Intelligenz.

Im Zirkus selbst befinden sich etwa 200 Braunhemden. Die meisten Leute sympathisieren mit ihnen. Einige sprechen in empörtem Tone von dem Redeverbot über Hitler. Als Streicher und Esser kommen, steigt alles auf die Sitze, ruft anhaltend Heil, winkt mit den Fähnchen, mit Taschentüchern. Die Musik tuscht. Auf der Bühne wird eine Kiste als Rednerpult aufgestellt, man trägt ein Glas Wasser hinzu und deckt die Kiste mit einer Hakenkreuzfahne. So ist es halb neun Uhr geworden.

Da brausen vom Eingang her Heilrufe, Braunhemden marschieren herein, die Musik spielt, der Zirkus spendet lärmenden Jubel, Hitler erscheint im braunen Regenmantel, geht rasch in Begleitung seiner Getreuen durch den ganzen Zirkus bis hinauf zur Bühne. Die Leute gebärden sich froh erregt und winken, rufen andauernd Heil, stehen auf den Bänken. Getrampel donnert. Dann ein Posaunenstoß, wie im Theater. Plötzliche Stille.

Unter der tosenden Begrüßung der Zuschauer marschieren nun Braunhemden in Reih und Glied herein, voran zwei Reihen Trommler, dann die Fahne. Die Leute grüßen nach Faschistenart mit ausgestreckten Armen. Das Publikum jubelt ihnen zu. Auf der Bühne hat Hitler in gleicher Weise den Arm zum Gruß gestreckt. Die Musik rauscht. Fahnen ziehen vorüber, blitzende Standarten mit den Hakenkreuzen im Kranz und den Adlern, den altrömischen Feldzeichen nachgebildet. Es mögen ungefähr zweihundert Mann vorbeidefilieren. Sie füllen die Manege und stellen sich darin auf, während die Fahnen- und Standartenträger die Bühne bevölkern. [. . .]

Hitler tritt rasch in den Vordergrund der Bühne. Er spricht frei, zuerst mit langsamer Betonung, später überstürzen sich die Worte, bei mit übertriebenem Pathos vorgetragenen Stellen kommt die Stimme gepreßt und nicht mehr verständlich zu Gehör. Er gestikuliert mit den Armen und Händen, springt erregt hin und her und sucht das aufmerksam ihm lauschende, tausendköpfige Publikum stets zu faszinieren. Wenn der Beifall ihn unterbricht, streckt er theatralisch die Hände aus. Das Nein, das im späteren Fluß der Rede oft vorkommt, mutet schauspielerisch an, ist auch gewollt betont.

Die rednerische Leistung an und für sich war, von den unruhigen Begleitbewegungen abgesehen, dem Berichterstatter nichts Hervorragendes. Es ist nur zu verwundern, daß man sie, wenn sie 1923 ebenso war, so hoch gepriesen hat. Hitler wählt beim Vortrag plumpe Vergleiche, ganz auf das Begriffsvermögen seiner Zuhörer zugeschnitten, läßt sich keine billigen Anspielungen entgehen. Der Satzbau liebt langatmige Perioden, deren Schluß recht gekünstelt und oft zu Unrecht betont herauskommt oder wiederholt wird. Die Worte und Ansichten werden mit einer diktatorischen Sicherheit hingeschleudert, als wären sie unabänderliche, feststehende Grundsätze und Tatsachen. Das Ganze ist auch in der Sprache als etwas Herausgetriebenes erkennbar, das nicht in Hitler steckt, als eine fanatische Kraftäußerung in Worten, Abrechnungen, Behauptungen und Plänen.

Die Zuhörerschaft hat dieses Evangelium, das ihr inhaltlich sichtlich nichts Neues war, mit Beifall aufgenommen. Es ist charakteristisch, daß sie an bekannten Schlagworten Beifall spendet, an abgedroschenen Wendungen. Die Frauen bemühen sich angestrengt, dem Gedankengang Hitlers zu folgen, der zeitweise ziemliche Höhe erklimmt. Einmal kommt es vor, daß in plötzlicher Stille irgendeine Frauenstimme »Bravo« sagt, das überall gehört wird und Lachen erntet. Am Schlusse der Rede, als die Leute hinausströmen, zieht bereits ein Herr das Fazit: »Sie war zu philosophisch«, sagt er, und die Windjackenjünglinge beratschlagen draußen, in welches Café sie noch gehen werden.

Über Hitlers Rede führt der Bericht weiter aus:

Der Inhalt der Rede Hitlers, die von 8 3/4 bis 1/4 nach 10 Uhr dauerte, war gewissermaßen ein Programm. Zuerst eine Abrechnung, dann der Aufbau, das Wollen der Nationalsozialisten. Das Redeverbot bezeichnet Hitler als etwas Empörendes. Ihm ist es unklar, was man damit beabsichtigt hat, denn man schlägt doch keine Bewegung tot, wenn man dem Führer einen Maulkorb vorbindet. Im Gegenteil, je mehr sie unterdrückt wird, um so stärker breitet sie sich aus. Er verweist auf die Christenverfolgungen.

Um die Nationalsozialisten zu beseitigen, müsse man die Ursachen beseitigen, aus denen sie entstanden seien, nämlich die allgemeine Verzagtheit, die wirtschaftliche und politische Not Deutschlands. Jede Regierung, die diese Ursachen beseitige, sei nationalsozialistisch im weiteren Sinne. Dann wären die heutigen Nationalsozialisten überflüssig.

Dann beleuchtet Hitler die traurige und trostlose Lage Deutschlands, die Sklavenverträge von Locarno, das armselige deutsche Heer, das nur dazu da sei, den einzelnen zu überwachen, damit er die Fronarbeit leiste. Wenn es den einzelnen gut gehe, so leide doch das ganze Volk. Er verweist auf die Arbeitslosen.

»Wir können auch nicht mehr hoffen«, sagt Hitler. »Die beiden großen Parteien, die Deutschlands Schicksal bestimmen, haben versagt, konnten die Lage nicht meistern.« Unter diesen beiden Parteien versteht Hitler die zwei Volksgruppen; hier der Kopf, das national gerichtete Bürgertum, das rechts steht; dort die Faust, das international gerichtete, links stehende Proletariat, die sechzehn Millionen Arbeiter.

Sobald sich Hitler auf dieses mehr oder weniger allgemeine Gebiet begibt, ist ein Abflauen der Erwartung seitens der Zuhörer spürbar. Man hatte zweifellos etwas anderes erhofft als einen Ausflug auf außen- und innenpolitische Probleme. Doch dem Redner zuliebe geht das Interesse der Leute mit seinen weiteren Ausführungen.

Hitler wagt die für tiefer Blickende unverständliche These zu verfechten und in längeren Darlegungen zu stützen, daß diese beiden Parteien deshalb versagt hätten, weil ihre Ideen – er setzt sie mit Weltanschauung gleich – alt geworden seien. Die marxistische Idee sei siebzig Jahre alt und also ein Greis, von ihr könne man nichts mehr erwarten. [...]

Auch das Bürgertum habe versagt, weil es nach den Erfolgen des siebziger Krieges den Nationalismus in hohle Formen gekleidet habe, der auf die Arbeiterschaft habe abstoßend wirken müssen. Die Vertreter des Volkes von heute, wie sie in den Parlamenten säßen, hätten nicht das Wohl des Ganzen im Auge, ihnen sei der Staat Selbstzweck, nicht mehr Mittel zum Zweck. »Sehen Sie sich den Landtag einmal an!« (Anhaltendes Gelächter.) Zwar hätten beide Gruppen sich wegen ihres Versagens zu entschuldigen versucht und Erklärungen beigebracht; aber die Ursache ihres Versagens ruhe eben in ihren Doktrinen und Lehren, in den Ideen.

Deshalb rechnet Hitler mit den Parteien ab, prüft ihre Ideen nach ganz großen Gesichtspunkten. Er kommt zu einer Begriffsbestimmung des Wertes des Menschen, den er durch seine Unersetzbarkeit in der Gesellschaft wie durch seine Opferbereitschaft gekennzeichnet wissen will.

Des längeren führt er aus, daß weder die von rechts die Linksstehenden mißachten, noch die von links die Rechtsstehenden geringschätzen sollen. Die deutsche Entzweiung habe immer zugunsten eines Dritten geschadet. So war es in der Reformation, so sei es heute. Der Jude ziehe den Gewinn aus den inneren Kämpfen des deutschen Volkes.

Deshalb müßten Faust und Hirn sich zusammenschließen zum Wohle des Ganzen, denn nur, wenn beide verbunden seien, könne das deutsche Volk leben. Die Rassen seien die Schöpfer des Weltbildes und müßten wieder im Besitze ihrer Rechte sein. Um die Zusammenschließung zu ermöglichen, müssen die Begriffe »national« und »sozialistisch« neu gefaßt werden.

Wenn sie mit neuen Inhalten erfüllt werden, dann erst finden sich Bürgertum und Arbeiterschaft zusammen, aber nicht eher. Dieses Ziel ist das der Nationalsozialisten. Hitler erläutert, wie er sich die Begriffe »nationalistisch« und »sozialistisch« denkt, in einer Form, die den notwendigen Aufstieg der Persönlichkeit gewährleistet. Die Masse selbst stelle demgegenüber kein positives Element dar, sie sei passiv.

Ist die Vermischung dieser Begriffe gelungen, kann sich mit ihnen das ganze deutsche Volk einig zusammenfinden, dann wird das, was national war, auch sozial, und umgekehrt wird auch das Soziale jetzt national. Durch Verschmelzung beider Begriffe zu einem einzigen entstehe die Plattform, auf der sich einmal errichte: die deutsche Front.

Hitlers Rede, ungleich im Vortrag wie in den gebotenen Inhaltswerten, wurde mit starkem Beifall aufgenommen, der indessen, wie es den Anschein hatte, weniger der Rede an sich galt, als vielmehr der Person des Redners. Denn die Rede war eigentlich eine Programmrede gewesen, die selten zündende Stellen aufwies, auch das Wort »Kampf« kam nicht mehr als höchstens zehnmal vor. Dazu hatte sie den meisten kaum etwas Neues geboten.

In Berlin versucht Gauleiter Goebbels, auf die NSDAP aufmerksam zu machen, indem er ihre politischen Gegner provoziert. Über den Verlauf einer Versammlung am 11. Februar 1927 meldet der nationalsozialistische Situationsbericht für Februar:

Am 11. des Monats veranstaltete die Partei im ausgesprochenen Arbeiterviertel Wedding in den »Pharussälen« eine öffentliche Massenversammlung mit dem Thema: »Der Zusammenbruch des bürgerlichen Klassenstaates«. Redner war Pg. Dr. Goebbels. Es war uns ohne weiteres klar, was das bedeutete. Es galt den sichtbaren Beweis zu erbringen, daß der Nationalsozialismus fest gewillt ist, mit aller Macht an die Arbeiterschaft heranzukommen. Bereits einmal gelang es uns, im Stadtteil Wedding Fuß zu fassen. Der Andrang zur Versammlung war gewaltig. Mehr als tausend Personen füllten den Saal, der politisch zusammengesetzt war aus $^4/_5$ SA und $^1/_5$ KPD. Letztere hatte jedoch ihre Hauptmacht auf der Straße zusammengezogen. Als die Versammlung durch den SA-Führer Pg. Daluege eröffnet wurde, erfolgten programmmäßig die auf Provokation abgezielten »Zur Geschäftsordnung!«-Rufe. Als der anwesenden KPD erklärt wurde, daß die Geschäftsordnung nicht sie, sondern wir führen und ihnen nach dem Referat Pg. Dr. Goebbels' eine Diskussion freisteht, entstanden die ersten Plänkeleien. Es trat jedoch wieder eine scheinbare Ruhe ein, bis erneute lärmende Zwischenrufe ertönten. Auf die Mitteilung des Versammlungsleiters, daß er die Ruhestörer im Wiederholungsfalle aus dem Saale weisen würde, wurde die KPD von einer künstlichen Erregung befallen. Mittlerweile hatte die SA den Unruheherd langsam eingeschlossen, und die Kommunisten, die Gefahr bemerkend, begannen plötzlich tätlich zu werden. Das Nachfolgende spielte sich innerhalb drei bis vier Minuten ab. Im Nu wurden von beiden Seiten Stühle, Biergläser, selbst Tische, erhoben, und ein wilder Kampf begann. Mehr und mehr wurden die Kommunisten unter die Galerie gedrängt, die wohlweislich von uns besetzt war, und bald sausten von dieser ebenfalls Stühle und Gläser herab. Die Schlacht war schnell entschieden: die KPD zog mit 83 mehr oder minder schwer Verletzten ab, d. h. sie konnte gar nicht so schnell die Treppen heruntersteigen, wie sie gemütlich und »harmlos« heraufgestiegen war. Auf unserer Seite hatten wir 3 Schwerverletzte und circa 10 bis 12 Leichtverletzte zu beklagen. Als die Polizei erschien, war der Kampf bereits abgewickelt.

Am 19./20. März 1927 kommt es auf dem Bahnhof (Berlin-) Lichterfelde-Ost zu einer blutigen Schlacht zwischen Nationalsozialisten und Kommunisten, worüber das Berliner Polizeipräsidium meldet:

Ähnlich wie in den Vormonaten fand auch in diesem Monat, und zwar vom 19. zum 20., eine Propagandafahrt, an der sich hauptsächlich SA-Angehörige beteiligten, nach Trebbin statt. Während die Kundgebungen (SA-Jahresfeier und öffentliche Versammlung in Trebbin) ruhig und ohne Zwischenfälle verliefen, kam es bei der Rückkehr auf dem Bahnhof Lichterfelde-Ost zu blutigen Zusammenstößen mit Kommunisten, wobei es Leicht- und Schwerverletzte gab. Dieser Zusammenstoß, der alles bisher Dagewesene in den Schatten stellt, charakterisierte die von Dr. Goebbels betriebene Verhetzung und Radikalisierung. Unter Einsetzung eines heftigen Revolverfeuers und mit lanzenähnlichen, eisernen Fahnenstangen drangen die Nationalsozialisten auf die Kommunisten ein, wobei etwa neun Leichtverletzte und fünf Schwerverletzte vom Kampfplatz fortgeschafft wurden.

Da Hitler in Preußen immer noch mit Redeverbot belegt ist, spricht er am 1. Mai 1927 in einer geschlossenen Versammlung vor fünftausend Mitgliedern im Berliner Vergnügungslokal »Clou«. Er unterstützt die Bemühungen, dem Nationalsozialismus außerhalb Bayerns zum Erfolg zu verhelfen, da in Bayern die Aussichten, ihn durchzusetzen, gering sind. Dieses Ziel verfolgt vor allem Gregor Strasser, der sich zu der antikapitalistischen Sehnsucht der Zeit bekennt:

Wir sind Sozialisten, sind Feinde, Todfeinde des heutigen kapitalistischen Wirtschaftssystems mit seiner Ausbeute der wirtschaftlich Schwachen, mit seiner Ungerechtigkeit der Entlohnung, mit seiner unsittlichen Wertung der Menschen nach Vermögen und Geld, statt nach Verantwortung und Leistung, und wir sind entschlossen, dieses System unter allen Umständen zu vernichten! Und bei meiner dem praktischen Tun zugewendeten Anlage ist es mir selbstverständlich, daß wir an dessen Stelle ein besseres, gerechteres, sittlicheres System setzen müssen, das Hand und Fuß hat, und zwar bessere Hände als das jetzige!

Und dennoch genügt es nicht, ein System zu ändern, das eine Wirtschaftssystem durch ein anderes zu ersetzen, sondern notwendig ist vor allem die Änderung des Geistes!! Dieser Geist, der zu überwinden ist, ist der Geist des Materialismus!! Wir müssen ein ganz neues wirtschaftliches Denken gewinnen, ein Denken, das sich frei macht von den heutigen Vorstellungen, die im Gelde wurzeln, im Besitz, in Rentabilität und einem falschen Erfolg! Es ist ein Kennzeichen des marxistischen, des falschen Sozialismus, daß seine Gedankengänge ganz genau die des Kapitalismus sind, weswegen ich ihn seit Jahren schon immer als geistige Einheit mit ihm nenne, nur mit umgekehrten Vorzeichen! Der nationale Sozialismus, der aus dem organischen Leben selbst stammt, wirft die verlogenen Worte einer weltfernen Theorie über den Haufen, ebenso wie die toten Begriffe einer untergehenden Zivilisation!

Wir müssen lernen, daß es in der Wirtschaft eines Volkes nicht nach Rentabilität geht, nicht nach Gewinn – sondern einzig und allein nach der Deckung des Bedarfes für die Angehörigen dieses Volkes!! Dies und nichts anderes auch ist die Aufgabe »einer Volkswirtschaft«! Wir müssen lernen, daß die Begriffe »Weltwirtschaft«, »Handelsbilanz«, »Exportausdehnung« Begriffe einer untergehenden Epoche sind, die sich selbst längst ad absurdum führten, da sie gegen das ewige Gesetz des organischen Lebens verstoßen und aus Spekulation geboren sind, nicht aus Notwendigkeit, nicht aus dem Boden! Wir müssen lernen, daß es Betrug ist, wenn die spekulative Produktion erst mit allen Mitteln des Anreißens und der Reklame einen künstlichen Bedarf schafft, Betrug an der Arbeitskraft des Menschen und Betrug an seinem Leben! Denn gereizte Begehrlichkeit steigert nur immer die Ansprüche, gesteigerte Ansprüche verdoppeln die menschliche Sklaverei, die eine Sklaverei des Geistes ist, der anstelle der Seele die Herrschaft angetreten hat über das Leben! Was wissen die heutigen Menschen denn noch, was Leben ist?! Sie rennen und hetzen sich ab, quälen sich, mühen sich, fronen wie Galeerensklaven, um ein Leben zu führen, dessen Inhaltlosigkeit grauenerregend ist. Es geht nicht darum, daß jenes neue Wirtschaftssystem, das wir wollen, mehr produziert! Es geht überhaupt nicht um Mehrproduktion, wie gerade der Marxismus fordert, sondern es geht um die Seelen der Menschen!!

Am 30. Juli 1927 veranstaltet der Nationalsozialistische Deutsche Arbeiterverein e. V., die Trägerorganisation der NSDAP, in München ihre Generalversammlung:

Die NSDAP ist in München unter der Bezeichnung »Nationalsozialistischer Deutscher Arbeiterverein e. V.« als Verein eingetragen. Nach den Satzungen hat jährlich eine Generalversammlung stattzufinden. Für das Jahr 1927 ist diese Generalversammlung am 30. Juli in München im »Bürgerbräukeller« abgehalten worden. Die Generalversammlung, die von etwa 1 400 Personen besucht war, fand unter dem Vorsitz des Reichstagsabgeordneten [*Gregor*] Strasser statt. Aus dem erstatteten Kassenbericht ergab sich, daß die Partei im Geschäftsjahr 1926 114 500 Mark Einnahmen und 114 000 Mark Ausgaben hatte. Die Einnahmen setzten sich zusammen aus 86 000 Mitgliederbeiträgen, 12 000 Mark freiwilligen Spenden, 12 000 Mark aus dem Baufonds und 10 000 Mark aus öffentlichen Versammlungen. Weitere Eingänge waren aus dem Vertrieb von Propagandamaterial zu verzeichnen. Im Rechnungsjahr 1927 steht die Partei einem Einkommen von 104 000 Mark, Ausgaben von 100 000 Mark gegenüber. Wegen Nichtzahlungen von Beiträgen wurden sechs Ortsgruppen ausgeschlossen und sechs weiteren Ortsgruppen der Ausschluß angedroht. Nach Angabe des Schatzmeisters Schwarz soll sich die Mitgliederzahl seit 1926 verdoppelt haben. Tatsächlich dürfte sie nicht mehr als 45 000 Köpfe betragen. Hitler gab einen Bericht über die Tätigkeit der Partei ab und wurde von der Generalversammlung als Vorstand wiedergewählt; ebenso Schwarz als Kassierer und Schneider als Schriftführer. Die Mitgliederbeiträge wurden auf 80 Pfennig im Monat erhöht.

Der 3. Reichsparteitag der NSDAP findet vom 19. bis 21. August 1927 in Nürnberg statt. Der Reichskommissar für die Überwachung der öffentlichen Ordnung erstattet darüber einen ausführlichen Bericht:

Am 19., 20. und 21. August fand in Nürnberg der 3. Reichsparteitag der Nationalsozialistischen Deutschen Arbeiterpartei statt. An dem Parteitag nahmen circa 15- bis 20 000 Personen teil. Von diesen waren etwa 8 500 uniformierte Mitglieder der nationalsozialistischen Sturmabteilungen und Schutzstaffeln. Die Hitler-Jugend, die gleichfalls die Uniform der SA trug, war mit etwa 300 Mitgliedern vertreten. Von den österreichischen Nationalsozialisten war eine Abordnung in Stärke von etwa 600 Personen, von der nationalsozialistischen Bewegung der Tschechoslowakei eine solche von etwa 20 Mitgliedern mit dem Führer Dr. Jung und Krebs erschienen. Auch ein Vertreter der Schweizer Nationalsozialisten war anwesend. Unter den Teilnehmern befanden sich auffallend viele jugendliche und weibliche Personen. Einige Frauen und Mädchen trugen Hitler-Kleidung, beteiligten sich sogar beim Umzug der SA durch die Stadt, wurden aber zum Vorbeimarsch vor Hitler nicht zugelassen.

Am Fackelzug am Samstagabend durch die Stadt beteiligten sich 8 000 SA- und SS-Leute einschließlich der Hitler-Jugend. Die SA war am stärksten aus dem Ruhrgebiet, aus dem Rheinland und aus Sachsen vertreten. Die Berliner SA führte beim Fackelzug ein Transparent mit der Aufschrift: »Fußmarsch der Berliner SA nach Nürnberg. Trotz Verbot, nicht tot« mit sich. Aus den Kolonnen wurden öfters verächtliche Rufe auf politische Gegner und besonders gegen die Juden laut.

Am Sonntagvormittag um 9 Uhr begann im Luitpoldhain die Standartenweihe, an der außer der SA und SS beinahe sämtliche Führer teilnahmen. Die Weihe erhielten 12 Standarten der Gaue Bayreuth, Frankfurt a. M., Chemnitz, Wien, Ruhr, Rheinland, Zwickau, Essen, Bochum, Nordmark und Hannover. Vor der Fahnenübergabe hielt Hitler eine kurze Ansprache, in der er der alten Fahnen von 1918 gedachte und bemerkte, daß Hunderttausende und Millionen Deutsche die Flagge der Republik bekämpfen. Seine weiteren Ausführungen galten den bisher geweihten nationalsozialistischen Standarten. Besonders hob er vor dem Weihespruch die beiden Standarten des Jahres 1923 hervor, die blutige Tage erlebt haben und heute ein Erinnerungszeichen erhalten sollen, damit sie sich von den übrigen für immer unterscheiden. Bei der Weihe sprach Hitler je nach der Bedeutung des Ortes, für den die Standarte bestimmt war, einen Weihespruch. Im Anschluß hieran begann der Umzug durch die Stadt mit Vorbeimarsch vor Hitler und den Führern, der von der Parteileitung als wichtigstes Propagandamittel gedacht war. Die Gesamtbeteiligung am Umzug betrug 8 500 SA- und SS-Leute einschließlich der Hitler-Jugend. Die Vorbeimarschierenden grüßten Hitler mit dem faschistischen Gruß, der von Hitler, im Auto stehend, erwidert wurde. Hitler war in SA-Kleidung und wurde, besonders nach dem Vorbeimarsch, der eineinhalb Stunden dauerte, lebhaft begrüßt und mit Blumen beschenkt.

Besonderes Gewicht wurde von der Parteileitung auf den Delegiertenkongreß gelegt. Der Kongreß begann am Samstagvormittag unter dem Präsidium des Reichstagsabgeordneten [*Gregor*] Strasser. Die Teilnahme betrug am Samstag 1 200 und am Sonntag 1 800 bis 2 000 Personen. Die Eröffnung erfolgte durch den Landtagsabgeordneten Streicher, der in seiner Begrüßungsansprache zunächst an die Toten erinnerte, die die Bewegung seit dem Jahre 1923 zu verzeichnen habe. Weiterhin kam er auf die Rassenfrage zu sprechen, wobei er das Nürnberg der früheren Jahre als die deutscheste Stadt bezeichnete, während es jetzt nach Überfüllung mit Juden eine Stadt der Fremdherrschaft sei. Der Kampf der Nationalsozialisten werde nur für das deutsche Volk geführt. Hitler und seinen Getreuen werde es gelingen, Deutschland frei zu machen von den Fesseln Judas. Die Nationalsozialisten von Nürnberg glauben daran, daß der Tag nicht mehr ferne sei, an dem die Fahnen Hitlers nicht mehr einzeln in den Gassen zu sehen seien, sondern von der Burg und dem Reichstagsgebäude in Berlin wehen würden.

Nach der Rede Streichers wurde durch den Landtagsabgeordneten Wagner die Botschaft Hitlers an die Kongreßteilnehmer verlesen. Hitlers Ausführungen enthielten größtenteils eine Ermunterung an die Teilnehmer zu einem festen Glauben an die Bewegung. Als erster Referent sprach der Reichstagsabgeordnete Dr. Frick über die Stellung seiner Fraktion im Reichstag. Der Redner führte u. a. aus, daß die Nationalsozialisten den Tag herbeisehnen, an dem der bekannte Leutnant mit zehn Mann diesem Teufelsspuk (dem Parlament) das verdiente unrühmliche Ende bereite und die Bahn frei mache für eine völkische Diktatur. Hierauf referierte Dr. Buttmann über das parlamentarische Verhalten der Nationalsozialisten im Bayerischen Landtag und Stadtrat Fiehler, München, über die kommunal-politische Betätigung seiner Parteifreunde. Anschließend daran sprach der Vertreter der Nationalsozialisten aus den Sudetenländern, Jung, über die politische Betätigung der dortigen Anhänger. Weitere Referate hielten die Reichstagsabgeordneten Graf Reventlow über Außenpolitik und Feder über die Auswirkung des Versailler Vertrages. Reventlow übte scharfe Kritik an der Politik des Reichsaußenministers Dr. Stresemann und trat für ein Bündnis mit Italien zur Abwehr des französischen Übergewichts ein. Weiter sprachen Landtagsabgeordneter Dr. Dinter über Judentum und Rassenfrage, Hauptschriftleiter Rosenberg über den internationalen Weltstaat und nationale Raumpolitik und Dr. Goebbels über Propagandafragen. Dr. Dinter stellte in seiner Rede die Grundforderungen der Nationalsozialisten in der Rassenfrage auf. Rosenberg, der zum ersten Mal seit 1923 als Redner auftrat, führte aus, daß der erste Ansturm gegen den internationalen Weltstaat vom italienischen Faschismus ausgegangen sei. Die II. und III. Internationale seien lediglich Erpresserwerkzeuge der Finanz zur Niederschlagung der völkischen Gegenwehr. Das Ziel der Nationalsozialisten sei die Vernichtung der Idee des internationalen jüdischen Schmarotzerstaates und die politische Ausscheidung der Juden.

Am Schluß ergriff Hitler das Wort und munterte zur Weiterarbeit auf, damit beim nächsten Parteitag mit noch stärkerem Besuch gerechnet werden könne. Die Partei habe im Gegensatz zu Weimar im vorigen Jahr heuer bereits ein ganz anderes Gesicht erhalten. Sein Wunsch sei, daß er so lange lebe, bis Deutschland frei sei. In seinen Schlußausführungen pries Hitler den Mut der SA-Leute und erbat von den anwesenden Delegierten Spenden für die minderbemittelten SA-Leute, die besonders zahlreich aus dem Ruhrgebiet gekommen seien.

Nach der Rede Hitlers sammelten die Landtagsabgeordneten Dr. Buttmann und Dr. Dinter persönlich mit dem Hute und der Aktenmappe Spenden ein.

Der Delegiertenkongreß hat die Teilnehmer insofern enttäuscht, weil nur Dinge behandelt wurden, die aus öffentlichen Versammlungen hinreichend bekannt sind. Der Parteileitung war offensichtlich um die Eintrittsgebühren zu tun, deren Höhe vielfach kritisiert wurde.

Außer dem Kongreß fanden nebenher dreizehn Sondertagungen über Finanz-, Gewerkschafts-, Eisenbahnfragen usw. statt. In der Finanztagung wurde unter dem Vorsitz des Reichsschatzmeisters Schwarz die Festsetzung eines einmaligen außerordentlichen Beitrages in Höhe von 2 Mark pro Mitglied beschlossen. Durch diese Sonderumlage soll die Finanzlage der Organisation gestärkt werden. Ferner wurde die Bildung eines Reichsopferrings der Partei beschlossen. Nach einem Beschluß der Gewerkschaftstagung soll umgehend ein Parteikongreß zur Behandlung von Gewerkschaftsfragen einberufen werden. In der Eisenbahnertagung wurde der nationalen Gewerkschaft der deutschen Eisenbahner für ihren Kampf gegen die Dawes-Bahn die Sympathie zum Ausdruck gebracht. Nach weiteren Beschlüssen soll der nationalsozialistische Nachrichtendienst für den »Völkischen Beobachter« sowie für das von Dr. Buttmann herausgegebene Mitteilungsblatt ausgebaut und eine nationalsozialistische Parteikorrespondenz gegründet werden. Endlich wurde die Gründung einer nationalsozialistischen wissenschaftlichen Gesellschaft beschlossen, um den nationalsozialistischen Gedanken in Kreise zu tragen, die durch Massenversammlungen im allgemeinen nicht erfaßt werden können. Ob diese Beschlüsse durchgeführt werden, bleibt abzuwarten.

Die von der nationalsozialistischen Presse angegebene Teilnehmerzahl von 30 000 SA-Leuten und 100 000 Gesamtteilnehmern ist weit übertrieben. Einwandfrei steht fest, daß die Teilnahme der SA, SS und der Hitler-Jugend zusammen nicht über 9 000 Mann betrug. Der Parteitag verlief ohne Störung und scheinbar auch zur Zufriedenheit der Parteileitung.

Finanziell soll der Parteitag indessen eine Enttäuschung gewesen sein, da er trotz aller Bemühungen zu Sammlungen von Spenden vor und während des Parteitages ein beträchtliches finanzielles Defizit ergeben hat.

Der Parteitag war organisatorisch sehr sorgfältig vorbereitet. Die Leitung der Organisation hatte der Oberste Führer der nationalsozialistischen Sturmabteilung, Hauptmann a. D. von Pfeffer, als Reichsquartiermeister. Für die einzelnen Bezirke der Partei, Ruhr, Berlin (Brandenburg, Pommern, Mecklenburg), Nordmark (Hamburg, Bremen, Lübeck), Hannover (Braunschweig, Göttingen, Kassel), Rhein (Köln), Frankfurt (Hessen), Pfalz, Baden, Württemberg, Franken, Sachsen, Thüringen, Schlesien, Bayern und Österreich, waren Quartiermeister ernannt worden, die für die technische Vorbereitung, insbesondere für den An- und Abtransport, verantwortlich waren.

Fast sämtliche nationalsozialistischen Führer und Abgeordnete waren auf dem Parteitag anwesend: [*Gregor*] Strasser, Dr. Frick, Gottfried Feder, Dr. Artur Dinter, Dietrich-Franken, von Mücke, Stöhr, Haake, Dr. Buttmann, Adolph Wagner, Holzwarth, Dr. Goebbels, Dr. Ley, Hauptmann Loeper, Hildebrandt, Mutschmann, Kaufmann, Munder.

In der oben erwähnten, auf dem Delegiertenkongreß am 20. August verlesenen »Botschaft Hitlers an das erwachende Deutschland« wendet sich Hitler gegen den »leichtgläubigen Optimismus«, der nur Trugbilder des Aufstieges oder der Sanierung sehe, der von Erfolgen rede, während nur Mißerfolge sichtbar seien, und der mit »geradezu unanständigem Leichtsinn« auf eine Zukunft baue, zu der keine berechtigten Voraussetzungen geschaffen seien. Die Nationalsozialistische Deutsche Arbeiterpartei wende sich gegen den heutigen Zustand der Vergeudung der völkischen Kraft Deutschlands, gegen die Verschleuderung des nationalen Vermögens und gegen die Zerstörung der deutschen Gesinnung. Sie wolle nicht daran glauben, daß nach einer Geschichte von zweitausend Jahren das deutsche Muttervolk der europäischen Kultur durch die Existenz einer Organisation jüdisch-antinationaler Verbrecher ohne eigene Schuld zum Untergang bestimmt sein solle. Dem inneren Feind in allen seinen Formen werde der Kampf angesagt. Haß gegen die Feinde des deutschen Volkes und Vaterlandes beherrsche die nationalsozialistische Bewegung.

In der bereits erwähnten Schlußansprache auf dem Kongreß setzte Hitler auseinander, daß die Schärfe des zunehmenden wirtschaftlichen Kampfes zwischen den Nationen ebenso wie die Einengung des deutschen Volkes auf einen unzulänglichen Siedlungsraum notwendig zu einer kommenden gewaltsamen Auseinandersetzung zwischen den Staaten Europas treiben werde. Die bürgerliche Welt könne die Probleme unserer Zeit nicht mehr meistern. Bei dem politischen Bürger entscheide die Majorität, das sei Feigheit, Unfähigkeit und geringe Weisheit. Während in der Theorie diese Majorität entscheide, tue dies in Wirklichkeit der hinter ihr stehende antinationale Jude. Das Volk habe nicht den Wunsch, nach Majoritäten regiert zu werden. Es wünsche vielmehr eine Führung, an die es glauben könne. Die Aufgabe der Nationalsozialistischen Partei sei, einen Kern zu bilden, an den sich immer mehr Leute anzugliedern vermöchten, bis die Bewegung die Energie und Tatkraft für das große Ziel gewinne. »Wem der Himmel die Majorität der Tatkraft gab, dem hat er auch die Herrschaft gegeben.«

Zur Flaggenfrage äußerte Hitler die Ansicht, daß das deutsche Volk heute keine nationale Flagge habe. Deshalb habe sich die nationalsozialistische Bewegung eine neue Flagge gewählt; diese müsse immer mehr den Charakter einer Parteifarbe verlieren und zur deutschen Flagge der Zukunft werden.

Ein Vergleich des diesjährigen Nürnberger Parteitages mit dem vorjährigen Parteitag der Nationalsozialisten in Weimar ergibt eine bedeutende Zunahme der Teilnehmer. In Weimar waren nach der damaligen Schätzung der thüringischen Behörde etwa 7 000 Nationalsozialisten vertreten, von denen etwa 4 000 uniformierte Angehörige der Sturmabteilungen und Schutzstaffeln gewesen sind.

Im Jahre 1927 vermittelt Frau Elsa Bruckmann eine Begegnung zwischen Adolf Hitler und dem rheinischen Industriellen Emil Kirdorf, über die der Letztgenannte berichtet:

Im Jahre 1927 bin ich zum ersten Male mit dem Führer zusammengekommen. Ich betrachte es noch heute als eine Fügung des Schicksals, als mir Frau Hugo Bruckmann [...] in einem Briefe mitteilte, sie habe als begeisterte Anhängerin des Führers es sich zur Lebensaufgabe gestellt, diesen mit leitenden Männern der Schwerindustrie in Verbindung zu bringen, um auch in diesen Kreisen den Boden für den Nationalsozialismus zu bereiten. Frau Bruckmann war durch den Prinzen Karl von Löwenstein unterrichtet worden, daß ich der einzige Mann sei, der aufgrund seiner ganzen politischen Einstellung für eine Fühlungnahme mit dem Führer in Betracht kam.

Ich fuhr von Gastein, wo ich mich zur Erholung aufhielt, nach München und traf dort im Hause Bruckmann zum ersten Male in persönlicher Unterhaltung den Führer. In viereinhalb Stunden entwickelte mir Adolf Hitler im einzelnen sein Programm. Die unerbittliche Folgerichtigkeit und klare Zusammenfassung seiner Gedankengänge begeisterten mich derart, daß ich mich völlig einverstanden erklärte mit dem, was er mir vorgetragen hatte. Ich bat den Führer, den mir gehaltenen Vortrag in einer Broschüre zusammenzufassen. Die Broschüre habe ich dann in meinem Namen in Kreisen der Industrie und der Wirtschaft verbreitet. In der Erkenntnis, daß nur die Politik Adolf Hitlers zum Ziele führen werde, habe ich mich in der Folgezeit ganz seiner Bewegung zur Verfügung gestellt. Kurz nach der Münchener Unterredung fanden dann als Auswirkung der vom Führer verfaßten und von mir verbreiteten Broschüre mehrere Zusammenkünfte des Führers mit leitenden Persönlichkeiten des Industriereviers statt, in denen dann Adolf Hitler in knappen und klaren Worten seine Ansichten darlegte.

Der Reichskommissar für die Überwachung der öffentlichen Ordnung erstellt im Herbst 1927 einen ausführlichen Lagebericht über die NSDAP:

Die Nationalsozialistische Deutsche Arbeiterpartei hat überall, wo größere Ortsgruppen bestehen, ihre sehr aktive Werbe- und Propagandatätigkeit in den letzten Monaten fortgesetzt. Sie unterhält eine außerordentlich rege Versammlungstätigkeit und ist immer wieder bemüht, durch ihr Auftreten in der Öffentlichkeit das Interesse der Bevölkerung auf sich zu lenken. In ihrer Presse ebenso wie in den Versammlungsreden vieler ihrer Führer hat sich der radikale Ton in letzter Zeit eher verschärft als gemäßigt. Die Partei bezeichnet sich offen als revolutionär, und die Äußerung Hitlers auf dem Parteitag in Nürnberg: »Wem der Himmel die Majorität der Tatkraft gab, dem hat er auch die Herrschaft gegeben« weist deutlich darauf hin, daß die Nationalsozialisten nicht mehr darauf rechnen, auf legalem Wege, d. h. auf dem Wege über die Gewinnung einer Majorität bei den Wahlen, zur Herrschaft zu gelangen, sondern mit anderen Mitteln. Das Ziel der Partei ist die nationalsozialistische Diktatur unter Hitler. Diese wird in der Versammlung häufig unumwunden erklärt. Sehr charakteristisch ist eine Äußerung Dr. Goebbels', der auf einem Sprechabend der Partei in München (am 20. Juni) gelegentlich von kritischen Ausführungen über den Stahlhelmtag in Berlin äußerte: wenn er (Goebbels) mit 120 000 Mann in Berlin aufmarschieren könnte wie der Stahlhelm, würde er nicht, wie dessen Leitung, die Versicherung eines friedlichen Abmarsches geben. Es sei sicher, daß 120 000 Nationalsozialisten Berlin nicht so verlassen hätten, wie sie angekommen seien.

In ihren Versammlungen in den Industriegebieten und in den Großstädten bemühen sich die nationalsozialistischen Redner in letzter Zeit auffallend um die kommunistischen Elemente unter den Versammlungsbesuchern. Sie betonen dabei stark den sozial-revolutionären Charakter ihrer Partei und suchen kommunistische Arbeiter zu überzeugen, daß sie bei den Nationalsozialisten eine bessere Vertretung ihrer Interessen finden würden als bei den »internationalen« und »verjudeten« Kommunisten. Der Erfolg solcher Versuche ist verschieden. Er führt in manchen Fällen zu Versammlungskrawallen und Prügeleien, hat aber auch zweifellos eine gewisse werbende Wirkung. Es ist in letzter Zeit immer häufiger festzustellen, daß kommunistische Arbeiter zu den Nationalsozialisten übergehen und sogar in Funktionärstellungen übernommen werden. Andererseits dürfte dieses offensichtliche Eingehen auf kommunistische Gedankengänge bei vielen kleinbürgerlichen Anhängern des Nationalsozialismus auf Ablehnung stoßen und dahin wirken, sie der Partei zu entfremden. Zahlenmäßig große Erfolge bei diesem Werben um Anhänger der KPD dürften die Nationalsozialisten bisher nicht erreicht haben. Indessen zeigen diese Vorgänge die immer mehr fortschreitende Radikalisierung der Nationalsozialistischen Partei.

Bemerkenswert ist in diesem Zusammenhang die vielfache Erörterung, die ein Programmpunkt des nationalsozialistischen Programms, nämlich die Forderung nach Gewinnbeteiligung der Arbeiter, in letzter Zeit findet. In den »Nationalsozialistischen Briefen« (Heft 1, Juli 1927) schreibt Gregor Strasser: »Wir haben nie einen Zweifel darüber, daß unser Nationalsozialismus dieses Vorrecht des Besitzes bricht und die Befreiung des deutschen Arbeiters sich auch erstrecken soll auf Anteil am Gewinn, Anteil am Besitz, Anteil an der Leistung.« Diese Forderung wird von der Partei überall da in den Vordergrund gestellt, wo sie sich bemüht, aus der Arbeiterbevölkerung neue Anhänger zu gewinnen.

Die Analyse der NSDAP beschäftigt sich auch mit der SA und mit den nationalsozialistischen Unterorganisationen:

Die NSDAP bemüht sich nach wie vor, die Organisation ihrer Sturmabteilungen weiter auszubauen. Von der Leitung wird auf alle größeren Ortsgruppen, die eine solche Abteilung noch nicht gebildet haben, ein Druck ausgeübt, eine SA aufzustellen. Die Partei sieht nach wie vor in der Organisation der SA das Rückgrat der gesamten Bewegung. Auch anläßlich des Parteitages in Nürnberg hat sich gezeigt, daß die Partei überall, wo sie in der Öffentlichkeit hervortritt, ganz besonderen Wert darauf legt, durch Aufmärsche der uniformierten SA mit Fahnen und Standarten und Musikkapellen Eindruck auf die Allgemeinheit zu machen und die Stärke ihrer Organisation zur Schau zu stellen.

Bemerkenswert ist, daß das Prinzip der Selbständigkeit der SA gegenüber den Mitgliederortsgruppen streng aufrechterhalten wird. Der organisatorische Aufbau der politischen Ortsgruppen und der SA ist völlig getrennt. Die Gauleitung der SA untersteht der Parteileitung der NSDAP direkt. Obwohl sich aus diesem Nebeneinander häufig Kompetenzkonflikte ergeben, wird die Trennung beider Organisationen streng aufrechterhalten.

Bemerkenswert ist, daß die NSDAP in letzter Zeit eine Arbeitsvermittlung für landwirtschaftliche Betriebe eingerichtet hat. Bisher wurden hauptsächlich landwirtschaftliche Arbeiter nach Mitteldeutschland vermittelt. Es wird zur Bedingung gemacht, daß die Reflektanten Mitglieder der SA sind. In einer Bekanntmachung der Organisationsleitung vom 5. 7. 27 bezüglich der Einstellung von Landarbeitern in einem Landkreise heißt es: Die eingestellten SA-Kameraden unterstehen den Anordnungen und der Kontrolle der Organisationsleitung, die auch die Kontrolle der Verpflegung und Unterbringung sowie die Ausstellung des Arbeitsvertrages übernimmt. Verpflichtung hat auf mindestens sechs Monate zu geschehen. [. . .]

Auf dem Parteitag in Nürnberg wurde der Antrag beraten [...], nationalsozialistische Gewerkschaften zu gründen. Ob solche Gründungen bisher erfolgt sind, ist nicht bekanntgeworden. [...]

Die Hitler-Jugend wurde im Frühjahr 1925, zunächst in Sachsen unter der Bezeichnung »Großdeutsche Jugendbewegung« von dem Studenten Kurt Gruber in Plauen i. V. gegründet, der bis heute als Bundesführer fungiert. Die Organisation war von Beginn an als eine Jugendorganisation der Nationalsozialistischen Deutschen Arbeiterpartei [...] anzusehen. Im Frühjahr 1926 nahm die Organisation den Namen »Nationalsozialistische Jugendbewegung« an. Nach dem Parteitag der Nationalsozialistischen Partei im August 1926 führte die Organisation den Namen »Hitler-Jugend« und dehnte ihre Gruppen über das Reichsgebiet aus. Gruber führt von diesem Zeitpunkt ab den Titel »Reichsführer der Hitler-Jugend«. Im November 1926 bestanden etwa 80 Jugendgruppen. Im Dezember 1926 fand in Weimar eine Reichsführertagung der Hitler-Jugend statt, zu der sich 55 Vertreter eingefunden hatten. Die Hitler-Jugend untersteht der Oberleitung des Obersten Schutzabteilungsführers, Hauptmann von Pfeffer. Reichsgeschäftsführer ist Max Undeutsch in Plauen. Die Mitglieder der Hitler-Jugend stehen in enger Verbindung mit der örtlichen Leitung der nationalsozialistischen Sturmabteilungen. In Berlin ebenso wie in Köln wurden gelegentlich des Verbots der nationalsozialistischen Ortsgruppen auch die Ortsgruppen der Hitler-Jugend verboten. An dem Parteitag der Nationalsozialistischen Deutschen Arbeiterpartei in Nürnberg nahmen auch Mitglieder der Hitler-Jugend in größerer Zahl (etwa 300) teil. Die Mitglieder der Hitler-Jugend tragen die Einheitskleidung der nationalsozialistischen Sturmabteilung. Die Hitler-Jugend gibt eine monatlich erscheinende Zeitschrift heraus, die den Namen »Hitler-Jugend« führt. Die Geschäftsstelle dieser Zeitschrift befindet sich bei Bernhard Weller, Markneukirchen i. Sa. Diese Zeitschrift ist Pflichtorgan und muß von allen Mitgliedern bezogen werden. (Preis der Nummer 15 Pf.)

Im Herbst 1927 spricht Hitler zum erstenmal in Hamburg in einer öffentlichen Versammlung. Der damalige Hamburger Gauleiter Albert Krebs berichtet:

Mit dem Geschäftsführer der Partei, Brinkmann, holte ich Hitler am Bahnhof ab. In seiner Begleitung war Rudolf Heß. Auf dem Wege zum Hotel »Phönix« stellte Hitler einige Fragen nach Vorbereitung und Aussichten der Versammlung und erkundigte sich etwas nervös besorgt nach der Mentalität der Hamburger. Offenbar hatte er vor diesem seinem ersten Auftreten in Hamburg einen Anflug von Lampenfieber. [...]

Für seine Rede hatte sich Hitler sorgfältig vorbereitet, wie mehrere mit Stichworten gefüllte Seiten eines Manuskripts zeigten. Da ich neben ihm saß, konnte ich an dem Umwenden der einzelnen Blätter feststellen, daß er sich auch an seinen Entwurf hielt. Selbst ganze Redewendungen und Sätze, die beim Vortrag spontan und improvisiert wirkten, waren schriftlich festgelegt. Hitler war kein Gefühlsredner, wie viele Leute, besonders unter seinen Gegnern, glaubten; er baute seine Reden systematisch auf und wußte genau, was er sagte und welche Wirkung er mit dem Gesagten erzielen wollte. Auch wenn er auf die Behandlung von Tagesfragen verzichtete und anscheinend abseits der politischen Realitäten seine Lehre von den »Grundwerten« entwickelte, entsprang das nicht irgendwelcher phantastischen Schwarmgeisterei. Vielmehr war er sich klar darüber, daß er die Aufmerksamkeit der Masse nur gewinnen konnte, wenn er die übliche Terminologie vermied und mit neuen Worten und neuen Begriffen arbeitete. Die von ihm auf diese Weise entwickelten Gedankengänge waren dann so allgemeinverbindlicher Art, daß Menschen der verschiedensten politischen Richtungen ihnen zustimmen konnten.

So gelang es ihm bei seinem ersten Auftreten in Hamburg, nach ungefähr einstündiger Rededauer die zunächst sehr mißtrauische und zurückhaltende Zuhörerschaft zu langsam einsetzenden Beifallskundgebungen zu bewegen, die sich gegen Schluß zur großen Akklamation steigerten. Selbst die nüchternsten, dem Redner und seiner Partei nach wie vor ablehnend gegenüberstehenden Besucher meinten in anschließenden

Gesprächen, daß Hitler doch offenbar weit vernünftiger sei, als man angenommen habe.

Die Entgegennahme des Friedens-Nobelpreises Ende 1927 betrachtet Reichsaußenminister Gustav Stresemann als Gelegenheit, die Weltöffentlichkeit auf eine folgenschwere Auswirkung des Weltkrieges aufmerksam zu machen, von der er annimmt, daß sie bei einer Verschärfung der wirtschaftlichen und gesellschaftlichen Verhältnisse in Erscheinung tritt. Stresemann führt in Oslo aus:

Der Geschichtsforscher sieht heute noch den Ausgang des Krieges für Deutschland vielfach nur in verlorenen Gebietsteilen, verlorener praktischer Kolonialbetätigung, verlorenem Staats- und Volksvermögen. Er übersieht vielfach den schwersten Verlust, den Deutschland miterlitten hat. Dieser schwerste Verlust bestand meiner Auffassung nach darin, daß jene geistige und gewerbliche Mittelschicht, die traditionsgemäß Trägerin des Staatsgedankens war, ihre völlige Hingabe an den Staat im Kriege mit der völligen Aufgabe ihres Vermögens bezahlte und proletarisiert wurde. Wie weit die Staatsräson dazu befugt war, dieses Opfer von einer ganzen Generation zu fordern, dieses Opfer, das darin bestand, daß das vom Staat ausgegebene Geld wertlos und nicht wieder ersetzt wurde, darüber ist der Streit der Geister und vielleicht auch die Praxis der Gesetzgebung bis heute nicht zum Abschluß gekommen.

Die NSDAP gibt an, daß Ende 1927 die Zahl der von ihr ausgegebenen Mitgliedsnummern 72 590 erreicht hat. Die Zahl der Mitglieder ist in diesem Jahr um 23 067 gestiegen. Sie setzt im Winter 1927/28 den Ausbau ihrer Organisation fort. Sie beruft einen »Untersuchungs- und Schlichtungsausschuß« (»Uschla«), dessen Leitung Walter Buch übernimmt. Der bereits 1924 gegründete »Völkische Frauenorden« wird als »Deutscher Frauenorden Rotes Hakenkreuz« unter Frau E. Zander der NSDAP als Unterorganisation eingegliedert. Er wird später in »NS-Frauenschaft« umbenannt. – Unberührt zeigt sich die NSDAP von den Verhandlungen des vom Bayerischen Landtag eingesetzten »Ausschusses zur Untersu-

chung der Vorgänge am 1. Mai 1923 und der gegen Reichs- und Landesverfassung gerichteten Bestrebungen vom 26. September bis 9. November 1923« im Winter 1927/28. Die Ausschußmehrheit, Vertreter der Bayerischen Volkspartei und der Deutschnationalen Volkspartei, entledigen sich lustlos der Aufgabe. Die Ausschußminderheit, angeführt von der SPD, dringt mit ihrer Absicht, Mißbilligungen auszusprechen und Maßnahmen zu ergreifen, nicht durch. Das Plenum des Bayerischen Landtags schließt sich dem Votum der Ausschußmehrheit an. Der Sprecher der Ausschußminderheit, der SPD-Abgeordnete Wilhelm Hoegner, polemisiert erfolglos:

In Bayern ist also kein Wässerlein getrübt worden. Niemals hat es eine bayerische Staats- und Justizkatastrophe gegeben. Herr von Lossow ist stets ein gehorsamer Knabe, Herr von Kahr ein schmählich verkannter Republikaner gewesen [...]. Hitler hat nichts Böses gewollt, er war immer nur Lyriker.

Punkt 17 des nationalsozialistischen Parteiprogrammes fordert die Schaffung eines »Gesetzes zur unentgeltlichen Enteignung von Boden für gemeinnützige Zwecke«. Er ist für die NSDAP so lange unbedenklich, als sie ihre Anhänger in den Städten sucht. Als ihre Agitation auf das Land übergreift, bringen die Bauern dem Punkt 17 Mißtrauen entgegen. Hitler sieht sich veranlaßt, am 13. April 1928 folgende Erklärung abzugeben:

Gegenüber den verlogenen Auslegungen des Punktes 17 des Programms der NSDAP von seiten unserer Gegner ist folgende Feststellung notwendig:

Da die NSDAP auf dem Boden des Privateigentums steht, ergibt sich von selbst, daß der Passus »unentgeltliche Enteignung« nur auf die Schaffung gesetzlicher Möglichkeiten Bezug hat, Boden, der auf unrechtmäßige Weise erworben wurde oder nicht nach den Gesichtspunkten des Volkswohls verwaltet wird, wenn nötig, zu enteignen. Dies richtet sich demgemäß in erster Linie gegen die jüdischen Grundstücksspekulationsgesellschaften.

Bei den Wahlen zum Reichstag am 20. Mai 1928 erhält die

NSDAP 810 000 Stimmen, das sind 2,63 Prozent der abgegebenen gültigen Stimmen. Sie entsendet 12 Abgeordnete in den Reichstag. Während die KPD ihren Stimmenanteil von 2,7 auf 3,2 Prozent der abgegebenen gültigen Stimmen erhöht und 54 Abgeordnete in den Reichstag entsendet, verliert die NSDAP gegenüber den Reichstagswahlen vom 7. Dezember 1924 fast 100 000 Stimmen. Gregor Strasser, im Dezember 1927 zum Reichsorganisationsleiter der NSDAP ernannt, erklärt in einer Analyse des Wahlausgangs:

Eine eingehende Betrachtung des Wahlergebnisses ergibt nämlich zwei Tatsachen:

1. daß die Zahl der international-sozialistischen (marxistischen) Stimmen durch den »Erfolg« des Nationalsozialismus nicht nur nicht abgenommen, sondern in beiden Tonstärken (der revisionistischen und der revolutionären!) zugenommen hat. Und zwar so gewaltig, daß der Marxismus der eigentliche Sieger des 20. Mai ist;

2. daß unsere nationalsozialistischen Wähler sich überwiegend aus heimbürgerlichen, zum Teil bäuerlichen Schichten rekrutieren, erstere aus Antisemitismus, letztere aus Nationalismus, während der proletarische Prozentsatz, den unser Sozialismus zu uns geführt hatte, den weitaus kleineren Teil ausmacht. Das beweisen nicht nur die Ergebnisse aus Bayern, Hannover, Thüringen, Schleswig-Holstein nach der einen Seite, sondern noch viel deutlicher die Zahlen der Industriegegenden Berlin, Mitteldeutschland, aber auch Ruhrgebiet auf der anderen Seite.

Wenn man nun aber mit Adolf Hitler die Überwindung des Marxismus für die wichtigste, ja – nehmt alles nur in allem – für die einzige Aufgabe des Nationalsozialismus hält, von deren Lösung ihre geschichtliche Existenzberechtigung abhängt, dann müssen wir bekennen, daß der 20. Mai für uns kein Grund der Befriedigung sein kann, sondern im Gegenteil der Ausgangspunkt sein muß, Art und Inhalt unserer bisherigen Arbeit nach dieser Richtung hin zu untersuchen und zweckentsprechend zu verbessern [...].

Denn es handelt sich nicht – und das ist wesentlich – um

eine Besiegung des Marxismus, sondern um eine Überwindung! Jene war vielleicht nach faschistischem Muster möglich, d. h. also mit Gewalt und von außen her, wobei die nationalistischen Kräfte wirksamste Mittel waren. Diese aber erfordert den Sieg einer besseren Überzeugung über eine bisherige schlechtere, fordert die innere Überzeugung, daß nur der nationale Sozialismus, nicht der internationale, daß nur der Nationalsozialismus, nicht der Marxismus, die Verwirklichung jener politischen, gesellschaftlichen und wirtschaftlichen Neuordnung bringt, nach der Gefühl wie Intellekt, Sehnsucht wie Interesse, Ehre wie Egoismus gleichermaßen verlangen.

Die öffentliche Meinung betrachtet die Entwicklung der NSDAP als beendet. Am 31. Mai 1928 wird das Parteiverbot für den Gau Berlin aufgehoben. Am 28. September 1928 fällt das Redeverbot für Hitler in Preußen. Über die Einschätzung Hitlers nach den Reichstagswahlen vom 20. Mai bemerkt Wilhelm Hoegner, Mitberichterstatter des Untersuchungsausschusses des Bayerischen Landtags über den Hitler-Putsch:

Die Ergebnisse des Untersuchungsausschusses über den Hitler-Putsch habe ich in zwei Broschüren veröffentlicht, die vom Landesausschuß der SPD in Bayern herausgegeben wurden. Der Titel hieß: »Hitler und Kahr. Die bayerischen Napoleonsgrößen von 1923«. Hitler hatte sich nämlich im Herbst 1923 ständig mit Napoleon verglichen und seinen geplanten Marsch nach Berlin dem Zuge Napoleons von der Insel Elba gegen Paris an die Seite gestellt. Die Broschüren wurden auch unserem Parteivorstand in Berlin zugesandt. Nach einiger Zeit erhielten wir vom Bibliothekar des Parteivorstandes die Mitteilung, daß die Broschüren in die Bibliothek eingestellt worden seien. An eine politische Ausnützung der Enthüllungen dachte der Parteivorstand 1928 noch nicht. Man hielt Hitler für erledigt, und was sollte schon aus Bayern Gutes kommen? War doch ein Redeverbot gegen Hitler ausgerechnet auf Antrag des Reichstagspräsidenten Löbe aufgehoben worden – aus Gründen der Demokratie. Als so harmlos sah man nach dem Hitler-Putsch von 1923 den Nationalsozialismus an.

Im Sommer 1928 beschäftigt sich Hitler mit publizistischen Arbeiten. Er nimmt im »Illustrierten Beobachter« seine Tätigkeit als politischer Kommentator auf. Er diktiert ein Buchmanuskript, das jedoch erst 1961 als »Hitlers Zweites Buch« veröffentlicht wird. Sowohl in seinen Wochenkommentaren als auch in dem Buchmanuskript befaßt sich Hitler ausführlich mit den politischen Gegebenheiten. »Hitlers Zweites Buch« erörtert in Fortsetzung der 1926 publizierten Broschüre »Die Südtiroler Frage und das deutsche Bündnisproblem« vornehmlich die außenpolitische Lage des Deutschen Reiches. Sein Verfasser wird nach dem entmutigenden Ausgang der Reichstagswahlen vom 20. Mai 1928 zur Beantwortung offener Fragen gedrängt:

Im Oktober 1928 fand in München eine Tagung statt, auf der eine Reihe politischer Fragen geklärt werden sollte, die in der Auseinandersetzung mit den Gegnern eine große Rolle spielten, auf die von der Parteileitung aber noch keine verbindlichen Antworten gegeben worden waren. Wahrscheinlich auf Anregung von Gregor Strasser fand die Tagung nicht in Form eines Befehlsempfangs statt, sondern einer freien Aussprache. Auch die Referate wurden nicht nur von Mitgliedern der Parteileitung oder den bekannten und prominenten Parteirednern gehalten; vielmehr kamen auch unbekanntere Parteigenossen zu Wort, die auf irgendeinem Gebiet besondere Sachkenntnis besaßen. So glich die Tagung in ihren äußeren Formen und in ihrem Ansatz irgendeiner der sonst üblichen Partei- und Vereinstagungen, die sich auf dem Wege des Meinungsaustausches um die Lösung eines Problems bemühten.

Die damalige Tagung in München verlief ergebnislos, und zwar aus folgendem Grund: Die meisten Teilnehmer sagten zwar frei und offen ihre Meinung, warteten am Ende jedoch immer auf eine abschließende Äußerung Hitlers, die Losung und Entscheidung bringen sollte. So sehr hatte man sich schon daran gewöhnt, seine Weisungen und Entschlüsse als richtig und maßgebend hinzunehmen.

Hitler erfüllte aber die Erwartungen nicht. Ein paarmal nickte er oder schüttelte den Kopf; im allgemeinen machte er ein gelangweiltes oder spöttisches Gesicht; nur ganz selten tat er den Mund auf. Es war offensichtlich, daß er von dem »Geschwätz« nichts hielt, womit er denn nach einer gewissen Zeit auch erreichte, daß sich aller Teilnehmer eine lähmende Gleichgültigkeit bemächtigte. In dem Gefühl der Zwecklosigkeit versandete die Tagung.

Die Aufhebung des Redeverbotes in Preußen gestattet Hitler eine umfangreiche rednerische Tätigkeit in diesem Land. Ihr Anfang fällt zusammen mit dem Anfang einer spürbaren Verschlechterung der finanziellen, wirtschaftlichen und sozialen Verhältnisse in Deutschland. Am 14. November 1928 warnt Reichsaußenminister Stresemann auf einer Pressekonferenz die deutsche Öffentlichkeit:

Ich möchte Sie bitten, bei Ihren Beurteilungen der wirtschaftlichen Lage Deutschlands und auch der anderen hiermit zusammenhängenden Fragen den Gedanken zugrunde zu legen, daß wir in Deutschland in den letzten Jahren von gepumptem Gelde gelebt haben. Wenn einmal eine Krise bei uns kommt und die Amerikaner ihre kurzfristigen Kredite abrufen, dann ist der Bankrott da. Was wir an Steuern erheben, geht bis an die Grenze dessen, was ein Staat überhaupt tun kann. Ich weiß nicht, woher neue Steuern geholt werden können. Die Statistiken zeigen, wieviel die Städte gebraucht haben, wieviel die Industrie gebraucht hat, wieviel fremdes Geld wir überhaupt aufgenommen haben, um uns aufrechtzuerhalten. Wir sind nicht nur militärisch entwaffnet, wir sind auch finanziell entwaffnet. Wir haben keinerlei Mittel mehr.

Die deutsche Öffentlichkeit schenkt dieser Warnung keine Beachtung. Sie nimmt mit Zufriedenheit einen Befehl zur Kenntnis, den Hitler aufgrund von Meldungen über Felddienstübungen nationalsozialistischer Einheiten erläßt:

1. Kein Mitglied der nationalsozialistischen Bewegung darf irgendeinem Wehrverbande angehören, auch wenn selbst von behördlichen Stellen versucht werden sollte, die Teilnahme als im vaterländischen Interesse liegend zu empfehlen.

2. Parteigenossen, an die von irgendeiner und sei es auch

behördlicher Stelle herangegangen wird, um sie zum Eintritt in militärische Verbände zu veranlassen, sind verpflichtet, dies augenblicklich der Parteileitung zu melden, die künftighin das Notwendige veranlassen wird, um solchen amtlichen Spitzel- und Provokationsversuchen ein Ende zu bereiten.

3. Parteigenossen, die an irgendwelchen militärischen Übungen teilnehmen, ganz gleich, ob diese bewaffneter oder nichtbewaffneter Natur sind, verstoßen gegen das ausdrückliche Verbot der Parteileitung.

4. Parteigenossen, die unberechtigterweise entweder selbst Waffen besitzen oder Kenntnis von solchen Waffenvorräten haben, müssen dies sofort der nächstgelegenen Reichswehrformation gegen Bestätigung der Meldung mitteilen beziehungsweise ihre Waffen abliefern. Ebenso ist augenblicklich Meldung an die Parteileitung zu erstatten.

5. Parteigenossen, die gegen diese angeführten Befehle der Parteileitung verstoßen, werden sofort aus der Partei ausgeschlossen. Da die Gefahr besteht, daß es sich in diesem Falle entweder um vollständig disziplinlose Subjekte, möglicherweise aber auch um von Behörden in die Bewegung hereingeschickte Spitzel handelt, werden solche die Bewegung gefährdende und dem Befehl der Leitung nicht gehorchende Mitglieder künftighin sofort zur Anzeige gebracht.

6. SA-Führer, die Kenntnis von solchen Verfehlungen bei ihnen unterstellten SA-Mitgliedern besitzen oder durch Leichtsinn es an der nötigen Überwachung haben fehlen lassen, werden aus der SA ausgestoßen und aus der Bewegung entfernt.

Die NSDAP gibt an, daß Ende 1928 die Zahl der von ihr ausgegebenen Mitgliedsnummern 108 717 erreicht hat. Die Verschlechterung der wirtschaftlichen Lage des Deutschen Reiches wird sichtbar in der Zahl der bei den Arbeitsämtern registrierten Arbeitslosen. Es sind als Vollarbeitslose gemeldet im Januar 1924 2 017 000, im Januar 1925 780 000, im Januar 1926 2 315 000, im Januar 1927 2 305 000, im Januar 1928 1 862 000, im Januar 1929 2 850 000. Im Februar 1929 übersteigt die Zahl der bei den Arbeitsämtern gemeldeten Arbeits-

losen die Drei-Millionen-Grenze (3 050 000). Die Zahl der gemeldeten Arbeitslosen, der Kurzarbeiter und der sogenannten unsichtbaren Arbeitslosen wird im Januar 1929 mit 4 351 000 angegeben. Die mit diesen Zahlen verbundenen Auswirkungen werden jedoch nicht gesehen. Der in Bonn lehrende Soziologe Joseph P. Schumpeter veröffentlicht zu Beginn des Jahres 1929 einen Aufsatz über »Das soziale Antlitz des Deutschen Reiches«, dessen Darlegungen er in der Feststellung zusammenfaßt:

Nur auf ein Resultat unseres Überblicks sei hingewiesen: auf die sehr große und möglicherweise noch zunehmende Stabilität unserer sozialen Verhältnisse. Gegen jeden extremen Kurs, nach welcher Richtung immer, muß auf absehbare Zeit eine überwältigende Majorität vorhanden sein. Das heißt politisch, daß es keine Regierung geben kann, deren Opposition nicht beinahe ebenso stark wäre wie ihre Majorität – es sei denn, daß in dieser so verschieden eingestellte Elemente vereinigt seien, daß sie auch ohne Opposition nur im engsten Rahmen handlungsfähig wäre. Und ähnliches bedeutet das kulturell. In keinem Sinn, auf keinem Gebiet, in keiner Richtung sind daher starke Ausschläge, Aufschwünge oder Katastrophen wahrscheinlich. Eine entsetzliche Lage für weißglühenden Gestaltungswillen – für Leistung anderer Art vielleicht kein schlechter Rahmen.

Auf der Führertagung der NSDAP am 20. Januar 1929 verkündet Hitler als Grundsatz nationalsozialistischer Jugendführung:

Jugend muß von Jugend geführt werden.

Aufmerksamkeit widmen NSDAP und KPD der Verschärfung der wirtschaftlichen Bedingungen in der Landwirtschaft. Seit 1926 verschiebt sich das Verhältnis von Agrar- und Industriepreisen zuungunsten der Landwirtschaft. Die Last von Zinsen und Steuern wird für viele mittlere und kleine Betriebe unerträglich. Die Kreditmöglichkeiten werden geringer. Eine durch lange Regenperiode schlechte Ernte läßt die latente Agrarkrise akut werden. In Schleswig-Holstein kommt es zu einer Welle von Kundgebungen und Demonstrationen, die mit der Gründung der Organisation »Schleswig-Holsteinisches Landvolk« am 28. Januar 1928 ihren Höhepunkt erreicht. Schwarze Fahnen wehen den mehr rebellierenden als demonstrierenden Bauern voran. Sprengstoffanschläge bringen die Ungeduld und den Unwillen der Bauern zum Ausdruck. Sowohl KPD als auch NSDAP versuchen Einfluß zu nehmen auf diese durch den Selbsterhaltungswillen der Bauern entstandene Protestbewegung. Der NSDAP gelingt es, sich den Bauern als streitbare Vertreterin ihrer berechtigten Interessen erfolgreich zu empfehlen. Sie gewinnt unter den Bauern Schleswig-Holsteins an Einfluß. Diese von der deutschen Öffentlichkeit zwar zur Kenntnis, jedoch nicht ernst genommene Entwicklung wird in der »Blutnacht von Wöhrden« sichtbar. Wegen der Gefahr eines Zusammenstoßes von Mitgliedern der NSDAP und der KPD untersagt die zuständige Kreisbehörde eine auf den 7. März 1929 angesetzte Veranstaltung der NSDAP in Wöhrden. Diese wird als geschlossene Mitgliederversammlung durchgeführt. Da jedoch eine SA-Einheit singend durch den Ort zieht, kommt es zu einem erbitterten Handgemenge, in dessen Verlauf zwei SA-Männer, der Bauer Hermann Schmidt und der Tischler Otto Streibel, getötet werden. Sieben Personen werden schwer, 23 leicht verletzt. Der Zwischenfall löst unter der Bevölkerung große Unruhe aus. Die NSDAP benutzt die Beisetzung der getöteten SA-Männer zu politischen Demonstrationen am offenen Grab. Ein Polizeibericht meldet über die Beisetzung von Otto Streibel am 13. März in Albersdorf (Süderdithmarschen):

Vor dem Vorfall in Wöhrden zählte die NSDAP in Albersdorf 220 Mitglieder. Jetzt ist sie 310 Mitglieder stark. Fast alle nationalsozialistischen Ortsgruppen und SA in Norder- und Süderdithmarschen haben einen ähnlichen Zuwachs von aktiven und passiven Mitgliedern zu verzeichnen. In Albersdorf trugen einfache und alte Bauernfrauen an ihren blauen Arbeitsschürzen das Hakenkreuzabzeichen. Bei der Unterhaltung mit solchen alten Müttern fühlte man sofort, daß sie von Zielen und Zwecken der nationalsozialistischen Partei gar keine Ahnung haben. Sie sind aber davon überzeugt, daß alle ehrlichen Leute in Deutschland heute ausgenutzt werden, daß die Regierung unfähig ist und daß von den Behörden viel zuviel Steuergeld verwirtschaftet wird. Ferner sind sie davon überzeugt, daß nur die Nationalsozialisten die Retter aus diesem angeblichen Elend sein können. Solche Meinungen hört man nicht nur von Frauen, sondern auch von Bauern und sonstigen neugewonnenen Mitgliedern der NSDAP. Die Gastwirte in Albersdorf standen am Tage der Beerdigung in der Hitleruniform hinter ihren Tonbänken. Am darauffolgenden Tag wurde noch beobachtet, daß die Bewohner von Albersdorf sich häufig mit dem Ruf »Heil« begrüßen. Am Beerdigungstag selber herrschte in Albersdorf eine allgemein gereiztere Stimmung als in St. Annen. Der Leichenzug, die Aufstellung der Braunhemden am Grabe und das spätere Eingreifen der Schutzpolizei wurden fotografiert. Die einzelnen nationalsozialistischen Führer sprachen am Grabe länger und hetzten dort schlimmer, als es in irgendeiner öffentlichen Parteiversammlung der Fall sein könnte. Hitler führte dort unter anderem aus, daß der Märtyrer Streibel für das neue Vaterland gefallen sei. Die heutigen Machthaber hätten Deutschland im Jahre 1918 zum Teil mit belogen und betrogen und hätten sich dadurch die Macht verschafft. Streibel sei ein einfacher Arbeiter gewesen, der klar erkannt habe, daß nur die Nationalsozialisten das ganze Volk, ob Bauer, Bürger oder Arbeiter, befreien können. Lohse sprach auch schärfer und länger als in St. Annen. Er erwähnte unter anderem, daß später bei der endgültigen Befreiung Deutschlands noch viel mehr Braunhemden fallen würden. So weit seien die Nationalsozialisten aber noch nicht. Streibel sei zu früh gefallen. Mörder, die vom Staate geschützt würden, hätten ihn abgeschlachtet. Der Hamburger Gauführer Hüttmann brachte am Grabe noch einmal das einseitige Versammlungsverbot in ganz gehässiger Weise zur Sprache. Er erwähnte dabei auch, daß der sozialdemokratische Hamburger Judensenat zum Schein des Gerechten auch die kommunistischen Versammlungen verboten habe. Die Rufe »Lewer dot als Sklav!«, »Deutschland erwache« usw. klangen noch deutlicher und kräftiger als in St. Annen. Der Standartenführer Grantz forderte nach Beendigung der politischen Versammlung am Grabe die Braunhemden auf, vor dem Kirchhof auf dem dortigen freien Platz anzutreten und dann in aufgelöster Ordnung abzurücken. Die Tausenden aufgepeitschten Menschen verließen nur langsam den Friedhof. [...]

Bei der Unterhaltung mit Bauern äußerten diese, daß die Gewinnung des Parlaments durch die Nationalsozialisten viel zu lange dauere. Es müsse zum Bürgerkrieg kommen, denn ein Ende mit Schrecken sei besser als ein Schrecken ohne Ende. Solche Äußerungen geschahen natürlich unter dem Einfluß der ganzen Wöhrdener Vorgänge. Trotzdem muß aber gesagt werden, daß die Landbevölkerung in hiesigen Gebieten ganz außerordentlich verbittert und zu allen möglichen Gewaltstreichen fähig ist. Die Regierung und die Behörden werden in allergröbster Weise beschimpft.

Das persönliche Erscheinen des Hitler hat auf die Bevölkerung einen großen Eindruck gemacht. Man rechnete es dem Führer hoch an, daß er hier zur Beerdigung des Parteigenossen erschienen ist. Hitler, Hauptmann von Pfeffer, Major Dinklage und Hauptmann Schöne wurden als Volksbefreier und Lieblinge gefeiert. Der Gastwirt Heß aus Hennstedt hat sein Auto dem Hitler zur Verfügung gestellt. Hitler übernachtete bei Guth, St. Annen-Österfeld. Am Abend nach der Beerdigung in St. Annen hat Hitler die in Wöhrden verwundeten Parteigenossen besucht und sich mit ihnen fotografieren lassen. Auch das hat auf die Landbevölkerung einen Eindruck gemacht.

Bei den Landtagswahlen in Sachsen am 12. Mai 1929 erhält die NSDAP 133 958 Stimmen und 5 von 96 Mandaten. Bei der vorläufigen Stadtratswahl in Coburg erhält die NSDAP 5 146 Stimmen und durch Listenverbindung mit den bürgerlichen Parteien die absolute Mehrheit der Sitze. Bei der endgültigen Stadtratswahl am 8. Dezember 1929 behauptet die NSDAP im Stadtrat die absolute Mehrheit. Zwei Nationalsozialisten werden zum 1. und 2. Bürgermeister gewählt. Sie beginnen mit der, wie die nationalsozialistische Propaganda erklärt, »Verwirklichung des nationalsozialistischen Pro-

gramms«. Bei den Landtagswahlen in Mecklenburg-Schwerin am 23. Juni 1929 erhält die NSDAP 12 721 Stimmen, das sind 4 Prozent der abgegebenen gültigen Stimmen. Ihre beiden Abgeordneten nehmen die Rolle des Züngleins an der Waage ein, da den 25 Sitzen der Regierungspartei 24 der Linken gegenüberstehen. Vom 1. bis 4. August veranstaltet die NSDAP in Nürnberg ihren 4. Reichsparteitag. Über seinen Ablauf veröffentlicht Hitler im »Illustrierten Beobachter« ein »Nürnberger Tagebuch«. Über den 4. August schreibt er:

8 Uhr früh beginnt der größte Aufmarsch, den bisher eine politische Bewegung in Deutschland vollzogen hat. Insgesamt befinden sich in der Stadt nun nahe an die zweihunderttausend Menschen, die zum Parteitag gekommen sind. Gegen siebzigtausend füllen um 9 Uhr die Riesenfläche des Luitpoldhains. Dort findet die Totenehrung und Standartenübergabe statt. Um 11.20 Uhr erreicht der sich nun bildende gigantische Festzug den Hauptmarkt. Die Stadt, mit Fahnen geschmückt, macht einen wunderbar festlichen Eindruck. Links und rechts an den Straßenrändern stehen in tiefer Gliederung Hundert- und aber Hunderttausende an Menschen. Beim Vorbeimarsch erreicht der Jubel endlich Höhepunkte, wie sie kaum das Jahr 1914 sah. Über und über mit Blumen überschüttet, ziehen die braunen Kämpfer des Dritten Reiches dreieinhalb Stunden in schnellem Schritt vorbei. Kaum daß es zehn Meter Zwischenraum zwischen den einzelnen Standarten hat. Der Himmel strahlt im schönsten Blau, während ein gütiger Wind die unbarmherzigen Sonnenstrahlen von Zeit zu Zeit kühlt. Um 5 Uhr wird der Kongreß erneut fortgesetzt, um 8 Uhr geschlossen. Der Abtransport der ungeheuren Menschenmassen setzt ein. Das marxistische Mordgesindel verstärkt seine Tätigkeit im Überfallen einzeln gehender Menschen und bringt zeitweise erbitterte Aufläufe zuwege. Es ist die Wut über den ungeheuersten politischen Erfolg, den die junge nationalsozialistische Bewegung in ihren Augen errungen hat, die sie nun antreibt, mit dem Mute echter roter Wegelagerer einzeln gehende Spaziergänger niederzustechen.

Generalprobe

Die deutschen Reparationsverpflichtungen nach dem Vertrag von Versailles sind 1924 im Dawes-Plan vorläufig geregelt worden. Sie werden 1929 im Young-Plan endgültig festgelegt. Gegen ihn konstituiert sich am 9. Juli 1929 ein »Reichsausschuß für das deutsche Volksbegehren«, dem angehören der Vorsitzende der Deutschnationalen Volkspartei, Alfred Hugenberg, die Führer des »Stahlhelm – Bund der Frontsoldaten«, Theodor Duesterberg und Franz Seldte, der Führer des »Alldeutschen Verbandes«, Heinrich Claß, und der Führer der NSDAP, Adolf Hitler. Die erste Zusammenarbeit der Parteien und Gruppen der politischen Rechten nimmt entscheidenden Einfluß auf die weitere Entwicklung in Deutschland. Hitler als der entschiedenste Vertreter der Anti-Young-Plan-Front gewinnt Ansehen und Zulauf. Der »Reichsausschuß für das deutsche Volksbegehren« legt den Entwurf eines »Gesetzes gegen die Versklavung des deutschen Volkes« vor:

§ 1. Die Reichsregierung hat den auswärtigen Mächten unverzüglich in feierlicher Form Kenntnis davon zu geben, daß das erzwungene Kriegsschuldanerkenntnis des Versailler Vertrages der geschichtlichen Wahrheit widerspricht, auf falschen Voraussetzungen beruht und völkerrechtlich unverbindlich ist.

§ 2. Die Reichsregierung hat darauf hinzuwirken, daß das Kriegsschuldanerkenntnis des Artikels 231 sowie die Artikel 429 und 430 des Versailler Vertrages förmlich außer Kraft gesetzt werden. Sie hat ferner darauf hinzuwirken, daß die besetzten Gebiete nunmehr unverzüglich und bedingungslos sowie unter Ausschluß jeder Kontrolle über deutsches Gebiet geräumt werden, unabhängig von Annahme oder Ablehnung der Beschlüsse der Haager Konferenz.

§ 3. Auswärtigen Mächten gegenüber dürfen neue Lasten und Verpflichtungen nicht übernommen werden, die auf dem Kriegsschuldanerkenntnis beruhen.

In der Zeit vom 16. bis 29. Oktober 1929 unterzeichnen 4 139 000 Wählerinnen und Wähler, das sind 10,06 Prozent der Wahlberechtigten, das Volksbegehren und den Entwurf eines Gesetzes gegen die Versklavung des deutschen Volkes. Während die Aktion zu Ende geht, kommt die Nachricht vom »Schwarzen Freitag« an der New Yorker Börse. Die Kurse sinken unaufhaltsam. Die Depots weisen nicht mehr die nötige Deckung auf. Die Börsenfirmen sehen sich gezwungen, von ihren Kunden neue Lombardunterlagen oder Barbezahlungen zu verlangen. Sie drohen andernfalls mit der Exekution, d. h. mit dem Verkauf der beliehenen Effekten zu dem jeweils bestmöglichen Kurs. Amerika hat nur ein Problem und eine Sorge, den abgrundtiefen Sturz der Aktienkurse an der größten Börse der Welt. Die Meldung davon löst bei den Schuldnern Amerikas Angst und Schrecken aus. Der Reichstag zeigt sich zunächst unbeeindruckt. Er lehnt den Entwurf eines Gesetzes gegen die Versklavung des deutschen Volkes ab. Zufrieden notiert der Staatssekretär in der Reichskanzlei, Hermann Pünder:

Überhaupt die lausige Parteipolitik. Am Sonnabend war Schlußabstimmung über das »Freiheitsgesetz« im Reichstag. Ein ganz gräßlicher Reinfall für Herrn Hugenberg. Von 350 Abgeordneten, die anwesend waren, stimmten nur 60 für dieses »famose« Gesetz; weit über zwei Dutzend Deutschnationale verweigerten dem Parteiführer die Gefolgschaft.

Hitler wittert die Gunst der Stunde, die Koinzidenz der im deutschen Volke weit verbreiteten Unzufriedenheit über die nicht absehbaren Reparationsleistungen und die Verschlechterungen der wirtschaftlichen und sozialen Verhältnisse. Er verstärkt seine Versammlungstätigkeit. Über ihre Wirkung berichtet Joseph Ernst Fürst Fugger von Glött, im Zweiten Weltkrieg Mitglied des »Kreisauer Kreises«:

Schon nach dem Hitler-Putsch im Jahre 1923 begann ich mich mit dem Nationalsozialismus zu beschäftigen. Damals dachte und ahnte ich nicht, daß Hitler so gefährlich werden würde. Es war etwa im Jahr 1929, als einer meiner besten Freunde, ein tieffrommer Katholik, plötzlich von dieser Bewegung erfaßt wurde. Ich konnte es nicht verstehen und fragte mich daher, ob nicht vielleicht doch etwas daran wäre. So ging ich in eine Versammlung Hitlers im »Bürgerbräukeller« in München. Ein Vetter, damals ungefähr siebzig Jahre alt, begleitete mich. Merkwürdig: Ich, der junge Mann, war angewidert von Hitler, fand ihn schrecklich und war erschüttert über das, was ich sah und hörte. Doch mein lieber Vetter war hell begeistert, sprang auf, als dieses vermaledeite »Horst-Wessel-Lied« am Ende angestimmt wurde, und sang mit erhobenem Arm. Ein Mann, wie gesagt, um die Siebzig; ich ging mit ihm nach Hause, und die halbe Nacht hatte ich zu tun, um ihn wieder auf den Boden zu ziehen – ein Beweis für das Fluidum, das von Hitler ausging; wie es selbst auf einen unzweifelhaft geistig gesunden, gereiften und besonnenen Mann gewirkt hat, der sich überdies keineswegs in wirtschaftlich bedrängter Lage befand. Wieviel mehr mußte es auf Hunderttausende und Millionen anderer Menschen gewirkt haben, die jünger und nicht derart religiös gefestigt und materiell gesichert waren.

Bei den Landtagswahlen in Thüringen am 8. Dezember 1929 erhält die NSDAP 6 von 53 Mandaten; sie wird im thüringischen Landtag die drittstärkste Partei. Das vom Reichsausschuß für das deutsche Volksbegehren vorgelegte Freiheitsgesetz erhält beim Volksentscheid am 22. Dezember nur 5 825 000 Ja-Stimmen, das sind 13,8 Prozent. Es erlangt deshalb keine Gesetzeskraft. Das Zusammengehen der Rechtsparteien und Rechtsgruppen macht jedoch die drohende politische Gefährdung des Deutschen Reiches deutlich. Diese wird durch die rasche Verschlechterung der wirtschaftlichen und sozialen Verhältnisse vergrößert. Im Januar 1930 sind bei den Arbeitsämtern 3 218 000 Arbeitslose gemeldet. Die Zahl der Vollarbeitslosen, der Kurzarbeiter und der sogenannten unsichtbaren Arbeitslosen beträgt im gleichen Zeitpunkt 4 652 000. Am 23. Januar wird Wilhelm Frick zum thüringischen Innen- und Volksbildungsminister gewählt. Er ist der erste nationalsozialistische Landesminister. Über die damit verfolgte Absicht versichert Hitler in einem Brief vom 2. Februar an ein auslandsdeutsches Ehepaar, das 1929 den Nürnberger Reichsparteitag besucht hat:

Die Parteien in Thüringen, die bisher die Regierung bildeten, vermögen ohne unsere Mitwirkung keine Majorität aufzubringen. Wir haben ja auch schon vordem eine Zeitlang – vor [*Artur*] Dinters [*bis 1928 Gauleiter in Thüringen*] Ausscheiden – einen ausschlaggebenden Einfluß ausüben können. Allein, erst die Neuwahl brachte uns die ziffernmäßige Stärke, die jede Regierungsbildung ohne unser Mittun kurzerhand verbietet. Außerdem hat sich seitdem in der öffentlichen Meinung ein sehr großer Umschwung vollzogen. Es ist staunenswert, wie sich hier die vor wenigen Jahren noch selbstverständliche arrogante, hochnäsige oder dumme Ablehnung der Partei in eine erwartungsvolle Hoffnung verwandelt hat. Es lag im Wesen dieser Umwälzung, wenn daher die früheren Koalitionsparteien in Thüringen an uns zum ersten Male die Forderung nach aktiver Beteiligung an der Regierung richteten. Ich glaube man erwartete (besonders auf Seite der Deutschen Volkspartei), daß ich irgendeinen national schimmernden Regierungsbeamten zur Verfügung stellen würde, mit dem man dann schnell fertig geworden wäre. Man mußte deshalb dieses Mal gleich vom Anfang an den Herrn Parteipolitikern zeigen, daß jeder Versuch einer Übertölpelung der nationalsozialistischen Bewegung lächerlich ist. So erklärte ich zunächst prinzipiell mein Einverständnis, uns an der Regierungsbildung in Thüringen aktiv zu beteiligen. Hätte ich »Nein« gesagt und wäre es darüber zu einer Neuauflösung des Landtags gekommen, würden manche Wähler vielleicht den Entschluß uns das Vertrauen zu schenken wieder bedauert haben. Von dem Moment an, an dem unser prinzipielles Einverständnis vorlag, wäre jede Neuwahl zuungunsten der anderen Parteien ausgegangen. Nachdem auf solche Art unsere prinzipielle Bereitschaft zur Beteiligung an der Regierung abgegeben und angenommen worden war, stellte ich zwei Forderungen: Innenministerium und Volksbildungsministerium. Es sind dies in meinen Augen die beiden in den Ländern für uns wichtigsten Ämter. Dem Innenministerium untersteht die gesamte Verwaltung, das Personalreferat, also Ein- und Absetzung aller Beamten, sowie die Polizei. Dem Volksbildungsministerium untersteht das gesamte Schulwesen, angefangen von der Volksschule bis zur Universität in Jena, sowie das gesamte Theaterwesen. Wer diese beiden Ministerien besitzt und rücksichtslos und beharrlich seine Macht in ihnen ausnützt, kann Außerordentliches wirken. Natürlich ist die Voraussetzung hierzu die geeignete Persönlichkeit. Ich war mir darüber klar, daß für diese Stelle nicht irgendein kleiner Parlamentarier oder ein ergebener Regierungsbeamter in Frage kommen kann, sondern nur ein durchgekochter Nationalsozialist von ebenso großer Fachkenntnis wie bedingungsloser nationalsozialistischer Gesinnung. Ich habe nun das Glück, in unserem Parteigenossen Dr. Frick einen Mann zu besitzen, der diesen Anforderungen in höchstem Ausmaße gerecht wird. Ein energischer, kühner und verantwortungsfreudiger Beamter von außerordentlich großem Können und fanatischer Nationalsozialist! Als ich den Unterhändlern der anderen Regierungsparteien diesen meinen Kandidaten mitteilen ließ, war man dort zunächst auf das unangenehmste berührt.

Obwohl die Anzeichen wirtschaftlicher und sozialer Verschärfung und politischer Gefährdung immer stärker in Erscheinung treten, ist die nach den Reichstagswahlen vom 20. Mai 1928 gebildete Regierung der Großen Koalition des Reichskanzlers Hermann Müller (SPD) nicht in der Lage, das entscheidende Problem der Arbeitslosenversicherung zu lösen. Müller bietet am 27. März 1930 den Rücktritt seines Kabinetts an. Reichspräsident von Hindenburg nimmt ihn an und beruft tags darauf als Reichskanzler den Zentrumsabgeordneten Heinrich Brüning, der einen zunächst gemäßigten Rechtskurs in der Erwartung einschlägt, die durch die Aversion gegen den Young-Plan und durch die wachsende wirtschaftliche Depression bedingte Rechtsradikalisierung anhalten zu können. Die Aussichten dafür scheinen günstig zu sein, da in der NSDAP Richtungskämpfe stattfinden. Die mit der Entwicklung ihrer Partei unzufriedenen »linken« Nationalsozialisten sammeln sich um den jüngeren Bruder von Gregor Strasser, Dr. Otto Strasser. Dieser gilt als Wortführer der »Linken« in der NSDAP. Die Beachtung von Otto Strasser veranlaßt Hitler, sich am 21. und 22. Mai 1930 im »Hotel Sanssouci« in Berlin zu einer eingehenden Aussprache mit ihm zu treffen. Im Verlaufe einer sehr heftig geführten Diskussion kommt es zur Erörterung der Einstellung der NSDAP zu Kapitalismus und Sozialismus. Otto Strasser berichtet:

Ich: Ja, Herr Hitler, wenn Sie also das kapitalistische System aufrechterhalten wollen, dann dürfen Sie aber auch nicht von Sozialismus reden! Denn unsere Parteianhänger sind in erster Linie Sozialisten, und sie berufen sich da auf das Parteiprogramm, das ausdrücklich die Sozialisierung der vergesellschafteten Betriebe fordert.

Er: Der Ausdruck Sozialismus ist an sich schlecht, aber vor allem heißt das nicht, daß diese Betriebe sozialisiert werden müssen, sondern nur, daß sie sozialisiert werden können, nämlich, wenn sie gegen das Interesse der Nation verstoßen. Solange sie das nicht tun, wäre es einfach ein Verbrechen, die Wirtschaft zu zerstören.

Ich: Ich habe allerdings noch nie einen Kapitalisten gesehen, der nicht erklärt hätte, daß er alles »für das Wohl der Nation« tue. Wie wollen Sie das von außen feststellen? Wie wollen Sie auch hier das Eingriffsrecht des Staates verankern, ohne ein schrankenloses Willkürregiment von Beamten über die Wirtschaft aufzurichten, das dann einen viel höheren Grad der Beunruhigung in die Wirtschaft trägt als jeder Sozialismus?

Er: Wir haben hier ja ein Vorbild, das wir ohne weiteres annehmen können, den Faschismus! Genauso wie die Faschisten dies bereits durchgeführt haben, werden auch in unserem nationalsozialistischen Staat Unternehmertum und Arbeiterschaft gleichberechtigt nebeneinanderstehen, während der starke Staat bei Streitigkeiten die Entscheidung fällt und dafür sorgt, daß nicht Wirtschaftskämpfe das Leben der Nation gefährden.

Ich: Der Faschismus hat aber eine Lösung zwischen Kapital und Arbeit überhaupt nicht gefunden, ja nicht einmal versucht, er begnügt sich einfach damit, den Kampf zwischen den beiden niederzuhalten, wobei die Übermacht des Kapitals über die Arbeit durchaus festgehalten ist. Der Faschismus ist nicht im mindesten eine Überwindung des Kapitalismus, sondern hat im Gegenteil – wenigstens bisher – das kapitalistische System unangetastet bestehen lassen, genau so, wie Sie es bestehen lassen wollen.

Er: Das ist ja alles Theorie. In Wirklichkeit gibt es in der Wirtschaft immer nur ein System: Verantwortung nach oben, Autorität nach unten.

Ungeachtet interner Auseinandersetzungen verstärkt die NSDAP ihre Propaganda. Über ihre Versammlungstätigkeit in Preußen berichtet eine im Mai 1930 erstellte Denkschrift des preußischen Innenministeriums:

Es vergeht fast kein Tag, an dem nicht selbst in engbegrenzten örtlichen Bezirken mehrere Versammlungen stattfinden. Eine in den einzelnen Gauen sorgfältig aufgezogene Propagandazentrale sorgt dafür, daß Redner und Vortragsthema den jeweiligen örtlichen und wirtschaftlichen Verhältnissen angepaßt werden. Die Reichs- und Landtagsabgeordneten der Partei und eine Fülle sonstiger Parteiredner sind täglich unterwegs, um diese Agitation zu betreiben und auszubauen. Durch systematische Schulungskurse, durch Fernunterricht und neuerdings auch durch die am 1. Juli 1929 eingerichtete Rednerschule der NSDAP werden solche Agitatoren Monate, ja jahrelang für diese Aufgabe gründlich ausgebildet; im Falle ihrer Bewährung erhalten sie eine parteiamtliche Anerkennung als Redner der Partei und werden unter Verpflichtung von mindestens dreißig Versammlungsreden innerhalb von acht Monaten durch Gewährung eines besonderen Entgelts von zwanzig Reichsmark und darüber je Abend, außer den entstehenden Unkosten, zu ihrer Tätigkeit besonders angespornt. Rednerische Gewandtheit in Verbindung mit geschickt auf die jeweiligen Zuhörer zugeschnittenen Vortragsgegenständen, die auf dem flachen Lande und in den kleineren Städten vorwiegend rein wirtschaftlich eingestellt sind, sichern nach den Beobachtungen den Versammlungen fast durchweg überfüllte Säle und den Beifall der Teilnehmer. Versammlungen mit einer Besucherzahl von tausend bis fünftausend Personen sind in größeren Städten eine tägliche Erscheinung; oft müssen sogar eine oder mehrere Parallelversammlungen stattfinden, weil die vorgesehenen Versammlungslokale die Zahl der Besucher nicht fassen können. [...] Soweit angängig, wird bei solchen Gelegenheiten das Netz der Ortsgruppen erweitert, oder es werden wenigstens Vertrauensleute gewonnen, die durch eine fast überall beobachtete rege Propaganda von Mund zu Mund den Boden für die Ausbreitung der Bewegung vorbereiten sollen. Oft setzen sich solche Werbetrupps tagelang an einem bestimmten Ort fest und suchen durch die verschiedenartigsten Veranstaltungen, zu denen auch Platzkonzerte, Sportfeste, Zapfenstreich, an geeigneten Orten auch geschlossene Kirchgänge gehören, die ansässige Bevölkerung für die Bewegung zu begeistern. An anderen Orten wieder wird ein auswärtiger Propagandaredner eine gewisse Zeit stationiert; mit einem ihm zur Verfügung gestellten Kraftwagen bereist er dann von seinem Standquartier planmäßig die Umgegend. Auch nationalsozialistische Theatergruppen, die von Ort zu Ort wandern, dienen den gleichen Zielen.

Am 1. Juni 1930 beauftragt Hitler Walter Darré mit der Organisation des Bauerntums in der NSDAP; er baut, am 1. August in die Reichsleitung der NSDAP berufen, den »Agrarpolitischen Apparat« auf. Am 5. Juni sieht sich Bayern veranlaßt, ein Uniformverbot zu erlassen. Am 11. Juni verkündet Preußen ein Verbot der Braunhemden. Die SA trägt daraufhin weiße Hemden. Bei den Landtagswahlen in Sachsen, am 22. Juni, erhält die NSDAP 376 769 Stimmen, das sind 14,4 Prozent der abgegebenen gültigen Stimmen, 14 von

96 Sitzen und wird nach der SPD die stärkste Partei. »Der Deutsche Volkswirt« bemerkt dazu:

Die Sozialdemokratie hat ein Mandat von 33 an die Kommunisten verloren. Die Mittelgruppen widmeten ihren Angriff hauptsächlich den Sozialdemokraten. Doch wurden diese Parteien zum Teil von den Nationalsozialisten überrannt, zersprengt und aufgesogen, die in der gleichen Richtung, wenig gestört, aber mit größerem Elan und Lärm, voranstürmten. Sie sind jetzt eine Machtgruppe, soziologisch vermutlich sehr uneinheitlich, aber rein ziffernmäßig stark genug, um den übrigen Fraktionen die Stellungnahme des Ja oder Nein zur Kooperation aufzwingen zu können. Daß man in Thüringen und doch auch bisher in Sachsen die Grenzen zu ihnen verwischte, mußte sich rein parteitaktisch rächen. Man freute sich mehr an ihren nationalsozialistischen Kraftsprüchen gegen die »Roten«, als man sich mit ihrer wirren und wirtschaftlich dilettantischen Ausgabe von Auch-Sozialismus befaßte. Jetzt ist man in Verlegenheit geraten. Aber es gehört ein ordentliches Maß an Selbstbesinnung dazu, in einer Konzentration der staatspolitischen Kräfte sich von den Gefahren eines agitatorischen Dilettantismus freizuhalten. Sachsen ist nicht Deutschland, aber seine Wahlen sind zu einer sehr eindringlichen Lehrstunde geworden.

Unter dem Eindruck des Ausganges der Landtagswahlen in Sachsen verbietet die preußische Regierung am 25. Juni 1930 den Beamten die Zugehörigkeit zur NSDAP und zur KPD:

Nach der Entwicklung, die die Nationalsozialistische Deutsche Arbeiterpartei und die Kommunistische Partei Deutschlands genommen haben, sind beide Parteien als Organisationen anzusehen, deren Ziel der gewaltsame Umsturz der bestehenden Staatsordnung ist. Ein Beamter, der an einer solchen Organisation teilnimmt, sich für sie betätigt oder sie unterstützt, verletzt die aus seinem Beamtenverhältnis sich ergebende besondere Treueverpflichtung gegenüber dem Staate und macht sich eines Dienstvergehens schuldig. Allen Beamten ist demnach die Teilnahme an diesen Organisationen [...] verboten.

Die anhaltende Opposition »linker« Nationalsozialisten veranlaßt Hitler, am 30. Juni 1930 den Gauleiter von Berlin, Goebbels, zu ermächtigen, eine rücksichtslose Säuberung der Partei vorzunehmen:

Die Nationalsozialistische Partei wird, solange ich sie führe, kein Debattierklub wurzelloser Literaten oder chaotischer Salon-Bolschewisten werden, sondern sie wird bleiben, was sie heute ist, eine Organisation der Disziplin, die nicht für doktrinäre Narreteien

politischer Wandervögel

geschaffen wurde, sondern zum Kampf für eine Zukunft Deutschlands, in der die Klassenbegriffe zerbrochen sein werden und ein neues deutsches Volk sich selbst sein Schicksal bestimmt!

Ich habe Sie, lieber Herr Doktor Goebbels, vor Jahren auf den schwersten Platz des Reiches gestellt. [...] Ich muß Sie nun heute bitten, in Verfolgung dieser einst gestellten Aufgabe die

rücksichtslose Säuberung

der Partei von allen jenen Elementen in Berlin durchzuführen. [...] Ich habe den Reichsuntersuchungsausschuß angewiesen, Sie in dieser Aufgabe mit allen Mitteln zu unterstützen. Greifen Sie rücksichtslos und scharf zu. Ich spreche Ihnen schon im vornehinein meinen Dank und meine Anerkennung für die Durchführung dieser Arbeit aus. Sie haben hinter sich die gesamte Organisation der Bewegung, den gesamten Führerstab, die gesamte SA und SS, alle Vertreter der Partei in den öffentlichen Korporationen und gegen sich ein halbes Dutzend berufsmäßiger Querulanten und Literaten!

Die von Hitlers Verdammung bedrohten Nationalsozialisten schließen sich am 4. Juli 1930 zu der »Kampfgemeinschaft revolutionärer Nationalsozialisten« zusammen; sie bezeichnen später ihre Vereinigung als »Schwarze Front«. Am 5. Juli kauft die NSDAP in München mit Hilfe einer Industriespende und einer außerordentlichen Parteispende das ehemalige Barlow-Palais Brienner Straße 45 als künftigen Sitz der Reichsparteileitung. Das »Braune Haus« wird nach gründ-

lichem Umbau am 1. Januar 1931 bezogen. – Da der Reichstag die Aufhebung der von der Reichsregierung erlassenen Steuernotverordnungen beschließt, löst Reichspräsident von Hindenburg ihn am 18. Juli 1930 auf. Hitler geht in den Wahlkampf mit der Erwartung, gegenüber den bisherigen 12 Sitzen 40 bis 50 Sitze zu erreichen. Er rechnet mit einem solchen Ergebnis, obwohl in der NSDAP die Spannungen anhalten. Am 29. August tritt Hauptmann a. D. Franz von Pfeffer vom Amt des Obersten SA-Führers zurück. Hitler übernimmt am 2. September selbst die Führung der SA; er ruft zu deren Reorganisation Hauptmann a. D. Röhm aus Bolivien zurück. Die Auseinandersetzungen in der NSDAP bestärken die deutsche Öffentlichkeit in ihrer Sorglosigkeit. Sie ist trotz der Verschlechterung der politischen, wirtschaftlichen und sozialen Verhältnisse und der erfolgreichen Mobilisierung der Parteien und Verbände der politischen Rechten im Kampf gegen den Young-Plan unbekümmert. Der Herausgeber der Zeitschrift »Weltbühne«, Carl von Ossietzky, der 1935 mit dem Friedens-Nobelpreis ausgezeichnet wird, schreibt vor der Reichstagswahl am 14. September 1930 zu der Alternative »Nationalsozialismus oder Kommunismus«:

Die nationalsozialistische Bewegung hat eine geräuschvolle Gegenwart, aber gar keine Zukunft. Sie lebt von der Erregung plötzlich proletarisierter Schichten, die nicht wissen, welchen politischen und ökonomischen Kräften sie ihren Sturz aus bürgerlicher Geborgenheit in ein soziales Pariatum verdanken. Der Nationalsozialismus hat bisher nicht bewiesen, daß er die altorganisierte Arbeiterschaft und ihren jungen Nachwuchs zu erfassen vermag. Wer weiß eigentlich heute noch, daß es vor einem halben Dutzend Jahren eine völkische Bewegung von ähnlichen Tendenzen gab, die sich damals um Wulle und Graefe scharte?

Adolf Hitler mag in seinen Anfängen in ehrlicher Verbohrtheit gehandelt haben. Heute ist er nur noch eine Kreatur der Industrie. Oder bildet sich jemand ein, die Gebieter von Kohle und Eisen würden ihr schönes Geld hergeben für einen Verein, dessen Ziel es ist, sie zu enteignen und zu Ehren der teutonischen Götter an den nächsten Laternenpfahl zu hängen? Das Rezept der Hitlerei stammt vom italienischen Faschismus, und man muß zugeben, daß es ein wahrhaft grandioser Volksbetrug ist: Man gibt den unzufriedenen und unruhigen jungen Leuten die Symbole und das Tempo der Revolution und führt sie in die Reaktion. Der einzelne in der dichtgedrängten Marschkolonne, von stürmischen Zurufen und einer begeisternden Musik beflügelt, weiß nicht, nach welcher Richtung es geht.

Dabei besteht für mich kein Zweifel, daß Hitler nichts sehnlicher wünscht, als die endliche Legalisierung seiner Bewegung. Er möchte den Ludergeruch der Revolution loswerden, um das Erbe der zerfallenden Hugenberg-Partei anzutreten. Hitler will ministrabel, will regierungsfähig werden [...]. Hitler, der nicht das mindeste gegen die täglichen zahllosen Roheiten seiner Legionäre unternimmt, wird sofort korrekt und gut bürgerlich, wo er die Zeichen richtiger sozialer Rebellion sieht.

Diese Idee hat keine Idee und kein Prinzip, und deshalb wird sie nicht leben können. Kein Nationalsozialist ist imstande, den »Sozialismus« seiner Partei zu erklären, und sogar die zahlreichen Versuche, den Nationalsozialismus der Partei zu analysieren, mißlingen kläglich. So bleibt nichts übrig als das etwas komische Dogma von der Berufung Adolf Hitlers, die deutsche Nation zu retten. Der Glaube an das Führertum berufener Persönlichkeit ist überhaupt das einzige, was sich bei dem Nationalsozialismus zu einer Art Theorie verdichtet hat. Aber das ist Mystik, und mit Mystik kann man die Menschen zwar eine Weile benebeln, aber satt machen kann man sie damit nicht.

Das Bekenntnis zur legalen Machtergreifung

Erdrutsch

Die Reichstagswahlen vom 14. September 1930 enden mit der größten Überraschung in der Geschichte parlamentarischer Wahlen in Deutschland:

<table>
<tr><th></th><th>Stimmen</th><th>Sitze</th></tr>
<tr><td>Sozialdemokratische Partei Deutschlands</td><td>8 572 016</td><td>143</td></tr>
<tr><td>Deutschnationale Volkspartei</td><td>2 458 497</td><td>41</td></tr>
<tr><td>Deutsche Zentrumspartei</td><td>4 128 929</td><td>68</td></tr>
<tr><td>Bayerische Volkspartei</td><td>1 058 556</td><td>19</td></tr>
<tr><td>Kommunistische Partei Deutschlands</td><td>4 587 708</td><td>76</td></tr>
<tr><td>Deutsche Volkspartei</td><td>1 576 199</td><td rowspan="2">29</td></tr>
<tr><td>Christlich Soziale Volksgemeinschaft</td><td>81 558</td></tr>
<tr><td>Deutsche Staatspartei</td><td>1 322 608</td><td>20</td></tr>
<tr><td>Reichspartei des Deutschen Mittelstandes (Wirtschaftspartei)</td><td>1 379 359</td><td>23</td></tr>
<tr><td>Nationalsozialistische Deutsche Arbeiterpartei</td><td>6 401 210</td><td>107</td></tr>
<tr><td>Deutsches Landvolk</td><td>1 104 727</td><td rowspan="3">26</td></tr>
<tr><td>Deutschhannoversche Partei</td><td>144 242</td></tr>
<tr><td>Konservative Volkspartei</td><td>313 874</td></tr>
<tr><td>Volksrechtspartei</td><td>271 931</td><td>–</td></tr>
<tr><td>Deutsche Bauernpartei</td><td>339 072</td><td>6</td></tr>
<tr><td>Landbund</td><td>193 899</td><td>3</td></tr>
<tr><td>Christlich Sozialer Volksdienst</td><td>867 377</td><td>14</td></tr>
<tr><td>Nationale Minderheiten Deutschlands</td><td>76 438</td><td>–</td></tr>
<tr><td>andere Parteien</td><td>64 654</td><td>–</td></tr>
<tr><td></td><td>34 942 854</td><td>575</td></tr>
</table>

Die Parteien des Reichskanzlers Brüning, Zentrum und Bayerische Volkspartei, erreichen mäßige Gewinne. Die SPD muß einen begrenzten Verlust hinnehmen. Die bürgerlichen Parteien erleiden schwere Verluste. Nur die »Flügel«- oder »Rand«-Parteien erzielen Gewinne. Die KPD steigert nun ihren Anteil von 10,6 Prozent im Jahre 1928 auf 13,1 Prozent. Eindeutiger Sieger der Wahl sind die Nationalsozialisten. Nach den Reichstagswahlen am 20. Mai 1928 gelten sie als eine Splitterpartei, da sie nur 810 127 Stimmen, 2,6 Prozent der abgegebenen gültigen Stimmen, erreicht haben. Kaum zweieinhalb Jahre später entscheiden sich 6 401 210 Wählerinnen und Wähler, das sind 18,3 Prozent aller abgegebenen gültigen Stimmen, für die NSDAP. Von einer als erledigt angesehenen völkischen Sektierergruppe steigt sie zur zweitstärksten Partei auf. Sie wird zu einer stets gegenwärtigen Bedrohung der parlamentarischen Demokratie in Deutschland. Die Öffentlichkeit ist auf das höchste bestürzt. Die »Frankfurter Zeitung« versucht unter dem unmittelbaren Eindruck des Ausganges der Wahlen vom 14. September 1930 eine Beantwortung der sich aufdrängenden Frage nach den Gründen dafür:

Erbitterungs-Wahlen also, in denen eine aus vielen Quellen gespeiste Stimmung, durch eine wilde Verhetzung aufgewühlt, sich in radikalen Stimmzetteln entlud. Kein positiver Wille, auch nicht der zu einem wirklichen Umsturz des heutigen Staates, nicht einmal der zu dem gewaltsamen Versuch eines Umsturzes unserer heutigen außenpolitischen Grundlagen, steht hinter einem großen Teil dieser radikal-negierenden Stimmen. Ein solcher Umsturzwille ist, wir dürfen uns wahrhaftig nicht in Illusionen wiegen, bei einem Teil sicherlich vorhanden. Der andere Teil hat lediglich Protest gewollt. Protest – auch darüber dürfen wir uns keine Illusionen machen, und am allerwenigsten dürfen das diejenigen Parlamentarier und sonstigen Parteistellen, die es zunächst angeht – gegen die Methoden des Regierens oder Nichtregierens, des entschlußlosen parlamentarischen Parlamentierens der letztvergangenen Jahre, die jedem anderen mißfallen haben als den Parlamentariern, die sie betrieben. Protest gegen die wirtschaftliche Not, die furchtbar ist und die viele, zum Teil aus ehrlicher Verzweiflung, zum anderen bloß aus dem Ärger über diese oder jene Einzelmaßnahme, einfach in die Stimmung treibt: die Partei, für die sie bisher gestimmt hatten, habe ihnen nicht geholfen, also versuche man es nun einmal mit der anderen Tonart. Hitler verspricht ja Macht, Glanz und Wohlstand. Also!

Der Ausgang der ebenfalls am 14. September 1930 durchgeführten Landtagswahlen in Braunschweig bestätigt den Eindruck eines gewaltigen politischen Erdrutsches. Die NSDAP erhält 22,2 Prozent der abgegebenen gültigen Stimmen und 9 von 40 Sitzen. In der Landesregierung des am 1. Oktober gewählten Ministerpräsidenten Werner Küchenthal wird der nationalsozialistische Abgeordnete Anton Franzen Innenminister. Diese Entwicklung bleibt fast unbeachtet, da die allgemeine Aufmerksamkeit den Auswirkungen der Reichstagswahl gilt. Nicht nur die deutsche, sondern auch die internationale Politik gerät in Alarmzustand. Reichsaußenminister Julius Curtius schildert die Reaktion am Sitz des Völkerbundes in Genf:

Das Wahlresultat konsternierte den ganzen Völkerbund. Briand fühlte sich persönlich betroffen. Er hatte eine Wirtschaftsdelegation mit nach Genf gebracht, um mit uns über ein die üblichen Handelsbeziehungen – die übrigens damals aufgrund des Handelsvertrages von 1927 sehr ausgedehnt und für uns günstig waren – übersteigendes wirtschaftliches Zusammengehen auf der ganzen Linie zu verhandeln. Nach der Wahl schickte er diese Delegation nach Paris zurück und erklärte mir rundheraus, daß er nunmehr außerstande wäre, über die vorbereiteten Pläne zu verhandeln. Frankreich müsse in Zukunft größte Zurückhaltung in der Zusammenarbeit mit Deutschland beobachten. Es versteht sich, daß nach diesen Eröffnungen unsere Beziehungen sehr reserviert wurden. Es kam sogar zu einem Rededuell zwischen Briand und mir aus Anlaß der Abrüstungsfrage in der Plenarsitzung: Briand bestieg die Rednertribüne gegen Ende der ganzen Tagung an einem Spätnachmittag, als über die Beschlüsse des Abrüstungsausschusses abgestimmt wurde. Ich hatte mich, früherer Ankündigung im

Ausschuß entsprechend, bei der Schlußabstimmung der Stimme enthalten, nicht dagegen gestimmt, um wenigstens endlich unser Ziel der Einberufung der Abrüstungskonferenz zu erreichen. Das gab Briand das Stichwort zu einer offenbar von langer Hand vorbereiteten Beschwerde über die Radikalisierung der Massen in Deutschland (»Ah! Quels cris de haine! Quels cris de mort!« [*Ha! Was für ein Haßgeschrei! Was für ein Mordgeschrei!*]) und über die Schutzlosigkeit des »abgerüsteten« Frankreichs.

Am 16. September äußert sich der britische Botschafter in Paris, Ronald Hugh Campbell, in einem Bericht an den Außenminister Großbritanniens, Arthur Henderson, über die Reaktion Frankreichs auf den Ausgang der Wahlen in Deutschland:

Obwohl man hier allgemein vorausgesagt hatte, daß die extremen Parteien von rechts und links eine Anzahl Sitze gewinnen würden, ist das Ergebnis der Wahl in Deutschland als unangenehme Überraschung empfunden und mit tiefer Beunruhigung betrachtet worden. Der vorherrschende Eindruck ist der, daß in der deutschen Geschichte ein Wendepunkt erreicht wurde, der weitreichende Folgen auf die internationale Außenpolitik haben kann, und daß im Hinblick auf Frankreich die Lage einer sorgfältigen und festen Lenkung bedarf.

Der Sieg der Nationalsozialisten hat die Stellung von M. Briand deutlich geschwächt. Er ist Gegenstand heftiger Angriffe von seiten nationalistischer Kreise wegen des angeblichen Fehlschlags seiner Politik einer französisch-deutschen Annäherung. Sein baldiger Rücktritt wird in gewissen Presseorganen der Rechten als erwünscht bezeichnet.

Sogar diejenigen Zeitungen, die seine Politik beständig unterstützt haben, geben zu, daß in Deutschland eine kritische Lage entstanden ist, wenn auch nicht so verzweifelt, daß das republikanische Regime gefährdet sein würde. Sie führen den Ruck nach rechts und links mehr auf die internationalen wirtschaftlichen Schwierigkeiten in Deutschland zurück als auf außenpolitische Gründe und drücken ihr Vertrauen auf die

Fähigkeit der deutschen Sozialisten aus, dem Sturm durch die Bildung einer Koalitionsregierung zu trotzen, die sich auf Zentrum und Linke stützt.

Am 18. September sucht der britische Botschafter in Berlin, Sir Horace Rumbold, den Staatssekretär im preußischen Staatsministerium, Robert Weismann, auf. Über das Ergebnis seines Gespräches berichtet er nach London:

Herr Weismann sagte, daß er den Kanzler vor dem einzugehenden Risiko gewarnt habe, im gegenwärtigen Zeitpunkt allgemeine Wahlen auszuschreiben. Aber der Kanzler sei davon überzeugt gewesen, daß ein Appell an die Wählerschaft eine arbeitsfähige Mehrheit zugunsten der die Regierung unterstützenden Parteien ergeben würde. Dr. Brüning war geneigt, sich der Überzeugung hinzugeben, daß andere Politiker genauso zuverlässig wären wie er selbst. Hinsichtlich der Nationalsozialisten hatte Herr Weismann seinen Freunden am Vorabend der Wahl mitgeteilt, daß diese Partei seiner Meinung nach etwa 70 bis 80 Sitze gewinnen würde. Auf ihren mitreißenden Erfolg war er jedoch nicht vorbereitet, der ja für sie (die Nationalsozialisten) selbst eine Quelle der Überraschung bedeutete. [...]

Ich bemühte mich, von Herrn Weismann zu erfahren, ob er die Quelle kennen würde, aus der die Nationalsozialisten ihre Geldmittel für den Wahlfeldzug geschöpft hätten. Er erwiderte, daß diese Gelder aus Rußland kommen müßten, und bestätigte dabei in dieser Hinsicht – wie auch in der Presse behauptet wurde – die von dem früheren sowjetischen Botschaftsrat in Paris, Herrn Bessedowski, gemachten Feststellungen. Herr Weismann behauptete, daß die Nationalsozialisten etwa 8 bis 10 Millionen Mark für ihren Wahlfeldzug verbraucht haben müßten. Die Großindustriellen wären nicht in der Lage, sie mit Geldmitteln zu versorgen. [...]

Herr Weismann versicherte ganz bestimmt, daß keinerlei Aussicht auf eine zweite Wahl bestände. Wenn es eine gäbe, würden die Nationalsozialisten sicherlich eine große Anzahl von Sitzen verlieren. Ihr gegenwärtiger Erfolg wäre seiner Meinung nach nur vorübergehend. Er sei das Ergebnis eines allgemeinen Mißbehagens mit den gegenwärtigen Wirtschaftsbedingungen und eines Abscheus gegenüber dem Parteigezänk im Reichstag.

Der britische Zeitungsverleger Viscount Rothermere veröffentlicht am 25. September in der von ihm herausgegebenen Londoner Zeitung »Daily Mail« einen Aufsatz über den Sieg der NSDAP. Der »Völkische Beobachter« bringt am gleichen Tage eine Übersetzung unter der Überschrift »Hitlers Sieg – Neugeburt der deutschen Nation. Eine neue Ära in der Weltpolitik«:

Der glänzende Erfolg der Deutschen Nationalsozialistischen Arbeiterpartei – mit anderen Worten der faschistischen Partei – bei den Reichstagswahlen vom 14. September wird nach meiner festen Überzeugung ein solch wuchtiger Markstein sein. Er wird heraustreten als der Anfang einer neuen Epoche in den Beziehungen zwischen Deutschland und der übrigen Welt. [...]

Ein neues Deutschland ersteht vor unseren Augen. Es ist heute schon stark, es wird in wenigen Jahren noch stärker sein. Es ist heute entschlossen, es kann in kurzer Zeit herausfordernd sein.

Wir können diese Bewegung nicht hindern, und es wäre nach meiner Meinung ein Fehler, wenn das britische Volk eine feindliche Haltung dagegen einnehmen würde.

Wir müssen unsere Vorstellung von Deutschland ändern! Bisher hatten wir es in Erinnerung als Kriegsgefangenen. Es ist nicht frei wie andere Völker. Wir haben die Wiedergewinnung seiner vollen nationalen Freiheit von Zahlungen und Bedingungen abhängig gemacht, die wir ihm gegen seinen Willen aufzwangen. Nur unter Protest wurden die Forderungen erfüllt. Welche Gewalt könnte ihre Durchführung erzwingen? Ist es klug, auf dem letzten Buchstaben des Gesetzes zu bestehen? Die ältere deutsche Generation war unser Feind. Sollen wir uns auch die jüngere Generation zum Feinde machen? Wenn wir das tun, so wird früher oder später ein anderes und noch schrecklicheres Erwachen über Europa hereinbrechen.

Laßt uns wohl überlegen, bevor wir einer solchen Gefahr entgegengehen. Wenn wir den Übergang der politischen Macht an die Nationalsozialisten näher betrachten, so finden wir, daß er allerlei Vorteile hat. Er errichtet nämlich einen verstärkten Wall gegen den Bolschewismus. Er schaltet die schwere Gefahr aus, daß der Sowjetfeldzug gegen die europäische Zivilisation nach Deutschland vordringt und auf diese Weise eine unbezwingliche Stellung im strategischen Mittelpunkt Europas gewinnt. [...]

Für die Wohlfahrt der westlichen Zivilisation wäre es das Beste, wenn in Deutschland eine Regierung ans Ruder käme, die von den gleichen gesunden Grundsätzen durchdrungen, mit denen Mussolini in den letzten acht Jahren Italien erneuerte.

Die Parteien in Deutschland sehen sich veranlaßt, sich zu den Wahlergebnissen zu äußern. Die SPD-Fraktion des Reichstags verabschiedet am 3. Oktober 1930 folgende Entschließung:

Die sozialdemokratische Reichstagsfraktion sieht nach dem Ausgang der Reichstagswahlen in der Erhaltung der Demokratie, der Sicherung der Verfassung und dem Schutz des Parlamentarismus ihre erste Aufgabe.

Die Demokratie ist bedroht von allen sozialreaktionären Kreisen, die die Wirtschaftskrise zum Abbau der Sozialpolitik und zur Senkung der Löhne ausbeuten wollen.

Sie ist bedroht durch die faschistische Bewegung der Nationalsozialisten, die den Opfern der kapitalistischen Wirtschaftskrise nach der Zertrümmerung der Demokratie die sofortige Heilung aller Leiden und die Lösung aller sozialen Fragen vorgaukeln. Sie ist bedroht durch die Kommunistische Partei, die selbst in dieser gegenrevolutionären Situation die Arbeiterklasse spaltet und den Kampf gegen Sozialreaktion und Faschismus erschwert. Die Sozialdemokratie kämpft für die Demokratie, um die Sozialpolitik zu schützen und die Lebenshaltung der Arbeiterschaft zu heben.

Der Nationalsozialismus ist nach dem 14. September 1930 das erste Problem nicht nur der deutschen Politik. Die Welt ist aufgescheucht. Ihre Öffentlichkeit stellt sich besorgt und beunruhigt die Frage nach dem Phänomen des Nationalsozialismus. Es erscheinen von diesem Zeitpunkt an dazu zahllose Aufsätze, Reden und Untersuchungen. Thomas Mann gibt in seiner am 17. Oktober 1930 in Berlin gehaltenen »Deutschen Ansprache« eine über das Faktische hinausgehende Analyse:

Der Nationalsozialismus hätte als Massen-Gefühls-Überzeugung nicht die Macht und den Umfang gewinnen können, die er jetzt erwiesen, wenn ihm nicht, der großen Mehrzahl seiner Träger unbewußt, aus geistigen Quellen ein Sukkurs käme, der, wie alles zeitgeborene Geistige, eine relative Wahrheit, Gesetzlichkeit und logische Notwendigkeit besitzt und davon an die populäre Wirklichkeit der Bewegung abgibt. Mit dem wirtschaftlichen Niedergang der Mittelklasse verband sich eine Empfindung, die ihr als intellektuelle Prophetie und Zeitkritik vorausgegangen war: die Empfindung einer Zeitwende, welche das Ende der von der Französischen Revolution datierenden bürgerlichen Epoche und ihrer Ideenwelt ankündigte. Eine neue Seelenlage der Menschheit, die mit der bürgerlichen und ihren Prinzipien: Freiheit, Gerechtigkeit, Bildung, Optimismus, Fortschrittsglaube, nichts mehr zu schaffen haben sollte, wurde proklamiert und drückte sich künstlerisch im expressionistischen Seelenschrei, philosophisch als Abkehr vom Vernunftglauben, von der zugleich mechanistischen und ideologischen Weltanschauung abgelaufener Jahrzehnte aus, als ein irrationalistischer, den Lebensbegriff in den Mittelpunkt des Denkens stellender Rückschlag, der die allein lebenspendenden Kräfte des Unbewußten, Dynamischen, Dunkelschöpferischen auf den Schild hob, den Geist, unter dem man schlechthin das Intellektuelle verstand, als lebensmörderisch verpönte und gegen ihn das Seelendunkel, das Mütterlich-Chthonische, die heilig gebärerische Unterwelt, als Lebenswahrheit feierte. Von dieser Naturreligiosität, die ihrem Wesen nach zum Orgiastischen, zur bacchischen Ausschweifung neigt, ist viel eingegangen in den Neonationalismus unserer Tage, der eine neue Stufe gegen den bürgerlichen, durch stark kosmopolitische und humanitäre Einschläge doch ganz anders ausgewogenen Nationalismus des neunzehnten Jahrhunderts darstellt.

Gespeist also von solchen geistigen und pseudogeistigen Zuströmen, vermischt sich die Bewegung, die man aktuell unter dem Namen des Nationalsozialismus zusammenfaßt und die eine so gewaltige Werbekraft bewiesen hat, vermischt sich, sage ich, diese Bewegung mit der Riesenwelle exzentrischer Barbarei und primitiv-massendemokratischer Jahrmarktsroheit, die über die Welt geht, als ein Produkt wilder, verwirrender und zugleich nervös stimulierender, berauschender Eindrücke, die auf die Menschheit einstürmen. Die abenteuerliche Entwicklung der Technik mit ihren Triumphen und Katastrophen, Lärm und Sensation des Sportrekordes, Überschätzung und wilde Überzahlung des Massen anziehenden Stars, Box-Meetings mit Millionen-Honoraren vor Schaumengen in Riesenzahl: dies und dergleichen bestimmt das Bild der Zeit zusammen mit dem Niedergang, dem Abhandenkommen von sittigenden und strengen Begriffen, wie Kultur, Geist, Kunst, Idee. Entlaufen scheint die Menschheit wie eine Bande losgelassener Schuljungen aus der humanistisch-idealistischen Schule des neunzehnten Jahrhunderts, gegen dessen Moralität, wenn denn überhaupt von Moral die Rede sein soll, unsere Zeit einen weiten und wilden Rückschlag darstellt.

Der exzentrischen Seelenlage einer der Idee entlaufenen Menschheit entspricht eine Politik im Groteskstil mit Heilsarmee-Allüren, Massenkrampf, Budengeläut, Halleluja und derwischmäßigem Wiederholen monotoner Schlagworte, bis alles Schaum vor dem Munde hat. Fanatismus wird Heilsprinzip, Begeisterung epileptische Ekstase, Politik wird zum Massenopiat des Dritten Reiches oder einer proletarischen Eschatologie, und die Vernunft verhüllt ihr Antlitz.

Die Meinungen der Zeitgenossen über die Bedeutung des Wahlerfolges für die NSDAP gehen auseinander. Heiden vertritt in seinem 1932 veröffentlichten Bericht die Ansicht:

Mit dem 14. September 1930 ist die eigentliche Geschichte der NSDAP zu Ende. Was jetzt beginnt, ist ein – voraussichtlich kurzer – Abschnitt der deutschen Politik, in dem Hitlers

Partei die Hauptrolle spielt. Sie verwickelt sich in alle Vorgänge des öffentlichen Lebens; nichts, aber auch nichts geschieht in Deutschland, was nicht die Spuren ihres treibenden oder hemmenden Einflusses zeigte. Diese Durchdringung Deutschlands mit Nationalsozialismus fordert eine Erzählung für sich, die einem späteren Werke vorbehalten bleiben muß.

Wo war Hitler hingeraten! Er war aufgebrochen mit einer kleinen Schar glühender, todesverachtender, ja todeslustiger Jugend, die ihre Leiber in die Flammen warf. Wenn er sich jetzt umblickte, sah er hinter sich das fahle Heer der Millionen, die viel mehr nach Brot hungerten als nach Freiheit; die Gewinn von ihm wollten, mochte es auch der Raub am Nebenmann sein; die von ihm zugleich höhere Zölle und niedrigere Lebensmittelpreise, größere Renten und kleinere Steuern, bessere Dividenden und bessere Löhne erwarteten. Aus der Abendröte eines untergehenden Zeitalters war er losmarschiert, und angekommen war er bei den dürftigen Hauslampen eines verzweifelten Volkes, das nicht von seinen Tischen weg wollte. Sein Unglück war: er war viel zu lange marschiert.

Als die Partei antrat, erwachte das deutsche Volk gerade aus einem großartigen Zukunftstraum, und es war noch nicht Tag. In einer materiell verhältnismäßig gesättigten Vorkriegszeit hatte die Seele des Bürgertums wenig Bedürfnis nach Idealen gehabt. Der Krieg weckte, nährte und enttäuschte dies Bedürfnis ungeheuer. Da brach mit der Revolution das zweite Reich der großen Verheißungen an. Es kam die Illusion des gerechten Friedens, des sozialen Aufstiegs und neuer Geistesblüte. Aber die Revolution verwirklichte diese Illusion nicht und mutete statt dessen dem Volk den nüchternen, liberalen, rationalistischen Alltag von Weimar zu. Dem Glauben, der nach einem neuen Reich schrie, wurde ein ausgeklügelt werktägliches Staatsgebilde vorgesetzt, ein stählerner Roboter von Staat, der alle politische Experimentierlust untersagte, begeisterte, nach dem Neuen greifende Hände niederschlug und verlangte, daß es keine Erfüllung mehr geben dürfe außer ihm. Mochte auch in der Verfassung anderes und teilweise Besseres stehen; die Praxis war so. So wurden die Hochgefühle der Revolution zur Tür hinausgestoßen.

Hitlers Legalitätseid

Junge Offiziere des in Ulm stationierten Artillerie-Regiments 5, dessen Kommandeur Oberst Ludwig Beck ist, nehmen im Winter 1929/30 Beziehungen zu der NSDAP auf, für deren Programm sie sich interessieren. Sie handeln gegen den Erlaß des Reichswehrministeriums vom 31. Januar 1923, der den Angehörigen der Reichswehr ausdrücklich verbietet, eine Betätigung auszuüben oder sich an Bestrebungen zu beteiligen, die auf eine Änderung der Verfassung abzielen. Der bereits verabschiedete Oberleutnant Hans Friedrich Wend und die Leutnante Hans Ludin und Richard Scheringer werden festgenommen und unter Anklage gestellt. Die Hauptverhandlung gegen sie findet vom 23. September bis 7. Oktober 1930 vor dem IV. Strafsenat des Reichsgerichts in Leipzig statt. Den Vorsitz hat Reichsgerichtsrat Baumgarten, die Anklage wird von Reichsanwalt Nagel vertreten. Rechtsanwalt Sack verteidigt die Angeklagten Scheringer und Wend, Rechtsanwalt von Kamecke den Angeklagten Ludin. An der Verteidigung des Angeklagten Wend beteiligt sich auch Rechtsanwalt Frank. Die öffentliche Verhandlung wird nach dem Ausgang der Reichstagswahlen vom 14. September zur politischen Sensation. Die geladenen nationalsozialistischen Zeugen Hauptmann a. D. Wilhelm Weiß, Chef vom Dienst des Parteiorgans »Völkischer Beobachter«, Hauptmann a. D. Robert Wagner, Hauptmann a. D. Franz von Pfeffer, Führer der SA, sind bemüht, die Angeklagten, mit denen sie Kontakte unterhalten haben, nach Kräften zu entlasten. Sie betonen die Legalität der NSDAP. Dazu soll sich nach Wunsch des Rechtsanwalts Frank der Führer der NSDAP, Hitler, äußern. Er beantragt dessen Ladung. Die Reichsanwaltschaft erhebt dagegen Einspruch. Der IV. Strafsenat des Reichsgerichts verkündet jedoch folgenden Beschluß:

Der Senat ist bereit, Herrn Hitler als Zeugen zu hören.

Am dritten Verhandlungstag, am 25. September 1930, erscheint Hitler, seit elf Tagen Führer der zweitstärksten Partei des Reichstags, im Zeugenstand des Reichsgerichts. Die »Frankfurter Zeitung« berichtet darüber:

Im Gegensatz zu den stürmischen Kundgebungen vor dem Gerichtsgebäude war die Stimmung im Sitzungssaal selbst ruhig. Allerdings machte sich allenthalben eine gewisse Spannung bemerkbar. Das war erklärlich. Sollte doch mit der Vernehmung des nationalsozialistischen Führers ein Urteil über die Frage abgegeben werden: Arbeitet die Nationalsozialistische Deutsche Arbeiterpartei legal oder illegal? Bereitet sie den Umsturz vor, oder wird sie sich nach den Aussagen ihres Führers zu einem Vorgehen mit verfassungsrechtlichen Mitteln bekennen? Noch vor Eintritt des Gerichts in den Verhandlungssaal richtete der diensttuende Wachtmeister zweimal nachdrücklich die Aufforderung an das Publikum, sich bei der kommenden Verhandlung auf jeden Fall ruhig zu verhalten und »die vornehme Ruhe wie an den beiden Vortagen zu bewahren«. Diese Aufforderung verfehlte auch ihre Wirkung nicht, besonders da andernfalls die sofortige Räumung der Publikumsplätze vom Vorsitzenden angeordnet worden wäre. Zugleich mit mehreren anderen Personen betrat Hitler den Sitzungssaal. Bei einer späteren Vernehmung sah man außerdem noch den Berliner Führer [*Goebbels*] im Zeugenraum Platz nehmen. [...]

Der Vorsitzende führt dann die Verhandlung auf die Ereignisse in München im Jahre 1923.

Hitler: Ich weiß nicht, ob ich davon sprechen darf.

Vorsitzender: Ich glaube doch, daß von den damaligen Vorgängen die Öffentlichkeit heute auch im einzelnen orientiert ist. Sie, Herr Zeuge, wurden am 1. April 1924 wegen Hochverrats zu fünf Jahren Festungshaft verurteilt. Auf dem

Parteitag in Nürnberg im September 1923 war übrigens auch zur Sprache gekommen, daß die Partei ein Kampfbund wäre und daß zweifellos Gewaltanwendung beabsichtigt war.

Hitler: Damals sollten die Sturmabteilungen in militärische Organisationen umgewandelt werden. Nicht ich habe damals die Abteilungen in die Kasernen hineingeführt, sondern sie sind hineingeführt worden. Die Situation war damals so, daß der latente Kriegszustand zwischen Reich und Bayern zum Ausbruch kommen mußte. Ich habe aber 1925 festgestellt, daß die Vorgänge vom Jahre 1923 vollkommen ausgelöscht werden mußten und daß die Bewegung wieder zurückzuführen war zu ihren Grundtendenzen. Ich habe einen Erlaß herausgegeben über die absolute Waffenlosigkeit der Sturmabteilungen. Sie sollten in keiner Weise einen militärischen Charakter bekommen. Alle diese Sturmabteilungen sollten vielmehr ausschließlich dem Zweck des Schutzes der Bewegung vor anderen Parteien dienen. Alle militärischen Übungen waren verboten, und wenn eine Abteilung Waffen besaß und selbst der einzelne Waffen in seinem Besitz hatte, ohne über einen Waffenschein zu verfügen, so sind diese Abteilungen aufgelöst und die einzelnen Mitglieder ausgewiesen worden. Ich habe alles getan, um zu verhindern, daß die Organisation irgendeinen militärischen Charakter erhalten könnte. Das war doppelt schwer in einer Zeit, wo man die Faschisten zu treffen suchte, wie man nur konnte, und bei einem Volk wie dem deutschen, das eine innere Liebe zur Waffe besitzt. Ich habe in der ganzen Zeit die Auffassung vertreten, daß jeder Versuch der Zersetzung der Reichswehr Wahnsinn wäre. (Mit erregter Stimme:) Wir haben alle kein Interesse daran, daß die Reichswehr zersetzt werde. Ich habe nur den einen Wunsch, daß das Deutsche Reich und das deutsche Volk einen neuen Geist erhalten.

Da der Zeuge immer mehr in Erregung gerät, ermahnt ihn der Vorsitzende, die Form der öffentlichen Propagandarede zu verlassen und sich doch wesentlich zu mäßigen und nur das vorzutragen, was er als Zeuge zu sagen habe.

Hitler: Natürlich wird die Bewegung, die den Staat erobern will, an die Spitze den Gedanken der Wehrhaftigkeit stellen. Wir werden einmal dafür sorgen, daß aus der jetzigen deutschen Reichswehr die große deutsche Volksarmee werde. In der Reichswehr gibt es Tausende von jungen Menschen, die diese Auffassung als die ihre ansehen. Das bedeutet aber nicht die Zersetzung. Wir sehen allerdings in der Forderung dieses Bekenntnisses eine der Voraussetzungen der deutschen Zukunft.

Vorsitzender: Man kann diese Ideale aber auch lediglich mit gesetzlichen Mitteln durchzuführen versuchen. Aber aus Ihrem Programm ist, wenn auch nur zwischen den Zeilen, etwas anderes herauszulesen.

Hitler: Es wäre nicht möglich, eine so große Organisation wie die unsrige zu führen, wenn man neben den öffentlichen Kundgebungen noch Anweisungen unter der Decke erteilen wollte. Es wäre auch ausgeschlossen, wenn öffentlich gesagt würde, daß keine militärischen Übungen abgehalten werden sollen, doch solche zu veranstalten. Für diese Fragen gelten ausschließlich meine Befehle. Meine gesamten politischen Gegner und der Staat können meine Reden und Anweisungen kontrollieren. Überdies steht über allen meinen Befehlen der Grundsatz: Wenn die Anordnung gegen die Gesetze verstößt, darf sie nicht ausgeführt werden. Ich habe bei Nichtbefolgung meiner Befehle auch stets augenblicklich durchgegriffen. Zahlreiche Parteigenossen sind deshalb ausgeschlossen, zu ihnen gehört auch Otto Strasser. Otto Strasser hat tatsächlich mit dem Gedanken der Revolution gespielt. Ich habe mich damit niemals einverstanden erklärt. [. . .]

Vorsitzender (zum Zeugen Hitler): Wie deuten Sie das Wort »deutsche nationale Revolution«?

Hitler: Der Begriff »nationale Revolution« wird immer als ein rein politischer aufgefaßt. Für die Nationalsozialisten ist das aber lediglich eine Erhebung des geknechteten deutschen Menschen von heute.

Vorsitzender: Meinen Sie eine selbständige Bewegung oder eine von einer Partei geförderte?

Hitler: Es wird natürlich eine Bewegung immer eine Erhebung repräsentieren, sie braucht sie aber nicht vorzubereiten mit illegalen Mitteln. Wenn wir heute noch zwei bis drei Wahlen haben, dann hat auch die nationalsozialistische Bewegung im Reichstag die Mehrheit und wird dann die nationalsozialistische Revolution vorbereiten.

Vorsitzender: Sie meinen die geistige? Und wenn man darunter etwas anderes versteht, dann sagen Sie: Dafür können wir nichts.

Hitler: Deutschland ist durch Friedensverträge geknebelt. Die gesamte deutsche Gesetzgebung ist heute nichts anderes als der Versuch, die Friedensverträge im deutschen Volke zu verankern. Die Nationalsozialisten sehen diese Verträge nicht als ein Gesetz an, sondern als etwas Aufgezwungenes. Wir erkennen nicht an, künftige Geschlechter, die vollkommen unschuldig sind, damit zu belasten. Wenn wir uns dagegen mit allen Mitteln wehren, dann befinden wir uns auf dem Wege der Revolution.

Vorsitzender: Auch mit illegalen Mitteln?

Hitler: Ich setze hier voraus, daß wir gesiegt haben, dann werden wir gegen die Verträge kämpfen mit sämtlichen, vom Angesicht der Welt aus gesehen, auch mit illegalen Mitteln.

Der Vorsitzende fragt, welche Bewandtnis es mit dem »Dritten Reich« habe:

Hitler: Für uns ist das alte Deutsche Reich eine ehrwürdige Erinnerung, denn wir haben für es gekämpft. Aber dieser alte Staat hat vom ersten Tage an innere Schwächen gehabt. Es ist nach diesem Staat der heutige gekommen. Er ist die Verkörperung der Demokratie und des Internationalismus. Dieser zweite Staat wird dem deutschen Volk keine Männer hinterlassen, die der anderen Welt gegenüber seine Rechte wahrnehmen können. Wir hoffen deshalb auf ein neues Reich, in dem alle Institutionen – angefangen von der Organisation des Staates bis zu denjenigen, die der Erhaltung des Volkstums dienen – das Volk weiterführen in eine gute Zukunft. Daß dieses dritte Reich sich auseinandersetzen muß mit den Kräften des Zerfalls von heute, das ist selbstverständlich. Deshalb der Versuch unserer Gegner, unsere Mittel als illegal hinzustellen und uns eine Tendenz anzudichten, die uns nicht liegt. Wer von dem Gesichtspunkt ausgeht, daß einzelne Zitate den Beweis für eine Gesinnung erbringen, die man aus Anordnungen und Parteibefehlen nicht zu konstruieren vermag, der wird tausend Möglichkeiten dafür finden. Ich habe in unserer Bewegung unzählig viele Millionen Menschen, denen das Herz blutet über unser Deutschland. Diese jungen Männer, selbst Kämpfer, werden geschlagen, stehen oft vor dem Richter, obwohl sie das Beste gewollt haben. Sie werden vom roten Mob niedergeschlagen und verfolgt. Daß diese Leute manchmal Äußerungen tun, die nicht im Sinne der Bewegung liegen, das ist bei ihrer Jugend doch verständlich.

Vorsitzender: Wie denken Sie sich die Errichtung des Dritten Reiches?

Hitler: Die Verfassung schreibt nur den Boden des Kampfes vor, nicht aber das Ziel. Wir treten in die gesetzlichen Körperschaften ein und werden auf diese Weise unsere Partei zum ausschlaggebenden Faktor machen. Wir werden dann allerdings, wenn wir die verfassungsmäßigen Rechte besitzen, den Staat in die Form gießen, die wir als die richtige ansehen.

Vorsitzender: Also nur auf verfassungsmäßigem Wege?

Hitler: Jawohl.

Als Vertreter des Reichsministeriums des Innern erscheint Staatssekretär Erich Zweigert vor dem IV. Strafsenat des Reichsgerichts. Er führt aus:

Das Reichsministerium des Innern ist im Besitz von umfangreichem Material, aus dem sich nach seiner Ansicht ergibt, daß die Nationalsozialisten schon seit ihren Anfängen umstürzlerische Ziele verfolgen. Das Material ist niedergelegt einmal in einer Denkschrift, die eine Übersicht über die Entwicklung der Partei und eine Zusammenstellung über Äußerungen ihrer Führer enthält. Diese Denkschrift ist vom Reichsministerium des Innern dem Oberreichsanwalt zu der beim Reichsgericht schwebenden Untersuchungssache gegen Dr. Goebbels eingereicht worden. Ferner ist dieses Material vorgebracht worden in dem Rechtsstreit gegen Thüringen in der Frage der Polizeikostenzuschüsse. Wenn es im jetzigen Stadium des Verfahrens für geboten erachtet wird, die Frage zu klären, ob die Nationalsozialistische Deutsche Arbeiterpartei umstürzlerische Ziele verfolgt, dann muß ich das Material beiziehen, um es zum Gegenstand der Verhandlung zu machen. Das Reichsministerium des Innern hat schließlich noch Material darüber, daß der Führer der Nationalsozialisten, Adolf Hitler, vor dem Hitler-Putsch vor den zuständigen bayerischen Stellen Loyalitätserklärungen abgegeben und sogar ehrenwörtlich versprochen habe, keinen Putsch zu machen. Er habe trotzdem einen Putsch in die Wege geleitet und sei deshalb zu fünf Jahren Festung verurteilt worden. Ich bin bereit, auch dieses Material dem Gericht zu übergeben.

Der Senatsvorsitzende orientiert nunmehr den Zeugen über die Aussagen Hitlers. Dr. Zweigert bemerkt dazu:

Es ist nicht meine Aufgabe, ein Gutachten darüber zu erstatten, was Hitler gesagt hat. Das Beweisthema läßt sich nur erschöpfen, wenn das der Oberreichsanwaltschaft bereits übergebene Material zur Verhandlung herangezogen wird. Das Gericht kann sich nicht nur durch die Aussagen des Führers der Partei ein Bild über diese machen; dem Reichsministerium des Innern ist bekannt, daß führende Männer der Nationalsozialistischen Deutschen Arbeiterpartei in gleicher Weise beruhigende Erklärungen über die Legalität der Partei abgegeben haben. Mit Hilfe des Materials des Innenministeriums aber können diese Erklärungen entkräftet werden. Gerade die Denkschrift enthält eine Fülle von Material aus den letzten drei Jahren und die in dieser Zeit von der Partei verfolgten Absichten.

Vorsitzender: Die Angeklagten haben gesagt, daß sie bei passender Gelegenheit sich zu Umsturzzwecken mit der Nationalsozialistischen Partei verbinden wollten. Die Verteidigung hat die Ladung Hitlers beantragt, um den Gegenbeweis anzutreten. Der Senat hat dem Antrag stattgegeben, damit ihm nicht der Vorwurf gemacht werden kann, daß etwas verdunkelt werden soll oder daß die Verteidigung behindert worden ist. Der Vertreter der Anklage hat die Meinung vertreten, daß in diesem Verfahren die Beantwortung der Frage dahingestellt bleiben könne, ob die Nationalsozialistische Arbeiterpartei den gewaltsamen Umsturz herbeiführen wolle oder nicht. Es komme aber lediglich darauf an, ob in den ganz konkreten Handlungen der Offiziere, ihren Reisen, der Beeinflussung der Kameraden, eine Vorbereitungshandlung des Hochverrats erblickt werden müsse. [...]

Rechtsanwalt Frank unternimmt jetzt einen scharfen Angriff gegen den Zeugen Staatssekretär Zweigert und gegen das Reichsministerium des Innern. Für den Staatssekretär sei es unmöglich, als Zeuge aufzutreten; er sei nur der beruflich bezahlte Vertreter eines absterbenden Systems.

Vorsitzender: Herr Rechtsanwalt, ich bitte Sie dringend, derartige Bemerkungen zu unterlassen.

Rechtsanwalt Frank: Wir kennen das Material des Reichsinnenministeriums, wir kennen auch das System, mit dem es gegen uns vorgebracht wird. Es wird immer wieder wie eine alte Grammophonplatte abgespielt. Für den Staatssekretär ist es vollkommen unmöglich, hier eine Zeugenrolle zu spielen, weil er über kein persönliches Material aus persönlicher Erfahrung verfügt. Ich erkläre, daß wir, wenn das Material gegen uns ausgespielt wird, jeden einzelnen dieser Redner vor das Gericht bitten müssen.

Rechtsanwalt Dr. Sack: Ich äußere schwere rechtliche Bedenken, in einer derartigen Form hier vor einem Gericht in erster und letzter Instanz zu prozessieren. Die Aufgabe Zweigerts besteht lediglich darin, ein Urteil über die Meinung seiner Behörde vorzutragen, die nicht von rechtlichen, sondern von verwaltungsmäßigen und politischen Gesichtspunkten ausgeht. Derartige Denkschriften sind kein Beweismittel.

Staatssekretär Zweigert: Nachdem Hitler dem Senat gesagt hat, daß die Nationalsozialistische Arbeiterpartei keine umstürzlerischen Ziele verfolge, ist es undenkbar, daß sich das Gericht nur aufgrund dieser Äußerungen eine Meinung bildet. Lediglich dieser Schluß hat den Reichsanwalt [*Nagel*] veranlaßt, zu behaupten, daß es noch andere Erkenntnisquellen gibt.

Rechtsanwalt Frank: Damit sich das Gericht eine Meinung bilden kann, habe ich die Ladung des Tatzeugen Hitler beantragt. Ich bestreite die Richtigkeit des Materials von Zweigert und behaupte auch seine Unrichtigkeit. Ich werde das Material Punkt für Punkt widerlegen.

Im weiteren Verlauf der Verhandlung beantragt der Reichsanwalt, die vier nationalsozialistischen Zeugen von Pfeffer, Dr. Weiß, Dr. Wagner und Hitler unvereidigt zu lassen, da er sie aufgrund der Angaben Ludins der Teilnahme verdächtig hält. Es ist damit zu rechnen, so sagt der Reichsanwalt, daß die Angeklagten bei der Besprechung in München von den ersten drei Zeugen bestärkt worden sind. Hitler hat damals von der Besprechung Kenntnis erhalten; gegen ihn ist außerdem wegen eines hochverräterischen Unternehmens Anzeige erstattet worden. Es ist nicht undenkbar, daß er in einem anderen Verfahren einen Reinigungseid leistet.

Vorsitzender: Wie stellen Sie sich, Herr Reichsanwalt, zu dem zweiten Antrag der Verteidigung, Dr. Goebbels und Hauptmann Göring als Zeugen zu laden?

Reichsanwalt: Ich bitte, diesen Antrag abzulehnen, weil ich ihn für unerheblich halte. Ich habe von vornherein den Standpunkt vertreten, daß es für den Nachweis der Schuld der Angeklagten nicht auf die Ziele der Nationalsozialistischen Deutschen Arbeiterpartei ankommt, sondern darauf, was Ludin, Scheringer und Wend getan und welche Ansichten sie über eine öffentliche Aktion der Nationalsozialisten gehabt haben.

Rechtsanwalt Dr. Sack widerspricht in längeren Ausführungen dem Reichsanwalt und verlangt die Vereidigung. Er gehe mit dem Reichsanwalt darin konform, daß der Prozeß auf ein hochpolitisches Gebiet abzugleiten drohe.

Rechtsanwalt Kamecke: Nach dem Gang der Beweisaufnahme und dem Bilde, das man von der Unterredung in München gewonnen hat, ist es ganz ausgeschlossen, daß irgendwie der Verdacht der Mittäterschaft begründet werden könnte. Gegen Hitler kann man nicht mit einem Verfahren operieren, das seit März 1929 schwebt. In diesem Stadium des Prozesses würde die Nichtvereidigung der Zeugen einer Vorentscheidung gleichkommen.

Rechtsanwalt: Dr. Frank: Wir alle ahnen, daß in diesem Augenblick sich das Schicksal des Prozesses wenden wird.

Reichsanwalt Nagel: Die Verteidigung darf nicht vergessen, daß sie dauernd auf die Vereidigung der Zeugen gewirkt hat. Ich habe nicht das mindeste einzuwenden dagegen, daß die Erstattung des Eides verschoben wird, bis die Tatzeugen vernommen sind.

Der Senat zieht sich hierauf zur Beratung zurück. Unter größter Spannung wird danach folgender Beschluß verkündet: Der Zeuge Adolf Hitler ist zu seiner Aussage zu vereidigen. Gründe, die eine Nichtvereidigung notwendig machten, sind nicht zu erkennen. Die Vereidigung der Zeugen Weiß, Wagner und von Pfeffer wird ausgesetzt bis zum Schluß des Verfahrens. Der Antrag der Verteidigung auf Vernehmung von Dr. Goebbels und Hauptmann Göring als Zeugen wird als unerheblich abgelehnt.

Vorsitzender: Man wird sich fragen, warum gerade Hitler vereidigt wird. Er hat ein Zeugnis abgegeben, das nicht im Hinblick auf das enge Beweisthema, sondern in anderen Beziehungen wichtig ist. Er konnte als Parteiführer wertvolle Aufschlüsse geben, ob eine Finanzierung des Vorhabens der Offiziere oder ob irgendwelche anderen parteimäßigen Einwirkungen erfolgt sind. Die Vernehmung von Goebbels und Göring zu diesem Beweisthema ist vollkommen unwesentlich.

Vorsitzender: Es ist alles richtig, Herr Hitler, was Sie gesagt haben?

Hitler: Ja.

Vorsitzender: Sie haben Ihrer Aussage nichts hinzuzufügen.

Hitler: Nein.

Darauf wird Adolf Hitler vereidigt.

Staatssekretär Dr. Zweigert erhebt sich und sagt: Darf ich um meine Entlassung bitten. Nach dem soeben gefaßten Beschluß hat meine Anwesenheit keinen Zweck mehr.

Die Parteien erklären sich mit der Entlassung dieses Zeugen einverstanden.

Am 7. Oktober 1930 verkündet der IV. Strafsenat des Reichsgerichts sein Urteil:

Die drei Angeklagten Wend, Ludin und Scheringer werden wegen Vorbereitung zum Hochverrat zu eineinhalb Jahren Festungshaft verurteilt – unter Anrechnung der Untersuchungshaft. Ludin und Scheringer werden unter Aberkennung des Rechts, die Uniform zu tragen, aus der Wehrmacht ausgestoßen.

Während eines Hafturlaubs besucht Scheringer in Berlin Goebbels und in München Röhm, Hierl und Frank. Auf einer gemeinsamen Nachtfahrt von Berlin nach München fragt er Goebbels nach Hitlers Leipziger Legalitätseid. Dieser wehrt ab:

Ich halte diesen Eid für einen genialen Schachzug. Was wollen die Brüder danach gegen uns noch machen? Sie haben doch nur darauf gewartet, zupacken zu können. Nun sind wir streng legal, egal legal.

Auch Rechtsanwalt Frank, der die Einvernahme Hitlers vor dem IV. Strafsenat des Reichsgerichts beantragt hat, verweist auf die große Bedeutung des Eides Hitlers für die Entwicklung der NSDAP:

Und Hitler sprach: »Ich stehe hier unter dem Eid vor Gott dem Allmächtigen. Ich sage Ihnen, daß, wenn ich legal zur Macht gekommen sein werde, dann will ich in legaler Regierung Staatsgerichte einsetzen, die die Verantwortlichen an dem Unglück unseres Volkes gesetzmäßig aburteilen sollen. Dann werden möglicherweise legal einige Köpfe rollen!«

Auch dieses Wort rollte über Deutschland hin und befriedigte und befreite allgemein. Es brachte Hitler neue ungezählte Massen von Angehörigen der Bewegung, denn gerade dieses Leipziger Legalitätsbekenntnis zerstreute bei vielen ernste Bedenken einem allenfalls von Hitler zu befürchtenden Gewaltregiment gegenüber. Nur in Anwendung des Rechts wollte das deutsche Volk – auch von Hitler – regiert sein.

Gerichte versuchen, die Bedeutung der Eidleistung Hitlers abzuschwächen. Am 10. Februar 1931 verkündet der IV. Strafsenat des Reichsgerichts in Leipzig eine Entscheidung, in der er ausführt:

Es ist allerdings richtig, daß der Führer der NSDAP Adolf Hitler eidlich bekundet hat, er verfolge seine Ziele nur noch auf streng legalem Wege. Wie indessen gerichtsbekannt ist, strebt die NSDAP die Änderung der Reichsverfassung an, und es sind, wie das aus zahlreichen Artikeln der nationalsozialistischen Presse gefolgert werden kann, zum mindesten Teile der NSDAP der Überzeugung, daß die von der Partei angestrebte Änderung der Verfassung nur durch einen Gewaltakt erfolgen kann und daß deshalb die breiten Massen ideologisch auf einen solchen vorbereitet werden müssen. Wenn daher Hitler auch darauf halten mag, daß revolutionäre Bestrebungen innerhalb der NSDAP unterdrückt und unter Umständen mit Ausschluß aus der Partei geahndet werden sollten, so schließt das doch nicht aus, daß solche revolutionären Bestrebungen innerhalb der Partei auch ohne Zustimmung des Parteiführers Hitler und selbst gegen seinen Willen stattfinden.

Am 9. März 1931 führt der preußische Disziplinarhof für nichtrichterliche Beamte in einer Entscheidung aus:

Das Ziel der NSDAP ist der gewaltsame Umsturz der bestehenden Staatsformen [...]. Die Hitlersche Aussage vor dem Reichsgericht zwingt zunächst schon nicht zu dem Schlusse, daß er als Parteiführer für alle Zeiten auf die gewaltsame Errichtung des völkischen »Dritten Reichs« verzichte. Sonst wäre es nicht verständlich, warum dann die straffe militärische Gliederung und Ausbildung von Kampftruppen der Partei aufrechterhalten wird. Die Aussage läßt vielmehr die Deutung zu, daß Hitler *zur Zeit* ein illegales Vorgehen nicht nötig zu haben erklärt habe, da ihm die Gewalt mit der Zeit auf legalem Wege von selbst zufallen werde. Welche Entschlüsse aber von ihm gefaßt werden, wenn sich jene Hoffnung nicht verwirklichen sollte, ist eine andere Frage. In diesem Zusammenhang sei darauf hingewiesen, daß Hitler 1923 [...] sein Ehrenwort darauf gegeben hat, er werde nie in seinem Leben einen Putsch machen, und diese Erklärung zur feierlichen Bekräftigung nochmals wiederholt hat. Trotzdem unternahm er einige Zeit später den sogenannten Hitler-Putsch in München. [...] Keinesfalls aber schließt das Zeugnis des Hitler aus, daß, wenn auch er gewaltsame Ziele nicht mehr verfolgen sollte, doch solche Bestrebungen innerhalb der Partei auch ohne seine Zustimmung und selbst gegen seinen Willen stattfinden. [...] Die Schaffung derartig straff militärisch organisierter Sturmabteilungen und Schutzstaffeln, die auf soldatische Art ausgebildet werden, kann nur den einen Zweck haben, im günstigen Zeitpunkt des Losschlagens eine geübte schlagfertige Truppe zur Durchführung des Parteizwecks zur Hand zu haben.

Diese Urteile sind nicht in der Lage, die Wirkung des Legalitätseides Hitlers abzuschwächen. Im Prozeß vor dem Militärgerichtshof in Nürnberg 1945/46 erläutert der Chef des Wehrmachtsführungsstabes, Generaloberst Alfred Jodl, den Eindruck, den die eidliche Aussage Hitlers vor dem Reichsgericht in Leipzig auf ihn und die Reichswehr gemacht hat. Die Frage seines Verteidigers, des Professors Franz Exner:

Und wie standen Sie zur Nationalsozialistischen Partei?

Beantwortet Jodl mit der Versicherung:

Die Nationalsozialistische Partei habe ich vor dem Münchener Putsch kaum gekannt und kaum beachtet. Erst dieser Putsch zog die Reichswehr zwangsweise in diese innenpolitische Entwicklung. Sie hat damals, mit wenigen Ausnahmen, diese Gehorsamsprobe bestanden, aber es trat nach diesem Putsch doch eine gewisse Spaltung der Auffassung des Offizierskorps ein. Es gab verschiedene Auffassungen über den Wert oder Unwert Hitlers. Ich war nach wie vor äußerst skeptisch und ablehnend. Beruhigt war ich erst, als Hitler damals im Leipziger Prozeß die Versicherung abgab, daß er jede Zersetzung der Wehrmacht ablehne.

Koalitionspartner oder Nationale Opposition

Der Erfolg der NSDAP bei den Reichstagswahlen am 14. September 1930 und der Auftritt Hitlers vor dem Reichsgericht in Leipzig am 25. September verändern schlagartig die politischen Verhältnisse in Deutschland. Das entscheidende Problem ist die Einstellung gegenüber der NSDAP. Die Meinungen darüber gehen weit auseinander. Die SPD lehnt jede Zusammenarbeit mit der NSDAP ab. Die bürgerlichen Parteien sind in ihren Auffassungen gespalten. Ein Teil betrachtet den Erfolg der NSDAP als eine vorübergehende Angelegenheit, ein anderer Teil spricht sich für die Beteiligung der NSDAP an der Regierungsverantwortung in der Hoffnung aus, diese werde dadurch domestiziert. Heinrich Köhler, von 1920 bis 1927 badischer Finanzminister, 1923/24 und 1926/27 badischer Staatspräsident, 1927/28 Reichsfinanzminister, versucht Reichskanzler Heinrich Brüning für die Aufnahme der NSDAP in die Reichsregierung zu gewinnen:

Am Nachmittag des 15. September ließ ich mich beim Reichskanzler melden. Vorgelassen, sagte ich ihm, daß ich jetzt nach Baden fahren und Dr. [*Josef*] Schofer [*Zentrum*] treffen würde. Ich wäre Brüning dankbar, wenn er mir sagen könnte, ob er aus dem rapiden Anwachsen der Hitlerbewegung eine Konsequenz ziehen und diese Partei in die Regierung aufnehmen würde. In Baden habe man es in dieser Beziehung immer mit dem Windthorstschen Grundsatze gehalten, wenn eine Lokomotive dahergebraust komme, sich ihr nicht einfach in den Weg zu stellen, sondern zu versuchen, aufzuspringen und an oder mit an den Führersitz zu kommen.

Nach diesem Grundsatze habe man bei uns mit der Sozialdemokratie zusammengearbeitet und nicht mit dem schlechtesten Erfolg. Nichts könnte die nationalsozialistische Bewegung jetzt mehr auf die Probe stellen als der Zwang zur verantwortlichen Mitarbeit. Dr. Brüning, der bei meinen Ausführungen immer unruhiger geworden war, unterbrach mich jetzt und erklärte erregt: »Nein, nie, unter keinen Umständen. Die nationalsozialistische Bewegung ist eine Fiebererscheinung des deutschen Volkes, die bald wieder verschwinden wird. Jetzt ist die Kurve hochgeschnellt; es wäre total falsch, aus dieser vorübergehenden Hochkonjunktur Konsequenzen für die Zusammensetzung der Reichsregierung zu ziehen.« Er werde dies jedenfalls nicht tun. Das möge ich Dr. Schofer sagen! Damit war ich entlassen.

Auf der Fahrt nach Baden traf ich den [*Zentrums-*] Parteivorsitzenden, Prälat Dr. [*Ludwig*] Kaas, im Zuge. Ich setzte ihm meine Anschauungen über die Frage eingehend auseinander und hatte die Genugtuung, zu bemerken, daß meine Darlegungen ihren Eindruck auf ihn nicht verfehlten. Schließlich versprach er mir, das Problem mit dem Kanzler zu besprechen. Und er hat es getan. Ich merkte dies nach meiner Rückkunft aus Baden sofort an den mehrfachen spitzen Bemerkungen, die Brüning bei den Fraktionsbesprechungen immer abschoß, wenn die Regierungsbeteiligung der Nationalsozialisten auch nur erwähnt wurde. Kaas war, wie ich später erfuhr, im Innersten meiner Meinung geworden, aber Brüning bearbeitete ihn so lange, bis er ihm versprach, mit der öffentlichen Vertretung dieses Standpunktes zunächst noch zuzuwarten. Die Rede aber, die Kaas auf der kurz darauf folgenden Sitzung des Zentralvorstandes der Partei hielt, mußte er in ihren Formulierungen gerade über die Regierungsbildung und die Regierungsfähigkeit der Nationalsozialisten dem Kanzler vorher zur Genehmigung unterbreiten. So rettete sich Brüning vor der Mitarbeit der Nationalsozialisten im Jahre 1930. Rettete er damit auch das deutsche Volk?

Über Hitlers Taktik nach dem Wahlerfolg vermerkt der Staatssekretär in der Reichskanzlei, Pünder:

Hitler hat versucht, am vergangenen Sonntag eine Besprechung mit dem Reichskanzler zu haben. Nach Rücksprache mit mir hat Brüning erklären lassen, er sei einstweilen hierzu noch nicht in der Lage, könne aber nächsten Sonntagabend zur Verfügung stehen. Eine schwierige Geschichte, die nicht bekanntwerden darf.

Hitler ist bereit, sich an einer Koalitionsregierung »mit drei Mitgliedern« zu beteiligen. Er hat entweder bei dem ersten Zusammentreffen mit Reichskanzler Brüning am 5. Oktober 1930 oder bei einer späteren Gelegenheit dieses Angebot gemacht. Über die Besprechung vom 5. Oktober bemerkt Pünder:

Die Besprechungen des Reichskanzlers mit den Parteiführern sind heute zu Ende gegangen. Heute abend der bayerische Prälat Leicht, gestern die Deutschnationalen und vorgestern, am Sonntag, die Nationalsozialisten. Letztere Besprechung war die wichtigste. Sie zeigte a) die allerdings nur grundsätzliche Bereitwilligkeit der Nationalsozialisten zur aktiven Mitarbeit, b) aber die gegenwärtige Unmöglichkeit solcher Zusammenarbeit, da nämlich die außenpolitischen Ziele nicht auf einen Nenner zu bringen seien. Die Herren schieden in der Erkenntnis gegenseitiger Hochachtung, zunächst aber absoluter Opposition und mit der entfernten Möglichkeit, nach Scheitern des Kabinetts durch die Haltung der Sozialdemokratie erneut zusammenzukommen, und in der grundsätzlichen Feststellung gemeinsamer Kulturideale.

Am 13. Oktober wird der am 14. September gewählte Reichstag eröffnet. Die 107 nationalsozialistischen Abgeordneten ziehen im Braunhemd ein. Sie wählen Wilhelm Frick zum Fraktionsführer und Hermann Göring zum stellvertretenden Fraktionsführer. Sie benennen den Abgeordneten Franz Stöhr zum ersten Vizepräsidenten des Reichstags. Gregor Strasser bringt in einer grundsätzlichen Erklärung die Auffassung der Nationalsozialisten über ihre Tätigkeit im Reichstag zum Ausdruck:

Lassen wir es doch, solange diese Demokratie noch besteht,

beim alten System. Sehen Sie, wenn Herr Löbe heute Verschärfungen der Geschäftsordnung ankündigt von einem bisher nie dagewesenen Ausmaße, so sagen wir: Bitte sehr, wissen Sie denn, wann sich diese Maßregeln nicht gegen Sie richten werden? Sie haben einmal das Republikschutzgesetz gemacht, und Sie glaubten damit Ihre Partei- und Bonzenherrschaft gesichert. Heute schon haben wir ein paar Länder in Deutschland, in denen wir das Republikschutzgesetz gegen Sie anwenden werden.

Wir sind jetzt für die Verfassung, wir sind für die Demokratie Weimars, wir sind für das Republikschutzgesetz, solange es uns paßt. Und so lange werden wir jede Machtposition auf der Grundlage dieser Demokratie verlangen und erhalten, solange wir wollen. Sie haben das alles geschaffen, nicht wir, und wenn es sich heute gegen Sie wendet, dann gehen Sie nur gegen die Verfasser aus Ihren Reihen vor!

Am 18. Oktober 1930 gibt der sozialdemokratische Abgeordnete Wilhelm Hoegner, Mitberichterstatter im Untersuchungsausschuß des Bayerischen Landtags über die Vorgänge am 1. Mai 1923 und für die Zeit vom 26. September bis 9. November 1923, im Reichstag eine ausführliche Darstellung der Entstehung und Zielsetzung der NSDAP. Er nimmt Bezug auf die Ausführungen von Gregor Strasser und beschäftigt sich mit den Ursachen des Aufstieges der NSDAP:

Der Abgeordnete Strasser hat gestern von einem zehnjährigen Verfolgungskampf der Demokratie gegen die Nationalsozialisten gesprochen. So liegen die Dinge nicht. Im Gegenteil! Sie sind groß geworden, weil Sie von Anfang an von einer mißleiteten Staatsgewalt gefördert worden sind.

Sie sind groß geworden, weil die deutsche Justiz, verführt durch Ihre vaterländischen Töne, objektiv zu Ihren Gunsten Dutzende Male das Recht gebeugt und gebrochen hat. Hätte das Münchener Volksgericht vom 1. April 1924 seine Pflicht getan, die geltenden Gesetze gegen Sie anzuwenden, dann wäre dem Deutschen Reichstag das beschämende Schauspiel vom 13. Oktober 1930 erspart geblieben. Sie sind schon so gewöhnt, von der deutschen Justiz gut behandelt zu werden, daß Ihnen das Leipziger Hochverratsurteil auf die Nerven gegangen ist.

Vor mir liegt Antrag Nr. 87. Danach sollen gegen 23 Ihrer Fraktionsmitglieder über 100 Strafverfahren meist wegen Beleidigung und Pressevergehen aufgehoben werden. Entgleisungen können vorkommen, aber diese Häufung von Straftaten ist ein erschreckendes Bild des politischen Kampfes, wie er von Nationalsozialisten geführt wird. Vor uns liegt ein Amnestieantrag der nationalsozialistischen Fraktion, der alle Straftaten aus politischen Beweggründen für straffrei erklären will. In der Tat, den Nationalsozialisten tut eine politische Amnestie bitter not!

Herr Abgeordneter Strasser hat gestern jede geistige Gemeinschaft mit dem italienischen Faschismus abgelehnt. Freilich, die deutschen Nationalsozialisten haben ihr italienisches Vorbild vielfach übertroffen.

Der Verfassungsentwurf der »nationalen« Revolution vom 9. November 1923 in München sieht vor die restlose Beseitigung der Demokratie, die Auflösung aller Parlamente, die Unterdrückung der Pressefreiheit, Auflösung der Gewerkschaften, Todesstrafe für Streik, Beseitigung der politischen Meinungsfreiheit.

Nach dem § 24 dieses Entwurfs werden alle Handlungen und Unternehmungen, die geeignet sind, den Bestand der Staatsordnung zu erschüttern oder zu gefährden oder die Durchführung der Grundsätze dieser Verfassung zu verhindern oder zu erschweren mit dem Tode bestraft. Diese »nationale« Verfassung von 1923 ist mit Blut geschrieben, in fast 40 Fällen ist Todesstrafe angedroht. [...]

Die Nationalsozialisten wollen auf einmal keine Faschisten sein. Was wollen Sie denn dann eigentlich? Nach Bekundung des Herrn Otto Strasser hat Herr Hitler im Gespräch mit diesem erklärt, die Arbeiter hätten nichts als Brot und Spiele im Kopf, sie müßten deshalb von einer Herrenschicht besserer Rasse rücksichtslos beherrscht werden. Die Rechnung des Herrn Hitler ist falsch. Die deutsche Arbeiterschaft ist kein verludertes und verlottertes Lumpenproletariat wie das der römischen Kaiserzeit, das man mit Brot und Spielen füttern konnte. Nein, die deutsche Arbeiterschaft ist politisch und gewerkschaftlich ausgezeichnet organisiert und diszipliniert, sie ist von ihren alten Idealen erfüllt, unter denen sie Einfluß in Staat und Gesellschaft gewonnen hat, und sie ist eisern entschlossen, das Schwergewicht ihrer politischen und gewerkschaftlichen Macht im Entscheidungskampf gegen den deutschen Faschismus in die Waagschale zu werfen!

Bei den Nationalratswahlen in Österreich am 9. November 1930 beteiligt sich die NSDAP erstmals mit eigenen Kandidaten. Sie erhält zwar 112 000 Stimmen, jedoch kein Mandat. Bei den Volkstagswahlen der Freien Stadt Danzig am 16. November erringt sie 16,1 Prozent der abgegebenen gültigen Stimmen und 12 von 72 Mandaten. Sie wird im Volkstag der Freien Stadt Danzig nach der SPD die zweitstärkste Fraktion. Bei der Bürgerschaftswahl in Bremen am 30. November verdoppelt die NSDAP ihre Stimmenzahl gegenüber den Reichstagswahlen vom 14. September. Sie erhält 25,6 Prozent der abgegebenen gültigen Stimmen und 32 von 120 Mandaten. Am 1. Dezember 1930 spricht Hitler zum zweiten Mal vor dem Hamburger Nationalclub von 1919. Ein Teilnehmer berichtet darüber:

Hitler, der an dem dem Vortrag vorangegangenen Essen nicht teilgenommen hatte, erschien lebhaft begrüßt um 9 Uhr. Neben dem Rednerpult stellte sich ein Doppelposten junger Leute auf. Er war im Smoking, über der weißen Stirne lag malerisch die Dauerwelle. Er ist ein geborener Redner mit dichterischem Einschlag, steigerte sich allmählich in hohe Begeisterung hinein, die Stimme wird immer lauter, die Hauptsachen wiederholt er dann mit hocherhobenen Händen in den Saal, um gleich nachher, die Hände auf der Brust wie ein Pfarrer, zu sprechen.

Die NSDAP gibt an, daß Ende 1930 die Zahl der von ihr ausgegebenen Mitgliedsnummern 389 000 erreicht hat. Im Januar 1931 sind bei den Arbeitsämtern 4 886 925 Arbeitslose gemeldet. Die Zahl der Vollarbeitslosen, der Kurzarbeiter und der sogenannten unsichtbaren Arbeitslosen im gleichen

Monat ist weit größer. Hitler nimmt im Winter 1930/31 einen Ausbau der Organisation der NSDAP vor. Sein politischer Beauftragter in Berlin ist seit Herbst 1930 Hauptmann a. D. Hermann Göring, vor 1923 Oberster SA-Führer. Da er sich durch Flucht der Verurteilung wegen Beteiligung am Hitler-Putsch entzogen hat, kann er erst nach einer Amnestie im Herbst 1926 nach Deutschland zurückkehren. In der Parteileitung in München wird Hitler von Rudolf Heß vertreten. Gregor Strasser widmet als Reichsorganisationsleiter seine besondere Aufmerksamkeit dem Ausbau der Parteiorganisation vor allem in Norddeutschland. Hitler hat sich nach dem Rücktritt des Hauptmann a. D. Franz von Pfeffer am 2. September 1930 selbst als Oberster SA-Führer deklariert. Er beruft am 5. Januar 1931 als Chef des Stabes der SA Hauptmann a. D. Ernst Röhm, seinen frühen Gönner, der als Führer der Reichskriegsflagge mit ihm angeklagt gewesen ist. Röhm hat im Jahre 1924 einen Ersatzverband, den »Frontbann«, geschaffen und geführt. Er hat sich von dessen Leitung zurückgezogen und eine Tätigkeit als militärischer Berater in der bolivianischen Armee angenommen. Hitler ruft ihn zurück und beauftragt ihn, die SA neu zu organisieren. Am 15. Januar 1931 erklärt Hitler sein Einverständnis mit der Gründung der Reichsbetriebszellenorganisation, die sich vom 8. März an »Nationalsozialistische Betriebszellenorganisation« (NSBO) nennt. Sie stellt einen Ersatz für die von der Reichsleitung der NSDAP am 9. August 1928 abgelehnte Gründung nationalsozialistischer Gewerkschaften dar. Die Aktivität der NSDAP veranlaßt Aktionen anderer Parteien und Organisationen. Der Antrag des »Stahlhelm« auf Auflösung des preußischen Landtags vom 4. Februar 1931 wird von der Deutschnationalen Volkspartei, der Nationalsozialistischen Deutschen Arbeiterpartei und auch von der Deutschen Volkspartei unterstützt. Das Zusammengehen der erstmals im »Reichsausschuß für ein Volksbegehren« verbündet gewesenen Gruppen bestimmt den Gauleiter von Ost-Hannover, Telschow, in einem Rundschreiben an die Kreisleiter der NSDAP zu betonen:

Der Volksentscheid ist eine Angelegenheit des Stahlhelm.

Wenn die NSDAP *für* den Volksentscheid ist, darf daraus nicht gefolgert werden, daß nun eine enge Verbrüderung mit dem Stahlhelm stattfinden müßte oder örtlich ein Zusammengehen mit dieser Organisation erwünscht wäre.

Die NSDAP geht stets ihren eigenen Weg und veranlaßt alles das, was ihr zweckmäßig erscheint, aus eigener Kraft, ohne sich der Krücken anderer zu bedienen oder den anderen Vorspanndienste zu leisten.

Unzulässig ist es, öffentliche Ankündigung zum Volksentscheid mit anderen Parteien oder Verbänden zu unterschreiben.

Im Reichstag sind die nationalsozialistischen Abgeordneten unablässig bemüht, durch Drohungen Angst und Schrecken zu verbreiten. Sie erschweren die parlamentarische Arbeit und wiederholen immer wieder ihre Forderung nach Auflösung des Reichstags. Am 5. Februar 1931 führt der Abgeordnete Goebbels aus:

Je mehr die Regierung glaubt, fest in der Macht zu sitzen, um so wacher steht die Opposition auf der Lauer. Am 14. September ist sie zum erstenmal auch vor der deutschen Öffentlichkeit zum Durchbruch gekommen. Seit dem 14. September haben wir aufs neue die Agitationswelle in Bewegung gesetzt. Wenn wir heute nichts mehr täten, der Nationalsozialismus würde wachsen, weil die Regierung für den Nationalsozialismus arbeitet. Das, Herr Reichskanzler, was Sie an Volk verlieren, das gewinnen wir. Die nationalsozialistische Bewegung hat nicht die Absicht, unter diesem Regiment aus ihrer trotzigen Oppositionsstellung herauszugehen. Die nationalsozialistische Bewegung verharrt weiterhin diesem System gegenüber in Kampfstellung.

Sie hat durch den Mund ihres Führers zum Ausdruck gebracht, daß sie legal sei. Das heißt aber: nach der Verfassung sind wir nur verpflichtet zur Legalität des Weges, nicht aber zur Legalität des Zieles. Wir wollen legal die Macht erobern. Aber was wir mit dieser Macht einmal, wenn wir sie besitzen, anfangen werden, das ist unsere Sache. Wir haben das Gefühl, daß das deutsche Volk die Absicht hat, über kurz oder lang mit der Politik, wie sie seit 1918 in Deutschland betrieben worden ist, eine Abrechnung vorzunehmen. Wenn das Volk diese Abrechnung will, und das Volk macht uns einmal zum Vollstrecker dieses Willens, dann werden wir uns getreu dem Satz, daß des Volkes Wille oberstes Gesetz ist, diesem Willen nicht entziehen.

Am 10. Februar 1931 verläßt die Fraktion der NSDAP den Reichstag, den sie als »Young-Parlament« beschimpft, und kündigt an, nur dorthin zurückzukehren, um »eine besonders tückische Maßnahme der volksfeindlichen Mehrheit des Reichstags zu vereiteln«. 41 Abgeordnete der DNVP und 4 Landvolk-Abgeordnete folgen diesem Vorgehen. Die zunächst erörterte Absicht, ein Gegenparlament, bestehend aus Vertretern der Nationalen Opposition, nach Weimar einzuberufen, wird nicht verwirklicht. Diese Verhaltensweise der zweitstärksten Fraktion des Reichstags veranlaßt den britischen Botschafter in Berlin, Sir Horace Rumbold, in seinem am 26. Februar 1931 erstatteten Bericht an das Foreign Office in London zu der Bemerkung:

Der Erfolg der nationalsozialistischen Bewegung hat im Ausland Alarmstimmung hervorgerufen. Es wurde der Befürchtung Ausdruck gegeben, daß Deutschland zu einer Politik der Gewalt zurückkehre und daß es bald zur Aufrüstung seine Zuflucht nehme. Diese Ansicht wird in einigen Kreisen noch heute aufrechterhalten, aber sie hat den Mangel, keine gebührende Kenntnis von der Tatsache zu nehmen, daß der Krieg von 1914 mit einem Unglück endete und daß die Erinnerungen an Bedrückung und Elend, denen die Einwohner dieses Landes, reich und arm, zwischen 1914 und 1919 und in der Folgezeit während der Inflation ausgesetzt waren, noch nicht verblaßt sind. Die neue Generation mag vieles davon nicht wissen, aber sie ist zahlenmäßig nicht stark genug, um die deutsche Meinung zu beherrschen.

Die Fraktion der Deutschen Volkspartei im thüringischen Landtag erklärt am 13. März 1931 die Regierungskoalition durch die Nationalsozialisten für gebrochen. Sozialdemokratische Mißtrauensanträge gegen die nationalsozialistischen Mi-

nister Frick und Marschler werden am 1. April angenommen. Beide treten am gleichen Tag zurück. Da Hitler aufgrund der am 28. März erlassenen Notverordnung zur Bekämpfung politischer Ausschreitungen eine Einschränkung der propagandistischen Tätigkeit seiner Partei befürchtet, besteht er auf formaler Respektierung des von ihm proklamierten legalen Kurses. Der Stellvertreter Ost des Obersten SA-Führers, Hauptmann a. D. Walter Stennes, lehnt diese Haltung ab. Hitler benutzt die Meinungsverschiedenheiten, um Stennes absetzen zu lassen. Stennes ruft daraufhin die SA zur Rebellion gegen Hitler auf:

Durch Verfügung des Stabschefs der SA, Hauptmann a. D. Röhm, bin ich meiner Stellung als Gruppenführer Ost enthoben worden. Ein gegen den Willen meiner Umgebung von mir eingeleiteter Vermittlungsversuch wurde von Adolf Hitler brüsk zurückgewiesen.

Damit ist der Treubruch Hitlers, den ich noch gestern für unmöglich gehalten habe, Tatsache geworden. Diese Maßnahme hat grundsätzliche Bedeutung. Es geht nicht um die Person, es geht um die Sache. Getragen von dem Vertrauen der mir unterstellten SA-Verbände, habe ich die Übernahme der Führung der Bewegung in den Provinzen Mecklenburg, Pommern, Brandenburg-Ostmark, Schlesien und in der Reichshauptstadt durch die SA angeordnet.

Die politische Leitung der NSDAP in München hat sich von den Idealen abgewandt, für die Tausende der besten SA-Leute ihr Leben eingesetzt haben. Für uns gibt es kein Versagen, und treu wollen wir weiter zur alten Fahne stehen.

Die revolutionäre Schwungkraft der SA ist durch die politische Leitung der NSDAP mit bürgerlich-liberalistischen Tendenzen durchsetzt worden. Damit ist der Lebensnerv einer Bewegung getroffen worden, von der erwartet werden konnte, daß sie das soziale Elend des deutschen Volkes beheben würde.

Am 2. April 1931 erneuert Hitler die dem Gauleiter von Berlin erteilte Generalvollmacht, notwendige Säuberungen in der Partei und der SA durchzuführen. Zu diesem Zeitpunkt findet in München ein Gespräch zwischen Hitler und Scherin-

ger statt. Der 1930 verurteilte ehemalige Artillerie-Leutnant versucht, in Gesprächen mit führenden Nationalsozialisten sich Klarheit über deren Einstellungen und Zielsetzungen zu verschaffen. Hitler sagt ihm:

Wir werden legal vorgehen, und wir werden legal siegen. Man kann uns verfolgen, verleumden, betrügen, das alles wird den Siegeslauf der Bewegung nicht aufhalten. Im September hatten wir 300 000 Mitglieder in der Partei, da hatten wir sechs Millionen Wähler. Sie können sich unten unsere Kartothek ansehen. Wir haben heute ungefähr 600 000 Mitglieder. In jedem Monat wächst die Partei um 30 000. Wenn heute eine Wahl stattfinden würde, dann würden wir schon zehn bis zwölf Millionen Stimmen erhalten. Auf ein Mitglied kommen zwanzig Wähler. Und so erobern wir schließlich die überwiegende Mehrheit des Volkes. [...]

Wir werden jedem das Seine geben, dem Unternehmer wie dem Arbeiter. Wir werden die Klassengegensätze beseitigen und die Volksgemeinschaft verwirklichen. Die nationalsozialistische Bewegung wird die Nation sein.

Scheringer urteilt über das Gespräch:

Beim Zuhören habe ich den festen Eindruck, daß der Mann glaubt, was er sagt, so simpel auch die Phrasen sind. Er schwebt in seinem Denken drei Meter hoch über dem Erdboden. Er redet nicht, sondern er predigt. Ähnlich wie [*Hitlers Rechtsberater Hans*] Frank II ist er vom Rausch der Massenversammlungen besessen. Der Fiebergeist des sterbenden Kleinbürgertums deliriert in ihm. Zu einer klaren politischen Analyse ist er unfähig, so gewaltig seine agitatorische Begabung auch sein mag.

Am 22. April 1931 erstellt der Stabschef der SA, Röhm, die Denkschrift »Für Zwecke aktiver Information im Auslande«, in der er ausführt:

Die rasche Entwicklung der NSDAP, die maßlosen Angriffe auf die Idee und die Führer der Partei sowie die nicht vermeidbaren Kinderkrankheiten einer verhältnismäßig jungen Organisation haben selbst ernsthaften und objektiven Beobachtern nicht immer das richtige Bild von der Richtung, von der Kraft und dem tatsächlichen Bestand der NSDAP vermittelt. Das Wort von Haß und von der Gunst der Parteien, die beide in gleichem Maße das Charakterbild entstellen, hat niemals größere Geltung als zu der Zeit, da es auf die NSDAP angewandt wurde.

Röhm versucht in seiner Denkschrift die Notwendigkeit der NSDAP zu erklären. Er ist vor allem bemüht, die gegen die SA geäußerten Bedenken zu zerstreuen:

Die Führung der NSDAP übersieht nicht, daß eine Versammlung von Männern, die nach militärischen Gesichtspunkten organisiert ist, zweifellos gewisse Schärfen in den politischen Kampf bringen kann, die leider oft nicht vermieden werden können. Die Leitung der Partei weiß aber auch, daß diese SA-Organisationen im Sinne einer militärischen Truppe überhaupt nicht anzusprechen sind, und demnach sind die SA-Abteilungen vielleicht später überflüssig.

Die aufgrund des Wahlergebnisses vom 14. September im Winter 1930/31 ausgesprochenen Warnungen der katholischen Bischöfe des Deutschen Reiches vor der NSDAP veranlassen Hitler, Göring zum Zwecke einer Fühlungnahme mit dem Hl. Stuhl nach Rom zu entsenden. Göring ersucht den Kardinalstaatssekretär Eugenio Pacelli, der von 1917 bis 1929 den Hl. Stuhl in München bzw. Berlin als Nuntius vertreten hat, um eine Unterredung. Über die Haltung, die Kardinalstaatssekretär Pacelli, der nachmalige Papst Pius XII., zu diesem Ersuchen einnimmt, berichtet am 11. Mai 1931 der bayerische Gesandte beim Hl. Stuhl, Otto Freiherr von Ritter zu Groenesteyn, an Ministerpräsident Heinrich Held:

Unter den gegebenen Verhältnissen war es begreiflicherweise dem Kardinal Pacelli sehr peinlich, von einem Vertreter der nationalsozialistischen Partei um eine Audienz gebeten zu werden. Nachdem die nationalsozialistische Presse an den Kundgebungen der deutschen Bischöfe eine scharfe, abfällige Kritik geübt und sogar den Hl. Stuhl in ursächlichen Zusammenhang mit diesen Kundgebungen zu bringen versucht hatte, befürchtete der Kardinal, daß, wenn er Herrn Göring empfange, dies von den Nationalsozialisten in nicht abzusehender tendenziöser Weise zu ihren Gunsten ausgenützt werden könnte, und da er andererseits auch wieder Bedenken trug, Herrn Göring ohne weiteres abzuweisen und damit etwa den Eindruck hervorzurufen, als ob der Vatikan der Stellungnahme der deutschen Bischöfe zum Nationalsozialismus und den sich daraus ergebenden Folgen keine Bedeutung beimesse, unterbreitete der Kardinal die Frage dem Papste [*Pius XI.*]. Seine Heiligkeit entschied, daß mit Rücksicht auf die von den deutschen Bischöfen erlassenen Weisungen der Kardinalstaatssekretär davon absehen solle, den nationalsozialistischen Abgeordneten persönlich zu empfangen, und daß es genüge, wenn Monsignore Pizzardo die Mitteilungen, die Herr Göring zu machen wünsche, entgegennehme, ohne sich jedoch auf eine Diskussion über dieselben einzulassen. Dies geschah denn auch, und wie zu erwarten war, begann Herr Göring damit, sich über die deutschen Bischöfe zu beschweren, die mit ihren Kundgebungen der nationalsozialistischen Partei kirchenfeindliche Bestrebungen zu unterschieben versuchten, um die Partei in den Augen der Katholiken zu verdächtigen und auf diese Weise dem Zentrum politisch zu Hilfe zu kommen.

Bei allen Landtagswahlen gelingt es der NSDAP, ihren Stimmenanteil zu erhöhen. Sie erreicht bei der Landtagswahl in Schaumburg-Lippe am 3. Mai 1931 26,9 Prozent der abgegebenen gültigen Stimmen und 4 von 15 Mandaten. Bei der Landtagswahl in Oldenburg am 17. Mai erhält sie 37,2 Prozent der abgegebenen gültigen Stimmen und 19 von 48 Mandaten. Zum erstenmal stellt die NSDAP im Landtag eines deutschen Landes die stärkste Fraktion. Am 9. Juli besprechen Hitler und Hugenberg einen Zusammenschluß der Nationalen Opposition. Am 21. Juli richten die Führer der Nationalen Opposition, an ihrer Spitze Hitler, Hugenberg und Seldte, an den in London weilenden Reichskanzler Brüning ein Telegramm, in dem sie die Verbindlichkeit neuer Bindungen gegenüber Frankreich ablehnen:

Dem ursprünglich als Erleichterung gedachten Plan des amerikanischen Präsidenten Hoover wird die unverhüllte Absicht Frankreichs entgegengesetzt, das deutsche Volk auf die Dauer unter sein Diktat zu zwingen. So soll aus der Erleichterung eine Verschlimmerung werden.

Es wird den verantwortlichen Kreisen in Frankreich nicht unbekannt sein, daß in unserem gequälten Volke, insbesondere in der Jugend, die Verzweiflung derart gewachsen ist, daß allerorts gefährlichste Gedankengänge aufkeimen.

Das deutsche Volk, das sich von der Schuld am Kriege frei fühlt, will und kann die ihm aufgezwungenen ungerechten Lasten nicht tragen. Erst recht aber ist eine weitere Schmälerung der deutschen Staatshoheit unerträglich und nicht zu verantworten.

Die gesamte Nationale Opposition macht daher in aller Form darauf aufmerksam, daß sie gemäß ihrer Grundeinstellung neue Bindungen, die gegenüber Frankreich eingegangen werden, als für sich rechtsverbindlich nicht ansehen wird.

Am 1. August 1931 beanstandet Reichspräsident von Hindenburg in einem Gespräch mit dem Vorsitzenden der DNVP, Hugenberg, das Zusammengehen mit der NSDAP:

Der Herr Reichspräsident wies auf das Zusammengehen der Deutschnationalen mit den Nationalsozialisten hin, von denen er befürchte, daß sie mehr sozialistisch als national seien, und deren Auftreten im Lande ihm wenig gefallen könne. Er, der Generalfeldmarschall und Befreier Ostpreußens, sei während seiner Ostpreußenreise, namentlich auf der Fahrt über das Schlachtfeld von Tannenberg, wiederholt von Nationalsozialisten durch skandalöse Demonstrationen insultiert worden und habe sich sehr drastisch über diese verhetzten jungen Leute äußern müssen. Er halte sie nicht für eine zuverlässige nationale Partei.

Geheimrat Dr. Hugenberg erwiderte hierauf, gerade deshalb, um die Nationalsozialisten nach der nationalen Seite mehr festzulegen und ihr Abgleiten zum Sozialismus oder Kommunismus zu verhüten, habe er in den letzten eineinhalb Jahren sich entschlossen, mit den Nazis zusammenzugehen, und er rechne sich dies als ein Verdienst an. Er glaube auch, daß hierdurch die Nationalsozialisten politisch erzogen worden wären. Die von dem Herrn Reichspräsidenten beklagten Demonstrationen seien wohl nicht so schlimm gemeint gewesen. Auch Versammlungen, die er, Hugenberg, abhalte, würden häufig durch nationalsozialistische Kundgebungen und den Ruf »Deutschland erwache« begleitet. Er könne leider diese Demonstrationen auch nicht verhindern. Auf eine Anregung des Herrn Reichspräsidenten, daß Hugenberg in seiner Presse gegen diese Demonstrationen sich wenden möge, die bei der Person und dem hohen Alter des Herrn Reichspräsidenten doch besonders peinlich wären, gab Hugenberg keine bestimmte Antwort.

Bei den Bürgerschaftswahlen in Hamburg am 26. September 1931 erhält die NSDAP 25,9 Prozent der abgegebenen gültigen Stimmen und 43 von 160 Mandaten. Sie wird die zweitstärkste Fraktion der Bürgerschaft. Im Sommer 1931 kommt es zu einer spürbaren Verschlechterung der ökonomischen und politischen Verhältnisse. Zum Botschafter Frankreichs in Berlin ernannt, wird André François-Poncet in diesen Monaten mit der Atmosphäre der Reichshauptstadt Berlin konfrontiert:

Die Atmosphäre der Stadt war erregt, gewitterschwanger. Man bewegte sich auf unsicherem Boden. Der Verfall der Vermögen nahm zu. Die Arbeitslosigkeit stieg. Unter einem tugendhaften Kanzler nahmen die Korruption und Verderbtheit der vorangegangenen Jahre nicht ab. Die Dreistigkeit auf der Straße machte sich ebenso breit wie früher. Man begegnete zahlreichen Ausländern, die von den wenig erfreulichen Lokalattraktionen, zweideutigen Vorstellungen des »Instituts für Sexualforschung« von Magnus Hirschfeld, Bars, in denen Männer als Tänzerinnen auftraten, angezogen wurden. Erpresserblätter gaben sich ohne Scheu ihrem Handwerk hin. Eines von ihnen, »Fridericus«, griff mit Vorliebe die Französische Botschaft an, bezeichnete sie als Spionagezentrum, verschonte dabei weder den Botschafter noch seine Gattin. Meine Beschwerde bei der preußischen Regierung war wirkungslos, so daß ich bei dem Staatssekretär für Auswärtige

Angelegenheiten, [*Dr. Bernhard*] von Bülow, vorstellig werden mußte und mit meinem Weggang drohte, falls die Reichsregierung nicht in der Lage sein sollte, den ausländischen Diplomaten Achtung zu verschaffen. Die Situation stand unter dem Zeichen der Intrigen und Umtriebe der nationalsozialistischen Organisationen. Uneinig untereinander und miteinander rivalisierend, versuchten Hugenbergs Deutschnationale, Hitlers Nazi und ihnen nahestehende chauvinistische Verbände, sich zusammenzuschließen und durch eine aufsehenerregende Kundgebung zwar nicht die Übereinstimmung in den Zielen, aber die gemeinsame Gegnerschaft gegen die Regierung Brüning darzutun, gegen das »System«, wie das Schlagwort der Nationalsozialisten lautete.

Im Herbst kommt es zu verstärkten Kontakten zwischen Vertretern der Reichsregierung und des Reichswehrministeriums einerseits und Hitler und Göring andererseits. In einer Aussprache mit dem Chef des Ministeramts der Reichswehr, General Kurt von Schleicher, erklärt Hitler, er lehne jede illegale Zersetzungspropaganda in der Reichswehr ab. Am 10. Oktober 1931 empfängt Reichspräsident von Hindenburg zum erstenmal Hitler und Göring. General von Schleicher sagt über Hitler:

Ein interessanter Mann mit überragender Rednergabe. In seinen Plänen versteigt er sich in höhere Regionen. Man muß ihn dann am Rockzipfel auf den Boden der Tatsachen herunterziehen.

Am 11. Oktober finden sich die Vertreter sogenannter nationaler Parteien und Verbände in Bad Harzburg zu einer Tagung der Nationalen Opposition zusammen. Sie beschließen die Bildung der »Harzburger Front«, die in erster Linie getragen wird von der Deutschnationalen Volkspartei, dem Stahlhelm und der Nationalsozialistischen Deutschen Arbeiterpartei. Die »Harzburger Front« fordert Reichstagsneuwahlen und die Aufhebung der seit dem 1. Februar 1931 erlassenen Notverordnungen. Sie wendet sich mit einem Aufruf an die Öffentlichkeit:

Entschlossen, unser Land vor dem Chaos des Bolschewismus zu bewahren, unsere Politik durch wirksame Selbsthilfe aus dem Strudel des Wirtschaftsbankrotts zu retten und damit der Welt zu wirklichem Frieden zu verhelfen, erklären wir: Wir sind bereit, im Reich und in Preußen in national geführten Regierungen die Verantwortung zu übernehmen. Wir stoßen keine Hand zurück, die sich uns zu wirklich ehrlicher Zusammenarbeit anbietet. Wir müssen es aber ablehnen, die Erhaltung eines falschen Systems und Fortsetzung eines falschen Kurses in einer nur national getarnten Regierung der bisherigen Kräfte irgendwie zu stützen. Jede Regierung, die gegen den Willen der geschlossenen Nationalen Opposition gebildet werden sollte, muß mit unserer Gegnerschaft rechnen.

So fordern wir den sofortigen Rücktritt der Regierungen Brüning und [*Otto*] Braun, die sofortige Aufhebung der diktatorischen Vollmachten für Regierungen, deren Zusammensetzung nicht dem Volkswillen entspricht und die sich nur noch mit Notverordnungen am Ruder halten; wir fordern sofortige Neuwahl der überalterten Volksvertretungen, vor allem im Reich und in Preußen.

Im vollen Bewußtsein der damit übernommenen Verantwortung erklären wir, daß die in der Nationalen Opposition stehenden Verbände bei kommenden Unruhen wohl Leben und Eigentum, Haus, Hof und Arbeitsstelle derjenigen verteidigen werden, die sich mit uns offen zur Nation bekennen, daß wir es aber ablehnen, die heutige Regierung und das heute herrschende System mit dem Einsatz unseres Blutes zu schützen.

Da die konstituierende Versammlung der »Harzburger Front« nicht reibungslos verläuft, wendet sich die Bundesführung des Stahlhelm am 23. November 1931 an Hitler:

Wir haben es bereits in Harzburg als eine schwere Kränkung und einen Verstoß gegen beste soldatische Auffassung empfunden, daß Sie uns, die zum Vorbeimarsch angetretenen Kameraden, erst fünfundzwanzig Minuten warten ließen, um dann kurz vor dem Anmarsch des Stahlhelm den Paradeplatz zu verlassen, ohne sich mit uns in Verbindung zu setzen und obwohl wir Ihnen Fahnen und Marschformationen alle Ehre erwiesen hatten.

Hitler weist in seinem Antwortschreiben vom 1. Dezember 1931 die Anschuldigungen des Stahlhelm zurück, wobei er jedoch deutlich macht, daß er nicht an eine Vereinigung denkt:

Es wurde bedauert, daß ich am Vortage statt gegen Abend erst gegen Mitternacht kam. Der Grund lag in dem Versuch der Berliner Polizeidirektion, mir an diesem Samstag 44 SA-Heime zu schließen. Es wären damit über 1 000 Mann meiner treuesten Anhänger obdachlos geworden, während 4 000 dadurch ihre Verpflegungsmöglichkeit verloren hätten. Ich habe es daher als wichtiger angesehen, in einem solchen Augenblick meinen Kameraden zu helfen, als in Harzburg an der Redigierung eines Aufrufs teilzunehmen, der mir vom ersten Moment an so unmöglich erschien, daß jede noch weiter dafür angewandte Zeit ohnehin nur einen Verlust bedeutet hätte.

Als übles Harzburger Vorkommnis wurde es weiter gedeutet, daß ich nicht an dem gemeinsamen Mittagessen teilnahm. Ich habe nie erklärt, daran teilnehmen zu wollen, und bin persönlich auch nie darum gefragt worden. Hätte man mich persönlich dazu aufgefordert, würde ich abgelehnt haben. Ich kann einen sehr begründeten Widerwillen gegen sogenannte gemeinsame Essen bei Anlässen nun einmal nicht unterdrükken, bei denen Tausende meiner Anhänger unter sehr großen persönlichen Opfern, ja zum Teil mit hungrigem Magen, Dienst tun.

Nach der Konstituierung der »Harzburger Front« kehren die Fraktionen der DNVP und der NSDAP in den Reichstag zurück. Die Reichstagsfraktion der NSDAP übergibt der Öffentlichkeit am 16. Oktober 1931 folgende Erklärung:

Wir Nationalsozialisten haben am 10. Februar des Jahres erklärt: »Wir verlassen das Young-Parlament und werden dieses Haus erst wieder betreten, wenn sich etwa die Möglichkeit bietet, eine besonders tückische Maßnahme der volksfeindlichen Mehrheit des Reichstags zu vereiteln.« Wir verließen damals das Haus, weil wir keine Möglichkeit sahen, in diesem Haus gegen eine volksfeindliche Mehrheit noch etwas zum Wohle des deutschen Volkes auszurichten. Wir sind am 13. Oktober entsprechend dieser Erklärung hierher zurückgekehrt, um die Möglichkeit auszunutzen, diesem ganzen volksfeindlichen System und der Regierung Brüning ein Ende zu bereiten. Dieser Versuch ist mit den soeben vollzogenen Abstimmungen vorerst gescheitert, wenn wir auch nicht anerkennen können, daß diese durch ein unnatürliches Bündnis zwischen Marxisten und bürgerlichen Interessenvertretern gebildete Mehrheit irgendeine tragfähige Regierungsbasis abgibt. Wir verlassen daher entsprechend unserer Erklärung vom 10. Februar dieses Haus, um durch unser weiteres Wirken draußen im Volk die letzten Stützen dieses Systems zu beseitigen und damit die Voraussetzung für eine Gesundung der Nation zu schaffen.

Hitler wendet sich am 14. Oktober 1931 in einem »Offenen Brief« an Brüning, in dem er dessen Reichstagsrede vom Tag zuvor scharf kritisiert. – Da wegen der Wahlen und der finanziellen Situation der Partei 1930 und 1931 kein Parteitag stattfindet (auch 1932 nicht), erfolgt am 17./18. Oktober 1931 in Braunschweig ein Treffen der SA-Gruppe Nord. Hitler nimmt den Vorbeimarsch von 104 000 SA- und SS-Männern ab. Er ernennt am 30. Oktober Baldur von Schirach zum Reichsjugendführer der NSDAP. – Weil die Legalität der NSDAP immer wieder bezweifelt wird, übergibt der Stabschef der SA, Röhm, Generalleutnant von Schleicher Materialien, für die sich dieser am 4. November bedankt:

Besten Dank für das übersandte Material, aus dem ich mich einwandfrei überzeugen konnte, daß von der Reichsleitung der Nationalsozialistischen Deutschen Arbeiterpartei alles getan wird, um die Partei auf der von dem Parteichef vorgeschlagenen Linie strengster Legalität zu halten. Ein Teil des Materials fällt allerdings in das Ressort des Reichsinnenministers, wo ich entgegen der bösartig verlogenen Darstellung der Mosse-Kommunisten völlig einflußlos bin. Wie wenig kennen diese Schmierfinken die selbständige Energie und den prachtvollen württembergischen Dickkopf des Ministers Groener.

Bei den Landtagswahlen in Hessen am 15. November 1931 erhält die NSDAP 37 Prozent der abgegebenen gültigen Stimmen und 27 von 70 Mandaten. Sie wird die stärkste Partei des hessischen Landtags. Sie nimmt am 8. Dezember mit dem Zentrum Koalitionsverhandlungen auf, die jedoch am 11. Januar 1932 scheitern. Die erfolgreiche Aktivität der NSDAP veranlaßt Angehörige der ausländischen Missionen in Berlin, unmittelbaren Kontakt mit Nationalsozialisten zu suchen, um sich über deren Auffassungen zu unterrichten. Am 23. November empfängt Mr. Yenken von der Britischen Botschaft in Gegenwart amerikanischer und britischer Bekannter Hermann Göring zum Essen. Er berichtet darüber nach London:

Göring führte das Gespräch und redete unaufhörlich zweieinhalb Stunden lang. Viele seiner Wortkaskaden waren oberflächlich und einige davon etwas zügellos, aber Göring hatte, wie alle Nazi-Führer, die Dinge doch mehr durchdacht, als die meisten annehmen. Man kann sich darauf verlassen, daß er auf Disziplin in der Partei hält und peinlich genau ein wachsames Auge auf unsichere junge Männer wie den Berliner Führer Goebbels hat [...].

Sowjetrußland: Göring erklärte, daß es für Deutschland und andere Länder ein Irrsinn wäre, damit fortzufahren, die Sowjets mit Maschinenausrüstungen, Werkzeugen usw. zu versorgen, die nur dazu gebraucht würden, um den Export aufzubauen, mit dem die Welt überschwemmt werden sollte. Aus Görings Bemerkungen wurde es jedoch klar, daß er das Sowjetsystem, das auf einer zahlenmäßig begrenzten Partei, bedingungsloser Autorität der Führer und eiserner Disziplin ruht, im hohen Maße bewunderte. Er äußerte das mehrere Male, obwohl er eindringlich auseinandersetzte, er verabscheue die Sowjetdoktrinen. Aber er erwähnte die Faschisten in Italien nicht. Dann ließ er sich in ein weniger erregtes Gespräch verwickeln, das ich einleitete, um seine Meinung über Indien zu erfahren. Gandhi, so behauptete er, wäre ein Bolschewik, und die ganze indische Agitation würde durch die Sowjets hervorgerufen. Er betrachtete das heutige Rußland in der gleichen Beleuchtung wie das Vorkriegsrußland, das für Indien ebenfalls eine Bedrohung bedeutet hätte. Er unterschied sich sehr von der Haltung der deutschen Presse, die geneigt war, Gandhi als einen Nationalhelden anzusehen. Ein geordnetes Indien und eine britische Kontrolle über Indien, so erklärte er, wären für die deutschen Interessen von Wichtigkeit, weil sonst Deutschlands Anteil am indischen Markt verlorenginge. [...]

Reparationen: Die Nazis, sagte er, hätten immer einen scharfen Unterschied zwischen öffentlichen und privaten Schulden gemacht. Letztere wären sie bereit zu respektieren, aber Deutschlands Gläubiger müßten »im eigenen Interesse mit vernünftigen Raten zufrieden sein, wenn sie ihr Kapital retten wollten«. Für Reparationen wäre kein Geld mehr vorhanden, und auf alle Fälle würden die Nazis keine Abmachung anerkennen, die die gegenwärtige Brüning-Regierung eingegangen wäre. [...]

Dr. Schacht: Dr. Schacht, sagte er, wäre kein Parteimitglied, was aber auch nicht nötig sei. Schacht wäre ein Sachverständiger, ein sehr großer Fachmann, und er hätte schon seit langem mit der nationalsozialistischen Bewegung sympathisiert, so daß keine Gefahr bestände, ihn einen »Septemberlinger« zu nennen. Das bedeutet, daß wir bald mit Herrn Schacht zu rechnen haben, und es könnte sein, daß er mehr politisches Verständnis hat, als wir zu glauben geneigt waren.

Amerikanische Fabriken in Deutschland: Göring wurde dann nach dem Verhalten der Partei gegenüber den Einrichtungen amerikanischer Fabriken in Deutschland gefragt. Mr. Miller erklärte, amerikanische Handelsniederlassungen hätten ermittelt, ihre Produktionskosten wären für die Zwecke des Exporthandels zu hoch. Sie beabsichtigten nun entschieden, irgendwo in Europa Fabriken zu errichten. Diese Anlagen würden den Vorteil von Verbesserungen und neuen Entdekkungen, die in Amerika gemacht wurden, haben, zusätzlich den Vorteilen niedriger europäischer Produktionskosten und würden innerhalb einer europäischen Zollschranke liegen. Die amerikanischen Fabrikanten befänden sich im Ungewissen, welches Land zu wählen sei. Sie dächten an Belgien und die Schweiz, aber möglicherweise dächten sie auch ernsthaft an

Deutschland. Göring erwiderte, daß er es natürlich vorziehen würde, daß die Fabriken in Deutschland im deutschen Besitz wären und von Deutschen betrieben würden, aber man könnte nicht immer haben, was man wünschte, und es würde weiter nichts übrigbleiben, als abzuwarten, welche Haltung sie annehmen würden.

Bei einer Durchsuchung des Boxheimer Hofes bei der Stadt Lampertheim im hessischen Kreis Bergstraße, dessen Pächter der nationalsozialistische Landtagsabgeordnete Richard Wagner ist, werden Dokumente gefunden, die Maßnahmen für den Fall eines bewaffneten Umsturzes durch die NSDAP vorsehen. Sie erhalten die Bezeichnung »Boxheimer Dokumente«. Dazu gehört der »Entwurf der ersten Bekanntmachung unserer Führung nach dem Wegfall der seitherigen obersten Staatsbehörden und nach Überwindung der Kommune in einem für einheitliche Verwaltung geeigneten Gebiet«:

Die seitherigen Träger der Staatsgewalt im Reiche wie im Lande sind durch die Ereignisse der letzten Tage (Wochen) weggefallen. Durch diese tatsächliche Veränderung ist – wie im November 1918 – ein neuer Rechtszustand geschaffen. Macht steht z. Z. allein bei den ... (SA, Landeswehren o. ä.). Ihre Führung hat deshalb das Recht und die Pflicht, zur Rettung des Volkes die verwaiste Staatsgewalt zu ergreifen und auszuüben. Sie tut dies im Namen der deutschen Nation, vor deren Zukunft allein sie für die Erfüllung ihrer Aufgabe und für die Wahl ihrer Mittel verantwortlich ist.

Die unerhörte Gefahr erfordert außerordentliche Maßnahmen, um zunächst das nackte Leben des Volkes zu retten. Erste Aufgabe ist Herstellung der öffentlichen Sicherheit und die Organisation der Volksernährung. Nur schärfste Disziplin der Bevölkerung und rücksichtsloses Durchgreifen der bewaffneten Macht lassen die Lösung dieser Aufgaben als möglich erscheinen.

Als Befehlshaber der ... (SA, Landwehren o. ä.) in ... (Starkenburg, Rheinhessen, Oberhessen) gebe ich deshalb folgenden Befehl an die gesamte Bevölkerung des Landes bekannt:

1. Jeder Anordnung der ... (SA, Landeswehren o. ä.), gleich von welchem Dienstgrad erteilt, ist sofort Folge zu leisten. Widerstand wird grundsätzlich mit dem Tode bestraft. Die Feldgerichte können beim Vorliegen besonderer Umstände andere Strafen verhängen.

2. Jede Schußwaffe ist binnen 24 Stunden an die ... (SA, Landeswehren o. ä.) abzuliefern. Wer nach Ablauf dieser Frist im Besitz einer Schußwaffe betroffen wird, wird als Feind der ... (SA, Landeswehren o. ä.) und des deutschen Volkes auf der Stelle erschossen.

3. Jeder im Dienste öffentlicher Behörden oder öffentlicher Verkehrsanstalten stehende Beamte, Angestellte und Arbeiter hat sofort seinen Dienst wieder aufzunehmen. Widerstand und Sabotage wird mit dem Tode bestraft. An die Stelle der obersten Staatsbehörden (Ministerien) tritt die Führung der ... (SA, Landeswehren o. ä.), vertreten durch mich.

4. Die von der Führung der ... (SA, Landeswehren o. ä.) erlassenen Notverordnungen haben für jedermann mit dem Tage ihrer Veröffentlichung durch Anschlag Gesetzeskraft. Verstöße gegen diese Notverordnungen werden in besonders schweren Fällen über die in ihnen bestimmten Strafen hinaus mit dem Tode bestraft.

5. Soweit nicht die von der Führung der ... (SA, Landeswehren o. ä.) erlassenen Notverordnungen oder einzelne Anordnungen der ... (SA, Landeswehren o. ä.) entgegenstehen, bleiben alle bestehenden Gesetze in Kraft und sind von der Bevölkerung in jeder Hinsicht zu befolgen.

Die nationalsozialistische Propaganda erklärt zu den »Boxheimer Dokumenten«, es handle sich um eine Privatarbeit ihres Verfassers, des nationalsozialistischen Landtagsabgeordneten Dr. Werner Best, für den Fall eines bewaffneten Aufstandes der Kommunisten. Demgegenüber stellt die amtliche Pressestelle der hessischen Staatsregierung am 28. November 1931 fest:

1. Die in Frage kommenden Dokumente sind nach den Ermittlungen das Ergebnis von Besprechungen, die sich auf einen längeren Zeitraum erstreckten. U. a. haben an der Schlußbe-

sprechung auf dem Boxheimer Hof allein vier Abgeordnete teilgenommen, darunter der stellvertretende Gauleiter für Hessen, Hauptmann a. D. Wassung. Sämtliche Teilnehmer an den Besprechungen sind innerhalb der Gauleitung an maßgeblichen Stellen tätig.

2. Die Behauptung, daß die Haussuchung ergebnislos verlaufen sei, ist völlig aus der Luft gegriffen. Dr. Best ist als Leiter der Rechtsabteilung des Gaues Hessen Mitglied der Gauleitung des Gaues Hessen und als solches selbstverständlich an der Führung der Partei maßgebend beteiligt. Wie Dr. Best in seinem heutigen Artikel mitteilt, hat er nach Fertigstellung der hochverräterischen Entwürfe »das Programm der künftigen hessischen Politik der NSDAP« ausgearbeitet.

Die drohende Gefahr weitgreifender Maßnahmen gegen die NSDAP bestimmt Hitler, durch seinen Berliner Beauftragten Göring am 26. November gegenüber Wilhelm Groener, der sowohl Reichsinnen- als auch Reichswehrminister ist, eine Legalitätserklärung abgeben zu lassen. Die Reichsregierung erläßt am 8. Dezember 1931 die vierte Notverordnung »Zur Sicherung von Wirtschaft und Finanzen und zum Schutz des inneren Friedens«, die u. a. ein Verbot politischer Uniformen und Abzeichen für das ganze Reich vorsieht. Aufgrund dieser Notverordnung verbietet die Reichsregierung die Übertragung einer Rede Hitlers nach Amerika. Das Interesse des gesamten Auslandes an der Person Hitlers und an der Politik der NSDAP ist außergewöhnlich groß. Hitler genießt die Beachtung, die ihm die internationale Presse schenkt. Der amerikanische Journalist H. R. Knickerbocker weilt in Deutschland, um an Ort und Stelle die NSDAP kennenzulernen. Er erlebt Hitler in einer Massenversammlung:

Hitler sprach im Zirkus. Er war ein Evangelist, der vor einem Meeting spricht, der Billy Sunday der deutschen Politik. Seine Bekehrten gingen mit ihm, lachten mit ihm, empfanden mit ihm. Mit ihm verhöhnten sie die Franzosen. Mit ihm zischten sie die Republik aus. Die Achttausend waren ein Instrument, auf dem Hitler eine Symphonie der nationalen Leidenschaft spielte.

Zehn, zwölf, fünfzehn, zwanzig Millionen Deutsche bilden das Hitler-Orchester im ganzen Reich. Niemand kann sie genau zählen, aber die bedrohlichen Manifestationen ihres Massentrotzes haben einen ganzen Kontinent in eine Panik gejagt. Der Evangelist Hitler könnte eine neue Religion gründen. Der Schauspieler Hitler könnte gesteckt volle Theater hinreißen. Der Redner Hitler könnte eine Revolution machen.

Vor zwölf Jahren plante Hitler eine Revolution. Mit sieben Mann gründete er die nationalsozialistische Partei. Vor neun Jahren versuchte er die Revolution. Hitler ging ins Gefängnis. Jahrelang war er vergessen. Heute ist der dreiundvierzigjährige Adolf Hitler, der verwaiste Sohn eines österreichischen Zollbeamten, Inhaber eines Interimpolizeiausweises, ein Staatenloser, nicht einmal deutscher Staatsbürger, Adolf Hitler, der Architektengehilfe und Innendekorateur, der Soldat, der es niemals weiter brachte als bis zum Gefreiten, Adolf Hitler, der lächerlich gemachte Bannerträger eines erfolglosen Bierbankputsches – dieser selbe Adolf Hitler ist heute der Held, den Millionen verehren, die Gefahr, die Europa fürchtet. Heute ist seine Revolution gemacht, und ob Hitler der nächste Reichskanzler wird oder der Führer der größten deutschen Partei bleibt, diese Ära, die Ära des deutschen Widerstandes, wird seinen Namen tragen.

Knickerbocker hat die Möglichkeit, sich eingehend persönlich mit Hitler zu unterhalten. Er ist von der Erscheinung Hitlers fasziniert, wie er in seinem Bericht über das ihm gewährte Interview unmißverständlich zum Ausdruck bringt:

Gestern redete Hitler eineinhalb Stunden lang vor achttausend Menschen im Zirkus Krone. Er sprach zu Deutschland. Heute analysierte Hitler in einem eineinhalb Stunden währenden Interview, das er der »New York Evening Post« gewährte, seine Haltung zu Amerika und seine Stellung zu den amerikanischen Investitionen im Reich. Er sprach zu den Vereinigten Staaten.

Hitler saß unter der Totenmaske Friedrichs des Großen, den Oswald Spengler den »ersten Nationalsozialisten« genannt hat, und entwickelte ein Programm, das unserer Geschäftswelt und unserem Auswärtigen Amt wohl Nahrung zum Nachdenken geben mag. Der erste Gang war schmackhaft.

»Die amerikanischen Kapitalanlagen in Deutschland werden unter einer nationalsozialistischen Regierung sicherer sein als unter jeder anderen«, erklärte Hitler. »Vier Gründe: erstens, weil Deutschland unter einer nationalsozialistischen Regierung von den politischen Schulden befreit sein wird, die es uns heute unmöglich machen, unsere Privatverpflichtungen zu erfüllen. Zweitens, weil es unter einer nationalsozialistischen Regierung möglich sein wird, zu einem stabilen Verhältnis mit Frankreich zu kommen. Drittens, weil Deutschland unter einer nationalsozialistischen Regierung sich weigern wird, irgendwelche Vereinbarungen zu treffen, die wir nicht einhalten können. Viertens, weil nur unter einer nationalsozialistischen Regierung der Kommunismus in Deutschland vermieden werden kann.«

Hitler war der höfliche Hausherr. Er hatte mit eigener Hand den Stuhl seines Besuchers zurechtgerückt und lächelte verbindlich.

Über die deutsche Alternative Nationalsozialismus oder Kommunismus stellt Knickerbocker fest:

Was das Ausland sich vor allem über die gegenwärtige Lage in Deutschland klarmachen muß, ist die Tatsache, daß von den 36 Millionen Wählern ungefähr 24 Millionen, Nationalsozialisten, Kommunisten und Sozialdemokraten, zwei Drittel der Gesamtheit, der augenblicklichen Wirtschaftsform mit entschiedener Feindschaft gegenüberstehen. Und ungefähr 18 Millionen von den 36 Millionen Wählern, Nationalsozialisten und Kommunisten, sind erbitterte Gegner der augenblicklichen politischen Staatsform. [...]

Eine enge Fühlungnahme mit Kommunisten, Nationalsozialisten und Sozialdemokraten hat mich davon überzeugt, daß die Kommunisten keinen Versuch machen werden, der Machtergreifung durch Hitler Widerstand entgegenzusetzen. [...]

Ich stellte einem deutschen Kommunisten die Frage: »Was werdet ihr tun, wenn Hitler die Regierung ergriffen hat?«

»Wir werden«, antwortete er, »versuchen, die Sozialdemokraten dafür zu gewinnen, daß sie gemeinsam mit uns einen Generalstreik ausrufen und Hitler stürzen, so wie wir 1920 mit dem Generalstreik Kapp gestürzt haben.«

»Aber«, warf ich ein, »Kapp hat die Herrschaft mit Gewalt an sich gerissen, und damals waren sich die Sozialdemokraten im klaren darüber, daß sie als Demokraten die Demokratie zu verteidigen hatten. 1920 erklärte die sozialdemokratische Regierung selbst den Generalstreik. Werden die Sozialdemokraten jetzt mit den Kommunisten gemeinsame Sache machen und einen Generalstreik ausrufen, wenn Hitler legal zur Macht kommt?«

»Nicht viel Hoffnung«, gab er zu.

»Ihr habt sechs Millionen kommunistische Wähler. Zur russischen Revolution haben fünfzigtausend Bolschewisten genügt. Ich weiß, daß die Situation ganz anders ist. Aber warum können eure sechs Millionen sich nicht mit Gewalt gegen Hitler zur Wehr setzen?«

»Wir haben nicht die Gewehre«, war die wohlüberlegte Antwort. »Die Sowjetunion ist nicht bereit für eine deutsche Revolution. Wir glauben, wenn Hitler an der Macht ist, wird er das Land so rasch herunterwirtschaften, daß wir im nächsten Herbst ans Ruder kommen können.«

»Aber dann wird Hitler alle Gewehre haben.«

»Ja, Hitler wird die Gewehre haben.«

Ich fragte einen Sozialdemokraten: »Was werdet ihr tun, um Hitler nicht zur Herrschaft kommen zu lassen?«

»Was können wir tun«, gab er zurück, »wenn Hitler die Mehrheit hat?«

Ich fragte einen Nationalsozialisten: »Was werdet ihr tun, wenn ihr die Macht in Händen habt?«

Er hätte eine lange Erörterung des Parteiprogramms beginnen können, aber er antwortete lediglich: »Festhalten.«

Die NSDAP gibt an, daß Ende 1931 die Zahl der von ihr ausgegebenen Mitgliedsnummern 806 294 erreicht hat. Im Januar 1932 sind bei den Arbeitsämtern 6 128 429 Arbeitslose gemeldet. Die Zahl der Vollarbeitslosen, Kurzarbeiter und der sogenannten unsichtbaren Arbeitslosen beträgt 9 619 000. Die Aktivität der NSDAP im Jahre 1931 veranlaßt politische Überlegungen und Aktionen und publizistische Darstellungen. Ende 1931 kommt es in Beantwortung der Herausforderung der Harzburger Front zur Bildung der »Eisernen Front«, die von Reichsbann, SPD, Freien Gewerkschaften und Arbeitersportorganisationen getragen wird. Ihr schließt sich auch Carl Zuckmayer an:

Wir haben versäumt, als unsere Zeit und unsere Stunde war, ihnen zuvorzukommen. Als Carlo Mierendorff das Symbol der drei Pfeile erfand, mit dem junge Sozialisten nachts die Hakenkreuze übermalten, war es zu spät, um sie noch zum Symbol jener großen Volksteile werden zu lassen, die sich seit Jahren verlassen und ausgeschaltet fühlten. Den Massen der Arbeitslosen waren Worte und Symbole egal, nicht aber die warme Suppe, die in den »Verkehrslokalen« der SA ausgegeben wurde. Daß das Geld hierfür von der gleichen Großindustrie gespendet wurde, die sie ausgesperrt und abgebaut hatte, bedachten oder wußten sie nicht.

Ich selbst wurde Mitglied der »Eisernen Front« – die einzige politische Organisation, der ich je angehört habe –, und ich sprach in einer großen Versammlung im »Preußischen Herrenhaus« gegen die politische Zwangszensur, als der Remarque-Film »Im Westen nichts Neues« von den Goebbels-Leuten skandalisiert und dann »zum Schutze der öffentlichen Ordnung« verboten worden war. Ich griff Goebbels mit dem Spott an, den er selbst für seine Gegner bereit hatte, und zog für eine halbe Stunde die Lacher auf meine Seite. Es war zu spät und zu wenig.

Während die Politiker nach Lösung des Problems Nationalsozialismus suchen, halten sich Journalisten und Publizisten zu seiner Darstellung und Beurteilung aufgerufen. Es erscheinen seit dem Erfolg der NSDAP am 14. September 1930 zahllose Aufsätze, Artikel und selbständige Darstellungen über Hitler und seine Partei. Der national-kommunistische Publizist Ernst Niekisch veröffentlicht 1931 seine Studie »Hitler – ein deutsches Verhängnis«:

Die große Zeit des Nationalsozialismus beginnt nach den Inflationsjahren; da stellt sich gescheitertes Kleinbürgertum haufenweise ein. Es bringt Gefühle giftiger Vergeltungssucht mit: dieser Staat, der seine Bürger so bestahl, soll es noch büßen. Die Kleinbürger sind auf dem Wege der Rebellion gegen Staat und bürgerliche Gesellschaft; sie leisten Hitler Gesellschaft, weil sie ihn für einen Rebellen halten. Bisher sind sie immer harmlose Untertanen gewesen; ihnen imponiert bereits die bloße Gebärde des Revolutionärs. Revolutionärem Ernst würden sie sich entziehen; dazu wären sie doch nicht beherzt genug. Hitler, seine Haltung, seine Lehre: das alles ist auf diesen Kleinbürger zugeschnitten. Das ist Ballen der Fäuste, Rollen der Augen, donnernder Ingrimm ohne den Zwang, auf die Probe gestellt zu werden. Hinter den Gefühlsexplosionen verbirgt sich der Mangel der Tatentschlossenheit. Da bringt kein klar, scharf und herausfordernd hervorgekehrtes Ziel zum Bewußtsein, daß man sich auf eine lebensgefährliche Sache eingelassen habe. Die Nebelhaftigkeit der Zukunftsforderungen hindert niemanden zu glauben, daß die Bewegung zwar die bestehenden Zustände ändern werde, daß sie es jedoch auf eine Weise tue, bei der wenig Risiko liegt, daß sie förmlich über ein Geheimnis verfüge, das Dritte Reich ohne Einsatz zu erlisten.

Theodor Heuss erweitert den Text eines im Februar 1931 in Tübingen gehaltenen Vortrages zu seiner Untersuchung »Hitlers Weg. Eine historisch-politische Studie über den Nationalsozialismus«, worüber er später erzählt:

Immerhin erreichte das Buch im Jahre 1932 eine achte Auflage; die »Frankfurter Zeitung« charakterisierte den Versuch als einen politischen »Baedeker«. Goebbels hatte es frühe gelesen und in seinem Tagebuch vom Januar 1932 notiert, mein Unterfangen sei so dumm und einsichtslos, daß eine Auseinandersetzung mit ihm sich gar nicht lohne.

Heinrich Mann veröffentlicht am 13. Dezember 1931 einen Artikel »Die deutsche Entscheidung«, in dem er sich angesichts der Unentschlossenheit der Demokratie pessimistisch über die zukünftige Entwicklung Deutschlands äußert. Den Zeitgenossen drängt sich die Überzeugung auf, die anstehende Entscheidung lasse sich nicht mehr lange aufschieben. Reinhold Schneider notiert:

An einem dunklen Dezemberabend des Jahres 31 kam ich nach längerer Abwesenheit von Deutschland in Heidelberg an. Ich hatte noch die Lichterfluten von Paris vor Augen und war erschüttert von der Dunkelheit der Straßen, der Ungelöstheit, Gefährlichkeit der inneren Lage, die schon bei den ersten Schritten spürbar war.

Der in Bonn lehrende Romanist Ernst Robert Curtius schreibt in einem Rückblick auf das Jahr 1931:

Die Jahreswende von 1931 auf 1932 ist die wichtigste Zeit nach dem Ende des Weltkrieges. Alle Menschen in Deutschland spüren, daß das Jahr 1932, in das wir soeben eingetreten sind, ein Jahr der großen Entscheidungen sein wird. Die dreizehn Nachkriegsjahre, die hinter uns liegen, gewinnen in der Rückschau den Charakter eines bloßen Provisoriums. Wir sind im Begriff, alles zu liquidieren, was zwischen 1920 und 1930 mit dem Anspruch auf neue Geltung auftrat. Die geistigen und künstlerischen Moden dieses Jahrzehnts – Expressionismus und Jazz, Schwarmgeisterei und neue Sachlichkeit – sind schon längst verwelkt und verscharrt. Aber auch in der Politik hat uns das vergangene Jahrzehnt nur Scheinlösungen gebracht, die jetzt als solche erkannt werden. Ob es sich um Reparationen oder um Abrüstung, um Planwirtschaft oder um Reichsreform, um das parlamentarische System oder um deutsch-französische Beziehungen handelt: überall bietet sich das gleiche Bild – ein Trümmerfeld. Wir haben alle möglichen Experimente gemacht, haben uns vertröstet und vertrösten lassen, wir haben alle Methoden versucht, ohne an sie zu glauben. Jetzt sitzt uns die würgende Not an der Kehle. Die vergangenen Jahre haben uns nichts hinterlassen als ein neues Wort für nie erhörte Not, das gespenstische Wort von der Schrumpfung. Deutschland bebt in Krämpfen, und wir haben nur die eine Hoffnung: »Es muß besser werden, weil es nicht mehr schlechter werden kann.«

Hindenburg oder Hitler

Die siebenjährige Amtszeit des Reichspräsidenten von Hindenburg geht 1932 zu Ende. Angesichts der wirtschaftlichen, sozialen und politischen Verhältnisse tragen sich die Reichsregierung und auch die Parteien des Reichstags mit der Absicht, die am 5. Mai ablaufende Amtszeit durch Beschluß des Reichstags zu verlängern. Eine solche Regelung bedarf der Unterstützung der NSDAP. Es kommt deshalb im Januar 1932 zu Besprechungen zwischen Reichswehr- und Reichsinnenminister Wilhelm Groener und Staatssekretär Dr. Otto Meißner einerseits und Adolf Hitler andererseits. Hitler unterrichtet darüber den Vorsitzenden der Deutschen Volkspartei, Eduard Dingeldey, der festhält:

Der damalige Reichswehrminister Groener habe ihn durch ein dringendes Telegramm zu einer wichtigen politischen Aussprache nach Berlin gebeten. Diese Aussprache habe am Abend vorher stattgefunden. Bei ihr habe Groener Hitler mitgeteilt, es handele sich um die Frage der Verlängerung der Amtsperiode des Reichspräsidenten durch einen parlamentarischen Akt. Adolf Hitler habe dem Reichswehrminister Groener schon in dieser Aussprache alsbald erklärt, daß er nicht glaube, seine Unterstützung für diese Absicht zur Verfügung stellen zu können. Er habe grundsätzliche Bedenken dagegen, die Amtsperiode des Reichspräsidenten durch einen parlamentarischen Akt zu verlängern. Gerade wenn man in der gegenwärtigen schwierigen Zeit der Position und den Rechten des Reichspräsidenten besondere Bedeutung beimessen wolle, sei es nicht ratsam, wenn diese Rechte sich schließlich aus dem

Beschluß eines Reichstags herleiteten, der in seiner Zusammensetzung dem Willen des Volkes nicht mehr entspräche. Überdies müsse er Bedenken tragen gegen einen Weg, der ihn im weiteren Verlauf der Entwicklung doch zu einer mehr oder weniger ausgesprochenen Unterstützung der Position des von ihm bekämpften Kabinetts des Herrn Dr. Brüning führen werde.

Im weiteren Verlauf der Unterhaltung stimmte ich diesen Argumenten des Herrn Adolf Hitler gegen eine parlamentarische Verlängerung der Amtsperiode des Reichspräsidenten grundsätzlich zu. Ich wies aber auf die große nationale Bedeutung einer unmittelbaren Fühlungnahme zwischen der Persönlichkeit des Reichspräsidenten und dem Führer der nationalsozialistischen Bewegung hin. Ich riet Herrn Adolf Hitler, den Anlaß dieser Verhandlungen dazu zu benutzen, um in ein persönliches, politisches und menschliches Vertrauensverhältnis zu dem Reichspräsidenten zu gelangen. Herr Adolf Hitler erkannte die politische Notwendigkeit eines solchen Verhaltens durchaus an und sprach von sich aus sehr eindringlich und lebhaft von der Notwendigkeit, ein solches Vertrauensverhältnis herbeizuführen. Er sagte dabei etwa dem Sinne nach:

Er sei sich völlig darüber klar, daß die Persönlichkeit und die Autorität des Namens Hindenburg im In- und Ausland gerade dann nicht entbehrt werden könne, wenn man in Deutschland eine nationale Regierung unter Einschluß der Nationalsozialisten erstrebe. Denn der Name Hindenburg sei gerade dann, namentlich dem Ausland gegenüber, die sichere Garantie dafür, daß eine solche Regierung nicht etwa eine Politik politischer Abenteuer versuchen werde. Ich unterstützte diese Auffassung des Herrn Adolf Hitler von mir aus und gab nochmals meinen Rat, Herr Hitler möge versuchen, eine persönliche Aussprache mit dem Herrn Reichspräsidenten zu erwirken, und ihm dabei erklären, daß er die Unterstützung der nationalsozialistischen Partei bei einer Volkswahl erhalte, daß aber die nationalsozialistische Partei eine parlamentarische Amtsverlängerung gerade mit Rücksicht auf die besonders bevorrechtigte Stellung des Herrn Reichspräsidenten grundsätzlich nicht gutheißen könne. Am folgenden Tag habe ich noch einmal mit Herrn Adolf Hitler fernmündlich verhandelt. Er teilte mir dabei mit, daß seine inzwischen stattgefundenen Verhandlungen mit Herrn Geheimrat Hugenberg seine Bedenken gegen die parlamentarische Lösung nur verstärkt hätten und ihm überhaupt die Schwierigkeiten der Lage für die nationalsozialistische Bewegung gezeigt hätten. Er habe den Eindruck, daß der Vorschlag des Reichskanzlers Dr. Brüning nur dazu bestimmt sei, auf indirektem Weg die nationalsozialistische Partei für eine Unterstützung des Kabinetts Brüning zu gewinnen. Es sei für ihn eine außerordentlich schwierige Situation, und eine Entscheidung habe er innerlich noch nicht getroffen. Er beabsichtige aber, seine Stellungnahme in einem eingehenden Schriftsatz mit ausführlicher politischer und staatsrechtlicher Begründung niederzulegen. Diesen Schriftsatz werde er mir alsbald nach Fertigstellung in Abschrift zusenden. Ich habe diesen Schriftsatz nicht erhalten, auch sonst keinerlei Mitteilung mehr von Herrn Adolf Hitler bekommen.

Hitler teilt Reichskanzler Brüning am 13. Januar 1932 die ablehnende Haltung seiner Partei mit:

Am 6. Januar teilte mir Reichsinnenminister General Groener mit, es bestünde die Absicht, die Präsidentschaft des Generalfeldmarschalls von Hindenburg auf parlamentarischem Wege zu verlängern bzw. den Reichspräsidenten durch eine Zweidrittelmehrheit des Reichstags neu wählen zu lassen. Reichsinnenminister Groener bat mich um Stellungnahme der Partei zu diesem Vorhaben. Ich beehre mich, Ihnen, sehr geehrter Herr Reichskanzler, mitzuteilen, daß die NSDAP bei aller Verehrung der Person des Herrn Reichspräsidenten nicht in der Lage ist, diesen Vorschlag zu unterstützen. Ich lehne dafür namens der nationalsozialistischen Bewegung unsere Zustimmung ab. Die verfassungsrechtlichen, außen- und innenpolitischen Gründe sowie die moralischen Gründe, die uns zu dieser Stellungnahme bewegen, werde ich Ihnen, sehr geehrter Herr Reichskanzler, in einer eingehenden Darlegung umgehend zustellen.

Im Anschluß kommt es zu einem offenen Briefwechsel zwischen Hitler und Brüning, in dem beide ihre Ansichten sowohl zur Lage des Deutschen Reiches als auch zur Frage der Wiederwahl des Reichspräsidenten von Hindenburg ausführlich darlegen. – Auf Wunsch von Fritz Thyssen spricht Hitler am 27. Januar 1932 im Industrie-Club zu Düsseldorf. Er befaßt sich mit der wirtschaftlichen Lage des Deutschen Reiches und mit seiner Rolle in der deutschen Politik:

Man sagt mir so oft: »Sie sind nur der Trommler des nationalen Deutschlands!« Und wenn ich nur der Trommler wäre?! Es würde heute eine größere staatsmännische Tat sein, in dieses deutsche Volk wieder einen neuen Glauben hineinzutrommeln, als den vorhandenen langsam zu verwirtschaften. Nehmen Sie eine Festung und laden Sie dieser Festung schwerste Entbehrungen auf: solange die Besatzung eine mögliche Rettung sieht, an sie glaubt, auf sie hofft, so lange kann sie die geschmälerte Ration ertragen. Nehmen Sie aus den Herzen der Menschen den letzten Glauben an eine mögliche Rettung, an eine bessere Zukunft erst einmal gänzlich fort, und Sie werden erleben, wie diese Menschen plötzlich die verkleinerten Rationen als das wichtigste ihres Lebens ansehen. Je mehr ihnen zum Bewußtsein gebracht wird, nur ein Objekt des Handelns, nur Gefangene der Weltpolitik zu sein, um so mehr werden sie, wie jeder Gefangene, sich nur den materiellen Interessen zuwenden. Je mehr Sie umgekehrt ein Volk wieder in die Sphäre idealen Glaubens zurückführen, um so mehr wird es die materielle Not als nicht mehr so ausschließlich bestimmend ansehen.

Im Januar 1932 beginnt die NSDAP mit dem Wahlkampf für die Wahl des Reichspräsidenten, obwohl sie offiziell noch keinen Kandidaten benannt hat. Eine Kandidatur Hitlers ist noch nicht möglich, weil dieser noch immer nicht deutscher Staatsangehöriger ist. Die Bemühungen um die Einbürgerung Hitlers haben im Herbst 1929 begonnen. Die nationalsozialistischen Abgeordneten Buttmann und Frick unternehmen in München Versuche, Hitler durch die bayerische Staatsregierung einbürgern zu lassen. In der Sitzung des bayerischen

Ministerrats am 21. Dezember 1929 verweist Justizminister Gürtner auf die Schwierigkeiten, die einem Einbürgerungsverfahren Hitlers entgegenstehen, gibt aber gleichzeitig zu bedenken, daß die Ablehnung eines entsprechenden Antrages problematisch ist, da Hitler sechs Jahre im bayerischen Heer gedient hat. Die bayerischen Minister kommen überein, den Befürwortern einer Einbürgerung Hitlers zu empfehlen, keinen Antrag zu stellen. Als thüringischer Innen- und Volksbildungsminister erwägt Frick im Sommer 1930, Hitler durch die Ernennung zum Landesbeamten die deutsche Staatsangehörigkeit zu verschaffen. Er denkt daran, Hitler die freie Stelle eines Gendarmeriekommissars in Hildburghausen in Thüringen zu geben. Die deutsche Presse spricht, als diese Absicht bekannt geworden ist, von »Schildburghausen«. Zu Beginn des Jahres 1932 erwägt der nationalsozialistische Staatsminister für Inneres und Volksbildung des Landes Braunschweig, Dietrich Klagges, Hitler an der Technischen Hochschule Braunschweig zum Professor für »Organische Gesellschaftslehre und Politik« zu ernennen. Da diese Absicht auf unüberwindbare Schwierigkeiten sowohl im Braunschweigischen Staatsministerium als auch in der Technischen Hochschule Braunschweig stößt, setzt sich Minister Klagges für die Ernennung Hitlers zum Regierungsrat bei der braunschweigischen Vertretung in Berlin ein. Er unterbreitet dem Vorsitzenden des Braunschweigischen Staatsministeriums, Küchenthal, folgenden Antrag:

Die Lage der braunschweigischen Wirtschaft hat sich auch in den letzten Monaten weiterhin stark verschlechtert. Stilllegungen, Betriebseinschränkungen und Entlassungen von Arbeitern sind an der Tagesordnung.

Dieser Zustand ist nicht nur für die Wirtschaft, sondern durch den Rückgang der Steuereinnahmen und durch das Steigen der Wohlfahrtslasten auch für den Staat, die Gemeinden und die Gemeindeverbände bedrohlich.

Es erscheint daher dringend erforderlich, mehr als bisher von seiten des Staates für die Belebung der braunschweigischen Wirtschaft und die Förderung ihrer Beziehungen zum übrigen Deutschland zu wirken.

Sofern eine geeignete Persönlichkeit für diese Aufgabe gewonnen werden kann, halte ich es für zweckmäßig, den Wirkungsbereich der braunschweigischen Vertretung beim Reich nach dieser Seite hin zu erweitern.

Wie mir bekannt geworden ist, würde Herr Adolf Hitler, München, bereit sein, in diesen Wirkungskreis einzutreten.

Ich halte Herrn Hitler nach jeder Richtung hin für dieses Amt für sehr geeignet und bin überzeugt, daß seine Tätigkeit dem Lande Braunschweig von Nutzen sein wird.

Da Herr Hitler zur Zeit staatenlos ist, legt er Wert darauf, daß eine eventuelle Berufung in einer Form erfolgt, die ihm zugleich die Rechte eines deutschen Staatsbürgers sichert.

Ich darf anheimgeben, entsprechende Maßnahmen zu veranlassen.

Am 25. Februar 1932 entspricht das Braunschweigische Staatsministerium dem Antrag des Ministers Klagges:

Das Braunschweigische Staatsministerium hat beschlossen, den Schriftsteller ADOLF HITLER in München, Prinzregentenplatz Nr. 16 II, geboren am 20. April 1889 in Braunau am Inn, mit Wirkung vom heutigen Tage im braunschweigischen Staatsdienste unter Ernennung zum Regierungsrat anzustellen, ihm die freie planmäßige Stelle eines Regierungsrats bei dem Landeskultur- und Vermessungsamt zu verleihen und ihn zugleich mit der Wahrnehmung der Geschäfte eines Sachbearbeiters bei der Braunschweigischen Gesandtschaft in Berlin zu beauftragen.

Die Aufgaben Hitlers werden insbesondere darin bestehen, für die Berücksichtigung der wirtschaftlichen Interessen des Landes Braunschweig in weitestem Umfange tätig zu sein, namentlich sich auch der Erlangung von Aufträgen für die braunschweigische Wirtschaft anzunehmen.

Mit der Beauftragung Hitlers ist eine Bestellung zum stellvertretenden Bevollmächtigten zum Reichsrate nicht verbunden.

Die haushaltsmäßige Übertragung der Stelle eines planmäßigen Regierungsrats von dem Landeskultur- und Vermessungsamte auf die planmäßigen Mittel der Gesandtschaft ist in

Aussicht genommen. Bis zur Übertragung der Stelle werden die Bezüge von dem Landeskultur- und Vermessungsamte, das entsprechend angewiesen ist, gezahlt werden.

Die über die Ernennung des Schriftstellers Adolf Hitler zum Regierungsrat ausgefertigte Urkunde ist diesem unmittelbar übersandt.

Am 26. Februar 1932 leistet Hitler im Gebäude der Braunschweigischen Gesandtschaft in Berlin den vorgeschriebenen Beamteneid. Durch die Ernennung zum Beamten eines deutschen Landes wird er deutscher Staatsbürger. Er kann von diesem Zeitpunkt an für alle öffentlichen Ämter kandidieren. Der Journalist Hans von Hülsen erlebt die Ernennung Hitlers zum Regierungsrat in Hitlers Berliner Hotel »Kaiserhof«:

In diesem Augenblick kam der, von dem wir sprachen, die paar Stufen in die Halle hinab, an der Spitze einer kleinen Gruppe von Herren, unter denen ich Goebbels, Göring und Rudolf Heß bemerkte. Sie waren sämtlich, wie Hitler selbst, in blaue Jackettanzüge gekleidet und trugen das Parteiabzeichen in der Rockklappe.

Ich ging kurz entschlossen auf Hitler zu, den ich seit München nicht gesehen, sagte, daß ich eben von seiner Ernennung zum Regierungsrat gehört, und gratulierte ihm dazu – wobei ich mir alle Mühe gab, meine Worte nicht allzu ironisch zu färben.

»Mir brauchen Sie nicht zu gratulieren. Aber Deutschland«, erwiderte er.

»Wie meinen Sie das, Herr Regierungsrat?«

Er besaß kein Organ für die Ironie anderer.

»Jetzt bin ich endlich auch formal das, was ich im Herzen immer war: ein Deutscher. Jetzt wird die Judenpresse nicht mehr schreiben können: ›Hitler, dieser hergelaufene Österreicher‹ ... Nun wollen wir sehen ...«

Damit ging er seinen Freunden nach, die sich inzwischen gesetzt hatten.

Am 27. Februar 1932 wird offiziell die Kandidatur Hitlers für das Amt des Reichspräsidenten bekanntgegeben. Die Al-

ternative heißt Hindenburg oder Hitler. Der preußische Ministerpräsident Otto Braun (SPD) schreibt darüber am 10. März:

Hindenburg oder Hitler. Zwischen beiden haben die Wähler zu entscheiden. Kann die Wahl schwerfallen? Man sehe die beiden Männer an. Hitler, dieser Prototyp des politischen Abenteurers, der durch eine aus dunklen Geldquellen gespeiste demagogische Agitation alle Desperados, Massen Verzweifelter und Hoffnungsloser wie alle jene Kreise, die aus kapitalistischer Profitgier und reaktionärer Gesinnung oder politischem Unverstand dem heutigen Volksstaat todfeindlich gegenüberstehen, um sich geschart und für sein nebelhaftes Drittes Reich gewonnen hat, das allen Volksgenossen alles, was sie wünschen, und zwar immer auf Kosten des anderen Teils, verspricht.

Demgegenüber Hindenburg, die Verkörperung von Ruhe und Festigkeit, von Mannestreue und hingebender Pflichterfüllung für das Volksganze, dessen Leben klar vor aller Augen liegt, der nicht zuletzt auch durch seine siebenjährige Amtsführung als Reichspräsident bewiesen hat, daß sich alle auf ihn verlassen können, die Deutschland vor dem Chaos bewahren und in friedlicher, schicksalsverbundener Zusammenarbeit aller Volkskreise aus dem jetzigen Wirtschaftselend aufwärtsführen wollen [...].

Mich trennt in Weltanschauung und politischer Einstellung eine tiefe Kluft von Herrn von Hindenburg. Doch hat das Menschliche, das heute in unserm öffentlichen Leben leider kaum noch Geltung hat, eine Brücke über die Kluft geschlagen, die uns zusammenführt und eint in dem Streben, jeder nach seiner Überzeugung, das Wohl. des Volkes zu fördern. Ich habe den Reichspräsidenten kennengelernt als einen Mann, auf dessen Wort man bauen kann, als einen Menschen reinen Wollens und abgeklärten Urteils, erfüllt von kantischem Pflichtgefühl, das ihn auch veranlaßt, trotz seines Alters und seiner begreiflichen Sehnsucht nach Ruhe erneut sich dem deutschen Volke zur Verfügung zu stellen und die schwere Bürde seines verantwortungsvollen Amtes auf sich zu nehmen.

Der Wahlkampf wird von der NSDAP unter Einsatz aller Mittel geführt. Die Parteipresse wird einer strengen Sprachregelung unterworfen:

Der im Januar 1932 anhebende Kampf um die Präsidentenwahl unterwarf zum erstenmal die gesamte nationalsozialistische Presse einer zentralen Steuerung. Tag für Tag sandte oder sprach das Büro des Reichspressechefs den Parteizeitungen Reportagen über Hitlers Deutschlandflug, Auflageartikel über »Grundsätze und Ziele der NSDAP« und Auszüge aus den Wahlreden der prominenten Führerschaft zu, mit der Anweisung, sie ungekürzt und gut plaziert abzudrucken. Gleichzeitig mußte der lokale Wahlkampf mit Aufrufen und Berichten der Gauleitung, der SA-Führung und der verschiedenen Unterorganisationen der Partei gebührend berücksichtigt werden. Darüber geriet allmählich das ganze Gefüge der Zeitung mit Druckterminen, mit Seiten- und Sacheinteilung in völlige Unordnung. Die selbständige Arbeit der Schriftleitung hörte auf; dafür durften wir uns mit der Korrektur und Redigierung der bei der Durchsage halb verstümmelten Reportagen und der in schlecht lesbaren Abzügen eintreffenden »Auflageartikel« abplagen. Das war wenig befriedigend, mußte aber mit Rücksicht auf den Wahlkampf wohl hingenommen werden. Viel schlimmer und bedrückender war die in den Reportagen und Artikeln an den Tag tretende Uniformierung und Verflachung, in denen sich, bei aller Großzügigkeit der bewußt amerikanische Vorbilder nachahmenden Organisation und Propagandatechnik, die auf eine dämonische und gewalttätige Vereinfachung gerichtete Sinnesart Hitlers mit kalter Brutalität enthüllte. Die große Masse mag das nicht erkannt haben; sie sah nur die vom »Propagandasturm« aufgepeitschte gewaltige Brandung der »Volksseele« zwischen Königsberg und Freiburg, Passau und Emden. Wir aber sahen die Untiefe, die Sandbank der oberflächlichen, zynischen, törichten, in schlechtem Deutsch geschriebenen Weisungen, darüber sich die Wellen erhoben.

Während des Wahlkampfes beschäftigt sich die deutsche Öffentlichkeit mit der homosexuellen Veranlagung des Stabs-

chefs der SA, Röhm. Oberleutnant zur See a. D. Helmut Klotz, ehemals Spitzenkandidat der NSDAP im Reichstagswahlkreis Baden, richtet an Persönlichkeiten des öffentlichen Lebens und der politischen Parteien ein Schreiben, in dem er ausführt:

Die anormale Veranlagung Röhms ist nicht erst seit kurzem bekannt. Bereits im Jahre 1925 wurde sie durch eine Diebstahlsaffäre, in die ein siebzehnjähriger Berliner verwickelt wurde, gerichtsnotorisch. In dem Prozeß, der unter dem Aktenzeichen 197 D 18/25 beim Amtsgericht Berlin-Mitte lief, bekundete der junge Mann, daß Herr Röhm von ihm einen widerlichen Geschlechtsverkehr verlangt habe. Es steht für mich außer Zweifel, daß Herrn Hitler die Veranlagung des Mannes, dem er eine der einflußreichsten Stellungen in seiner Umgebung übertrug, nicht verborgen geblieben ist. Zum mindesten muß sie ihm bekannt sein seit dem 28. Juli 1931, denn an diesem Tage ist an Hand eines amtlichen Gerichtsprotokolls von der Strafgerichtsabteilung des Amtsgerichts München die Echtheit der Briefe nachgewiesen worden, die ich Ihnen anschließend zur Kenntnis bringe. [. . .]

Ich verhehle durchaus nicht, daß eine tiefe Tragik darin liegt, wenn ein Mensch wie Röhm Sklave seiner anormalen Veranlagung ist; ich würde ihm menschliches Mitleid nicht versagen, wenn er sich mit seinen Verirrungen in der Stille abfände. Euer Hochwohlgeboren werden mir jedoch zustimmen, wenn ich feststelle, daß es einen Schlag gegen das preußische Führerprinzip, das die Nationalsozialisten so gern für sich in Anspruch nehmen, bedeutet, wenn ein so moralisch haltloser Mensch mit einer einflußreichen Führerstellung betraut wird. Daß Röhm die für einen Führer unerläßlichen moralischen Qualitäten nicht besitzt, beweist der Zynismus, mit dem er in seinen Briefen über seine anormale Veranlagung spricht.

Es zeugt aber von einer geradezu beispiellosen Verantwortungslosigkeit, wenn Hitler ausgerechnet *den* Mann als Vorgesetzten seiner SA-Leute duldet, der in einem seiner Briefe wörtlich erklärt, »daß man sich bei mir eben an diese verbrecherische Eigenheit in den nationalsozialistischen Kreisen gewöhnen hat müssen«.

Am Tag des ersten Wahlganges der Reichspräsidentenwahl, am 13. März 1932, trägt Goebbels in sein Tagebuch ein:

Der entscheidende Tag ist gekommen. Es mag nun ausgehen wie es will. Wir haben unsere Pflicht getan.

Mittags erhalte ich auf dem Büro vertrauliche Mitteilung von einem von Provokateuren auf Brüning geplanten Attentat. Ich fahre gleich in die Reichskanzlei und mache Staatssekretär Pünder darauf aufmerksam. Auf jeden Fall will ich die Partei sichern. Man weiß nicht, was kommt.

Überall herrscht Siegesstimmung. Ich bin etwas skeptisch.

Abends zu Hause große Gesellschaft. Alles, was Beine hat, ist da. Wir hören am Rundfunk die Wahlergebnisse. Langsam tropfen die Meldungen ein. Es steht sehr faul. Gegen 10 Uhr kann man einen Überblick gewinnen. Wir sind geschlagen; furchtbare Aussichten. Wir haben uns nicht so sehr getäuscht in der Einschätzung unserer Stimmen als in der Einschätzung der Chancen für die Gegenseite. Es fehlen ihr nur 100 000 Stimmen an der absoluten Mehrheit. KPD hat vollkommen versagt. Wir haben seit September 1930 86 Prozent zugenommen; aber was hilft das alles. Unsere Parteigenossenschaft ist auf das tiefste deprimiert und mutlos. Wir können uns jetzt nur durch einen kühnen Wurf retten.

Ich telefoniere in der Nacht mit dem Führer. Er hat absolut die Fassung behalten und steht über der Situation. Ich habe auch niemals etwas anderes von ihm erwartet. Wir hatten unser Ziel zu hoch gesteckt; aber trotzdem war es kein Fehler, daß wir in diesen Wahlgang gingen. Verlorene Schlachten schaden nicht so viel wie Schlachten, denen man ausweicht. Wenn wir jetzt trotzig wieder an die Arbeit gehen, dann können wir die Scharte auswetzen.

Der Führer ist auch sofort dazu entschlossen. Er zögert keinen Augenblick, den Kampf aufs neue aufzunehmen. Das gibt seiner ganzen Umgebung wieder Mut.

Der erste Wahlgang der Reichspräsidentenwahl am 13. März bringt folgendes Ergebnis:

	Stimmen	Prozentanteil
Duesterberg	2 557 876	6,81
Hindenburg	18 661 736	49,45
Hitler	11 338 571	30,23
Thälmann	4 982 079	13,23
Winter	111 470	0,28
Abgegebene gültige Stimmen	37 660 337	

Die absolute Mehrheit würde 18 830 189 Stimmen betragen. Hindenburg fehlen also rund 170 000 Stimmen. Beinahe ein Drittel der Wahlberechtigten hat Hitler gewählt – ein Umstand, der das Interesse an Hitler erhöht. – Der in Berlin lehrende Historiker Friedrich Meinecke richtet, besorgt über die Radikalisierung der politischen Auseinandersetzung, ein »Osterwort an die deutsche Jugend«:

Das dumpfe Schweigen in den Hörsälen aber, von dem wir sprachen, wird ab und an unterbrochen durch Explosionen der zusammengepreßten Gemüter. Die Hitler-Bewegung hat einen großen Teil der akademischen Jugend erfaßt. Es steht jetzt bei der Hindenburg-Wahl tatsächlich beinahe so, daß das ältere Deutschland das jüngere Deutschland fest am Ärmel packen und von dem Abgrund zurückziehen muß, in den es in seiner Aufregung zu stürzen sich anschickt. Wäre es einer der gewöhnlichen Kämpfe zwischen älterer und jüngerer Generation, um den es sich heute handelt, so müßte man den Feldzug, trotz der jetzt gewonnenen Schlacht, schon von vornherein als geschichtlich verloren ansehen. Aber auch da fällt durch den Wolkenhimmel ein Sonnenstrahl von Vorfrühling hinein. Es sind ja ganz singuläre Ursachen, die mit der Mentalität von alt und jung nichts zu tun haben, es sind die politischen und wirtschaftlichen Auswirkungen des unseligen, jetzt selbst von einsichtigen Franzosen als Unheil erkannten Versailler Friedens, die den Nährboden der Hitler-Bewegung bilden und die deutsche Jugend jetzt am schwersten getroffen haben.

Klaus Mann, ein Sohn von Thomas Mann, erlebt zu diesem Zeitpunkt Hitler als Tischnachbar in der Münchner »Carlton-Teestube«:

Zwei Fragen waren es vor allem, die mich beschäftigten, während dieser dreißig Minuten unheimlicher Nachbarschaft: Erstens, worin lag das Geheimnis seiner Wirkung, seiner Faszination? Und, zweitens, an wen erinnerte er mich, wem sah er ähnlich? Ohne Frage, er glich einem Mann, den ich nicht persönlich kannte, aber dessen Porträt ich oft gesehen hatte. Wer war es nur? Nicht Charlie Chaplin. Beileibe nicht! Chaplin hat das Schnurrbärtchen, aber doch nicht die Nase, die fleischige, gemeine, ja obszöne Nase, die mich sofort als das garstigste und am meisten charakteristische Detail der Hitlerschen Physiognomie beeindruckt hatte. Chaplin hat Charme, Anmut, Geist, Intensität – Eigenschaften, von denen bei meinem schlagrahmschmatzenden Nachbarn durchaus nichts zu bemerken war. Dieser erschien vielmehr von höchst unedler Substanz und Beschaffenheit, ein bösartiger Spießer mit hysterisch getrübtem Blick in der bleich gedunsenen Visage. Nichts, was auf Größe oder auch nur auf Begabung schließen lassen konnte!

Da beim ersten Wahlgang kein Kandidat die absolute Mehrheit erreicht hat, ist ein zweiter notwendig. Er wird auf den 10. April 1932 festgesetzt. Alle Parteien und Organisationen verstärken ihre propagandistische Tätigkeit. Die NSDAP führt den Wahlkampf in amerikanischem Stil. Auf seinem ersten Deutschlandflug vom 3. bis 10. April spricht Hitler in Dresden, Leipzig, Chemnitz, Plauen, Berlin, Potsdam, Lauenburg, Elbing, Königsberg, Würzburg, Nürnberg, Regensburg, Frankfurt am Main, Darmstadt, Düsseldorf, Essen, Münster, Schwenningen, Stuttgart und München. Er kann seinen Stimmenanteil steigern – gewählt wird am 10. April 1932 der bisherige Reichspräsident von Hindenburg. Die insgesamt abgegebenen 36 588 140 Stimmen verteilen sich so:

	Stimmen	Prozentanteil
Hindenburg	19 367 688	52,93
Hitler	13 419 603	36,68
Thälmann	3 705 898	10,13
Ungültig	94 951	0,26

»Alle Macht Adolf Hitler«

Tumulte und Gewalttätigkeiten im Reichstag und in den Landtagen, Zusammenstöße, Schlägereien und bürgerkriegähnliche Straßenschlachten bei Versammlungen und Demonstrationen und die Erfolge Hitlers bei den beiden Wahlgängen der Reichspräsidentenwahl bestimmen die Regierung des Reichskanzlers Brüning, die sich durch die Wiederwahl Hindenburgs bestätigt fühlt, zu Maßnahmen gegen die Kampfverbände der NSDAP – gegen SA und SS. Am 5. April 1932 sind bei der NSDAP, der SA und ihren Führern Haussuchungen vorgenommen worden. Drei Tage nach dem zweiten Wahlgang erläßt die Reichsregierung am 13. April ein Verbot von SA und SS. In der amtlichen Begründung erklärt sie:

Die Sturmabteilungen und Schutzstaffeln und sonstige militärähnliche Organisationen der NSDAP sind heute durch eine Verordnung des Herrn Reichspräsidenten aufgrund des Artikels 48 der Reichsverfassung aufgelöst worden. Die Reichsregierung hat dem Herrn Reichspräsidenten diese Maßnahme einstimmig empfohlen.

Die Auflösung dieser Organisationen ist gemäß den Grundgesetzen des staatlichen Lebens notwendig, um die öffentliche Sicherheit und Ordnung aufrechtzuerhalten und die Staatsautorität vor weiteren schweren Beeinträchtigungen zu bewahren.

Die genannten Organisationen sind, wie bekannt, in allen äußeren Dingen bis in Kleinigkeiten den militärischen Formationen nachgebildet. Sie stellen ein Privatheer dar, ein Parteiheer, wenn auch zum Teil unbewaffnet. Hunderttausende sind bei unbedingter Befehlsgebundenheit zum Teil mit kasernenmäßiger Unterbringung in Aktionsgruppen gegliedert, die wie militärische oder polizeiliche Mannschaften auftreten können und aufgetreten sind. Auch ohne schwere Waffen können solche Gruppen jederzeit Gewalthandlungen durchführen und Teile der Bevölkerung unter den Druck eines Zwanges stellen. [...]

Nun sind von den Führern der aufgelösten Organisationen Loyalitätserklärungen abgegeben worden. Selbst wenn solche Erklärungen völlig ernst gemeint sind und hinter ihnen der Wille steht, an der Gesetzmäßigkeit festzuhalten, so ist doch unzweifelhaft, daß in einem Rechtsstaat die Gewalt lediglich bei den verfassungsmäßigen Organen des Staates selbst organisiert sein darf. Jede private Gewaltorganisation kann deshalb ihrem Wesen nach keine legale Einrichtung sein.

Der ehemalige Kronprinz Wilhelm wendet sich am 14. April 1932 wegen des erlassenen Verbotes an Reichswehr- und Reichsinnenminister Groener:

Es ist mir auch unverständlich, wie gerade Sie als Reichswehrminister das wunderbare Menschenmaterial, das in der SA und SS vereinigt ist und das dort eine wertvolle Erziehung genießt, zerschlagen helfen, wo doch die außenpolitischen Zustände, man denke nur an den ungeheuren Rechtsbruch in Memel, uns jeden Augenblick zu einem Konflikt mit Polen führen können.

Dann ist es aber doch meiner Ansicht nach von allergrößtem Wert, daß die jungen Mannschaften, die im Stahlhelm und in den Verbänden der Nationalsozialistischen Partei im nationalen Geist und im Wehrsport vorgebildet sind, ein gutes und zuverlässiges Reservoir für das dann aufzustellende Heer darstellen. Wie das Reichsbanner und ähnliche Formationen der Linken im Ernstfalle als Ergänzung der Reichswehr zu bewerten sein dürften, darüber besteht bei mir, bei den meisten Reichswehroffizieren und bei allen Persönlichkeiten, die im Grenzschutz tätig gewesen sind, auch nicht der geringste Zweifel. Meines Erachtens werden noch erhebliche Teile der Reichswehr und der Schutzpolizei dazu notwendig sein, um diese Elemente von Sabotageakten abzuhalten.

Das Uniformverbot des Stahlhelms und die Auflösung der SA und SS muß in den nationalen Kreisen das Vertrauen zum Reichswehrministerium auf das schwerste erschüttern. Da es von jeher mein Bestreben gewesen ist, persönlich ein Vertrauensverhältnis zwischen dem Reichswehrministerium und den nationalen Verbänden – speziell auch der NSDAP – herzustellen, werden Euer Exzellenz verstehen, wie schmerzlich dieser Schritt, zu dem Sie Ihren Namen gegeben haben, berühren muß.

Hitler wendet sich am gleichen Tag an die Öffentlichkeit, indem er die Wählerinnen und Wähler auffordert, bei den Landtagswahlen am 24. April 1932 die Antwort auf das ergangene Verbot zu geben:

Unsere Antwort auf diesen neuen Verzweiflungsschlag des Systems wird keine Parade, sondern ein Hieb sein. Am 24. April ist der Tag der Vergeltung. Zu dem Zweck empfehle ich Euch, meine ehemaligen Kameraden der SA und SS, folgendes an: 1. Ihr seid von jetzt ab nur noch Parteigenossen. 2. Ihr erfüllt als Parteigenossen Eure Pflicht, indem Ihr Euch in den Sektionen und Ortsgruppen zur politischen Wahlarbeit als Parteigenossen freiwillig mehr als je zur Verfügung stellt. 3. Gebt den augenblicklichen Machthabern keinen Anlaß, unter irgendwelchen Vorwänden die Wahlen aussetzen zu können. 4. Verliert nicht den Glauben an die Zukunft unseres Volkes, an die Größe unseres Vaterlandes und an den Sieg unserer Sache, die beiden dienen soll. Ich werde mein Letztes hergeben für diesen Kampf und damit für Deutschland. Denn trotz General Groener: Solange ich lebe, gehöre ich Euch und Ihr gehört mir.

Im Rahmen des Wahlkampfes für die Landtagswahlen führt Hitler vom 16. bis 24. April 1932 seinen zweiten Deutschlandflug durch. Er spricht in Augsburg, Donauwörth, Rosenheim, Traunstein, Miesbach, München, Beuthen, Görlitz, Breslau, Königsberg, Allenstein, Lyck, Halle an der Saale, Kassel, Marburg an der Lahn, Bad Kreuznach, Koblenz, Trier, Frankfurt an der Oder, Neuruppin, Berlin, Winsen, Altona,

Kiel und Flensburg. Das Thema des Wahlkampfes ist das SA-Verbot. Über die Einstellung der Offiziere der Reichswehr dazu berichtet am 19. April der britische Militärattaché in Berlin, Oberst i. G. Andrew Thorne, an den britischen Botschafter in Berlin, Sir Horace Rumbold:

In Gesprächen mit verschiedenen Stabsoffizieren wie mit vielen Offizieren der unteren Rangstufen fand ich eine deutlich geäußerte Ablehnung gegenüber der Aktion des Reichswehrministers, die SA und SS-Einheiten sowie deren gesamte militärische Tätigkeit zu unterdrücken. Zur Zeit ist der Reichswehrminister unter den Heeresoffizieren, die dazu neigen, ihn als einen »Verräter« an ihrer Sache zu betrachten, noch unpopulärer geworden. Lediglich General von Hammerstein zeigt keine derartigen Vorurteile.

Die Offiziere insgesamt fühlen, daß die Nazi-Bewegung das beste verfügbare Mittel ist, die Jugend des Landes, für die ja kein Dienst in der Armee möglich ist, zu disziplinieren. Das hält sie auch aus den Reihen der Kommunisten heraus. Dazu ist es für die Deutschen als Gesamtheit eine reizvolle Methode, ihre Hingabe gegenüber dem Lande auszudrücken.

Sie fürchten, daß die amtliche Unterdrückung nicht den Erfolg haben wird, diese militärische Aktivität der Nazis zu vermindern, sondern sie in den Untergrund zu treiben, wie es in Irland mit der Irish Republican Army (IRA) der Fall war, nachdem Präsident Cosgrave diese Organisation für illegal erklärt hatte.

Über den Verlauf der Wahlversammlung der NSDAP am 23. April 1932 in Lokstedt berichtet eine Hamburger Lehrerin, Frau Luise Solmitz:

Sommerlich heiß strahlte die Aprilsonne und gestaltete alles zu einem Bild fröhlichster Erwartung. Tadellose Ordnung und Disziplin, obwohl die Polizei den ganzen Platz den Ordnern überließ und sich am Rande aufhielt. Keiner sagte »Hitler«, immer nur »der Führer«. »Der Führer sagt«, »Der Führer will«, und was der sagte und wollte, das schien richtig und gut. Die Stunden gingen hin, die Sonne strahlte, die Erwartung stieg. Im Hintergrund auf dem Rand der Bahn Trägerkolonnen, wie Munitionsträger. Was sie schleppten, waren Kästen mit Bier. Flieger über uns. Prüfung der Lautsprecher, Surren der Kinoapparate. Es ging auf 3 Uhr. »Der Führer kommt!« Ein Ruck ging durch die Massen. Um die Rednertribüne sah man Hände zum Hitler-Gruß erhoben. Ein Redner eröffnete die Versammlung, schalt aufs »Syschtem«, keiner hörte auf ihn. Ein zweiter Redner hieß Hitler willkommen und gab den Weg frei für den, der 120 000 Menschen zu sich gezogen hatte, Menschen aller Stände und jeden Alters. Da stand Hitler im einfachen schwarzen Rock und blickte wartend über die Menge. Ein Wald von Hakenkreuzfähnlein rauschte empor, in brausendem Heilruf machte sich der Jubel über diesen Augenblick Luft. Dann sprach Hitler. Hauptgedanke: Aus Parteien soll ein Volk werden, das deutsche Volk. Er geißelte das »System«. (»Ich möchte wissen, was an diesem Staat noch zu ruinieren ist!«) »Auf der Fahrt hierher sind mir Sozialisten entgegengetreten mit einem Plakat ›Adolf Hitler, kehre um!‹ Vor dreizehn Jahren bin ich ein einfacher unbekannter Soldat gewesen, ich bin meinen Weg gegangen, umgekehrt bin ich nie. Auch jetzt kehre ich nicht um.« Im übrigen enthielt er sich persönlicher Angriffe und auch unbestimmter und bestimmter Versprechungen. Die Stimme war heiser vom vielen Reden der letzten Tage.

Als die Rede beendet war, erhob sich brausender Jubel und Beifall. Hitler grüßte, dankte, das »Deutschlandlied« tönte über die Bahn. Man half Hitler in den Mantel. Dann ging er.

Wie viele sehen zu ihm auf in ergreifender Gläubigkeit als dem Helfer, Erretter, als dem Erlöser aus übergroßer Not. Zu ihm, der den preußischen Prinzen, den Gelehrten, den Geistlichen, den Bauern, den Arbeiter, den Erwerbslosen aus der Partei rettet ins Volk hinein.

Am 24. April 1932 finden Landtagswahlen in Preußen, Bayern, Württemberg, Anhalt und Hamburg statt. In Preußen erhält die NSDAP 38,3 Prozent der abgegebenen gültigen Stimmen und 162 (bisher 6) von 423 Sitzen. In Bayern erreicht sie 33,5 Prozent der abgegebenen gültigen Stimmen und

43 (bisher 6) von 128 Sitzen. In Württemberg gewinnt sie 28,7 Prozent der abgegebenen gültigen Stimmen und 23 (bisher 1) von 80 Sitzen. In Anhalt erzielt sie 41,6 Prozent der abgegebenen gültigen Stimmen und 15 (bisher 1) von 36 Sitzen. In Hamburg erhält sie 31,8 Prozent der abgegebenen gültigen Stimmen und 51 (bisher 43) von 160 Sitzen. Die ausländische Presse schenkt dem Ausgang der Landtagswahlen große Beachtung. Die »Times« schreibt am 26. April 1932:

Unter Hitlers Anhängern befinden sich viele ernste junge Leute, aber auch viele unbesonnene und skrupellose. Der letztere Teil seiner Gefolgschaft hat seit langem die Aufgabe der legalen Kampfmethoden gefordert. Hitlers Politik des legalen Aufstieges zur Macht ist durch den Wahlerfolg vom letzten Sonntag gestärkt worden. Seine eigenen Extremisten werden jetzt die Berechtigung dieser Politik anerkennen müssen.

Hitler hat aufgehört, ein Revolutionär zu sein. Er ist ein einflußreicher Demagoge geworden. Bald wird er vielleicht ein verantwortungsbewußter Politiker werden. Er wird in seiner neuen Machtstellung mehr als bisher mit den Führern der anderen Parteien in Fühlung kommen, und seine Leute im Parlament werden sich an parlamentarische Arbeit gewöhnen, die schließlich auf Geben und Nehmen, auf Verhandlungen und Kompromissen beruht.

In Preußen, Bayern, Württemberg und Hamburg bleiben die bisherigen Regierungen geschäftsführend im Amt, da die Bildung neuer Regierungen scheitert. In Anhalt wird am 21. Mai 1932 der nationalsozialistische Abgeordnete Freyberg zum Ministerpräsidenten ernannt. Er ist der erste nationalsozialistische Ministerpräsident. Die nationalsozialistischen Erfolge verschärfen die innenpolitische Situation. Die Ansicht verbreitet sich, auf die Dauer könne nicht gegen die Rechtsgruppen regiert werden, der Staat dürfe nicht links stehen. Reichspräsident von Hindenburg und seine Umgebung neigen zu der Auffassung, eine Kursänderung sei angezeigt. Im Reichstag kommt es zwischen dem 9. und 12. Mai zu tumultuarischen Auseinandersetzungen. Am 12. Mai tritt Groener als Reichswehrminister mit der Absicht zurück, Reichsinnenminister zu bleiben. Reichstagspräsident Paul Löbe (SPD) sieht sich veranlaßt, durch den Berliner Vizepräsidenten Bernhard (Goebbels nennt ihn seit Jahren »Isidor«) Weiß und mehrere Polizeibeamte vier nationalsozialistische Abgeordnete im Sitzungssaal des Reichstags verhaften zu lassen. Angesichts dieser Situation hält sich Reichspräsident von Hindenburg für verpflichtet, am 15. Mai 1932 Hitler und Göring zu empfangen:

6.15 Uhr empfing der Herr Reichspräsident die Führer der Nationalsozialistischen Deutschen Arbeiterpartei Adolf Hitler und Abgeordneten Göring. Auf die Aufforderung des Herrn Reichspräsidenten, sich zur gesamtpolitischen Lage zu äußern, legte Hitler zusammenhängend seine politische Auffassung dahin dar, daß nach seiner Meinung Außenpolitik, Wirtschaftspolitik und Innenpolitik untrennbar verbunden wären. Man müsse eine starke innenpolitische Basis schaffen; dies könne nur durch alsbaldige Neuwahl des Reichstags geschehen. Auf dieser Basis könne dann eine nationale Regierung auf längere Sicht kraftvoll und erfolgreich arbeiten; eine Regierung, die das Vertrauen des Volkes habe, könne auch mit mehr Recht als die bisherige Opfer verlangen. Grundsätzlich seien er und seine Bewegung auf dieser Grundlage zur Mitwirkung bereit, ohne daß er für die personelle Zusammensetzung des Reichskabinetts Bedingungen stelle. Die einzige Voraussetzung für eine ersprießliche Zusammenarbeit mit einer vom Herrn Reichspräsidenten gebildeten neuen Regierung sei für ihn erstens die möglichst rasche Auflösung des Reichstags und die Neuwahl eines Reichstags, welcher der Volksstimmung entspräche, und zweitens die alsbaldige Aufhebung der die NSDAP diffamierenden Verordnungen, insbesondere das SA-Verbot.

Im Preußischen Landtag kommt es zu Schlägereien zwischen Kommunisten und Nationalsozialisten. Nicht frei von Stolz darüber notiert Goebbels am 28. Mai in sein Tagebuch:

Im Plenum kommt es zum Ausbruch der bis zur Siedehitze angespannten Erregung. Einer von uns wird von den Kommunisten als Mörder beschimpft. Der bolschewistische Fraktionsführer Pieck provoziert auf das maßloseste von der Rednertribüne herab. Ein Kommunist schlägt einem Parteigenossen mitten ins Gesicht. Das ist das Signal zur Abrechnung. Sie ist kurz, aber bündig und wird mit Tintenfässern und Stühlen ausgefochten. In drei Minuten sind wir allein im Saal. Die Kommunisten sind herausgeprügelt, während die Mittelparteien in der vorzeitigen Flucht ihr Heil gesucht haben. Unsere Fraktion singt das »Horst-Wessel-Lied«. Acht Schwerverletzte aus verschiedenen Parteien. Das war ein warnendes Beispiel. So allein kann man sich Respekt verschaffen. Das Plenum bietet den Anblick einer grandiosen Verwüstung. Wir stehen als Sieger auf den Trümmern.

Am 29. Mai 1932 findet die Neuwahl des durch Volksentscheid vom 17. April aufgelösten Oldenburger Landtags statt. Die NSDAP erzielt 48,5 Prozent der abgegebenen gültigen Stimmen und 24 (bisher 19) von 46 (bisher 48) Sitzen. Sie erreicht zum erstenmal in einem Landesparlament die absolute Mandatsmehrheit. Sie bildet eine nationalsozialistische Landesregierung unter dem Gauleiter Weser-Ems, Carl Röver, als Ministerpräsidenten. Am 30. Mai sieht sich Reichskanzler Brüning gezwungen, dem Reichspräsidenten seinen Rücktritt anzubieten, da er sein Vertrauen nicht mehr besitzt. Alfred Rosenberg schreibt im »Völkischen Beobachter« dazu:

Wenn einmal die Geschichte der letzten zwei Monate geschrieben werden wird, dann wird das schicksalhafte Abbröckeln, Zusammensinken des hoffnungslosen Systems erst recht plastisch erscheinen. Aber für heute genügt es, festzustellen, daß die zähesten Widerstände auf dem Siegeszug der deutschen Freiheitsbewegung überwunden sind. Mit größtem Ernst wird sich der Nationalsozialismus für seine große Sendung vorbereiten, ohne Kleinlichkeit wird er die besten Kräfte heranziehen, um sie der deutschen Zukunft dienstbar zu machen. Er wird auch heute, da Brüning gefallen ist, diesen nicht ohne Not demütigen wollen.

Die Losung für das ganze schaffende Volk aber heißt heute mehr denn je: Alle Macht Adolf Hitler.

»Financial News« schreibt am 31. Mai 1932:

Mit Dr. Brüning verschwindet ein Bollwerk gegen die Extreme von links und rechts.

»Giornale d'Italia« kündigt am 1. Juni 1932 an:

Es ist klar, daß man in Deutschland einer Herrschaft Hitlers entgegengeht, die die natürliche Herrschaft der nationalen Mehrheit sein wird und dem Willen des Volkes entspricht.

An demselben Tag ernennt Reichspräsident von Hindenburg den früheren Zentrumsabgeordneten Franz von Papen zum Reichskanzler, der ein Präsidialkabinett, eine lediglich vom Vertrauen des Reichspräsidenten getragene Reichsregierung, bildet. Da Papen nicht in der Lage ist, im Reichstag eine Mehrheit zu finden, löst Reichspräsident von Hindenburg am 4. Juni den am 14. September 1930 gewählten Reichstag auf. Die Neuwahlen werden auf den spätestmöglichen Termin, den 31. Juli 1932, anberaumt. Am 5. Juni finden in Mecklenburg-Schwerin Landtagswahlen statt. Die NSDAP erhält 48,9 Prozent der abgegebenen gültigen Stimmen und 30 von 59 Sitzen. Sie erzielt die absolute Mehrheit und bildet am 13. Juli eine nationalsozialistische Landesregierung. Am 13. Juni empfängt Reichskanzler von Papen Hitler, der die Aufhebung des Verbotes von SA und SS fordert. Gegen den Widerstand der Länderregierungen von Bayern, Württemberg und Baden hebt die Reichsregierung am 14. Juni das SA-, SS-, Uniform- und Demonstrationsverbot auf. Der Parteivorstand der SPD protestiert gegen diese Maßnahme:

Wir erheben schärfsten Protest gegen die Politik der Reichsregierung, die innerhalb von sechs Wochen, nicht zuletzt durch die Aufhebung des SA-Verbotes und durch die Freigabe ihrer Uniformen, bürgerkriegähnliche Zustände in ganz Deutschland ausgelöst hat.

Täglich wachsende Zahlen von Toten und Schwerverletzten stellen die furchtbarste Anklage gegen eine Politik dar, die bestimmt wurde durch offenkundige Begünstigung gegenüber der verfassungsfeindlichen Nationalsozialistischen »Arbeiter«-Partei. Die sechswöchige Bilanz des neuen Kurses ist gekennzeichnet durch eine Herabdrückung der Existenzbedingungen von Millionen Volksgenossen unter die Hungergrenze, durch eine Verwilderung der politischen Sitten, die vor dem Leben der eigenen Volksgenossen und vor der Ehre wehrloser Frauen nicht haltmacht, durch eine Erschütterung der Reichseinheit und jeder Staatsautorität, wie sie selbst in den schlimmsten Nachkriegsjahren nicht in Erscheinung getreten ist.

Das sind die Folgen einer fortgesetzten Begünstigung verfassungsfeindlicher Kräfte, während die Bemühungen verfassungstreuer Länderregierungen, Ordnung und Ruhe aufrechtzuerhalten, durch Maßnahmen der Reichsregierung durchkreuzt werden. Die Fortsetzung dieses Kurses beschwört unübersehbare Gefahren für Reich und Volk herauf. Wir mahnen vor aller Welt in letzter Stunde zu grundsätzlicher Umkehr.

Am 19. Juni erfolgt die Neuwahl des durch Urteil des hessischen Staatsgerichtshofs vom 9. Mai 1932 aufgelösten hessischen Landtags. Die NSDAP erringt 43,9 Prozent der abgegebenen gültigen Stimmen und 32 (bisher 27) von 70 Sitzen. Der Wahlkampf für die Reichstagswahlen vom 31. Juli versetzt Deutschland in einen bürgerkriegähnlichen Zustand. Es kommt zu tätlichen Auseinandersetzungen und blutigen Kämpfen, die den Charakter von Straßenschlachten annehmen. Am »Blutsonntag« von Altona, dem 17. Juli, werden anläßlich eines SA-Propagandamarsches 17 Menschen getötet und 64 verletzt. Der preußische Innenminister Severing berichtet:

Der nächste Sonntag, der 17. Juli, schlug einen neuen Rekord an Tötungen und Verletzungen. Die schwersten Ausschreitungen spielten sich in Altona ab. Der Regierungspräsident von Schleswig hatte, um den polizeilichen Schutz nicht zu zersplittern, jeder Partei einige Versammlungen genehmigt, aber auch jeder Partei andere verboten. Zu den genehmigten Versammlungen gehörte eine in Altona. Der Polizeipräsident Eggerstedt war der Meinung, daß im Hinblick auf die Politik der Reichsregierung, die das Demonstrationsverbot aufgehoben hatte, die Altonaer Demonstration zu genehmigen sei, weil im anderen Falle die Nationalsozialisten auf entsprechende Beschwerden bei den maßgebenden Reichsstellen doch

Recht bekommen hätten. Das aber wäre ein Schlag für die Autorität der Behörde gewesen, dem nur eine weitere Verwilderung der politischen Sitten gefolgt wäre. Als bekanntgeworden war, daß der geplante Umzug der Nationalsozialisten an diesem Tage mit Genehmigung der Polizeibehörde stattfinden konnte, verlangte am Sonnabend, dem 16. Juli, eine Delegation der Kommunisten das Verbot der Veranstaltung. Sollte der Polizeipräsident sich zu diesem Verbot nicht entschließen können, würden die Kommunisten – wie sie sagten – »zur Selbsthilfe« greifen. Diese sogenannte Selbsthilfe wurde dann auch gründlich vorbereitet. In einem Aufruf der kommunistischen »Hamburger Volkszeitung«, der die Leidenschaften noch ganz besonders aufpeitschte, hieß es u. a.: »Am morgigen Sonntag will die braune Mordpest der SA mit Zustimmung des sozialdemokratischen Polizeipräsidenten Eggerstedt in Altona aufmarschieren. Wie wir aus zuverlässiger Quelle erfahren, sind dazu SA-Abteilungen auch aus dem Bezirk mobilisiert. Der Massenselbstschutz der antifaschistischen Aktion muß in erhöhter Alarmbereitschaft gemeinsam mit dem gesamten klassenbewußten Proletariat Altonas dafür sorgen, daß Altona nicht ein zweites Eckernförde wird.« Dem Polizeipräsidenten wurde dazu von der Hamburger Polizei fernmündlich mitgeteilt, daß auch die Kommunisten in Hamburg alarmiert seien und sich in einer Straße in Altona, die unmittelbar an Hamburg stößt, treffen sollten. Die Hamburger Polizei hatte sich übrigens erboten, Altona zwei Bereitschaften für einen besonders ernsten Fall zur Verfügung zu halten.

Der Umzug der Nationalsozialisten mit einer Beteiligung von ungefähr 7 000 Personen erlitt in den ersten zwei Stunden keine wesentlichen Störungen. Plötzlich wurde aus und von den Häusern geschossen, an denen die Spitze des Zuges vorüberzog. Auch die Polizeibeamten waren Ziele der Dachschützen. In einer späten Nachtstunde sind von der Polizei, die zum Schluß auch Panzerwagen eingesetzt hatte, die Opfer dieses Blutsonntags festgestellt worden. Es ergab sich dabei, daß auf seiten der Zivilpersonen 17 Tote zu beklagen waren. Davon gehörten zwei der NSDAP und vier der KPD an. Die

Parteizugehörigkeit der übrigen Toten konnte nicht einwandfrei festgestellt werden. An Verletzten waren in die Krankenhäuser 64 Personen eingeliefert. Von den Polizeibeamten waren zwei leicht verletzt.

Hitler spricht im Rahmen seines dritten Deutschlandfluges vom 15. bis 30. Juli in München, Berlin, Königsberg, Tilsit, Gumbinnen, Lötzen, Ortelsburg, Osterode, Riesenburg, Königsberg, Schneidemühl, Kottbus, Stralsund, Kiel, Hamburg, Lüneburg, Bremen, Hannover, Braunschweig, Göttingen, Liegnitz, Waldenburg, Neiße, Gleiwitz, Zittau, Bautzen, Dresden, Leipzig, Dessau, Elberfeld, Duisburg, Gladbeck, Bochum, Osnabrück, Sondershausen, Erfurt, Gera, Hildburghausen, Eberswalde, Brandenburg, Berlin, Aachen, Köln, Frankfurt am Main, Wiesbaden, Reutlingen, Neustadt a. d. H., Freiburg i. Br., Radolfzell, Kempten, Bayreuth, Nürnberg und München. Unter seinen Zuhörern ist auch der Indologe Helmuth von Glasenapp:

Ich hörte Adolf Hitler zum ersten Male am 16. Juli 1932 in Osterode; im Gegensatz zu den ostpreußischen Gutsbesitzern aus der Umgegend, mit denen ich den Vortrag besuchte, fand ich ihn weder interessant noch faszinierend. Ich hätte nach dem Eindruck seiner Persönlichkeit, wie ich ihn gewonnen hatte, ihn eher für einen Schwätzer gehalten als für einen Mann, der skrupellos über Leichen ging. Ich konnte zwar verstehen, daß die idealistische, aber unerfahrene Jugend sich für ihn begeistern ließ, daß aber geistig nicht unbemittelte Männer, sogar anerkannte Professoren der Psychologie, sich von ihm täuschen ließen, war mir unbegreiflich.

Am 20. Juli 1932 führt die Reichsregierung des Reichskanzlers Franz von Papen den »Preußenschlag« – aufgrund des Artikels 48 der Reichsverfassung wird Reichskanzler von Papen als Reichskommissar für Preußen eingesetzt, so wie es der nationalsozialistische Landtagspräsident Hanns Kerrl am 19. Juli gefordert hat. Die geschäftsführende preußische Regierung des Ministerpräsidenten Braun wird als abgesetzt erklärt. Über Berlin und über die Provinz Brandenburg wird vom 20. bis 26. Juli der Ausnahmezustand verhängt. Süddeutsche Regierungen protestieren gegen das Vorgehen der Reichsregierung. Der »Völkische Beobachter« schreibt:

Die Liquidierung der Novemberherrschaft. Der Anfang ist gemacht – wir werden sie zu Ende führen.

Die am 31. Juli 1932 durchgeführten Reichstagswahlen erbringen eine Stärkung der radikalen Flügel:

	Stimmen	Anteil i. %	Sitze
1. Sozialdemokraten	7 951 245	22,16	133
2. Nationalsozialisten	13 732 779	37,3	230
3. Kommunisten	5 278 094	14,3	89
4. Zentrum	4 586 501	12,82	76
5. Deutschnationale und	2 172 941	6,06	45
Deutsche Volkspartei	(434 548)	(1,22)	
8. Staatspartei	371 378	1,04	4
9. Bayerische Volkspartei und	1 190 453	3,29	22
Wirtschaftspartei	(146 061)	(0,41)	
11. Christlich Soziale	364 749	1,02	4
12. Deutsche Bauernpartei	137 081	0,38	2
14. Landbund	96 859	0,27	2
15. Deutsch-Hannoveraner	46 872	0,13	–

»Daily Telegraph« bemerkt zu diesem Wahlausgang:

Hitlers Traum, Deutschland mit einer rein nationalsozialistischen Parlamentsmehrheit zu regieren, ist für immer dahin. Das Wahlergebnis zeigt, daß der hypnotische Zauber der nationalsozialistischen Propaganda endlich gebrochen ist.

»Daily Mail« äußert sich zu den Koalitionsmöglichkeiten:

Es scheint, daß der Weg für eine Mitarbeit des Zentrums in der Regierung offen ist. Auf diese Weise würde die herrliche Energie und der Idealismus der Nationalsozialisten vereinigt werden mit der Mäßigung und dem Konservativismus der Zentrumspartei und gemäßigt werden durch die Traditionen der Deutschnationalen. Es besteht Grund, zu glauben, daß eine Zusammenfassung dieser Art das Ideal ist, das der Kanzler vor sich hat.

Niedergang oder Aufstieg

Der Ausgang der Reichstagswahlen vom 31. Juli 1932 verschärft die Krise der parlamentarischen Demokratie in Deutschland. Mit Hitler oder gegen Hitler zu regieren – das ist die Alternative. Der Zentrumsabgeordnete Joseph Joos schreibt am 5. August 1932 an den Zentrumsabgeordneten Franz Graf von Galen:

Die Wahlergebnisse verlangen zwar nicht die Diktatur der Nationalsozialistischen Partei, aber ihre Mitverantwortung. Es herrscht also darüber weder bei uns noch in der Bayerischen Volkspartei irgendein Zweifel, daß die Nationalsozialisten in die Regierung müssen. Ich fürchte, sie werden sich sträuben. Es muß im Lande eine Volksstimmung entfacht werden, die es ihnen unmöglich macht, sich der Mitverantwortung zu entziehen. Ich fürchte, das Kabinett Papen könnte in die Versuchung fallen, die Nationalsozialisten wie bisher von der Mitverantwortung zu entbinden. Das wäre unmöglich und würde auf die Dauer im Sinne eines weiteren Anwachsens der nationalsozialistischen Bewegung wirken.

Je stärker die NSDAP zur Macht drängt, desto größer ist das Interesse an Hitler. Am 13. August 1932 verhandelt Hitler am Vormittag mit Reichswehrminister von Schleicher und Reichskanzler von Papen. Die Öffentlichkeit erwartet eine Entscheidung:

Ein theatralischer Tag! Vor der Reichskanzlei Hunderte von Menschen, die irgend etwas von den denkwürdigen Besprechungen Hitlers mit Reichskanzler und Reichspräsidenten miterleben wollen. Erstere Besprechung hat zwei Stunden gedauert und war erst gegen Viertel vor 2 Uhr zu Ende. Hitler und Röhm auf der einen Seite, Papen und [*der Staatssekretär der Reichskanzlei Erwin*] Planck auf der anderen Seite. Äußerlich sehr höflich und österreichisch. Hitler verlangt aber in der Sache die hundertprozentige Macht. Daher sieht die Reichsregierung keine Möglichkeit der Einigung. Sie will daher bleiben, wie sie ist. Hitler hat bestritten, daß er sich jetzt mit dem Zentrum einigen wolle. Auf die konkrete Frage, ob das auch für Preußen gelte, äußerte er sich angeblich zurückhaltend. Einen Marsch auf Berlin stritt er auf das entschiedenste ab.

Die Besprechungen werden heute nachmittag beim Reichspräsidenten zu Ende gehen, und zwar bereits 3.30 Uhr, und beide fahren heute abend ab.

Über die nachmittägliche Besprechung zwischen Hindenburg und Hitler fertigt Staatssekretär Meißner eine Aufzeichnung:

Der Herr Reichspräsident eröffnete die Besprechung damit, daß er Herrn Hitler erklärte, er sei bereit, die nationalsozialistische Partei und ihren Führer Hitler an der Reichsregierung zu beteiligen, und würde ihre Mitarbeit willkommenheißen. Er richtete nunmehr an Herrn Hitler die Frage, ob er bereit sei, sich an der gegenwärtigen Regierung von Papen zu beteiligen. Herr Hitler erklärte, aus den Gründen, die er heute vormittag bereits dem Herrn Reichskanzler ausführlich dargelegt habe, käme für ihn eine Beteiligung und Mitarbeit an der bestehenden Regierung nicht in Frage. Bei der Bedeutung der nationalsozialistischen Bewegung müsse er die Führung einer Regierung und die Staatsführung in vollem Umfange für sich und seine Partei verlangen.

Der Herr Reichspräsident erklärte hierauf mit Bestimmtheit, auf diese Forderung müsse er mit einem klaren, bestimmten Nein antworten. Er könne es vor Gott, seinem Gewissen und dem Vaterlande nicht verantworten, einer Partei die gesamte Regierungsgewalt zu übertragen, noch dazu einer Partei, die einseitig gegen Andersdenkende eingestellt wäre.

Es sprächen hiergegen auch eine Reihe anderer Gründe, die er nicht einzeln ausführen wolle, wie die Besorgnis vor größeren Unruhen, die Wirkung für das Ausland usw.

Herr Hitler wiederholte, daß für ihn jede andere Lösung ausgeschlossen wäre.

Der Herr Reichspräsident bemerkte hierauf: »Sie werden also dann in Opposition gehen?«

Hitler: »Es bleibt mir jetzt nichts anderes übrig.«

Der Herr Reichspräsident: »Dann richte ich an Sie noch die Mahnung, diese Opposition ritterlich zu führen und sich Ihrer Verantwortung und Ihrer Pflicht vor dem Vaterlande bewußt zu bleiben. Ich habe keine Zweifel an Ihrer Vaterlandsliebe gehabt. Gegen etwaige Terror- und Gewaltakte, wie sie leider auch von Mitgliedern der SA-Abteilungen verübt worden sind, werde ich mit aller Schärfe einschreiten. Wir sind ja beide alte Kameraden und wollen es bleiben, da später uns der Weg doch wieder zusammenführen kann. So will ich Ihnen denn auch jetzt kameradschaftlich die Hand reichen.«

An die Besprechung schloß sich dann noch im Korridor eine kurze Aussprache zwischen dem Herrn Reichskanzler und mir, dem Herrn Hitler und seinen Begleitern, in der Herr Hitler sich dahin äußerte, die weitere Entwicklung würde doch unaufhaltsam zu der von ihm vorgeschlagenen Lösung und zum Sturz des Reichspräsidenten führen. Die Regierung würde in eine schwierige Lage kommen; die Opposition werde sehr scharf werden, und er übernehme keine Verantwortung für die Folgen, die sich ergeben.

Dauer der Besprechung etwa zwanzig Minuten.

In den folgenden Tagen empfängt Hindenburg die Parteivorsitzenden. Der Vorsitzende der Deutschnationalen Volkspartei, Hugenberg, versucht, in der Besprechung vom 18. August 1932 Reichspräsident von Hindenburg zu beruhigen:

»Ich nehme die gegenwärtige Krise nicht so ernst, weil sie eigentlich nur eine Parteikrise, und zwar nur eine Krise des Zentrums und der Nationalsozialisten ist, die nicht recht wissen, wie sie sich zu der jetzt gegebenen Lage stellen sollen. Die Nationalsozialisten sind ihrem Wesen nach antiparlamentarisch eingestellt; sie gehen jetzt den parlamentarischen Weg nur, um mehr Parteimacht zu erreichen. Das Zentrum, das sich ausgeschaltet sieht, möchte aber auf dem parlamentarischen Weg wieder zu seiner Machtposition kommen. Deshalb ist die Krise nicht so ernst zu nehmen. Vor zwei Jahren war ich noch der Auffassung, daß sich durch eine Zusammenarbeit der Nationalsozialisten mit den Deutschnationalen die Grundlage für eine autoritäre Regierung schaffen ließe. Aber nach der Entwicklung der Nationalsozialisten zu einer radikalen Partei habe ich diese Erwartung aufgeben müssen. Ich bin jetzt der Auffassung, daß die gegenwärtige Lösung der Staatsführung durch ein Präsidialkabinett die richtige ist; im Gegeneinander der beiden Elemente Nazi und Marxismus wird die Aufgabe, die Gefahr eines Bürgerkrieges zu überwinden, besser durch eine überparteiliche Präsidialregierung gelöst werden können. Ich bin auch der Auffassung, daß unsere Wirtschaft wieder nach oben geht und sich allmählich belebt. Dazu gehört, daß wir unsererseits wirtschaftspolitisch die gegebenen Möglichkeiten ausnutzen. Dies umfaßt Hilfe für die Landwirtschaft. Das Kabinett von Papen ist in bezug auf die wirtschaftlichen Dinge nicht homogen und ist dadurch in gewissen Plänen gescheitert. Sonst stehe ich auf dem Boden des Wirtschaftsprogramms des Kabinetts Papen, wenn ich auch glaube, daß es erweitert werden muß, z. B. durch Regelung der Auslandsverschuldung, durch Rückleitung der sozialisierten Betriebe, wie der Dresdner Bank, in die gesellschaftliche Form usw. Von der Lösung dieser wirtschaftlichen Fragen hängt Gelingen und Bestand der neuen Regierung ab. Verfassungsreformen soll man erst nach Lösung der Wirtschaftsfragen in Angriff nehmen; jedoch muß die erreichte Einheit zwischen Preußen und Reich mit allen Mitteln aufrechterhalten werden, und es muß ebenfalls mit allen Mitteln die Unabhängigkeit des Kabinetts von dem Treiben der Parteien gesichert sein. Ich war früher pessimistisch, bis wir im Juli 1931 durch die Bankenkrise den tiefsten Punkt erreicht hatten. Jetzt bin ich wieder optimistischer eingestellt und sehe die Wirtschaftskonjunktur günstiger an.«

Auf eine Bemerkung des Herrn Reichspräsidenten, daß die

Beseitigung der Arbeitslosigkeit doch die wichtigste Aufgabe der neuen Reichsregierung sein müßte, erwiderte Hugenberg:

»Auch bin ich der Auffassung, daß die Arbeitslosigkeit der Kern des Problems ist; sie wird meines Erachtens durch eine anderweitige Regelung der deutschen Auslandsverschuldung am besten bekämpft werden können. Bei dem zur Erörterung stehenden Arbeitsbeschaffungsprogramm muß man darauf achten, daß nicht die Gemeinden wieder zu den überflüssigen Arbeiten kommen, die wir früher erlebt haben und die die Gemeindefinanzen ruiniert haben. Was das Verhalten der Regierung zum Reichstag anlangt, so bin ich nicht der Meinung, daß man den Reichstag auflösen soll, ehe er erst zusammengetreten ist. Es ist taktisch besser, wenn man den Reichstag sich erst blamieren läßt. Das stärkt dann die Position des Reichspräsidenten bei einer Auflösung des Reichstags; ihn aufzulösen, ehe er überhaupt zusammengetreten ist, halte ich für bedenklich.«

Auf eine Frage des Herrn Reichspräsidenten, ob Herr Hugenberg sich eine persönliche Zusammensetzung des Kabinetts unter Hitler vorstellen könne, erwiderte Hugenberg:

»Im Prinzip habe ich vor Harzburg mit Hitler auf der Grundlage verhandelt, daß er, Hitler, weder Reichspräsident noch Reichskanzler werden, sondern nur der Führer seiner Bewegung bleiben wolle. Dann ist Hitler umgeschwenkt und hat erst die Präsidentschaft, dann die Kanzlerschaft verlangt. Ich habe nicht viel Vertragstreue bei Hitler gefunden; seine ganze Art der Behandlung politischer Dinge erschwert es außerordentlich, daß Hitler die politische Führung übertragen bekommen könne; ich hätte sehr große Bedenken hiergegen. Doch darf ich auf diese Frage noch zurückkommen, wenn die Dinge weiter geklärt sind und der Herr Reichspräsident mir noch einmal Gelegenheit gibt, darüber zu sprechen.«

Am 22. August verurteilt das Sondergericht bei dem Landgericht in Beuthen vier SA-Angehörige wegen Totschlags als Angreifer aus politischen Beweggründen zum Tode. Sie haben in dem oberschlesischen Dorf Potempa in der Nacht vom 9./10. August den Bergarbeiter Konrad Pietrzuch überfallen und geradezu mit viehischer Bestialität zu Tode getrampelt. Die Leiche weist nach Zeugnis des Gerichtsarztes vierundzwanzig schwere Verletzungen auf; der Tod ist durch Ersticken eingetreten, da das Blut aus der zerrissenen Halsschlagader durch den offenbar von einem Stiefelabsatz zerfetzten Kehlkopf in die Lunge eingedrungen ist. Die Tat ist in Gegenwart der Mutter des Getöteten geschehen. Der anwesende Bruder ist gezwungen worden, sich mit dem Gesicht zur Wand zu stellen. Hitler telegrafiert an die zum Tode verurteilten SA-Männer:

Angesichts dieses ungeheuerlichen Bluturteils fühle ich mich mit Euch in unbegrenzter Treue verbunden. Eure Freiheit ist von diesem Augenblick an eine Frage unserer Ehre. Der Kampf gegen eine Regierung, unter der dieses möglich war, unsere Pflicht!

Am 30. August 1932 tritt der am 31. Juli gewählte Reichstag zu seiner konstituierenden Sitzung zusammen. Er wird von der kommunistischen Alterspräsidentin Klara Zetkin mit dem Wunsch nach Bildung eines Rätedeutschland eröffnet. Zum Reichstagspräsidenten wird der nationalsozialistische Abgeordnete Hermann Göring gewählt. Zentrum und Bayerische Volkspartei einerseits und NSDAP andererseits stehen in einem unterschiedlich beurteilten Gedankenaustausch über eine Zusammenarbeit in einer Regierungskoalition. Das Organ des bayerischen Ministerpräsidenten Held, der »Regensburger Anzeiger«, rechtfertigt diese Gespräche:

Gerade der Nationalsozialismus, der im Rausch der Wirklichkeitsflucht groß geworden ist, bedarf einer starken Ernüchterungsprozedur, ehe er den Anschluß an die praktische und sachliche Arbeit im Staatsleben findet.

Am 12. September unterstützt die überwältigende Mehrheit des Reichstags in seiner zweiten Sitzung den kommunistischen Antrag auf Aufhebung der Notverordnung »Zur Belebung der Wirtschaft« vom 4. September 1932, verbunden mit einem Mißtrauensantrag gegen die Regierung von Papen. Reichstagspräsident Göring lehnt es ab, vor der Abstimmung dem Reichskanzler das Wort zu erteilen. Dieser gibt daraufhin die Auflösung des Reichstags bekannt. Am 17. September wird die Neuwahl des Reichstags auf den 6. November ausgeschrieben. Die »Frankfurter Zeitung« kommentiert die Neuwahl unter Berücksichtigung der Verhandlungen zwischen Zentrum und Bayerischer Volkspartei einerseits und NSDAP andererseits:

Vor diesem Wahlkampf graut uns; denn er wird unwirklicher (und leider in mancher Hinsicht unehrlicher) als jeder vorausgegangene sein: Der Nationalsozialismus am Arm des Zentrums! Irgend jemand muß grauenvoll lügen (oder sich aber in einer unvorstellbaren Weise geändert haben), wenn eine solche Wahlkombination möglich ist.

Am 1./2. Oktober findet in Potsdam der erste Reichsjugendtag der NSDAP statt. 110 000 Jungen und Mädchen nehmen daran teil. Demonstrationen dieser Art können die Verfallserscheinungen in der NSDAP nicht beseitigen. Diese bestimmen die Zeitgenossen, von einer Peripetie Hitlers zu sprechen. Der Hamburger Industrielle Robert Schlubach schreibt am 11. Oktober an Oswald Spengler:

Auch heute noch bin ich der Meinung, daß die nationalsozialistische Bewegung als solche noch nicht ein Ende erreicht haben wird. Hitler selbst allerdings sehe ich nicht als den großen Führer an. Er wird sicherlich nicht, wie z. B. Mussolini, in der Geschichte als große Persönlichkeit weiterleben. Es ist mir wohl bekannt, wie große Erscheinungen wie Napoleon, Mussolini im entscheidenden Moment stark geschwankt haben. So war es bei Napoleon, als er 1. Konsul wurde, so war es bei Mussolini während des Marsches auf Rom, den er gar nicht selbst mitgemacht hat. Hitler hat, soweit ich es empfinden kann, den Augenblick eines Marsches auf Berlin verpaßt, damit scheidet er aus.

Vom 11. Oktober bis 4. November 1932 führt Hitler seinen vierten Deutschlandflug durch, in dessen Verlauf er in Günzburg, Nördlingen, Pocking, Gunzenhausen, Nürnberg, Weiden, Hof, Selb, Schweinfurt, Würzburg, Coburg, Tilsit, In-

sterburg, Königsberg, Elbing, Oppeln, Breslau, Sommerfeld, Halle an der Saale, Magdeburg, Stendal, Zwickau, Eisenach, Weimar, Köslin, Stettin, Pasewalk, Anklam, Rostock, Schwerin, Bad Schwartau, Hamburg, Bremerförde, Oldenburg, Aurich, Dortmund, Essen, Köln, Gummersbach, Betzdorf-Wallmenrot, Limburg, Karlsruhe, Pirmasens, Berlin, Hannover, Kassel, Ulm, München und Augsburg spricht. – Höhepunkte einer Streikwelle sind die Verkehrsarbeiterstreiks in Hamburg (1.–4. Oktober) und Berlin (3.–7. November). Beim Verkehrsarbeiterstreik in Berlin kommt es zu einer gemeinsamen Aktion kommunistischer und nationalsozialistischer Arbeiter. Hitler versucht mit allen Mitteln einen Rückschlag seiner Partei zu verhindern. Dieser ist offenkundig, als das Ergebnis der Reichstagswahlen vom 6. November 1932 vorliegt:

	Stimmen	Prozentanteil	Sitze
1. Nationalsozialisten	11 712 983	33,08	196
2. Sozialdemokraten	7 233 534	20,43	121
3. Kommunisten	5 972 702	16,87	100
4. Zentrum	4 228 364	11,94	70
5. Deutschnationale (und Deutsche	2 951 839	8,34	50
Volkspartei	(659 931)	(1,86)	(11)
6. Bayerische Volkspartei (und Wirtschaftspartei)	1 190 954	3,36	19
8. Staatspartei	326 805	0,92	2
9. Christlich-Soziale (mit Volksrechtspartei)	402 803	1,13	4
11. Deutsche Bauernpartei (Bayerischer Bauern- und Mittelstandsbund)	164 848	0,46	2
12. Landbund	–	–	–
18. Sozialistische Arbeiterpartei (SAP)	–	–	–
24. Deutsche Präsidial-Partei	–	–	–

Über den Ausgang der Reichstagswahlen bemerkt der ehemalige Reichsfinanzminister Heinrich Köhler:

Die Wahl im November hatte ein eigenartiges Ergebnis: Sieger waren die Kommunisten, die ihren Vormarsch weiter fortsetzten und mit einem Zuwachs von 11 Sitzen auf 100 Mandate kamen, sowie die Deutschnationalen, die sich von ihrer früheren Niederlage erholen und von 40 auf 54 Mandate ansteigen konnten. Alle anderen Parteien hatten Verluste zu verzeichnen, am meisten die Nationalsozialisten, deren Siegeszug vom 14. September 1930 an eine jähe Unterbrechung erfuhr: ein Stimmenverlust von zwei Millionen seit 31. Juli 1932 hatte einen Verlust von 35 Mandaten zur Folge. Die Sozialdemokratie verlor zwölf, das Zentrum sechs Mandate. Aber trotz all dieser Veränderungen erzielte die Regierung Papen keine Mehrheit, so daß sie zurückzutreten gezwungen war.

Am 17. November 1932 tritt das Kabinett des Reichskanzlers von Papen zurück. Der Staatssekretär des Reichspräsidialamtes, Meißner, ruft Hitler telegrafisch nach Berlin. Am 19. und 21. November verhandelt Hitler mit Reichspräsident von Hindenburg über eine Regierungsbildung. Über die Besprechung am 19. November hält das amtliche Protokoll fest:

Der Herr Reichspräsident: »Ich kann immer nur meine Bitte wiederholen: Helfen Sie mir. Ich erkenne durchaus den großen Gedanken an, der in Ihnen und Ihrer Bewegung lebt, und würde es daher begrüßen, Sie und Ihre Bewegung an der Regierung beteiligt zu sehen. Ich zweifle durchaus nicht an der Ehrlichkeit Ihrer Absichten, aber zu einem Parteikabinett kann ich mich nicht entschließen.«

Auf eine Frage, ob er inzwischen mit den anderen Parteien Fühlung nehmen wolle über ein sachliches Programm für eine Zusammenarbeit, antwortete Herr Hitler:

»Eine Fühlungnahme mit anderen Parteien beabsichtige ich nicht; ich möchte auch nicht in Parteiverhandlungen hineingeraten. Die Entscheidung liegt beim Herrn Reichspräsidenten. Wenn der Herr Reichspräsident mir einen Auftrag erteilt, eine Regierungsbildung zu versuchen, dann erst würde ich in Besprechungen mit den Parteien und sorgfältige Beratungen mit ihnen über ein sachliches Programm wie über eine personelle Zusammensetzung eintreten. Ich glaube, daß ich eine Basis finden würde, auf der ich und die neue Regierung vom Reichstag ein ›Ermächtigungsgesetz‹ bekämen. Eine solche Ermächtigung wird vom Reichstag niemand anderes als ich bekommen. Damit wäre die Schwierigkeit gelöst.«

Der Herr Reichspräsident: »Ich werde mir die ganzen Fragen in Ruhe überlegen und denke, daß wir noch einmal darüber sprechen. Ich bitte auch Sie, mit sich zu Rate zu gehen; ich appelliere an Ihr vaterländisches und soldatisches Pflichtgefühl und die alte Kameradschaft, die uns vom Felde her verbindet. Kommen Sie mir entgegen in dieser Frage, damit wir zu einer Zusammenarbeit gelangen.«

Am gleichen Tag befragt Reichspräsident von Hindenburg den Vorsitzenden der Bayerischen Volkspartei, Fritz Schäffer, über die Person Hitlers und über die Haltung der NSDAP:

Auf eine Frage, wie sich die Bayerische Volkspartei zu der Person Hitlers und seinem Anspruch auf die Kanzlerschaft stellt, erwiderte Schäffer:

»Ich selbst beurteile den Charakter und die Person Hitlers nicht ungünstig. Die Gefahr liegt weniger in der Person Hitlers als in seiner Umgebung. Diese Umgebung könnte, wenn er zuviel Macht hat, ihn anreizen, die Macht einseitig auszunutzen. Die Idee einer Parteidiktatur ist in seiner Umgebung zu stark. Hitler persönlich hat zweifellos etwas gelernt. Um diese in seiner Umgebung liegende Gefahr zu bannen, müßten Gegengewichte und starke Persönlichkeiten in die Regierung mit eingebaut sein, die einen Mißbrauch der Macht verhindern. Meine politischen Freunde würden von einer Kanzlerschaft Hitlers nicht sehr erfreut sein, aber um der Einigung willen würden wir alle persönlichen Fragen zurückstellen. Jedenfalls dürfte die nationale Konzentration nicht an der Frage der Person scheitern.«

Da Reichspräsident von Hindenburg die Forderung Hitlers, ihn mit der Führung eines Präsidialkabinetts zu beauftragen, ablehnt, enden die Verhandlungen ergebnislos. Hitler sieht sich veranlaßt, dazu in einem Brief vom 23. November an Reichspräsident von Hindenburg Stellung zu nehmen. Ihm antwortet am Tag darauf Staatssekretär Meißner:

Der Herr Reichspräsident dankt Ihnen, sehr verehrter Herr Hitler, für Ihre Bereitwilligkeit, die Führung eines »Präsidialkabinetts« zu übernehmen. Er glaubt aber, es vor dem deutschen Volke nicht vertreten zu können, dem Führer einer Partei seine präsidialen Vollmachten zu geben, die immer erneut ihre Ausschließlichkeit betont hat und die gegen ihn persönlich wie auch gegenüber den von ihm für notwendig erachteten politischen und wirtschaftlichen Maßnahmen überwiegend verneinend eingestellt war. Der Herr Reichspräsident muß unter diesen Umständen befürchten, daß ein von Ihnen geführtes Präsidialkabinett sich zwangsläufig zu einer Parteidiktatur mit allen ihren Folgen für eine außerordentliche Verschärfung der Gegensätze im deutschen Volke entwickeln würde, die herbeigeführt zu haben er vor seinem Eid und seinem Gewissen nicht verantworten könnte.

Reichspräsident von Hindenburg ernennt am 3. Dezember 1932 General von Schleicher zum Reichskanzler, Reichswehrminister und Reichskommissar für Preußen. Schleicher glaubt, mit Hilfe der Gewerkschaften und des sogenannten Strasser-Flügels der NSDAP eine dritte Front bilden zu können:

Der intrigante, immer im Hintergrund lavierende politische General steht nun im öffentlichen Rampenlicht. Er, der seit Jahren ein unheimliches Spiel gespielt, der auf den Sturz seiner Chefs, Generaloberst von Seeckt, Minister Geßler, General Groener, heimlich hingewirkt, der die Kanzler Brüning und Papen aus dem Hintergrund zu Fall gebracht hatte, er stand nun am Ziel seiner ehrgeizigen Pläne. Ein auch persönlich wenig ansprechender, breitschultriger Mann, dem die Brutalität im Gesicht geschrieben stand, eine im ganzen unerfreuliche Erscheinung im deutschen Heer wie in der deutschen Politik, war der Überzeugung, mit der ihm vertrauenden Reichswehr im Rücken und Hand in Hand mit Gregor Strasser sowie den freien und christlichen Gewerkschaften als Volkskanzler das Reichsschiff erfolgreich führen zu können. Männer wie der katholische Kommunist Zentrumsabgeordneter Imbusch samt seinen Gewerkschaftssekretären sahen ihre große Stunde gekommen und standen in intimsten Verhandlungen mit dem Kanzler-General. Doch der Traum sollte nur kurze Zeit währen.

Am 4. Dezember 1932 finden in Thüringen Gemeindewahlen statt. Die Wahlbeteiligung ist um zwanzig Prozent geringer als bei den Reichstagswahlen am 6. November. Alle Parteien erleiden Verluste. Die NSDAP büßt bis zu vierzig Prozent der am 6. November erhaltenen Stimmen ein. Am 6. Dezember tritt der neugewählte Reichstag zu seiner konstituierenden Sitzung zusammen. Er wählt erneut Hermann Göring zu seinem Präsidenten. Gregor Strasser hat zwei Tage zuvor ohne Billigung Hitlers mit Reichskanzler von Schleicher über seinen Eintritt in die Reichsregierung als Vizekanzler verhandelt. Da sich alle Landesinspekteure, Gauleiter und Reichstagsabgeordneten der NSDAP zu Hitler bekennen, sieht sich Strasser gezwungen, am 8. Dezember alle Parteiämter niederzulegen. Die in der NSDAP herrschende Stimmung hält Joseph Goebbels in seiner Tagebucheintragung vom selben Tag fest:

In der Organisation herrscht schwere Depression. Die Geldsorgen machen jede zielbewußte Arbeit unmöglich.

Es laufen Gerüchte um, daß Strasser eine Palastrevolution plane. Wie sie im einzelnen verlaufen soll, konnte ich noch nicht erfahren.

Man ist innerlich so wund, daß man nichts sehnlicher wünscht, als für ein paar Wochen aus all diesem Getriebe zu entfliehen.

Mittags platzt die Bombe: Strasser hat an den Führer einen Brief geschrieben, in dem er ihm mitteilt, daß er seine sämtlichen Parteiämter niederlege. Er gibt dafür ganz faule und indiskutable Beweggründe an. Man müsse die Partei an den Staat führen, es sei jetzt der Augenblick gekommen, einzulenken, die Bewegung verbrauche sich in nutzloser Opposition, er könne diesen Kurs nicht mehr gutheißen und lehne die Verantwortung dafür ab.

Natürlich sind alle diese Gründe nicht stichhaltig. Sie beweisen nichts als höchstens, daß bei Strasser der Drang zum Ministeramt stärker ist als die Treue zum Führer und zur Partei.

Man liest aus der ganzen Argumentation Schleichers Gedankengänge unschwer heraus.

Die Inspekteure der Partei sind beim Führer versammelt. Alle sind in sehr gedrückter Stimmung. Der Unmut und die Empörung der gesamten Parteiführung richtet sich gegen Strasser und seinen Adjutanten Oberleutnant Schultz.

Abends ist der Führer bei uns zu Hause. Es will keine rechte Stimmung aufkommen. Wir sind alle sehr deprimiert, vor allem im Hinblick darauf, daß nun die Gefahr besteht, daß die ganze Partei auseinanderfällt und alle unsere Arbeit umsonst getan ist.

Auf die schwierige Situation der NSDAP macht am 10. Dezember Konrad Heiden in einem Artikel in der »Vossischen Zeitung« aufmerksam:

Nun könnte die Hitler-Partei getrost den Verlust von ein paar Millionen Wählern ertragen. Was sie aber nicht ertragen kann, ist ihre weitere Fernhaltung von der Staatskasse. Die Partei oder vielmehr das Gewimmel von Organisationen und Gesellschaften, aus denen sie besteht, ist über und über mit Schulden bedeckt. Es sind zum Teil Wechselschulden von kleinen Gläubigern, Lieferanten, Schneidern, Baugeschäften. Die Gläubiger hielten bisher still in der Hoffnung, nach einer Machtergreifung der Partei mit Zins und Zinseszins zu ihrem Gelde zu kommen. Diese Hoffnung hat Hitler in seinen Verhandlungen mit Hindenburg zerschlagen; man kann sich vorstellen, daß die Gläubiger jetzt ängstlich und ungeduldig werden. Daß gerade jetzt die SA-Männer mit ihren klappernden Sammelbüchsen die Straßen überschwemmen und etwa im Zentrum Berlins die Zahl der sonstigen Bettler bei weitem übertreffen, ist sicher kein Zufall. Ihr Spruch heißt: »Für die Winterhilfe der NSDAP!« Er hieße passender: »Winterhilfe für die NSDAP!«

So ist die Partei in ihrem Wettlauf zur Macht in Zeit- und Geldnot geraten, und diese droht zur Existenznot zu werden. Hitler ist dieser Not gegenüber bei seiner bisherigen Starrheit, bei seinem »Alles oder nichts« geblieben. Als kämpferische Haltung hatte diese Starrheit bisher zuweilen etwas Großartiges und für Millionen unendlich Anziehendes. Nun droht die Großartigkeit unvermerkt zur Narrheit zu werden, nicht weil Hitler und seine Partei, sondern weil die Verhältnisse sich geändert haben. In den vergangenen Jahren hat der Parteiführer gegenüber kompromißlustigen Gefährten mit seiner taktischen Unbedingtheit meist recht behalten. Freilich hat er im Grunde bisher auch kaum jemals vor einer wirklichen Entscheidung gestanden wie heute; sollte er nicht diesmal doch fehlgreifen? In scheinbar bester Haltung sticht er immer noch mit dem Degen nach dem Ring, aber das Karussell hat sich inzwischen an dem Ring vorbeigedreht.

Die Frage nach den Gründen, die Strasser veranlaßt haben, sich zunächst gegen Hitler zu stellen und sich von Hitler zu trennen, versucht der österreichische Generalkonsul in München in einem Bericht an den österreichischen Bundeskanzler Engelbert Dollfuß zu beantworten:

Seit einiger Zeit soll man ihm [*Hitler*] eine beträchtliche Attentatsfurcht beigebracht haben, und dies ist schon zur Zeit der römischen Prätorianerkaiser ein beliebtes und meist erfolgreiches Mittel gewesen, Cäsaren den Wünschen ihrer Umgebung zugänglich zu machen. Dazu kommt, daß Hitler, nach allem, was man hört, jener überlegene Intellekt nicht ist, dem allein es möglich wäre, in Zeiten, wie die heutigen, eine Bewegung von dem Umfange der nationalsozialistischen nach eigenen Ideen zu leiten und zu beherrschen. Die Stärke Herrn Hitlers liegt, nach den Berichten jener, die ihm persönlich nahegetreten sind, immer – wohl auch nur – auf dem Feld der Demagogie. Er ist zweifellos ein zündender Redner, und da er in seiner Propaganda in erster Linie negativ – kritisch – eingestellt ist und sich die positiven Seiten seines Programmes in so allgemeinen Umrissen bewegen, daß die Erfüllbarkeit der Versprechungen kaum nachzukontrollieren ist, wird es ihm auch nicht allzu schwer, das Gros der Unzufriedenen an sich zu ziehen. Aber, was ich immer vorausgesehen habe und was bedauerlicherweise nicht früher ausgenutzt worden ist, ehe die Bewegung ihre heutige Macht erreicht hatte und daher wohl auch billiger in eine Regierung zu bekommen gewesen wäre als heute – Zerfallserscheinungen mußten eintreten, sobald sich die Notwendigkeit ergab, sich in irgendeiner Richtung darüber klarzuwerden, was zu machen sei, wenn die reine Oppositionsstellung aufgegeben wird. Dies ist auch pünktlich eingetreten. Die Fragen, ob, unter welchen Voraussetzungen und in welchem Umfang die nationalsozialistische Partei sich an der Verantwortung für die künftige Entwicklung der Dinge im Reiche beteiligen solle, hat die bisherige rein gegen das Bestehende gerichtete Einigkeit gesprengt, und was wir bei den Bolschewiki in Rußland bereits mehrmals erlebt haben, ist nun auch hier eingetreten. Einer der »Besten« der Bewegung, wie Hitler selbst sagt, hat ihr den Rücken gekehrt oder sich wenigstens für einige Zeit zurückgezogen. Gesiegt haben die Elemente rein revolutionärer Färbung, welche in jeder konkreten Stellungnahme der Bewegung zu den Tagesproblemen den Anfang des Endes sehen, weil sie – ehe nicht die Bewegung die ganze Macht in die Hände bekommt und sich auf so festen Grund stellt, daß sie keine Opposition mehr zu fürchten braucht – fühlen, daß eine solche Stellungnahme eine Scheidung der Geister und daher eine Spaltung oder vielleicht Zersplitterung der Bewegung unabwendbar nach sich ziehen muß. Wohin der Führer neigte, ist nicht bekannt; aber es scheint, daß, selbst wenn er den Wunsch empfunden hätte, aus der Negation herauszutreten, die Furcht vor einem Teil seiner radikaleren Unterführer ihn davon zurückhielt. Ich persönlich bin allerdings geneigt, anzunehmen, daß die nun wieder eingeschlagene Linie Herrn Hitler nach seinem Charakter auch besser paßt. Wenn auch vielleicht zuzeiten die Möglichkeit bestand, daß der geistig überlegenere Teil seines Mitarbeiterkreises ihn dazu bewege, in dem derzeit möglichen Umfange an der Regelung der Dinge in Deutschland teilzunehmen, so muß doch die Fortsetzung der bisherigen Taktik Herrn Hitler viel mehr und besser liegen, und die Möglichkeit, wieder auf das Gebiet der Demagogie in ihrer reinsten Form, der bloßen Massenaufpeitschung, zurückkehren zu können, muß für ihn so etwas wie die Befreiung von einem Alpdruck gewesen sein. Freilich, die Hoffnungen vieler, die sich durch die Hitlerbewegung doch so etwas wie eine Befreiung Deutschlands und seinen Wiederanstieg erwartet haben, sind im Augenblick bitter enttäuscht.

Die NSDAP gibt an, daß Ende 1932 die Zahl ihrer Mitgliedsnummern 1 414 975 beträgt. Die Zahl der bei den Arbeitsämtern registrierten Arbeitslosen beträgt zur gleichen Zeit 5 772 984 und im Januar 1933 6 013 612. Die Zahl der Vollarbeitslosen, Kurzarbeiter und unsichtbaren Arbeitslosen wird bereits im Oktober 1932 mit 8 754 000 angegeben. Der Schriftsteller Reinhold Schneider notiert:

Der Winter 32/33 war wie im Fieber.

Der Vorsitzende der Deutschen Zentrumspartei, Prälat Ludwig Kaas, schreibt in seinem Neujahrsaufruf 1933:

Wer in Deutschland führt, ist an sich herzlich gleichgültig. Wichtig ist nicht, was er ist, sondern was er kann. Ob Generalstreifen ihn zieren oder ob er die Schwielen der Arbeit an den Händen trägt – entscheidend ist nur, wohin er führt und daß am Ende seines Weges der Frieden steht und nicht der Kampf aller gegen alle.

Am 4. Januar 1933 kommt es zu einer vertraulichen Besprechung zwischen Hitler und von Papen im Hause des Bankiers Kurt von Schröder in Köln über die Zusammensetzung einer künftigen Reichsregierung. Schröder hat in einer Aussage für den Internationalen Militärgerichtshof in Nürnberg die Vorgeschichte dieser Zusammenkunft geschildert:

Als die Lage in Deutschland sich unter Schleicher als Kanzler in den letzten Monaten des Jahres 1932 weiter verschlechterte, sahen Hitler und Papen ein, daß es vielleicht am günstigsten wäre, wenn sie zu einer Zusammenarbeit kommen könnten. Als ich Papen im Dezember sah, sagte er mir: »Ich glaube, daß es jetzt vielleicht möglich wäre, eine Zusammenkunft herbeizuführen, um die strittigen Punkte aufzuklären. Wir müssen eine Möglichkeit zur Zusammenarbeit der Rechtsparteien finden.« Dies ist die Vorgeschichte der Zusammenkunft Hitlers und Papens in meinem Hause.

Am 4. Januar 1933 trafen Hitler, von Papen, Heß, Himmler und Keppler in meinem Hause in Köln ein. Hitler, von Papen und ich begaben uns in mein Arbeitszimmer, wo eine zwei

Stunden dauernde Besprechung stattfand. Heß, Himmler und [*Hitlers Wirtschaftsberater Wilhelm*] Keppler nahmen an der Besprechung nicht teil, hielten sich aber im Nebenzimmer auf. Keppler, der behilflich gewesen war, diese Zusammenkunft zu arrangieren, kam von Berlin; von Papen kam allein von seinem Haus an der Saar; und Hitler brachte Himmler und Heß mit sich, da sie zu einer Wahlversammlung in Lippe unterwegs waren. Die Verhandlungen fanden ausschließlich zwischen Hitler und Papen statt, ich nahm keinen Anteil daran. Die Besprechung begann ungefähr 11.30 Uhr morgens, und der erste Punkt, der von Hitler zur Sprache gebracht wurde, war die Frage, warum es notwendig gewesen wäre, die zwei Nazis, die den Kommunisten in Schlesien umgebracht hatten, zu bestrafen.

Zu dem Verlauf des Gespräches führt Kurt von Schröder aus:

Weiterhin führte Papen aus, daß er es für das beste halte, eine Regierung zu formen, bei der die konservativen und nationalen Elemente, die ihn unterstützt hatten, zusammen mit den Nazis vertreten seien. Er schlug vor, daß diese neue Regierung womöglich von Hitler und Papen zusammen geführt werden sollte. Daraufhin hielt Hitler eine lange Rede, in der er sagte, daß, wenn er zum Kanzler ernannt werden würde, Anhänger von Papen als Minister an seiner (Hitlers) Regierung teilnehmen könnten, sofern sie gewillt wären, seine Politik, die viele Änderungen bestehender Zustände verfolgte, zu unterstützen. Er skizzierte diese Änderungen, einschließlich der Entfernung aller Sozialdemokraten, Kommunisten und Juden von führenden Stellungen in Deutschland und der Wiederherstellung der Ordnung im öffentlichen Leben. von Papen und Hitler erzielten eine prinzipielle Einigung, durch welche viele der Punkte, die den Konflikt verursachten, beseitigt werden konnten und eine Möglichkeit der Zusammenarbeit gegeben war. Es wurde vereinbart, daß weitere Einzelheiten noch zu bearbeiten seien und daß dies in Berlin oder [*an*] einem sonstigen geeigneten Platz vorgenommen werden könne. Dies erfolgte, wie ich später erfuhr, in einer Zusammenkunft mit Ribbentrop. Die Besprechung in meinem Hause endete um ungefähr 1.30 Uhr. Wir drei begaben uns dann zusammen mit Heß, Himmler und Keppler zu Tisch, wobei über allgemeine Dinge Konversation gemacht wurde. Um ungefähr 4 Uhr verließen alle Gäste mein Haus.

Schröder fährt fort:

Diese Zusammenkunft zwischen Hitler und Papen am 4. Januar 1933 in meinem Hause in Köln wurde von mir arrangiert, nachdem Papen mich ungefähr am 10. Dezember 1932 darum ersucht hatte. Bevor ich diesen Schritt unternahm, besprach ich mich mit einer Anzahl von Herren der Wirtschaft und informierte mich allgemein, wie sich die Wirtschaft zu einer Zusammenarbeit der beiden stellte. Die allgemeinen Bestrebungen der Männer der Wirtschaft gingen dahin, einen starken Führer in Deutschland an die Macht kommen zu sehen, der eine Regierung bilden würde, die lange Zeit an der Macht bleiben würde. Als die NSDAP am 6. November 1932 ihren ersten Rückschlag erlitt und somit also ihren Höhepunkt überschritten hatte, wurde eine Unterstützung durch die deutsche Wirtschaft besonders dringend. Ein gemeinsames Interesse der Wirtschaft bestand in der Angst vor dem Bolschewismus und der Hoffnung, daß die Nationalsozialisten – einmal an der Macht – eine beständige politische und wirtschaftliche Grundlage in Deutschland herstellen würden. Ein weiteres gemeinsames Interesse war der Wunsch, Hitlers wirtschaftliches Programm in die Tat umzusetzen, wobei ein wesentlicher Punkt darin lag, daß die Wirtschaft sich selbst lenken sollte zur Lösung der von der politischen Führung gestellten Probleme. Zur praktischen Durchführung dieses Programmpunktes erwartete man, wie es ja später auch geschah, daß die gesamte Wirtschaft auf einer neuen Basis organisiert werden würde, und zwar in Verbänden, denen sämtliche wirtschaftliche Unternehmungen, im Gegensatz zu den damals bestehenden Verbänden, beitreten mußten, deren Führung durch Wirtschaftler und Kaufleute selbst erfolgen würde, die selbst für einen Ausgleich der Produktion zu sorgen hätten, so daß notgedrungen diese neuen Verbände mehr

Einfluß ausüben könnten als früher. Weiterhin erwartete man, daß eine wirtschaftliche Konjunktur durch das Vergeben von größeren Staatsaufträgen werden würde.

Wenige Tage nach der Zusammenkunft in Köln, am 12. Januar 1933, gibt Thomas Mann in einem Brief an den preußischen Kultusminister Adolf Grimme einen zuversichtlichen Bericht über die Lage des Deutschen Reiches:

Was heute in Deutschland wieder sein Haupt erhebt, die Mächte der Vergangenheit und der Gegenrevolution, wäre längst nicht mehr vorhanden, es wäre ausgetilgt worden, wenn nicht die deutsche Revolution von einer Gutmütigkeit gewesen wäre, die echt deutsch war und die wir nicht tadeln, sondern bewundern wollen. Aber die deutsche Republik muß den Glauben an ihre Kraft und ihr Recht lernen, sie soll wissen, wie stark sie im Grunde ist und welche unerschütterten moralischen und geistigen Kräfte ihr auch heute zur Seite stehen, wo scheinbar das ihr Feindliche triumphiert. Das ist Episode. Das soziale und demokratische Deutschland, ich bin tief überzeugt davon, darf vertrauen, daß die gegenwärtige Konstellation vorübergehend ist und daß die Zukunft, trotz allem, ihm gehört. Das Rasen der nationalistischen Leidenschaften ist nichts weiter als ein spätes und letztes Aufflackern eines schon niedergebrannten Feuers, ein sterbendes Wiederaufflammen, das sich selbst als neue Lebensglut mißversteht. Und alle Tatsachen des Lebens und der Entwicklung, die wirtschaftlichen, technischen und geistigen, zeugen dafür, daß die Zukunft auf dem Wege liegt, den einzuschlagen die Völker längst gewillt sind, dem Wege in die soziale Welt der Einheit, der Freiheit und des Friedens.

Am 15. Januar 1933 finden in Lippe Landtagswahlen statt. Lippe umfaßt 0,26 Prozent des Reichsgebietes und zählt 163 000 Einwohner. Die Wahlen werden als »eine Art von Kraftprobe« angesehen. Hitler spricht vom 4. bis 14. Januar in 16 Orten. Das Wahlergebnis im Vergleich mit dem vorangegangener Wahlen:

	Landtagswahl vom 15. Januar 1933	Reichstagswahl vom 6. November 1932	Reichstagswahl vom 31. Juli 1932	Landtagswahl vom 6. Januar 1929	Sitze
Nationalsozialisten	39 065	33 038	42 283	2 713	9(1)
Sozialdemokraten	29 827	25 782	30 508	31 540	7(9)
Kommunisten	11 040	14 601	10 021	4 987	2(1)
Deutschnationale	6 013	9 377	8 679	9 576	1(3)
Evangelischer Volksdienst	4 525	4 064	3 650	–	1(0)
Deutsche Volkspartei	4 380	3 613	2 260	10 054	1(3)
Katholische Volksvertretung	2 556	2 479	3 402	2 313	0(0)
Staatspartei	832	558	886	4 495	0(1)
Lippisches Landvolk	701	509	169	6 412	0(1)
Ungültig	928				

Der SPD-Abgeordnete Rudolf Breitscheid sagt zum Ergebnis der Landtagswahlen:

Die Sozialdemokratie ist über ihren Erfolg in Lippe nicht in Verzückung geraten. Sie ist weit davon entfernt, diesen kleinen Staat ohne weiteres als maßgebend für das Reich anzusehen, aber das Ergebnis gibt ihr – wie die Dinge liegen, weit mehr als den Hitler-Leuten – doch das Recht, einem neuen Appell an das Volk mit größter Zuversicht entgegenzusehen.

Zwischen dem 17. und 28. Januar 1933 finden Verhandlungen zwischen Hitler und Göring einerseits und von Papen, Hugenberg, Staatssekretär Meißner und dem Sohn Hindenburgs, Oberst Oskar von Hindenburg, andererseits statt. Der »Vorwärts« schreibt am 20. Januar:

Hitler bei Papen, Strasser bei Schleicher, Hugenberg bei Hitler, Papen bei Hugenberg, Hugenberg bei Hindenburg, Alvensleben schiebt vorne, Thyssen schiebt hinten, Strasser wird Vizekanzler, Hitler will das Reichswehrministerium, Schleicher ist für dieses geneigt, Hindenburg für jenes. Wer findet sich noch durch in der Geheimpolitik, die ohne das deutsche Volk getrieben wird.

Der »Völkische Beobachter« erscheint in der Zeit vom 23. bis zum 30. Januar 1933 mit folgenden Schlagzeilen:

Montag, 23. Januar:

Adolf Hitler vor den Berliner Amtswaltern

Die Horst-Wesselfeier hat stattgefunden allen kommunist. Drohungen zum Trotz

Dienstag, 24. Januar:

Adolf Hitler zur politischen Lage

Rote Straßenkämpfe in Köln

Wir schaffen Arbeit in Thüringen

Mittwoch, 25. Januar:

Der kommunistische Zersetzungs-Apparat

in der Reichswehr

Donnerstag, 26. Januar:

Wie es kommen mußte:
Schleicher völlig isoliert

Freitag, 27. Januar:

Wer war es, der in Berlin die roten Umzüge duldete?
Schleicher, der wahre Schuldige an der Dresdener Blutnacht

Fort mit diesem Schrittmacher des Bolschewismus!

Samstag/Sonntag, 28./29. Januar:

Den Herrn v. Schleicher können auch seine

Verwirrungsmanöver nicht mehr retten

Montag, 30. Januar:

Unsere Forderung nach Schleichers Sturz:
Kanzlerschaft Hitler

Papens Vermittlungsauftrag mit dem Ziel
der Schaffung einer Regierung
unter Führung Adolf Hitlers? –
Die verweigerte Auflösungsvollmacht

Da Reichspräsident von Hindenburg das am 28. Januar geforderte Dekret für die Auflösung des Reichstags verwei-

gert, tritt Reichskanzler von Schleicher zurück. Reichspräsident von Hindenburg gibt seinen Widerstand gegen die Ernennung Hitlers zum Reichskanzler auf. Er spricht diese am Montag, den 30. Januar 1933 aus. Über die Zusammensetzung des Reichskabinetts unterrichtet eine amtliche Verlautbarung:

Reichspräsident von Hindenburg hat Herrn Adolf Hitler zum Reichskanzler ernannt. Auf Vorschlag des Reichskanzlers ernannte der Reichspräsident:

den Reichskanzler a. D. Franz von Papen zum Stellvertreter des Reichskanzlers und zum Reichskommissar für das Land Preußen,

Freiherrn von Neurath zum Reichsminister des Auswärtigen,

das Mitglied des Reichstages, Staatsminister a. D. Dr. Frick, zum Reichsminister des Innern,

Generalleutnant Werner von Blomberg zum Reichswehrminister,

Graf Schwerin von Krosigk zum Reichsminister der Finanzen,

das Mitglied des Reichstages, Geheimen Finanzrat Dr. Alfred Hugenberg, zum Reichswirtschaftsminister und zum Reichsminister für Ernährung und Landwirtschaft,

den ersten Bundesführer des Stahlhelm, Franz Seldte, zum Reichsarbeitsminister,

Freiherrn von Eltz-Rübenach zum Reichspostminister und Reichsverkehrsminister,

den Präsidenten des Reichstages, Hermann Göring, zum Reichsminister ohne Geschäftsbereich und gleichzeitig zum Reichskommissar für den Luftverkehr. Reichsminister Göring wurde mit der Wahrnehmung der Geschäfte des preußischen Innenministers betraut.

Reichskommissar für Arbeitsbeschaffung Dr. Gereke wurde in seinem Amt bestätigt.

Die Besetzung des Reichsjustizministeriums bleibt vorbehalten.

Der Reichspressechef der NSDAP, Otto Dietrich, notiert:

Was sich an diesem Abend des 30. Januar in Berlin und im Reiche, überall, wo die deutsche Zunge klingt, abspielte, das kann man mit Worten nicht wiedergeben. Es ist tief und unauslöschlich eingegraben in die Herzen aller, die diese jubelnde Erlösung aus vierzehnjähriger seelischer Bedrückung miterlebten und mitempfanden. Hitlers Glaube hatte Berge versetzt.

Der Politiker und Publizist Harry Graf Kessler hält fest:

Berlin ist heute nacht in reiner Faschingsstimmung. SA- und SS-Trupps sowie uniformierter Stahlhelm durchziehen die Straßen, auf den Bürgersteigen stauen sich die Zuschauer. Im und um den »Kaiserhof« tobt ein wahrer Karneval; uniformierte SS bildete vor dem Haupteingang und in der Halle Spalier, auf den Gängen patrouillierten SA- und SS-Leute.

Am 31. Januar 1933 trägt der Schriftsteller Jochen Klepper, der 1942 mit seiner jüdischen Frau Selbstmord begeht, in sein Tagebuch ein:

Hitler ist Reichskanzler. Noch einmal ist das verhängnisvollste Bündnis zustandegekommen, das Gustav Freytag die größte deutsche Gefahr nennt: das Bündnis zwischen dem Adel und dem Pöbel.

General a. D. Ludendorff, engster militärischer Mitarbeiter Hindenburgs, Schirmherr der völkischen Bewegung in Bayern, Mitangeklagter Hitlers vor dem Volksgericht München, Repräsentant der Nationalsozialistischen Freiheitsbewegung, schreibt an Reichspräsident von Hindenburg, mit dem er seit Jahren verfeindet ist:

Sie haben durch die Ernennung Hitlers zum Reichskanzler unser heiliges deutsches Vaterland einem der größten Demagogen aller Zeiten ausgeliefert. Ich prophezeie Ihnen feierlich, daß dieser unselige Mann unser Reich in den Abgrund stürzen und unsere Nation in unfaßbares Elend bringen wird. Kommende Geschlechter werden Sie wegen dieser Handlung in Ihrem Grabe verfluchen.

Anhang

Zeittafel

1919

4.–11. Januar	Spartakusaufstand in Berlin.
5. Januar	Gründung der Deutschen Arbeiterpartei in München.
18. Januar	Eröffnung der Friedenskonferenz in Versailles.
19. Januar	Wahlen zur Nationalversammlung.
6. Februar	Eröffnung der deutschen Nationalversammlung in Weimar.
21. Februar	Ermordung des bayerischen Ministerpräsidenten Kurt Eisner.
18. März	Das Bayerische Gesamtstaatsministerium des Ministerpräsidenten Hoffmann verlegt seinen Sitz nach Bamberg.
7. April	Ausrufung der Räterepublik in Bayern.
1. Mai	Beginn der Besetzung Münchens durch Regierungstruppen.
7. Mai	Übergabe der Friedensbedingungen in Versailles an die deutsche Delegation.
28. Juni	Unterzeichnung des Friedensvertrages in Versailles.
14. August	Die am 31. Juli angenommene Verfassung des Deutschen Reiches tritt in Kraft.
12. September	Hitler nimmt als Beobachter der Reichswehr an der Versammlung der Deutschen Arbeiterpartei in München teil; er tritt wenige Tage später ihr bei.

1920

5. Januar	Anton Drexler wird erster Vorsitzender der Deutschen Arbeiterpartei.
10. Januar	Ratifikation des Vertrages von Versailles, der damit in Kraft tritt.
24. Februar	Verkündung des Parteiprogramms der Deutschen Arbeiterpartei in München.
13.–16. März	Kapp-Putsch.
18. März	Regierungspräsident Gustav Ritter von Kahr wird neuer Ministerpräsident des Freistaates Bayern.
31. März	Adolf Hitler wird aus der Reichswehr entlassen.
21. April	Die in NSDAP umbenannte DAP gründet in Rosenheim die erste Ortsgruppe außerhalb Münchens.
6. Juni	Reichstagswahlen.
7./8. August	Zwischenstaatliche Tagung der Nationalsozialisten des gesamten deutschen Sprachgebiets in Salzburg.
29. September bis 11. Oktober	Hitler spricht in Versammlungen in Österreich.
17. Dezember	Die NSDAP erwirbt den »Völkischen Beobachter«.

1921

21. Januar	Generalmitgliederversammlung der NSDAP in München. 1. Vorsitzender: Anton Drexler, 2. Vorsitzender: Oskar Körner.
3. Februar	Erste Massenversammlung der NSDAP im Zirkus Krone in München.
26.–28. März	Vertretertagung der völkischen Parteien in Zeitz.
5. Mai	Im Londoner Ultimatum verlangen die Alliierten die Erfüllung ihrer detaillierten Reparationsforderungen.
1. Juni	Beschluß der Einwohnerwehr in Bayern zur freiwilligen Entwaffnung.
11. Juli	Hitler erklärt seinen Austritt aus der NSDAP.
29. Juli	Eine außerordentliche Mitgliederversammlung wählt Hitler zum ersten und Oskar Körner zum zweiten Vorsitzenden der NSDAP. Drexler wird zum lebenslänglichen Ehrenvorsitzenden ernannt.
	Ein in München verbreitetes anonymes Flugblatt greift Hitler an.
3. August	Die NSDAP gründet eine eigene Turn- und Sportabteilung, die später als Sturmabteilung (SA) bezeichnet wird.
11. September	Der bayerische Ministerpräsident von Kahr tritt zurück.
14. September	Die NSDAP stört die Versammlung des Bayernbundes.
21. September	Der Bayerische Landtag wählt Hugo Graf Lerchenfeld zum neuen Ministerpräsidenten.

1922

29./30. Januar	Generalmitgliederversammlung der NSDAP.
10. März	Die bayerische Regierung plant Hitlers Ausweisung.
16. April	Unterzeichnung des Vertrages von Rapallo.
24. Juni	Ermordung des Reichsaußenministers Rathenau.
24. Juni–27. Juli	Hitler büßt eine Haftstrafe ab.
25. Juli	Putsch-Absicht der Vaterländischen Verbände anläßlich einer Massenkundgebung.
14./15. Oktober	Deutscher Tag in Coburg.
20. Oktober	Julius Streicher, Führer der in Nürnberg bestehenden »Deutschen Werkgemeinschaft« und Herausgeber der Zeitung »Deutscher Volkswille«, unterstellt sich Hitler.
22. Oktober	Benito Mussolinis »Marsch auf Rom«.
2. November	Der bayerische Ministerpräsident Lerchenfeld tritt zurück.
8. November	Der Bayerische Landtag wählt Eugen von Knilling zum bayerischen Ministerpräsidenten.
13. Dezember	Zehn nationalsozialistische Massenkundgebungen in München.

1923

10. Januar	Beginn der Besetzung des Ruhrgebietes durch französische und belgische Truppen.
13. Januar	Die Reichsregierung proklamiert den »passiven Widerstand«.
27.–29. Januar	1. Reichsparteitag der NSDAP in München.
15. März	Das Urteil des I. Senats des Staatsgerichtshofs des Deutschen Reiches verwirft die Beschwerden gegen das Verbot der NSDAP in Preußen, Sachsen, Baden, Mecklenburg-Schwerin, Hamburg und Bremen.
1. Mai	Der bewaffnete Aufmarsch der SA auf dem Oberwiesenfeld in München verstärkt die Gerüchte, Hitler plane einen Putsch.
15. Juli	Die NSDAP veranstaltet anläßlich des 13. Deutschen Turnerfestes in München Demonstrationen.
1./2. September	Deutscher Tag in Nürnberg: Gründung des »Deutschen Kampfbundes«.
26. September	Ende des »passiven Widerstandes« an der Ruhr.
	Bayern erklärt den Ausnahmezustand; Ritter von Kahr wird Generalstaatskommissar.
27. September	Generalstaatskommissar von Kahr verbietet die geplanten vierzehn Massenversammlungen der NSDAP.
30. September	Deutscher Tag in Bayreuth.
20. Oktober	Das Bayerische Gesamtstaatsministerium unterstellt sich die in Bayern stationierten Reichswehrverbände.
26. Oktober	Das (Bayer.) Wehrkreiskommando VII erläßt den Befehl »Herbstübung 1923«.
6. November	Besprechung zwischen Generalstaatskommissar von Kahr, General von Lossow, Oberst von Seißer und Vertretern der Vaterländischen Verbände.
8./9. November	Hitler-Putsch: Hitler ruft die »nationale Revolution« aus. Demonstrationszug wird vor der Feldherrnhalle in München mit Waffengewalt aufgelöst. Verbot der NSDAP.
11. November	Verhaftung Hitlers in Uffing.
15. November	Beginn der Ausgabe der Rentenmark.

1924

1. Januar	Als Ersatz der verbotenen NSDAP werden die »Großdeutsche Volksgemeinschaft« und der »Völkische Block in Bayern« gegründet.
13. Februar	Ende des Ausnahmezustandes.
26. Februar	Beginn des Hitler-Prozesses.
1. April	Urteilsverkündung im Hitler-Prozeß.
28. April	Verurteilung von vierzig Mitgliedern des »Stoßtrupp Hitler«.

4. Mai	Reichstagswahlen.
5. Mai	Der bayerische Ministerpräsident von Knilling tritt zurück.
31. Mai/1. Juni	Als Fortsetzung der verbotenen SA gründet Röhm den Frontbann.
28. Juni	Der Bayerische Landtag wählt Heinrich Held zum bayerischen Ministerpräsidenten.
7. Juli	Hitler legt für die Dauer seiner Haftstrafe die Führung der verbotenen NSDAP nieder.
29. August	Annahme der Dawes-Gesetze im Reichstag.
4. Oktober	Ministerialrat Kohlndorfer vom Bayerischen Staatsministerium des Innern verhandelt in Wien wegen einer Übernahme Hitlers nach Österreich.
7. Dezember	Reichstagswahlen.
20. Dezember	Entlassung Hitlers aus der Festungshaftanstalt Landsberg am Lech.

1925

4. Januar	Ministerpräsident Held empfängt Hitler zu einer Aussprache.
13. Februar	Ludendorff und Graefe legen die Führerschaft der Nationalsozialistischen Freiheitsbewegung nieder.
26. Februar	Wiedererscheinen des am 9. November 1923 verbotenen »Völkischen Beobachters«.
27. Februar	Neugründung der NSDAP.
28. Februar	Reichspräsident Ebert stirbt.
9. März	Die bayerische Regierung erläßt gegen Hitler ein Redeverbot.
11. März	Hitler beauftragt Gregor Strasser mit dem Aufbau der norddeutschen Parteiorganisation.
29. März	Erster Wahlgang der Reichspräsidentenwahl.
26. April	Im zweiten Wahlgang der Reichspräsidentenwahl wird Generalfeldmarschall von Hindenburg gewählt.
27. April	Hitler ersucht den Magistrat der Stadt Linz an der Donau um Entlassung aus dem österreichischen Staatsverband.
30. April	Die Oberösterreichische Landesregierung stellt Hitler eine Auswanderungsgenehmigung aus.
24. Juni	Errichtung der ersten Parteigeschäftsstelle der NSDAP nach ihrer Neugründung.
18. Juli	Der erste Band von Hitlers »Mein Kampf« erscheint.
10./11. September	Gründung der »Arbeitsgemeinschaft der nordwestdeutschen Gauleiter der NSDAP«.
5.–10. Oktober	Konferenz von Locarno.
9. November	Gründung der Schutzstaffeln (SS).

1926

24. Januar	Zusammenkunft von Funktionären der »Arbeitsgemeinschaft Nordwest« in Hannover.
14. Februar	Nationalsozialistische Führertagung in Bamberg.
28. Februar	Hitler spricht im »Nationalclub von 1919« in Hamburg.
20. Juni	Volksentscheid über die Fürstenenteignung.
3./4. Juli	2. Reichsparteitag der NSDAP in Weimar.
8. September	Aufnahme des Deutschen Reiches in den Völkerbund.
1. November	Joseph Goebbels übernimmt die Leitung des Gaues Berlin-Brandenburg.
	Gründung der Obersten SA-Führung.
10. Dezember	Der zweite Band von Hitlers »Mein Kampf« erscheint.

1927

1. Februar	Sachsen hebt das Redeverbot für Hitler auf.
5. März	Bayern hebt das Redeverbot für Hitler auf.
9. März	Hitler spricht zum erstenmal wieder in München.
19.–21. August	3. Reichsparteitag der NSDAP in Nürnberg.

1928

20. Mai	Reichstagswahlen.
27. August	Unterzeichnung des Kellogg-Paktes.
25. Oktober	Alfred Hugenberg Vorsitzender der Deutschnationalen Volkspartei.
9. Dezember	Ludwig Kaas Vorsitzender der Deutschen Zentrumspartei.

1929

9. Februar–7. Juni	Young-Plan-Konferenz in Paris.
9. Juli	Bildung des »Reichsausschusses für das deutsche Volksbegehren«.
1.–4. August	4. Reichsparteitag der NSDAP in Nürnberg.
6.–31. August	Erste Konferenz über den Young-Plan im Haag.
3. Oktober	Tod des Reichsaußenministers Stresemann.
25. Oktober	Börsenkrach in New York.
8. Dezember	Bei den Landtagswahlen in Thüringen erhält die NSDAP 6 Sitze.
22. Dezember	Volksentscheid gegen den Young-Plan.

1930

3.–20. Januar	Zweite Konferenz über den Young-Plan im Haag.
23. Januar	Wilhelm Frick (NSDAP) wird in Thüringen Innen- und Volksbildungsminister.
30. März	Bildung des Kabinetts Brüning.
14. September	Reichstagswahlen.

25. September	Hitler beeidet vor dem Reichsgericht in Leipzig die Legalität der NSDAP.
5. Oktober	Reichskanzler Brüning empfängt Hitler.

1931

5. Januar	Ernst Röhm Chef des Stabes der SA.
19. März	Scheitern des Planes einer deutsch-österreichischen Zollunion.
9. Juli	Besprechung zwischen Hitler und Hugenberg über einen Zusammenschluß der Nationalen Opposition.
13. Juli	Zusammenbruch der Darmstädter und Nationalbank.
27.–28. September	Ministerpräsident Laval und Außenminister Briand besuchen Berlin.
10. Oktober	Hindenburg empfängt Hitler.
11. Oktober	Bildung der »Harzburger Front«.
25. November	Haussuchungen in Hessen wegen der »Boxheimer Dokumente«.

1932

27. Januar	Hitler spricht im Industrie-Club in Düsseldorf.
26. Februar	Hitler leistet als Regierungsrat bei der Vertretung Braunschweigs in Berlin den Beamteneid; er erhält auf diese Weise die deutsche Staatsangehörigkeit.
13. März	Erster Wahlgang der Reichspräsidentenwahl.
10. April	Zweiter Wahlgang der Reichspräsidentenwahl.
13. April	Verbot von SA und SS.
24. April	Landtagswahlen in Preußen, Bayern, Württemberg, Anhalt und Hamburg.
30. Mai	Rücktritt des Reichskanzlers Brüning.
1. Juni	Bildung des Kabinetts von Papen.
20. Juli	Papens Staatsstreich gegen Preußen.
31. Juli	Reichstagswahlen.
6. November	Reichstagswahlen.
17. November	Rücktritt des Reichskanzlers von Papen.
3. Dezember	Bildung des Kabinetts von Schleicher..

1933

4. Januar	Besprechung von Papen–Hitler im Hause des Kölner Bankiers von Schröder.
15. Januar	Landtagswahlen in Lippe.
28. Januar	Rücktritt des Reichskanzlers von Schleicher.
30. Januar	Ernennung Hitlers zum Reichskanzler.

Statistiken

1. Der Anteil der NSDAP bei den Reichstagswahlen 1924–1933
(in Prozenten der abgegebenen gültigen Stimmen)

Reichstagswahl am:	4. 5. 1924	7. 12. 1924	20. 5. 1928	14. 9. 1930	31. 7. 1932	6. 11. 1932	5. 3. 1933
Zahl der Mandate:	*32*	*14*	*12*	*107*	*230*	*196*	*288*
Deutsches Reich:	6,5	3,0	2,6	18,3	37,3	33,1	43,9
Wahlkreis 1: Ostpreußen	8,6	6,2	0,8	22,5	47,1	39,7	56,5
Wahlkreis 2 Berlin	3,6	1,6	1,4	12,8	24,6	22,5	31,3
Wahlkreis 3: Potsdam II	6,5	2,9	1,8	16,7	33,0	29,1	38,2
Wahlkreis 4: Potsdam I	5,8	2,8	1,6	18,8	38,2	34,1	44,4
Wahlkreis 5: Frankfurt a. d. O.	5,0	3,2	1,0	22,7	48,1	42,6	55,2
Wahlkreis 6: Pommern	7,3	4,2	1,5	24,3	48,0	43,1	56,3
Wahlkreis 7: Breslau	4,0	1,4	1,0	24,2	43,5	40,4	50,2
Wahlkreis 8: Liegnitz	1,5	1,5	1,2	20,9	48,0	42,1	54,0
Wahlkreis 9: Oppeln	2,6	1,5	1,0	9,5	29,2	26,8	43,2
Wahlkreis 10: Magdeburg	4,9	3,0	1,7	19,5	43,8	39,0	47,3
Wahlkreis 11: Merseburg	8,7	4,3	2,7	20,5	42,6	34,5	46,4
Wahlkreis 12: Thüringen	9,9	5,4	3,7	19,3	43,4	37,1	47,2
Wahlkreis 13: Schleswig-Holstein	7,4	2,7	4,0	27,0	51,0	45,7	53,2
Wahlkreis 14: Weser-Ems	7,4	4,8	5,2	20,5	38,4	31,9	41,4
Wahlkreis 15: Osthannover	8,6	4,4	2,6	20,6	49,5	42,9	54,3
Wahlkreis 16: Südhannover-Braunschweig	7,6	3,4	4,4	24,3	46,1	40,6	48,7
Wahlkreis 17: Westfalen-Nord	3,5	1,3	1,0	12,2	25,7	22,3	34,9
Wahlkreis 18: Westfalen-Süd	1,5	1,1	1,6	13,9	27,2	24,8	33,8
Wahlkreis 19: Hessen-Nassau	5,6	2,5	3,6	20,8	43,6	41,2	49,4
Wahlkreis 20: Köln–Aachen	1,5	0,6	1,1	14,5	20,2	17,4	30,1
Wahlkreis 21: Koblenz–Trier	1,3	–	2,1	14,9	28,8	26,1	38,4
Wahlkreis 22: Düsseldorf-Ost	3,9	1,6	1,8	17,0	31,6	27,0	37,4
Wahlkreis 23: Düsseldorf-West	2,6	0,9	1,2	16,8	27,0	24,2	35,2
Wahlkreis 24: Oberbayern-Schwaben	17,0	4,8	6,2	16,3	27,1	24,6	40,9
Wahlkreis 25: Niederbayern	10,2	3,0	3,5	12,0	20,4	18,5	39,2
Wahlkreis 26: Franken	20,7	7,5	8,1	20,5	39,9	36,4	45,7
Wahlkreis 27: Pfalz	5,7	1,9	5,6	22,8	43,7	42,6	46,5
Wahlkreis 28: Dresden-Bautzen	4,5	1,5	1,8	16,1	39,3	34,0	43,6
Wahlkreis 29: Leipzig	7,9	1,8	1,9	14,0	36,1	31,0	40,0
Wahlkreis 30: Chemnitz-Zwickau	7,7	4,2	4,3	23,8	47,0	43,4	50,0
Wahlkreis 31: Württemberg	4,1	2,1	1,9	9,4	30,3	26,2	42,0
Wahlkreis 32: Baden	4,8	1,9	2,9	19,2	36,9	34,1	45,4
Wahlkreis 33: Hessen-Darmstadt	2,9	1,3	1,9	18,5	43,1	40,2	47,4
Wahlkreis 34: Hamburg	6,0	2,3	2,6	19,2	33,7	27,2	38,9
Wahlkreis 35: Mecklenburg	20,8	11,9	2,0	20,1	44,8	37,0	48,0

(Nach Matthias-Morsey: Das Ende der Parteien. S. 782)

2. Die Reichswahlkreise mit den meisten gültigen Stimmen für die NSDAP bei den Reichstagswahlen 1930–1933 (Angaben in Prozenten der abgegebenen gültigen Stimmen)

Reichstagswahl vom 14. September 1930		Reichstagswahl vom 31. Juli 1932	
Schleswig-Holstein	27,0	Schleswig-Holstein	51,0
Pommern	24,3	Osthannover	49,5
Südhannover-Braunschw.	24,3	Frankfurt a. d. Oder	48,1
Breslau	24,2	Liegnitz	48,0
Chemnitz-Zwickau	23,8	Pommern	47,9
Frankfurt a. d. Oder	22,7	Ostpreußen	47,1
Ostpreußen	22,5	Chemnitz-Zwickau	47,0

Reichstagswahl vom 6. November 1932		Reichstagswahl vom 5. März 1933	
Schleswig-Holstein	45,7	Ostpreußen	56,5
Chemnitz-Zwickau	43,4	Pommern	56,3
Pommern	43,1	Frankfurt a. d. Oder	55,2
Osthannover	42,9	Osthannover	54,3
Frankfurt a. d. Oder	42,6	Liegnitz	54,0
Pfalz	42,6	Schleswig-Holstein	53,2
Liegnitz	42,1	Breslau	50,2

3. Die Reichswahlkreise mit den wenigsten gültigen Stimmen für die NSDAP bei den Reichstagswahlen 1930–1933 (Angaben in Prozenten der abgegebenen gültigen Stimmen)

Reichstagswahl vom 14. September 1930		Reichstagswahl vom 31. Juli 1932	
Württemberg	9,4	Köln-Aachen	20,2
Oppeln	9,5	Niederbayern	20,4
Westfalen-Nord	12,0	Berlin	24,6
Niederbayern	12,1	Westfalen-Nord	25,7
Berlin	12,8	Düsseldorf-West	27,0
Westfalen-Süd	13,9	Oberbayern-Schwaben	27,1
Leipzig	14,0	Westfalen-Süd	27,2

Reichstagswahl vom 6. November 1932		Reichstagswahl vom 5. März 1933	
Köln-Aachen	17,4	Köln-Aachen	30,1
Niederbayern	18,5	Berlin	31,3
Westfalen-Nord	22,3	Westfalen-Süd	33,8
Berlin	22,5	Westfalen-Nord	34,9
Düsseldorf-West	24,2	Düsseldorf-West	35,2
Oberbayern-Schwaben	24,6	Düsseldorf-Ost	37,4
Westfalen-Süd	24,8	Potsdam II	38,2

(Nach Hagmann: Der Weg ins Verhängnis. S. 11 und 12)

4. Die Anteile von KPD und NSDAP bei den Reichstagswahlen 1924–1933 (in Prozenten der abgegebenen gültigen Stimmen)

Reichstagswahl am	KPD	NSDAP
4. 5. 1924	12,6	6,5
7. 12. 1924	9,0	3,0
20. 5. 1928	10,6	2,6
14. 9. 1930	13,1	18,3
31. 7. 1932	14,3	37,3
6. 11. 1932	16,9	33,1
5. 3. 1933	12,3	43,9

5. Entwicklung der Ortsgruppenorganisation der NSDAP 1923–1925

Gau	Anzahl der Ortsgruppen	
	1923	1925
Bayerische Ostmark	75	57
Oberbayern	22	16
Württemberg-Hohenzollern	37	20
Schwaben	32	16
Mainfranken	24	13
Franken	22	18
Düsseldorf	10	20
Essen	3	9
Berlin	1	9
Kurhessen	5	15
Mecklenburg	–	14
Osthannover	–	11
Pommern	3	10
Sachsen	27	88
Südhannover	8	40
Thüringen	14	46

(Nach Schäfer: NSDAP. S. 11)

6. Entwicklung der Mitgliedsstärke der NSDAP 1928–1932

Jahr		Fortlaufend ausgegebene Mitgliedsnummern	Zuwachsrate in %
1928		108 717	149,3
1929		176 426	161,5
1930	(14. 9.)	293 000	—
1930	(Ende)	389 000	221,0
1931		806 294	207,2
1932		1 414 975	175,5

7. Sozialstruktur der NSDAP 1930 und 1933

Berufsgruppe	1930	1933	1930 = 100
Arbeiter	26,3	32,5	108,4
Angestellte	24,4	20,6	85,9
Selbständige	18,9	17,3	91,5
Beamte	7,7	6,5	84,4
Bauern	13,2	12,5	94,7
Sonstige	3,4	3,7	108,9
Rentner	1,9	1,6	84,3
Hausfrauen	3,6	4,1	113,6
Studenten	1,0	1,2	120,0

(Nach Schäfer: NSDAP. S. 17 und 19)

Quellenverzeichnis

Im Interesse der Lesbarkeit ist eine Harmonisierung der ungedruckten und gedruckten Texte erfolgt: Offensichtliche Schreibfehler sind stillschweigend berichtigt, die Schreibweise von Personen- und Ortsnamen ist in der Regel vereinheitlicht, die zeitüblichen Abkürzungen von Namen, Titel und Vorgängen sind aufgelöst worden. Da die Interpunktion zahlreicher ungedruckter und gedruckter Texte unsystematisch, ja willkürlich ist, sind unerläßlich erscheinende Korrekturen vorgenommen worden.

Archive, Protokolle, Nachlässe, Sammlungen

Bayer(isches) Staatsarchiv Amberg.
Bundesarchiv Koblenz.
GStA. München = Geheimes Staatsarchiv München.
HStA. München. Allg. StA. = Hauptstaatsarchiv München. Allgemeines Staatsarchiv.
HStA. Stuttgart = Hauptstaatsarchiv Stuttgart.
HHStA. Wien = Haus-, Hof- und Staatsarchiv Wien.
Politisches Archiv des Auswärtigen Amtes. Bonn.
The National Archives of The United States. Alexandria.
Protokoll des Hitler-Prozesses. Maschinenschrift. 4 Bde.
Nachlaß Drexler.
Sammlung Deuerlein.

Zeitgenössische Zeitungen und Zeitschriften

Auf gut Deutsch. München.
Augsburger Postzeitung. Augsburg.
Der Deutsche Volkswirt. Berlin.
Der Kampf. München.
Der Zeitspiegel. Berlin.
Deutsche Allgemeine Zeitung. Berlin.
Deutsches Adelsblatt. Berlin.
Die Rote Fahne. Berlin.
Die Weltbühne. Berlin.
Frankfurter Zeitung. Frankfurt am Main.
Illustrierter Beobachter. München.
München-Augsburger Abendzeitung. München.
Münchener Post. München.
Münchner Neueste Nachrichten. München.
Neue Preußische (Kreuz-) Zeitung. Berlin.
Salzburger Volksblatt. Salzburg.
Völkischer Beobachter. München.
Völkischer Kurier. München.
Volksruf. Salzburg.
Vorwärts. Berlin.
Vossische Zeitung. Berlin.

Veröffentlichungen

Brecht, Arnold: Mit der Kraft des Geistes. Lebenserinnerungen. Zweite Hälfte 1927–1967. Stuttgart 1967.

Brentano, Lujo: Mein Leben im Kampf um die soziale Entwicklung Deutschlands. Jena 1931.

Broszat, Martin: Die Anfänge der Berliner NSDAP 1926/27. In: Vierteljahrshefte für Zeitgeschichte. 8. Jahrg. (1960). S. 85 ff.

Buttmann, Rudolf: Bayerische Politik 1924–1928. München 1928.

Castonier, Elisabeth: Stürmisch bis heiter. Memoiren einer Außenseiterin. München 1964.

Christ, Lena: Unsere Bayern anno 14. München 1942.

Ciller, A.: Deutscher Sozialismus in den Sudetenländern und der Ostmark. Hamburg (1939).

Conze, Werner: Zum Sturz Brünings. In: Vierteljahrshefte für Zeitgeschichte. 1. Jahrg. (1953). S. 261 ff.

Curtius, Julius: Sechs Jahre Minister der deutschen Republik. Heidelberg 1948.

Curtius, Ludwig: Deutsche und antike Welt. Lebenserinnerungen. Stuttgart 1950.

Der Dolchstoß-Prozeß in München. Oktober-November 1925.

Der Hitler-Prozeß vor dem Volksgericht in München. 2 Bde. München 1924.

Der Prozeß gegen die Hauptkriegsverbrecher vor dem Internationalen Militärgerichtshof. Nürnberg 14. November 1945 – 1. Oktober 1946. Amtlicher Text in deutscher Sprache. 42 Bde. Nürnberg 1947 ff.

Der Schulungsbrief. V. Jahrg. (1938). 8. u. 9. Folge: Aufbruch und Kampf der Partei.

Deuerlein: Hitlers Eintritt – Deuerlein, Ernst: Hitlers Eintritt in die Politik und die Reichswehr. In: Vierteljahrshefte für Zeitgeschichte. 7. Jahrg. (1959). S. 177 ff.

Deuerlein: Hitler-Putsch – Deuerlein, Ernst: Der Hitler-Putsch. Bayerische Dokumente zum 8./9. November 1923. Stuttgart 1962.

Deuerlein: Katholizismus – Deuerlein: Ernst: Der deutsche Katholizismus 1933. Osnabrück 1963.

Dickmann, Fritz: Die Regierungsbildung in Thüringen als Modell der Machtergreifung. Ein Brief Hitlers aus dem Jahre 1930. In: Vierteljahrshefte für Zeitgeschichte. 14. Jahrg. (1966). S. 454 f.

Diels, Rudolf: Lucifer ante portas. Stuttgart 1950.

Dietrich, Otto: Mit Hitler in die Macht. Persönliche Erlebnisse mit meinem Führer. München 1934.

Dokumente aus dem Kampf der Bewegung. In: Nationalsozialistische Monatshefte. 9. Jahrg. (1938). S. 6 ff.

Drexler, Anton: Mein politisches Erwachen. Aus dem Tagebuch eines deutschen sozialistischen Arbeiters. 2. Aufl. München 1920.

Duesterberg, Theodor: Der Stahlhelm und Hitler. Wolfenbüttel 1949.

Foerster, Friedrich Wilhelm: Erlebte Weltgeschichte 1869–1953. Memoiren. Nürnberg 1953.

François-Poncet, André: Botschafter in Berlin 1931–1938. 3. Aufl. Berlin und Mainz 1962.

Frank, Hans: Im Angesicht des Galgens. Deutung Hitlers und seiner Zeit auf Grund eigener Erlebnisse und Erkenntnisse. 2. Aufl. Neuhaus bei Schliersee 1955.

Franz-Willing, Georg: Die Hitlerbewegung. Bd. I: Der Ursprung 1919 bis 1922. Hamburg und Berlin 1962.

Fugger von Glött, Joseph Ernst Fürst: Der Weg in den inneren Widerstand. In: Kopp, Otto (Hrsg. v.): Widerstand und Erneuerung. Neue Berichte und Dokumente vom inneren Kampf gegen das Hitler-Regime. Stuttgart 1966. S. 76 ff.

Geschichte der deutschen Arbeiterbewegung in acht Bänden. Hrsg. v. Institut für Marxismus-Leninismus beim Zentralkomitee der SED. Berlin 1966.

Glasenapp, Helmuth von: Meine Lebensreise. Menschen, Länder und Dinge, die ich sah. Wiesbaden 1964.

Goebbels, Joseph: Vom Kaiserhof zur Reichskanzlei. München 1934.

Göhring, Martin: Alles oder nichts. Zwölf Jahre totalitäre Herrschaft in Deutschland. Bd. I: 1933–1939. Tübingen 1966.

Graf: Gefangene – Graf, Oskar Maria: Wir sind Gefangene. Ein Bekenntnis aus diesem Jahrzehnt. München 1927.

Graf: Gelächter – Graf, Oskar Maria: Gelächter von außen. Aus meinem Leben 1918–1933. München 1966.

Gutachten des Instituts für Zeitgeschichte. München 1958.

Guthmann, Johannes: Goldene Frucht. Begegnungen mit Menschen, Gärten und Häusern. Tübingen 1955.

Hagmann, Meinrad, Der Weg ins Verhängnis. Reichstagswahlergebnisse 1919–1933, besonders aus Bayern. München 1946.

Hale, Oron James: Gottfried Feder calls Hitler to order: An unpublished letter on Nazi Party Affairs. In: The Journal of Modern History. Vol. XXX (1958). S. 358 ff.

Heiber, Helmut: Das Tagebuch von Joseph Goebbels 1925/26. Stuttgart.

Heiden: Geschichte – Heiden, Konrad: Geschichte des Nationalsozialismus. Die Karriere einer Idee. Berlin 1933.

Heiden: Hitler – Heiden, Konrad: Adolf Hitler. 2 Bde. Zürich 1936.

Heimpel, Hermann: Die halbe Violine. Eine Jugend in der Residenzstadt München. Stuttgart 1949.

Herzl, Theodor: Tagebücher (1895–1904). Berlin 1922.

Heuss, Theodor: Erinnerungen 1905–1933. Frankfurt/Main 1965 (= Fischer-Bücherei 700).

Hitler: Mein Kampf – Hitler, Adolf: Zwei Bde. in einem Bd. Erster Bd.: Eine Abrechnung. Zweiter Bd.: Die nationalsozialistische Bewegung. 419–423. Aufl. München 1939.

Hitler: Vortrag – Hitler, Adolf: Vortrag Adolf Hitlers vor westdeutschen Wirtschaftlern im Industrie-Klub zu Düsseldorf. München 1932.

Hitler: 10 Jahre – Hitler, Adolf: 10 Jahre Kampf. In: Illustrierter Beobachter. 4. Jahrg. (1929). Nr. 31. vom 3. August 1929.

Hoegner: Außenseiter – Hoegner, Wilhelm: Der schwierige Außenseiter. Erinnerungen eines Abgeordneten, Emigranten und Ministerpräsidenten. München 1959.

Hoegner: Hitler – Hoegner, Wilhelm: Hitler und Kahr. Die bayerischen Napoleonsgrößen von 1923. Ein im Untersuchungsausschuß des Bayerischen Landtages aufgedeckter Justizskandal. 2 Tle. München 1928.

Hoegner: Volksbetrug – Hoegner, Wilhelm: Der Volksbetrug der Nationalsozialisten. Berlin 1930.

Hofmiller: Briefe – Hofmiller, Josef: Ausgewählte Briefe. Hrsg. v. H. Hofmiller. Memmingen 1955.

Hofmiller: Revolutionstagebuch – Hofmiller, Josef: Revolutionstagebuch 1918/19. Aus den Tagen der Münchner Revolution. Leipzig o. J.

Hohlfeld, Johannes (Hrsg. v.): Dokumente der deutschen Politik von 1848 bis zur Gegenwart. 7 Bde. Berlin und München o. J.

Hubatsch, Walther: Hindenburg und der Staat. Aus den Papieren des Generalfeldmarschalls und Reichspräsidenten von 1878 bis 1934. Göttingen 1966.

Hülsen, Hans von: Zwillings-Seele. Denkwürdigkeiten aus einem Leben zwischen Kunst und Politik. 2 Bde. München 1947.

Jacobsen, Hans Adolf, und Jochmann, Werner: Ausgewählte Dokumente zur Geschichte des Nationalsozialismus 1933–1945. Bielefeld o. J.

Jetzinger, Franz: Hitlers Jugend. Phantasien, Lügen – und die Wahrheit. Wien 1956.

Jochmann: Kampf – Jochmann, Werner: Im Kampf um die Macht. Hitlers Rede vor dem Hamburger Nationalklub von 1919. Frankfurt/Main 1960.

Jochmann: Nationalsozialismus – Jochmann, Werner: Nationalsozialismus und Revolution. Ursprung und Geschichte der NSDAP in Hamburg 1922–1933. Dokumente. Frankfurt/Main 1963.

Kessel, Eberhard: Zur Geschichte und Deutung des Nationalsozialismus. In: Archiv für Kulturgeschichte. XLV. Bd. (1963).

Kessler, Harry Graf: Tagebücher 1918–1937. Hrsg. v. W. Pfeiffer-Belli. Frankfurt/Main 1961.

Klepper, Jochen: Unter dem Schatten Deiner Flügel. Aus den Tagebüchern der Jahre 1932–1942. Stuttgart 1956.

Knickerbocker, H. R.: Deutschland so oder so? Berlin 1932.

Knirsch, Hans: Aus der Geschichte der deutschen nationalsozialistischen Arbeiterbewegung Alt-Österreichs und der Tschecho-Slowakei. Dux 1931.

Köhler, Heinrich: Lebenserinnerungen des Politikers und Staatsmannes 1878–1949. Unter Mitwirkung von F. Zilken hrsg. v. J. Becker. Stuttgart 1964.

Koplin, Raimund: Carl von Ossietzky als politischer Publizist. Berlin 1964.

Koppensteiner, Rudolf: Die Ahnentafel des Führers. Leipzig 1937.

Krausnick, Helmut (Hrsg. v.): Ein Brief Thomas Manns vor der Machtergreifung. In: Vierteljahrshefte für Zeitgeschichte. 6. Jahrg. (1958). S. 172 ff.

Krebs, Albert: Tendenzen und Gestalten der NSDAP. Erinnerungen an die Frühzeit der Partei. Stuttgart 1959.

Kriegsgeschichtliche Forschungsanstalt des Heeres (Hrsg. v.): Die Niederwerfung der Räteherrschaft in Bayern 1919. Berlin 1939.

Kubizek, August: Adolf Hitler, mein Jugendfreund. Graz und Göttingen 1953.

Kühnl, Reinhard: Die nationalsozialistische Linke 1925–1930. Meisenheim am Glan 1966.

Lurker, Otto: Hitler hinter Festungsmauern. Ein Bild aus trüben Tagen. 2. Aufl. Berlin 1933.

Mann, Klaus: Der Wendepunkt. Ein Lebensbericht. Frankfurt/Main 1966.

Mann: Ansprache – Mann, Thomas: Deutsche Ansprache. Ein Appell an die Vernunft. Berlin 1930.

Mann: Gladius Dei – Mann, Thomas: Gladius Dei. In: Die Erzählungen. Bd. 1. S. 149 ff (= Thomas Mann: Werke. Taschenbuchausgabe in zwölf Bdn. Frankfurt/Main 1965).

Matthias, Erich, und Morsey, Rudolf (Hrsg. v.): Das Ende der Parteien 1933. Düsseldorf 1960.

Meinecke, Friedrich: Politische Schriften und Reden. Hrsg. und eingel. v. G. Kotowski. Darmstadt 1958.

Moeller van den Bruck, Arthur: Das Dritte Reich. 3. Aufl. Hamburg 1931.

Morsey, Rudolf: Hitler als braunschweigischer Regierungsrat. In: Vierteljahrshefte für Zeitgeschichte. 8. Jahrg. (1960). S. 419 ff.

Müller: Mars – Müller, Karl Alexander von: Mars und Venus. Erinnerungen 1914–1919. Stuttgart 1954.

Müller: Wandel – Müller, Karl Alexander von: Im Wandel einer Welt. Erinnerungen Band Drei 1919–1932. Hrsg. v. O. A. von Müller. München 1966.

Murphy, Robert: Diplomat unter Kriegern. Zwei Jahrzehnte Weltpolitik in besonderer Mission. Berlin o. J.

Naumann, Friedrich: Demokratie und Kaisertum. 2. Aufl. Berlin-Schöneberg 1900.

Niekisch: Gewagtes Leben – Niekisch, Ernst: Gewagtes Leben. Begegnungen und Begebnisse. Köln und Berlin 1965.

Niekisch: Politische Schriften – Niekisch, Ernst: Politische Schriften. Köln und Berlin 1965.

Phelps, Reginald H.: Hitler als Parteiredner im Jahre 1920. In: Vierteljahrshefte für Zeitgeschichte. 11. Jahrg. (1963). S. 274 ff.

Pünder, Hermann: Politik in der Reichskanzlei. Aufzeichnungen aus den Jahren 1929–1932. Hrsg. v. Th. Vogelsang. Stuttgart 1961.

Röhm, Ernst: Die Geschichte eines Hochverräters. 1. Aufl. München 1928.

Rosenberg, Alfred: Letzte Aufzeichnungen. Ideale und Idole der nationalsozialistischen Revolution. Göttingen 1955.

Rosenberg, Arthur: Entstehung und Geschichte der Weimarer Republik. Hrsg. v. Kurt Kersten. Frankfurt/Main 1955.

Kronprinz Rupprecht: Mein Kriegstagebuch. Hrsg. v. E. Frauenholz. 3 Bde. Berlin 1929.

Schäfer, Wolfgang: NSDAP. Entwicklung und Struktur der Staatspartei des Dritten Reiches. Hannover und Frankfurt/Main 1957.

Scheringer, Richard: Das große Los unter Soldaten, Bauern und Rebellen. Hamburg 1959.

Schlier, Paula: Petras Aufzeichnungen oder Konzept einer Jugend nach dem Diktat der Zeit. Innsbruck 1926.

Schneider, Reinhold: Verhüllter Tag. Freiburg i. Br. 1959 (= Herder-Bücherei 42).

Schumpeter, Joseph P.: Aufsätze zur Soziologie. Tübingen 1953.

Schwend, Karl: Bayern zwischen Monarchie und Diktatur. München 1954.

Sebottendorff, Rudolf von: Bevor Hitler kam. Urkundliches aus der Frühzeit der nationalsozialistischen Bewegung. 1. Aufl. München 1933.

Severing, Carl: Mein Lebensweg. 2 Bde. Köln 1950.

Solleder, Fridolin (Hrsg. v.): Vier Jahre Westfront. Geschichte des Regiments List. Reserve-Infanterie-Regiment 16. München 1932.

Speckner, Herbert: Die Ordnungszelle Bayern. Studien zur Politik des bayerischen Bürgertums, insbesondere der Bayerischen Volkspartei, vor der Revolution bis zum Ende des Kabinetts Dr. von Kahr. Phil. Diss. Erlangen 1955. (Masch.)

Spengler, Oswald: Briefe 1913–1936. In Zusammenarbeit mit M. Schröter hrsg. v. A. M. Koktanek. München 1963.

Sten. Ber. Reichstag = Verhandlungen des Reichstages. Stenographische Berichte.

Stolper, Gustav, Häuser, Karl, und Borchardt, Knut: Deutsche Wirtschaft seit 1870. Tübingen 1964.

Stoltenberg, Gerhard: Politische Strömungen im schleswig-holsteinischen Landvolk 1918–1933. Ein Beitrag zur politischen Meinungsbildung in der Weimarer Republik. Düsseldorf 1962.

Strasser, Gregor: Kampf um Deutschland. München 1932.

Strasser, Otto: Hitler und ich. Konstanz 1948.

Stresemann, Gustav: Vermächtnis. Der Nachlaß in 3 Bdn. Hrsg. v. H. Bernhard. Berlin 1932/33.

Thoma, Ludwig: Ein Leben in Briefen (1875–1921). München 1963.

Toller, Ernst: Prosa, Briefe, Dramen, Gedichte. Reinbek bei Hamburg 1964.

Troeltsch, Ernst: Spektator-Briefe. Tübingen 1924.

Ursachen und Folgen. Vom deutschen Zusammenbruch 1918 und 1945 bis zur staatlichen Neuordnung Deutschlands in der Gegenwart. Bd. VII: Die Weimarer Republik. Vom Kellogg-Pakt zur Weltwirtschaftskrise. Die innerpolitische Entwicklung. Bd. VIII: Die Weimarer Republik. Das Ende des parlamentarischen Systems. Brüning-Papen-Schleicher 1930–1933. Hrsg. v. H. Michaelis, E. Schraepler und G. Scheel. Berlin o. J.

Vogelsang, Thilo: Reichswehr, Staat und NSDAP. Beiträge zur deutschen Geschichte 1930–1932. Stuttgart 1963.

Wiedemann, Fritz: Der Mann, der Feldherr werden wollte. Erlebnisse und Erfahrungen des Vorgesetzten Hitlers im 1. Weltkrieg und seines späteren Persönlichen Adjutanten. Velbert und Kettwig 1964.

Wiesmayer: Mit dem Führer auf der Schulbank. In: Die Zeit vom 26. Juni 1938.

Zuckmayer, Carl: Als wär's ein Stück von mir. Horen der Freundschaft. Frankfurt/Main 1966.

Zweig, Stefan: Die Welt von gestern. Erinnerungen eines Europäers. Stockholm 1942.

DIE VORAUSSETZUNGEN

Anfänge des Nationalsozialismus

37 Deuerlein: Hitler-Putsch, S. 701.
Protokoll des Hitler-Prozesses, 1. Verhandlungstag (26. Febr. 1924), S. 33.
38 Rosenberg, Alfred, S. 316.
Herzl, Bd. 1, S. 325.
Diels, S. 44 f.
Deutsches Adelsblatt, 5. Jahrg. (1887), S. 450 f.
39 Naumann, S. 229.
40 Ciller, S. 79.
41 Ciller, S. 188.
42 Knirsch, S. 17.
43 Ciller, S. 191 f.
44 Ciller, S. 203.
Ciller, S. 150.
45 Ciller, S. 150.

Münchens politische Gegensätzlichkeit

46 Mann: Gladius Dei, S. 149.
Christ, S. 6 f.
48 Hitler: Mein Kampf, S. 177.
Spengler, S. 35.
Hofmiller: Briefe, S. 90 f.
49 GStA. München, MA. I. Nr. 961.
Der Dolchstoß-Prozeß, S. 264 ff.
50 Brentano, S. 332 f.
Kronprinz Rupprecht, Bd. 2, S. 240.
Foerster, S. 197 f.

51 Graf: Gefangene, S. 550 f.
52 Heimpel, S. 259.
Sebottendorff, 2. Aufl., S. 57 f.
53 Thoma, S. 358.
54 Niekisch: Gewagtes Leben, S. 77.
55 Hofmiller: Revolutionstagebuch, S. 211.
Kriegsgeschichtliche Forschungsanstalt, S. 212.

Deutsche Arbeiterpartei

56 Lebenslauf Drexlers v. 12. März 1935, Nachlaß Drexler.
57 Drexler, S. 20.
58 Drexler, S. 13.
Drexler, S. 14 f.
Drexler, S. 20.
59 Nachlaß Drexler.
Lebenslauf Drexlers v. 12. März 1935, Nachlaß Drexler.
Lebenslauf Drexlers v. 12. März 1935, Nachlaß Drexler.
60 Lebenslauf Drexlers v. 12. März 1935, Nachlaß Drexler.
61 Heiden: Geschichte, S. 11 f.

Hitlers Lebensweg 1889–1919

62 Frank, S. 320.
63 Koppensteiner, S. 18 f.
Jetzinger, S. 11.
64 Jetzinger, S. 57.
65 Jetzinger, S. 54.
Hitler: Mein Kampf, S. 1.
66 Hitler: Mein Kampf, S. 3 f.
67 Wiesmayer.
Jetzinger, S. 115.
68 Jetzinger, S. 116.
Jetzinger, S. 116.
Jetzinger, S. 105 f.
69 Jetzinger, S. 103.
Hitler: Mein Kampf, S. 16.
70 Kubizek, S. 142.
Heiden: Hitler, Bd. I, S. 30.
Hitler: Mein Kampf, S. 19.
71 Hitler: Mein Kampf, S. 20.
72 Jetzinger, S. 218.
Hitler: Mein Kampf, S. 107 f.
73 Jetzinger, S. 224.
74 Hitler: Mein Kampf, S. 138.
Hitler: Mein Kampf, S. 139.
Jetzinger, S. 261.
75 Jetzinger, S. 262 ff.

76 Jetzinger, S. 265.
77 Solleder, S. 75.
Bundesarchiv Koblenz, NS 26/4.
78 Wiedemann, S. 26.
Wiedemann, S. 30.
79 Deuerlein: Hitlers Eintritt, S. 190.
Wiedemann, S. 25 f.
80 Kessel, S. 364, Anm. 17.
Hitler: Mein Kampf, S. 225.

DER GEDANKE AN DEN STAATSSTREICH

Hitlers Eintritt in die Politik

83 Spengler, S. 129.
84 Deuerlein: Hitlers Eintritt, S. 179.
Deuerlein: Hitlers Eintritt, S. 191 f.
85 Müller: Mars, S. 338 f.
86 Deuerlein: Hitlers Eintritt, S. 196 f.
Deuerlein: Hitlers Eintritt, S. 195 f.
Deuerlein: Hitlers Eintritt, S. 198.
87 Deuerlein: Hitlers Eintritt, S. 198 ff.
88 Deuerlein: Hitlers Eintritt, S. 200 ff.
89 Röhm, S. 100 f.
Deuerlein: Hitlers Eintritt, S. 201 f.
91 Deuerlein: Hitlers Eintritt, S. 201 f.
Deuerlein: Hitlers Eintritt, S. 203 ff.
94 Deuerlein: Hitlers Eintritt, S. 202 f.
95 Hitler: Mein Kampf, S. 237 f.
97 Hitler: Mein Kampf, S. 239 f.
Hitler: Mein Kampf, S. 244.
98 Drexler an Hitler, 1940, Briefentwurf, Nachlaß Drexler.

Der Weg in die Öffentlichkeit

99 Deuerlein: Hitlers Eintritt, S. 206 f.
100 Hitler: 10 Jahre.
102 Hitler: 10 Jahre.
Graf: Gelächter, S. 114 f.
104 Derbacher, Auszug aus meinem Tagebuch: Meine Bayern-Reise im Januar 1920, Nachlaß Drexler.
105 Drexler an Hitler, 1940, Briefentwurf, Nachlaß Drexler.
106 Phelps, S. 292 ff.
108 Hitler: Mein Kampf, S. 406.
Erstdruck, Sammlung Deuerlein.
112 Protokoll der polizeilichen Einvernahme Eckarts vom Dezember 1923, Nachlaß Drexler.
113 Der Kampf, 20. April 1920.

115 Erstdruck, Sammlung Deuerlein.
116 Phelps, S. 299 ff.
118 Phelps, S. 501 f.
119 Deuerlein: Hitler-Putsch, S. 35.
120 Volksruf, 15. August 1920.
122 Salzburger Volksblatt, 9. August 1920.
Phelps, S. 318 f.
124 Dokumente aus dem Kampf der Bewegung, S. 643.
Münchner Neueste Nachrichten, 5. Oktober 1920.
126 Phelps, S. 322 f.
127 München-Augsburger Abendzeitung, 20. Oktober 1920.
128 Drexler an Hitler, 1940, Briefentwurf, Nachlaß Drexler.
129 HStA. München, Allg. StA. MInn 71712.
130 HStA. München, Allg. StA. MInn 71712.
131 Drexler an Feder, 13. Februar/9. März 1921, Nachlaß Drexler.
Deuerlein: Hitler-Putsch, S. 39.
132 Bayer. Staatsarchiv Amberg, Regierung Abg. 1949 ff Nr. 14078.
Speckner, S. 205.

Hitlers Machtergreifung in der Partei

135 Franz-Willing, S. 110 f.
136 HStA. München, Allg. StA. Sonderabgabe I, Nr. 1475.
HStA. München, Allg. StA. Sonderabgabe I, Nr. 1475.
137 Bayer. Staatsarchiv Amberg, Regierung Abg. 1949 ff Nr. 14078.
HStA. München, Allg. StA. Sonderabgabe I, Nr. 1474.
138 Münchener Post, 3. August 1921.
141 Völkischer Beobachter, 4. August 1921.

Provokation der Öffentlichkeit

142 HStA. Stuttgart E 131 C 5/25, Bd. 1.
143 Troeltsch, S. 210 f.
144 Heiden: Geschichte, S. 81.
145 Münchner Neueste Nachrichten, 15. September 1921.
146 HStA. München, Allg. StA. Sonderabgabe I, Nr.
147 HStA. München, Allg. StA. Sonderabgabe I, Nr. 1474.
150 Münchener Post, 13. Januar 1922.
151 Toller, S. 164 f.
152 Müller: Wandel, S. 129.
153 HHStA. Wien, N. P. A. K 57.
154 HStA. München, Allg. StA. MInn 71712.
155 HStA. München, Allg. StA. MInn 71712.
156 HStA. Stuttgart E 131 C 5/25, Bd. 1.
157 Deuerlein: Hitler-Putsch, S. 709.
Deuerlein: Hitler-Putsch, S. 709.
158 HStA. Stuttgart E 131 C 5/25, Bd. 1.

159 HStA. München, Allg. StA. Sonderabgabe I, Nr. 1474.
160 GStA. München, MA. 1943, A. V. Nr. 425.

Warten auf »Losschlagen«

163 HHStA. Wien, N. P. A. K 57.
164 Müller: Wandel, S. 144 f.
166 Deuerlein: Hitler-Putsch, S. 697 ff.
170 Deuerlein: Hitler-Putsch, S. 720 ff.
173 Schwend, S. 207 f.
München-Augsburger Abendzeitung, 16. Mai 1923.
175 Murphy, S. 35 f.
176 Stolper-Häuser-Borchardt, S. 98.
Auf gut Deutsch, 5. Juli 1919.
Moeller van den Bruck, S. 6.
177 Deuerlein: Hitler-Putsch, S. 725 ff.
179 Hale, S. 358 ff.
181 Deuerlein: Hitler-Putsch, S. 166 ff.
182 Deuerlein: Hitler-Putsch, S. 166 ff.
183 Hülsen, Bd. I, S. 203 f.

Hitler-Putsch

185 The National Archives of The United Nations, Alexandria, Mikrofilm.
186 Deuerlein: Hitler-Putsch, S. 218.
Deuerlein: Hitler-Putsch, S. 219.
187 Hoegner: Hitler, S. 36.
Protokoll des Hitler-Prozesses, 7. Verhandlungstag (4. März 1924), S. 141 f.
189 Deuerlein: Hitler-Putsch, S. 258.
Deuerlein: Hitler-Putsch, S. 277.
HStA. Stuttgart E 131 C 5/25 Bd. 1.
190 Zuckmayer, S. 384 f.
Deuerlein: Hitler-Putsch, S. 303.
192 Protokoll des Hitler-Prozesses, 13. Verhandlungstag (12. März 1924), S. 57.
Protokoll des Hitler-Prozesses, 9. Verhandlungstag (7. März 1924), S. 60 ff.
196 Guthmann, S. 420.
197 Castonier, S. 159.
198 Deuerlein: Hitler-Putsch, S. 330 f.
199 Schlier, S. 121 ff.
200 Deuerlein: Hitler-Putsch, S. 336 f.
201 Deuerlein: Hitler-Putsch, S. 387.
202 Murphy, S. 35.
Zweig, S. 441.

Hitler-Prozeß

203 Bundesarchiv Koblenz, NS 26/114.
204 Bundesarchiv Koblenz, NS 26/114.
205 Hülsen, Bd. I, S. 207 ff.
206 Protokoll des Hitler-Prozesses, 1. Verhandlungstag (26. Febr. 1924), S. 127 ff.
208 Protokoll des Hitler-Prozesses, 2. Verhandlungstag (27. Febr. 1924), S. 2 f.
209 Protokoll des Hitler-Prozesses, 2. Verhandlungstag (27. Febr. 1924), S. 22 f.
210 Protokoll des Hitler-Prozesses, 3. Verhandlungstag (28. Febr. 1924), S. 36 f.
213 Protokoll des Hitler-Prozesses, 3. Verhandlungstag (28. Febr. 1924), S. 91.
214 Protokoll des Hitler-Prozesses, 3. Verhandlungstag (28. Febr. 1924), S. 97 f.
215 GStA. München, MA. 1946, B 7.
217 Protokoll des Hitler-Prozesses, 12. Verhandlungstag (11. März 1924), S. 92 f.
219 Protokoll des Hitler-Prozesses, 15. Verhandlungstag (14. März 1924), S. 47 ff.
Protokoll des Hitler-Prozesses, 15. Verhandlungstag (14. März 1924), S. 47 ff.
220 Protokoll des Hitler-Prozesses, 15. Verhandlungstag (14. März 1924), S. 47 ff.
221 Der Hitler-Prozeß vor dem Volksgericht in München, Bd. 2, S. 80 f.
Der Hitler-Prozeß vor dem Volksgericht in München, Bd. 2, S. 81 f.
222 HStA. München, MInn 73699
224 Bundesarchiv Koblenz, NS 26/114.
226 Bundesarchiv Koblenz, NS 26/114.
227 Bundesarchiv Koblenz, NS 26/114.
Schwend, S. 257 f.

PARTEI OHNE ZUKUNFT?

Ende der völkischen Bewegung?

232 Völkischer Kurier, 25. April 1924.
Völkischer Kurier, 25. April 1924.
233 Curtius, Ludwig, S. 382.
Bundesarchiv Koblenz, NS 26/114.
234 Strasser, Otto, S. 74 f.
235 Jochmann: Nationalsozialismus, S. 78.
Völkischer Kurier, 7. Juli 1924.
236 Völkischer Kurier, 1. August 1924.
Strasser, Otto, S. 78.

237 Völkischer Kurier, 6. September 1924.
238 Lurker, S. 60 ff.
239 Politisches Archiv des Auswärtigen Amtes, Bonn, D Po 5a adh 1.
240 HHStA. Wien, N. P. A. K 493.
241 Frank, S. 40.
242 Schwend, S. 298.
Münchener Post, 4. Februar 1925.
244 Jochmann: Nationalsozialismus, S. 193 f.
245 Völkischer Beobachter, 26. Februar 1925.
246 Völkischer Beobachter, 7. März 1925.
247 Müller, Wandel, S. 301.
248 Krebs, S. 183.
249 Die Weltbühne, 17. März 1925.
250 HHStA. Wien, N. P. A. K 493.
251 HHStA. Wien, N. P. A. K 493.
HHStA. Wien, N. P. A. K 493.
252 Jetzinger, S. 279.
Jetzinger, S. 280.
253 Jochmann: Nationalsozialismus, S. 212 f.

Spaltung zwischen Nord und Süd?

255 Kühnl, S. 299.
256 Heiber, S. 59 ff.
257 Jochmann: Kampf, S. 92 f.
258 Heiber, S. 72.
259 Jochmann: Nationalsozialismus, S. 231.
260 Der Schulungsbrief, S. 302.
Völkischer Beobachter, 7. Juli 1926.
261 Heiber, S. 87.
262 Dokumente aus dem Kampf der Bewegung, S. 653 ff.
263 Die Rote Fahne, 21. August 1926.
Broszat, S. 102 f.
264 Heiber, S. 115.
Jochmann: Nationalsozialismus, S. 241 f.
265 Jacobsen-Jochmann.
266 HStA. München, Allg. StA. Sonderabgabe I, Nr. 1762.

Als erledigt angesehen

267 Kühnl, S. 340.
268 Buttmann, S. 23 f.
GStA. München, MA. 1943, A. V. Nr. 427.
269 GStA. München, MA. 1943, A. V. Nr. 427.
272 GStA. München, MA. 1943, A. V. Nr. 427.
275 Broszat, S. 111.
276 Heiber, S. 118 f.
277 Kühnl, S. 283 f.

278 HStA. München, Allg. StA. Sonderabgabe I, Nr. 1762.
279 HStA. München, Allg. StA. Sonderabgabe I, Nr. 1762.
285 Neue Preußische (Kreuz-) Zeitung, 3. Januar 1937.
286 HStA. München, Allg. StA. Sonderabgabe I, Nr. 1762.
288 HStA. München, Allg. StA. Sonderabgabe I, Nr. 1762.
290 Krebs, S. 126 f.
291 Rosenberg, Arthur, S. 399.
292 Hoegner: Außenseiter, S. 44 f.
Ursachen und Folgen, Bd. VII, S. 368.
293 Kühnl, S. 344 f.
294 Hoegner: Außenseiter, S. 48.
295 Krebs, S. 131 f.
296 Stresemann, Bd. III, S. 385.
Völkischer Beobachter, 5. Dezember 1928.
298 Schumpeter, S. 225.
Der Schulungsbrief, S. 306.
299 Stoltenberg, S. 208 ff.
302 Illustrierter Beobachter, 10. August 1929.

Generalprobe

303 Hohlfeld, Bd. III, S. 271.
304 Pünder, S. 26.
305 Fugger von Glött, S. 77 f.
306 Dickmann, S. 461.
308 Ursachen und Folgen, Bd. VII, S. 390 ff.
309 Ursachen und Folgen, Bd. VIII, S. 328 ff.
311 Der Deutsche Volkswirt, 29. Juni 1930.
Vossische Zeitung, 4. Juli 1930.
312 Kühnl, S. 374.
313 Koplin, S. 154 f.

DAS BEKENNTNIS ZUR LEGALEN MACHTERGREIFUNG

Erdrutsch

317 Münchner Neueste Nachrichten, 16. September 1930.
318 Frankfurter Zeitung, 15. September 1930.
319 Curtius, Julius, S. 170 f.
320 Ursachen und Folgen, Bd. VIII, S. 92.
321 Ursachen und Folgen, Bd. VIII, S. 93 f.
322 Völkischer Beobachter, 25. September 1930.
323 Ursachen und Folgen, Bd. VIII, S. 96.
324 Mann: Ansprache, S. 11 ff.
325 Heiden: Geschichte, S. 291.

Hitlers Legalitätseid

328 Frankfurter Zeitung, 26. September 1930.
Frankfurter Zeitung, 26. September 1930.
331 Frankfurter Zeitung, 26. September 1930.
332 Frankfurter Zeitung, 26. September 1930.
333 Frankfurter Zeitung, 26. September 1930.
336 Scheringer, S. 222.
337 Scheringer, S. 236.
Frank, S. 79.
Brecht, S. 204.
338 Brecht, S. 205.
339 Der Prozeß gegen die Hauptkriegsverbrecher, Bd. XV, S. 314.
Der Prozeß gegen die Hauptkriegsverbrecher, Bd. XV, S. 314.

Koalitionspartner oder Nationale Opposition

340 Köhler, S. 300 f.
342 Pünder, S. 62.
Pünder, S. 65.
Strasser, Gregor, S. 280 f.
343 Hoegner: Volksbetrug, S. 14.
345 Jochmann: Nationalsozialismus, S. 309.
346 Ursachen und Folgen, Bd. VIII, S. 354.
347 Sten. Ber. Reichstag, Bd. 444, S. 687 ff.
348 Ursachen und Folgen, Bd. VIII, S. 270.
349 Deutsche Allgemeine Zeitung, 2. April 1931.
350 Scheringer, S. 241 f.
Scheringer, S. 241 f.
Vogelsang, S. 422 f.
351 Vogelsang, S. 422 f.
Deuerlein: Katholizismus, S. 53 f.
353 Ursachen und Folgen, Bd. VIII, S. 194 f.
Hubatsch, S. 306.
354 François-Poncet, S. 34 f.
355 Conze, S. 269.
356 Ursachen und Folgen, Bd. VIII, S. 365 f.
Duesterberg, S. 22 f.
357 Duesterberg, S. 24 f.
Ursachen und Folgen, Bd. VIII, S. 317.
358 Severing, Bd. II, S. 321.
359 Ursachen und Folgen, Bd. VII, S. 375 ff.
361 Ursachen und Folgen, Bd. VII, S. 377 ff.
362 Ursachen und Folgen, Bd. VII, S. 379, Anm. 2
363 Knickerbocker, S. 206.
364 Knickerbocker, S. 207.
365 Knickerbocker, S. 33 ff.
367 Zuckmayer, S. 451 f.

368 Niekisch: Politische Schriften, S. 38 ff.
Heuss, S. 264 f.
369 Schneider, S. 71.
Göhring, S. 6.

Hindenburg oder Hitler

370 Vogelsang, S. 441.
372 Hubatsch, S. 309.
373 Hitler: Vortrag, S. 30.
374 Morsey, S. 439.
375 Morsey, S. 440 f.
376 Hülsen, Bd. 2, S. 108 ff.
377 Brecht, S. 154.
378 Krebs, S. 10.
379 Jacobsen-Jochmann.
380 Goebbels, S. 61 f.
381 Münchner Neueste Nachrichten, 14. März 1932.
Meinecke, S. 466.
Mann, Klaus, S. 251 ff.
382 Münchner Neueste Nachrichten, 11. April 1932.

»Alle Macht Adolf Hitler«

383 Ursachen und Folgen, Bd. VIII, S. 458 f.
384 Ursachen und Folgen, Bd. VIII, S. 462 f.
385 Völkischer Beobachter, 15. April 1392.
386 Ursachen und Folgen, Bd. VIII, S. 465.
Jochmann: Nationalsozialismus, S. 404 f.
388 Ursachen und Folgen, Bd. VIII, S. 440.
389 Hubatsch, S. 321.
Goebbels, S. 100 f.
390 Völkischer Beobachter, 1. Juni 1932.
391 Der Zeitspiegel, 1. Jahrg. (1932), S. 163.
Der Zeitspiegel, 1. Jahrg. (1932), S. 163.
Ursachen und Folgen, Bd. VIII, S. 476.
392 Severing, Bd. II, S. 345 f.
394 Glasenapp, S. 154 f.
395 Der Zeitspiegel, 1. Jahrg. (1932), S. 217.
Münchner Neueste Nachrichten, 1. August 1932.
Der Zeitspiegel, 1. Jahrg. (1932), S. 233.
Der Zeitspiegel, 1. Jahrg. (1932), S. 233.

Niedergang oder Aufstieg

396 Matthias-Morsey, S. 424.
Pünder, S. 139.
397 Hubatsch, S. 338.
398 Hubatsch, S. 345 f.

401 Völkischer Beobachter, 24. August 1932.
Augsburger Postzeitung, 13. September 1932.
402 Augsburger Postzeitung, 16. September 1932.
Spengler, S. 669.
403 Münchner Neueste Nachrichten, 7. November 1932.
Köhler, S. 312.
404 Hubatsch, S. 351 f.
405 Hubatsch, S. 353 f.
Hubatsch, S. 361 f.
406 Köhler, S. 312.
407 Goebbels, S. 218 ff.
408 Vossische Zeitung, 10. Dezember 1932.
409 HHStA. Wien, N. P. A. K 57.
411 Schneider, S. 78.
Augsburger Postzeitung, 31. Dezember 1932.
Geschichte der deutschen Arbeiterbewegung, Bd. 4, S. 604 ff.
412 Geschichte der deutschen Arbeiterbewegung, Bd. 4, S. 604 ff.
413 Geschichte der deutschen Arbeiterbewegung, Bd. 4, S. 604 ff.
414 Krausnick, S. 175.
415 Der Zeitspiegel, 2. Jahrg. (1933), S. 26.
Der Zeitspiegel, 2. Jahrg. (1933), S. 27.
Vorwärts, 20. Januar 1933.
416 Völkischer Beobachter, 23. Januar, 24. Januar, 25. Januar, 26. Januar, 27. Januar, 28./29. Januar, 30. Januar 1933.
417 Ursachen und Folgen, Bd. VIII, S. 762 f.
418 Dietrich, S. 182.
Kessler, S. 704.
Klepper, S. 36.
Gutachten des Instituts für Zeitgeschichte, S. 367.

Personenregister